フランチャイズ契約の実務と理論

FRANCHISE

弁護士 遠藤 隆 著

日本法令®

※ ※ はじめに ※ ※

■本書のねらい

本書は、筆者の実務上の経験や裁判例の動向などに基づき、フランチャイズ契約の契約実務・訴訟実務を処理するうえで必要不可欠と考えられる知識・理論を89の設問にまとめ、主として、法曹実務家や企業実務家の方々を念頭に、その解説・検討を試みるものです。

また、フランチャイズ契約の研究者・学習者や、フランチャイズ契約の当事者（加盟希望者を含む)、フランチャイズ・ビジネスへの参入を検討されている企業の担当者などの立場から、フランチャイズ契約に関心・関係を持たれている方々にも、参考となり得る情報を提供するよう努めました。

■フランチャイズ・ビジネスの拡大と法的問題

わが国で最初にフランチャイズ・ビジネスが導入されたのは、昭和38年、ダスキンの「愛の店」、不二家の洋菓子店であったといわれています。その後、フランチャイズ・ビジネスは様々な業種・業態において拡大の一途をたどっています。

その一方で、フランチャイズ契約に関しては、小振法、独禁法による開示規制、不公正な取引方法の規制の強化がはかられ、契約締結過程における情報提供義務、継続的契約の解消の制限、フランチャイザーの使用者責任（名板貸責任)、いわゆるロス・チャージ、見切り販売の制限などを争点とする訴訟が提起され、最近では、地労委でフランチャイジーの労働者性が肯定されるなど、重要な法的問題が次から次に提起され続けています。

今後も、フランチャイズ・ビジネスの拡大が見込まれる中で、より多様で多数の法的問題が発生するのではないかと思われます。

■フランチャイズ契約の難しさ

筆者は、三十数年にわたり、コンビニ・フランチャイズ契約を中心に、フランチャイズ契約の実務に携わってきましたが、幾度となくその難しさを痛感してきました。

前記の法的問題に的確に対処するためには、単に契約の知識を習得するだけでは足らず、フランチャイズ契約の基礎的概念［契約の本質、定義、フランチャイザー・フランチャイジーの事業の区別、契約の法的性質（ライセンス契約性、非労務供給契約性）、法的特徴（事業の別個独立性、利害対立性、フランチャイジーの独立の事業者性）］の定立や契約条項の体系的分析（条項をその趣旨・内容により体系的に整理・分類し、法適合性の要件を明確化すること）が必要と考えられますが、従来の議論では、残念ながらこれらの点が十分ではなかったように感じられます。

■実務と理論の基礎固め

フランチャイズ契約に関しては、これまで、多数の書籍、論文が著されてきましたが、一通りの法的問題が出揃った感のある今日の時点で、実務を的確に処理し、取引の一層の適正化をはかるため、従前の議論を再検討し、実務と理論の基礎固めをする時期に来ているではないかと考えられます。

自らの非力を顧みると、本書が基礎的概念の定立や契約条項の体系的分析につき、いかほどの成果を上げ得たか、忸怩たる思いもありますが、本書に反対の立場も含め、いささかなりとも議論の整理・活性化に資することができればと願っています。

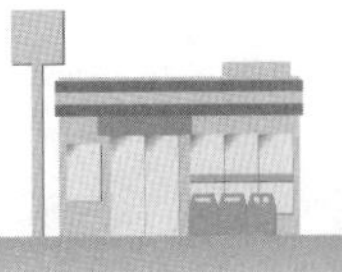

本書の特徴と構成

((特　徴))

本書の内容上の特徴としては、次の五点を挙げたいと思います。

◆フランチャイズ契約の基礎的概念

…ビジネス・フォーマット型フランチャイズとしての理念型の提示

フランチャイズ契約は典型契約ではないため、先行する実務上の知見に基づいて、基礎的概念（用語の定義や、法的性質・特徴など）を提示することが要請されます。

本書では、ビジネス・フォーマット型フランチャイズとしての理念型に基づき、その基礎的概念を明確にするよう努めました。また、「組織型契約」の概念や、商学ないし商業実務で提示されている「組織化小売業」「フランチャイズ・チェーン事業」などの概念についても検討しました。

◆フランチャイズ契約に特有の条項の整理・分類と法適合性の要件

…契約条項の一覧表と簡明な法適合性の基準の提示

フランチャイズ契約の条項は、その趣旨・内容、強制力の有無などが複雑に入り組み、体系的な整理・分析が容易ではなく、信義則や優越的地位の濫用を中心に裁判で議論がなされ、その法適合性の根拠と限界について、常に微妙な判断が強いられています。

本書では、契約実務の観点から、契約条項を①フランチャイジーの営業活動以外の行為の制限・禁止、②営業活動の指定・義務づけ、③営業活動に対する推奨、助言・指導の三つのグループに整理し、その典型例を挙げ、一覧表として提示しました。また、グループごとに、当事者の利益衡量と契約条項の性質（目的の表裏一体性、任意性）などを踏まえ、法適合性の要件・判断を検討し、簡便・明確で利用しやすい基準を提示し、その判断の主要な枠組みを提示しました。

◆フランチャイジーの労組法上の労働者性

…非労務供給契約性に基づく労働者性の検討

フランチャイジーの労働者性は、労組法上の重要な論点ですが、フランチャイズ契約においても、従来の混沌とした理論状況に補助線を加えた感があり、今後の展開が注視される論点となっています。

本書では、フランチャイジーの労働者性を肯定した岡山県労委命令を素材として、労務供給契約ではないフランチャイズ契約に総合判断説を適用することには無理があることと、フランチャイズ契約に総合判断説の「５＋１」の要素を適用しても、フランチャイジーの労働者性は否定されることについて、商学ないし商業実務の議論にも立ち入って、詳細に検討しました。

◆コンビニ・フランチャイズ契約

…独特の契約上・会計上の仕組みの解説

コンビニ・フランチャイズ契約は、わが国で最も普及したフランチャイズ契約であり、情報・物流が高度にシステム化され、契約実務で参考となる特有の契約上・会計上の仕組みを有し、数多くの民事訴訟、公取委による排除措置命令などで俎上に載せられている契約です。

本書では、契約上・商業上の観点からその概要と特徴を解説し、またロイヤルティの算定方法、商品・仕入先の推奨、仕入代金の代行支払、オープン・アカウント、収納代行などの仕組みの詳細や、これに関連する主要な法的問題について、できる限り、取引の実情・慣行や、契約の背景・趣旨・目的などに遡って解説・検討しました。

◆情報提供義務、継続的契約解消の制限

…契約の解釈の立場から主要な判断の枠組みを提示

フランチャイズ契約の締結過程における情報提供義務や、フランチャイザーによる契約解消の制限（解除原因の限定、更新拒絶のやむを得ない事由）などが争点となっている訴訟は、信義則と債務不履行が複雑に絡み合い、訴訟実務上の対応が難しい分野となっています。

本書では、裁判所が重視していると思われる伝統的な私的自治の立場に立ち、情報提供義務の有無や、契約解消の制限の範囲について、抽象的な信義則ではなく、契約の解釈（当事者の意思）によって決定されるべきであるとの考えに基づき、契約解釈の主要な枠組みを提示し、訴訟実務上の対応を検討しました。

((構　成))

●Q＆A

各Q＆Aにおいて、まず、**Q**で設問のテーマを掲げたうえで、具体的な質問を設けています。**A**では、**A１**で質問への解答の結論、**A２**で設問の背景、**A３**で**A１**の結論の解説を述べていますが、適宜、**A２**、**A３**を省略・統合しています。なお、各Q＆Aの独立性と読み易さを優先するため、記述を重複させた箇所があります。

●序章／序節

本書の冒頭に序章を設け、フランチャイズ契約の体系的理解と契約の適正化の方向を鳥瞰しました。また、第１章から第６章の各章

の冒頭に、序節を設け、各章の概要、企図、ポイントなどを補足しましたので、適宜、ご参照ください。

●定　義

本書の各箇所で用語の定義をしていますが、当該用語は、末尾の索引に記載しましたので、ご参照ください。なお、読み易さを優先するため、あえて重複して用語の定義を置いた箇所があります。また、同じ意味を有する複数の用語については、できる限り統一しようと努めましたが、各種の事情により、複数の用語を使用した場合もあります（例：フランチャイジー、加盟者、加盟店主、加盟店経営者）。

●記　述

本書では、類書のように、裁判例に基づき、契約の開始から終了まで、一通りの実務を解説するというスタイルは採っておらず、契約実務（契約書の作成・運用の相談）の観点を中心に、実務に欠かせない重要な知識・論点を抽出し、これについて解説・検討するというスタイルを採っています。

回答が長文となったり、細かな分類・場合分けに基づき議論を展開した箇所では、視覚的な理解が容易となるよう、数多くの図表を掲載しましたので、ご参照ください。

●文献引用

時間的・能力的制約により、参考裁判例、文献の網羅的な整理・分析、引用は行っていません。引用文献に漏れ・誤りがあった場合はご容赦ください。

●誤認・誤解

実務書としては、独自の視点から従来の議論を整理したり、独自の意見を提示したりした部分が、相当多くなっています。誤認・誤解などがありましたら、ご容赦いただくとともに、ご教示いただけると幸甚に存じます。

●意見・表現

本書の記述中、意見にわたる部分はすべて筆者の私的な考えを述べたものであり、筆者が所属し、または関係するいかなる組織・団体の考えを述べたものではありません。また、契約内容や解釈論の傾向、趨勢などの表現に関しては、注意を払ったつもりですが、不適切な表現がありましたら、ご指摘いただけると幸甚に存じます。

●資　料

本書で取り上げたフランチャイズ契約の内容については、公刊物に掲載された裁判書・命令書、各フランチャイザーが公表した小振法に基づく法定開示書面、契約書式集、法学・商学・商業実務に関する書籍・論文などを参考に記述しています。筆者が職務上・個人的に収集した非公開の資料・情報に基づく記述はありません。

引用文献・略称

[フランチャイズ契約関連書籍]（年代順）

川越 『法理論』	川越憲治『フランチャイズシステムの法理論』（商事法務研究会／2001）
金井 『理論分析』	金井高志『フランチャイズ契約裁判例の理論分析』（判例タイムズ社／2005）
小塚 『契約論』	小塚荘一郎『フランチャイズ契約論』（有斐閣／2006）
神田 『実務と書式』	神田孝『フランチャイズ契約の実務と書式』（三協法規出版／2011）
西口編 『判例ハンドブック』	西口元、奈良輝久、若松亮編『フランチャイズ契約（判例ハンドブック）』（青林書院／2012）
西口編 『法律相談』	西口元、木村久也、奈良輝久、清水建成編『フランチャイズ契約の法律相談／第３版』（青林書院／2013）

[民商法関連書籍]（分野別）

四宮 『総則』	四宮和夫『民法総則／第四版補正版』（弘文堂／1996）
星野 『概論Ⅱ』	星野英一『民法概論Ⅱ（物権・担保物権）』（良書普及会／1977）
星野 『概論Ⅲ』	星野英一『民法概論Ⅲ（債権総論）』（良書普及会／1978）
星野 『概論Ⅳ』	星野英一『民法概論Ⅳ（契約）』（良書普及会／1987）
平井 『契約総論』	平井宜雄『債権各論Ⅰ　上　契約総論』（弘文堂／2010）
中田 『継続的取引』	中田裕康『継続的取引の研究』（有斐閣／2010）
佐藤 『実務契約法』	佐藤孝幸『実務契約法講義／第４版』（民事法研究会／2012）

加藤編 『判例 Check 契約締結上の過失』	加藤新太郎編『判例 Check 契約締結上の過失／改訂版』（新日本法規／2012）
加藤編 『判例 Check 継続的契約』	加藤新太郎編『判例 Check 継続的契約の解除・解約／改訂版』（新日本法規／2014）
鴻 『総則』	鴻常夫『商法総則／新訂第５版』（弘文堂／1999）
平出 『商行為法』	平出慶道『商法Ⅲ／商行為法』（青林書院／1988）
江頭 『商取引法』	江頭憲治郎『商取引法／第７版』（弘文堂／2013）
中山 『特許法』	中山信弘『工業所有権法（上）特許法／第２版増補版』（弘文堂／2004）
山本 『要説』	山本庸幸『要説・不正競争防止法／第４版』（発明協会／2006）
菅野 『労働法』	菅野和夫　『労働法／第十一版』（弘文堂／2016）
中小企業庁編 『小振法解説』	中小企業庁小売商業課編『中小小売商業振興法の解説』（通商産業調査会／1992）
伊従編 『独禁法Ｑ＆Ａ』	伊従寛、矢部丈太郎編『実務解説 独禁法Ｑ＆Ａ』（青林書院／2007）
伊藤 『破産法・民事再生法』	伊藤眞『破産法・民事再生法／第３版』（有斐閣／2014）

［商学・商業実務関連書籍］（年代順）

協会編 『ハンドブック』	日本フランチャイズチェーン協会編『フランチャイズハンドブック／新版』（商業界／2012）
石川 『基礎』	石川和男『基礎からの商業と流通／第３版』（中央経済社／2013）
久保村編 『通論』	久保村隆祐編『商学通論／九訂版』（同文舘出版／2016）

[雑誌等]

近大法学	近畿大学法学
金商	金融・商事判例
金法	旬刊金融法務事情
ジュリ	ジュリスト
新報	法学新報
曹時	法曹時報
判時	判例時報
判タ	判例タイムズ
法時	法律時報
民集	大審院・最高裁判所民事判例集

*巻・号・頁、発行年は省略。

[法律]

独禁法	私的独占の禁止及び公正取引の確保に関する法律
小振法	中小小売商業振興法
不競法	不正競争防止法
労契法	労働契約法
労組法	労働組合法
労基法	労働基準法

[その他]

公取委	公正取引委員会
地労委	地方労働委員会
セブン－イレブン・ジャパン社	株式会社セブン－イレブン・ジャパン
日本フランチャイズチェーン協会	一般社団法人日本フランチャイズチェーン協会
岡山県労委命令	岡委平成22年（不）第２号不当労働行為救済申立事件についての、岡山県労働委員会の平成26年３月13日命令

CONTENTS

序　章　フランチャイズ契約の体系化と取引の適正化　1

第1章　フランチャイズ契約の概念　7

序　節　基礎的概念の理念的考察　8

第1節　フランチャイズ契約の定義　12

Q1　フランチャイズ契約の定義……………………………… 12
フランチャイズ契約とは、どのような契約のことをいうのですか。

Q2　フランチャイズ・パッケージの内容……………………… 18
フランチャイズ・パッケージの内容はどのようなものですか。

Q3　フランチャイズ・パッケージの提供方法・利用許諾…… 23
フランチャイズ・パッケージは、どのような方法によって提供され、利用許諾されますか。

Q4　フランチャイジーへの商品供給の仕組み………………… 27
フランチャイジーは、どのような方法によって、顧客に販売する商品やその原材料、部材、部品などの供給を受けますか。

Q5　フランチャイズ・パッケージ利用の対価（加盟金・ロイヤルティ）…… 31

フランチャイジーは、フランチャイズ・パッケージの利用の許諾を受ける対価として、どのような種類の金銭をフランチャイザーに支払いますか。

Q6　フランチャイジーによる対象事業の経営…… 34

フランチャイジーが、自らの名義と計算において対象事業を経営するとは、どのようなことを意味しますか。また、対象事業の損益計算は、どのような内容となっていますか。

Q7　フランチャイザーによるフランチャイズ事業の経営…… 40

フランチャイズ契約において、フランチャイザーはいかなる事業を経営していますか。また、フランチャイズ事業の損益計算は、どのような仕組みとなっていますか。

第2節　フランチャイズの類型　47

Q8　ビジネス・フォーマット型フランチャイズ…… 47

ビジネス・フォーマット型フランチャイズとはどのようなフランチャイズのことをいうのですか。

Q9　商標フランチャイズ、製造フランチャイズ…… 52

商標フランチャイズ、製造フランチャイズとは、どのようなフランチャイズのことをいうのですか。ビジネス・フォーマット型フランチャイズとはどこが違いますか。

第3節　フランチャイズ契約の法的性質・法的特徴　56

Q10　ライセンス契約性 ………………………………………… 56

フランチャイズ契約は、いかなる法的性質を有する契約と理解すべきですか。

Q11　非労務供給契約性 ………………………………………… 67

フランチャイズ契約は、フランチャイジーがフランチャイザーに労務を供給する契約ですか。

Q12　フランチャイザーとフランチャイジーの事業の別個独立性、両者の利害対立性、フランチャイジーの独立の事業者性…… 74

フランチャイズ契約には、どのような法的特徴が認められますか。

Q13　組織型契約 ………………………………………………… 83

フランチャイズ契約を組織型契約の概念で説明する学説は、どのような内容のものですか。

Q14　組織化小売業 ……………………………………………… 89

フランチャイズ契約を組織化小売業の概念で説明する学説は、どのような内容のものですか。

Q15　フランチャイズ・チェーン事業 ………………………… 93

「フランチャイズ・チェーン事業」とは、どのような事業のことをいうのですか。フランチャイズ・チェーン事業の内部における、フランチャイザーとフランチャイジーの「統合、分業の関係」とは、どのような関係のことをいうのですか。

第4節　類似・隣接の契約類型　100

Q16　ライセンス契約……………………………………………… 100

ライセンス契約とは、どのような契約のことをいうのですか。ライセンス契約は、フランチャイズ契約とどのような点で異なりますか。

Q17　特約店契約…………………………………………………… 105

特約店契約とは、どのような契約のことをいうのですか。特約店契約は、フランチャイズ契約と、どのような点で異なりますか。

Q18　代理商契約…………………………………………………… 110

代理商契約とは、どのような契約のことをいうのですか。代理商契約は、フランチャイズ契約と、どのような点で異なりますか。

Q19　ボランタリー・チェーン契約……………………………… 115

ボランタリー・チェーン契約とは、どのような契約のことをいうのですか。ボランタリー・チェーン契約は、フランチャイズ契約と、どのような点で異なりますか。

Q20　エリア・フランチャイズ契約……………………………… 121

エリア・フランチャイズ契約とは、どのような契約のことをいうのですか。エリア・フランチャイズ契約は、フランチャイズ契約と、どのような点で異なりますか。

第5節　フランチャイズ契約に適用される法律　126

Q21　フランチャイズ契約に適用される法律…………………… 126

フランチャイズ契約について規定した法律はありますか。

Q22　小振法 ………………………………………………… 129

フランチャイズ契約は、小振法によって、どのような規制を受けていますか。

Q23　独禁法（1）不公正な取引方法 ……………………………… 134

フランチャイズ契約に適用される独禁法の規定には、どのようなものがありますか。

Q24　独禁法（2）フランチャイズ・ガイドライン ……………… 138

フランチャイズ契約に関する独禁法の運用について、フランチャイズ・ガイドラインは、どのような内容を定めていますか。

第2章　フランチャイズ契約に特有の条項の整理・分類と法適合性の要件　145

序　節　契約条項の体系的整理・分類　146

第1節　フランチャイズ契約に特有の条項の整理・分類と法適合性の要件　151

Q25　フランチャイズ契約に特有の条項 ……………………………… 151

フランチャイズ契約に特有の条項（フランチャイズ・パッケージの内容に関連する条項であって、実務上、その法適合性が問われることの多い条項）としては、どのような条項がありますか。

Q26 **フランチャイジーの営業活動以外の行為を制限・禁止する条項** …… 154

フランチャイズ契約中の条項によって、フランチャイジーの営業活動以外の行為は、どのような制限・禁止を受けますか。

Q27 **フランチャイジーの営業活動以外の行為を制限・禁止する条項の法適合性の要件** …… 156

フランチャイジーの営業活動以外の行為を制限・禁止する条項は、いかなる範囲で法適合性を有しますか。

Q28 **フランチャイジーの営業活動を指定・義務づける条項** …… 164

フランチャイズ契約中の条項によって、フランチャイジーの営業活動は、どのような指定・義務づけを受けますか。

Q29 **フランチャイジーの営業活動を指定・義務づける条項の性質** …… 167

フランチャイジーの営業活動を指定・義務づける条項は、どのような性質を有していますか。

Q30 **フランチャイジーの営業活動を指定・義務づける条項の法適合性の要件** …… 173

フランチャイジーの営業活動を指定・義務づける条項は、いかなる範囲で法適合性を有しますか。

Q31 **フランチャイジーの営業活動に対する推奨、助言・指導を規定する条項** …… 187

フランチャイズ契約中の条項によって、フランチャイジーの営業活動は、どのような推奨、助言・指導を受けますか。

Q32　フランチャイジーの営業活動に対する推奨、助言・指導を規定する条項の性質……189

フランチャイジーの営業活動に対する推奨、助言・指導を規定する条項は、どのような性質を有していますか。

Q33　フランチャイジーの営業活動に対する推奨、助言・指導を規定する条項の法適合性の要件……191

フランチャイジーが営業活動に対する推奨、助言・指導に従わない場合、フランチャイザーは、いかなる限度で、チェーン・イメージの統一性を保つことを理由として、推奨、助言・指導に従うよう要請できますか。

第3章　フランチャイズ契約の条項の法適合性の判断　203

序　節　契約条項の法適合性　204

第1節　フランチャイズ契約に特有の条項の法適合性の判断　208

Q34　契約期間中の競業禁止義務……208

フランチャイズ契約の期間中、フランチャイジーに対し競業行為を禁止する旨を規定した条項は、いかなる範囲において法適合性を有しますか。

Q35　契約終了後の競業禁止義務 ……………………………… 217

フランチャイズ契約の終了後、フランチャイジーに対し競業行為を禁止する旨を規定した条項は、いかなる範囲において法適合性を有しますか。

Q36　違約金 ……………………………………………………… 228

フランチャイジーがノウハウの守秘義務、競業禁止義務に違反した場合、フランチャイザーは違約金の支払をフランチャイジーに請求することができる旨を規定した条項は、いかなる範囲で法適合性を有しますか。

Q37　契約上の地位の無断譲渡の禁止 ……………………………… 233

フランチャイジーは、フランチャイザーの承諾なく、フランチャイズ契約に基づく契約上の地位（フランチャイジーの地位）を第三者に譲渡できない旨を規定した条項は、いかなる範囲で法適合性を有しますか。

Q38　取引先の指定・制限 ………………………………………… 239

フランチャイジーが商品を仕入れる取引先(仕入先)をフランチャイザー自身に指定し、あるいはフランチャイザーの指定する会社に制限する旨の条項は、いかなる範囲において法適合性を有しますか。

Q39　仕入数量の強要 ……………………………………………… 245

フランチャイザーは、フランチャイジーの仕入商品の発注（発注する商品の品目・数量）を指導する旨を規定した条項がある場合に、発注指導に従わないフランチャイジーに対し、いかなる限度で、発注指導に従うよう要請できますか。

Q40　販売価格の制限 ………………………………………… 254

フランチャイザーは、フランチャイジーが顧客に販売する商品の価格を推奨する旨を規定した条項がある場合に、推奨価格に従わないフランチャイジーに対し、いかなる限度で、推奨価格に従うよう要請できますか。

Q41　契約内容の変更（新規事業の導入） ………………………… 261

フランチャイズ契約において、フランチャイザーが「当初のフランチャイズ契約に規定されていない新規事業の導入によって、加盟者が得られる利益の範囲を超える費用を負担することとなるにもかかわらず、本部が新規事業を導入しなければ不利益な取扱いをすること等を示唆し、加盟者に対して新規事業の導入を余儀なくさせ」た場合、当該行為は法適合性を有しますか。

Q42　取扱商品、販売方法の指定 ………………………………… 272

フランチャイザーは、フランチャイジーが顧客に販売する商品（取扱商品）、販売方法を指定することができる旨を規定した条項は、いかなる範囲において法適合性を有しますか。

Q43　テリトリー権 …………………………………………… 278

フランチャイジーには独占的なテリトリー権がなく、フランチャイザーはフランチャイジーが経営する店舗の近隣に自由にフランチャイズ店、直営店を出店することができる旨を規定した条項が設けられている場合、フランチャイザーの近隣出店が制限を受けることはありますか。

第２節　フランチャイズ契約の終了を規定する条項の法適合性の判断　289

Q44　契約期間 ……………………………………………… 289

フランチャイズ契約において、契約期間はどのような要素を勘案して設定されますか。不相当な期間が設定された場合、どのような不都合が生じますか。

Q45 契約の解除原因 …… 295

フランチャイジーの契約違反を解除事由とする条項が設けられている場合において、フランチャイザーが当該条項に基づきフランチャイジーの契約違反を理由に契約を解除したとき、当該解除権行使はいかなる範囲で効力が認められますか。

Q46 フランチャイザーの中途解約 …… 306

フランチャイザーは、契約期間中であっても、自己の都合で、一定の予告期間を置き、一定額の解約金を支払うことにより、フランチャイズ契約を中途解約することができる旨の条項が設けられている場合において、フランチャイザーは当該条項に基づき契約を中途解約することができますか。

Q47 フランチャイジーの中途解約 …… 316

フランチャイジーは、契約期間中であっても、自己の都合で、一定の予告期間を置き、一定額の解約金を支払うことにより、フランチャイズ契約を中途解約することができる旨の条項が設けられている場合において、フランチャイジーは当該条項に基づき契約を中途解約することができますか。

Q48 更新拒絶のやむを得ない事由 …… 325

フランチャイザーは、契約期間が満了した場合、自由な判断で、契約を更新するか否かを決定することができる旨を規定した条項が設けられている場合、フランチャイジーから契約の更新を求められたときは、フランチャイザーは、これを自由な判断で拒絶することができますか、それとも、更新の拒絶にはやむを得ない事由の存在を必要としますか。

第4章 フランチャイズ契約の締結過程における情報提供義務 335

序 節 情報提供義務 336

第1節 売上予測に関する情報の提供義務 340

Q49 フランチャイズ・ガイドライン ………………………… 340

フランチャイザーが売上予測を提示する場合、フランチャイズ・ガイドラインではどのようなことが要求されていますか。フランチャイザーが売上予測を提示しないでフランチャイズ契約を締結することは、フランチャイズ・ガイドラインに違反しますか。

Q50 売上予測を提示した場合の情報提供義務（1）裁判例 … 347

フランチャイザーがフランチャイジーに売上予測を提示した場合、裁判例では、当該売上予測につき、いかなる水準の的確性がないと、損害賠償義務を負うことになりますか。

Q51 売上予測を提示した場合の情報提供義務（2）法的根拠 357

フランチャイザーは、フランチャイジーに提示した売上予測につき、いかなる法的根拠に基づき、的確性を備えた情報の提供義務を負うのですか。

Q52 売上予測を提示すべき積極的な義務 ……………………… 368

フランチャイザーは、売上予測を積極的に提示する義務を負いますか。売上予測を提示しない方法によりフランチャイズ契約を締結した場合、信義則に基づく情報提供義務違反を理由に損害賠償義務を負うことがありますか。

Q53 売上予測の実務 ……………………………………………… 378

小売業における売上予測の実務では、どのような予測手法が採られていますか。各予測手法の中では、どの手法が合理的と考えられますか。

Q54 売上予測の限界と提示方法 ………………………………… 387

売上予測にはどのような限界がありますか。また、売上予測の限界は、売上予測の提示方法にいかなる影響を与えますか。

第2節 契約（フランチャイズ・パッケージ）の内容に関する情報の提供義務 413

Q55 契約（フランチャイズ・パッケージ）の内容に関する情報の提供義務 ……………………………………………… 413

フランチャイザーは、フランチャイズ契約（フランチャイズ・パッケージ）の内容に関し、情報提供義務を負いますか。

第5章 コンビニ・フランチャイズ契約 419

序 節 コンビニ・フランチャイズ契約 420

第１節　コンビニ・フランチャイズ契約の概要と特徴　423

Q56　コンビニ・フランチャイズ契約の概要 …………………… 423
コンビニ・フランチャイズ契約は、概要、どのような内容の契約となっていますか。

Q57　コンビニ・フランチャイズ契約の特徴 …………………… 438
コンビニ・フランチャイズ契約は、他のフランチャイズ契約と比較し、どのような特徴を有していますか。

第２節　コンビニ・フランチャイズ契約に特有の仕組みと、これに関連する法的問題　446

Q58　ロイヤルティ（売上原価）の計算方法 …………………… 446
コンビニ・フランチャイズ契約では、ロイヤルティはどのように計算されていますか。また、ロイヤルティの計算において、売上原価は廃棄ロス、棚卸ロスを含まない形で計算されるといわれていますが、それはどのようなことを意味するのですか。

Q59　ロス・チャージ訴訟 ……………………………………………… 454
ロス・チャージ訴訟とは、どのような訴訟のことをいうのですか。どのような内容の判決が出されていますか。

Q60　廃棄ロス、棚卸ロスにロイヤルティをかけているか …… 462
コンビニ・フランチャイズ契約では、フランチャイザーは、廃棄ロスにロイヤルティをかけていることになりますか。

Q61　廃棄ロスを売上原価に含めず、販管費（営業費）とする会計処理と増量発注の強要のおそれ …………………… 468

コンビニ・フランチャイズ契約において、フランチャイザーのフランチャイジーに対する商品の仕入（発注）の助言・指導に関し、増量発注を強要するおそれが強いといわれる理由はどのようなものですか。また、フランチャイザーが発注（発注する商品の品目・数量）の指定を行うとしたら、その法適合性はどのように判断されると考えられますか。

Q62　見切り販売の制限 …………………………………………… 475

コンビニ・フランチャイズ契約において、フランチャイザーが推奨した商品の販売価格を強要し、フランチャイジーによる見切り販売を制限する行為について、その法適合性はいかに判断されますか。

Q63　商品・仕入先の推奨 ………………………………………… 485

コンビニ・フランチャイズ契約では、商品はどのような仕組みにより、フランチャイジーに供給されていますか。

Q64　商品の仕入代金の代行支払の仕組み …………………… 491

フランチャイザーは、どのような仕組みによって、フランチャイジーの仕入先に対する商品の仕入代金の支払債務を代行支払し、その立替金債権の支払を受けているのですか。

Q65　商品の仕入代金の代行支払と報告訴訟、請求書訴訟 …… 495

フランチャイジーは、フランチャイザーに対し、フランチャイザーが仕入先に代行支払した仕入代金の明細の報告を求めることができますか。また、代行支払した際に仕入先からフランチャイジーに宛て発行された請求書、領収書の引渡しを求めることができますか。

Q66　リベートの帰属 ……………………………………………… 504

フランチャイザーが仕入先との間で、チェーン全店の仕入実績に応じ、仕入先からリベートの支払を受ける旨の約束を交わし、仕入先からリベートを受領した場合、そのリベートはフランチャイザー、フランチャイジーいずれの収入となりますか

Q67　オープン・アカウントの仕組み ………………………… 511

オープン・アカウントは、どのような仕組みの勘定ですか。

Q68　オープン・アカウントと債権差押えとの関係 ………… 521

フランチャイジーの債権者は、フランチャイジーのフランチャイザーに対する次の債権を差し押えることができますか。

①事業者収入（フランチャイジーのフランチャイザーに対する事業者収入の支払請求権）

②奨励金（フランチャイジーのフランチャイザーに対する奨励金の支払請求権）

③貸付金（フランチャイジーのフランチャイザーに対する毎月の差引計算後の貸方残高の貸付金の支払請求権）

④清算金（フランチャイジーのフランチャイザーに対するフランチャイズ契約の終了による清算金の支払請求権）

Q69　24時間営業（営業時間の制限） ………………………… 525

コンビニ・フランチャイズ契約において、24時間営業を義務づける条項がある場合、フランチャイジーは、優越的地位の濫用を理由に、24時間営業を拒むことができますか。

Q70　フランチャイズ・パッケージに関する契約責任 ………… 531

コンビニ・フランチャイズ契約において、フランチャイジーに提供されたフランチャイズ・パッケージの一部に関し、次のような事態が発生した場合、フランチャイザーはフランチャイジーに対し、どのような責任を負いますか。

①推奨した仕入先が納品した商品の品質不良

②推奨した仕入先による商品の納品時間（店着時間）の遅れ

③提供した商品の受発注用の情報システムの不具合

Q71　収納代行サービスの仕組みと為替取引への該当性……… 536

コンビニエンスストアで取り扱われている電気料金、電話料金などの公共料金の収納代行サービスは、どのような仕組みで行われていますか。収納代行サービスは為替取引に該当しますか。

Q72　収納代行サービスの法適合性……………………………… 544

フランチャイザーが収納代行サービスの取扱いをフランチャイジーに義務づけた（強制した）場合、その法適合性は肯定されますか。

第6章　フランチャイジーの労組法、労基法上の労働者性の問題　549

序　節　フランチャイジーの労働者性　550

第1節　労組法　553

Q73　総合判断説……………………………………………… 553

労組法第３条の労働者性の判断に用いられる総合判断説とは、どのような学説ですか。

Q74　岡山県労委命令の概要…………………………………… 558

セブン－イレブン・ジャパン社の加盟店主を労組法上の労働者と認めた岡山県労委命令の内容はどのようなものですか。

Q75　フランチャイジーの労務供給者該当性 …………………… 569

フランチャイジーは、請負、委任などの労務供給契約の従業者と同様、労組法の労働者性の前提となる労務供給者に該当しますか。

Q76　事業組織への組入れ ………………………………………… 588

フランチャイジーは、フランチャイザーの事業組織（フランチャイズ事業の組織）に組み入れられていますか。

Q77　契約内容の一方的決定 ……………………………………… 596

フランチャイズ契約は、その内容がフランチャイザーにより一方的・定型的に決定されていますが、なぜフランチャイザーが一方的・定型的に決定しているのですか。

Q78　報酬の労務対償性 …………………………………………… 605

フランチャイジーは、フランチャイザーの経営するフランチャイズ・チェーン事業に労務を供給し、その対価（報酬）を得ていますか。それとも、対象事業の経営による事業者収入を得ていますか。

Q79　諾否の自由 …………………………………………………… 614

フランチャイジーは、フランチャイザーからの業務の発注につき、諾否の自由を有しますか。

Q80　指揮監督関係、時間的・場所的拘束等の有無および程度 … 620

フランチャイジーは、フランチャイザーから、対象事業の経営に関し、指揮監督や、時間的・場所的拘束を受けていますか。

Q81　独立の事業者としての実態を備えていると認めるべき特段の事情 ………………………………………………………… 627

独立の事業者としての実態を備えていることは、総合判断説の適用において、いかなる意味を有しますか。フランチャイジーは、独立の事業者としての実態を備えていますか。

第2節　労基法　641

Q82　労基法上の労働者該当性 ………………………………… 641
フランチャイジーは、労基法上の労働者に該当しますか。

第7章　その他（フラチャイザーの名板貸責任など）　645

Q83　フランチャイザーの名板貸責任 ……………………………… 646
フランチャイザーは、フランチャイジーが顧客に販売した商品に品質不良があった場合、フランチャイジーの契約責任につき、顧客に対し、名板貸責任を負いますか。

Q84　フランチャイザーの使用者責任 ……………………………… 654
フランチャイザーは、フランチャイジーが経営する店舗のスタッフが、その接客態度をめぐって来店した顧客と口論になり、もみ合いの末、傷害を負わせた場合、来店客に対し責任を負いますか。

Q85　フランチャイザーの破産・民事再生 ………………………… 669
フランチャイザーが破産手続・民事再生手続の開始決定を受けた場合、フランチャイズ契約はどうなりますか。

Q86　フランチャイジーの破産・民事再生 ………………………… 679
フランチャイジーが破産・民事再生の開始決定を受けた場合、フランチャイズ契約はどうなりますか。

Q87　フランチャイザーについての企業買収……………………… 688

フランチャイザーが、同種のフランチャイズ事業を営む別の（同業他社の）フランチャイザーに企業買収された場合、フランチャイジーの立場はどうなりますか

Q88　個人情報の取得、利用・管理………………………………… 694

フランチャイズ契約に基づく店舗営業に関連して顧客の個人情報が取得される場合としては、どのような場合がありますか。また、個人情報の取得に関係するフランチャイザー、フランチャイジー、仕入先、カード会社などの事業者のうち、個人情報保護法の適用や、財産権としての顧客情報の帰属との関係において、個人情報を取得し、利用・管理する権利義務を有するのは、いずれの事業者ですか。

Q89　取引情報に関する権利の帰属………………………………… 702

フランチャイズ契約に基づく店舗営業に関連して取得される取引情報（仕入情報・販売情報）を取得し、利用する権利を有するのは、フランチャイザー、フランチャイジーのどちらですか。

序　章

フランチャイズ契約の体系化と取引の適正化

冒頭にあたり、フランチャイズ契約の体系化と取引の適正化について、本書と反対説の相違点を鳥瞰したいと思います。

1 フランチャイズ契約の体系化

(1) 本書の立場

本書は、次のとおり、ビジネス・フォーマット型フランチャイズとしての理念型に基づく基礎的概念の定立と、契約条項の整理・分類を中心に、フランチャイズ契約の体系化をはかっています。

◆ビジネス・フォーマット型フランチャイズとしての理念型に基づく基礎的概念の定立

- フランチャイズ契約の本質を、ビジネス・フォーマット型フランチャイズと理解（**Q8**）
- フランチャイズ契約を、フランチャイザーがフランチャイジーにビジネス・フォーマットとしてのフランチャイズ・パッケージを有償で提供・利用許諾する契約と定義（**Q1**）
- フランチャイザーとフランチャイジーの営む事業を、フランチャイズ事業と対象事業に区別（**Q6**、**Q7**）
- フランチャイズ契約の法的性質を、ライセンス契約性、非労務供給契約性と理解（**Q10**、**Q11**）
- フランチャイズ契約の法的特徴を、フランチャイザーとフランチャイジーの事業の別個独立性、利害対立性、フランチャイジーの独立の事業者性と理解（**Q12**）

◆契約条項の整理・分類

- フランチャイズ契約に特有の条項を、制約の対象となる行為と制約の態様に従って、①営業活動以外の行為の制限・禁止、②営業活動の指定・義務づけ、③営業活動に対する推奨、助言・指導の

三つのグループに整理（**Q25**）
- 各グループに属する条項を、フランチャイザーのための目的（権益）とフランチャイジーのための目的（権益）に従って整理（典型例を一覧表にて提示）（**Q26**、**Q28**、**Q31**）
- 営業活動の指定・義務付けの条項は、フランチャイザーの権益確保とフランチャイジーの事業能力向上の表裏一体性、有益性の原則の性質を有することを指摘（**Q29**）
- 営業活動に対する推奨、助言・指導の条項は、任意性の原則の性質を有することを指摘（**Q32**）

(2) ビジネス・フォーマット型フランチャイズとしての理念型（法的性質・特徴）に対する反対説

ビジネス・フォーマット型フランチャイズとしての理念型に基づく法的性質（ライセンス契約性、非労務供給契約性）、法的特徴（事業の別個独立性、フランチャイジーの独立の事業者性）に対しては、次のとおり、反対説が存在しています。

- ライセンス契約性に対する「流通契約説」、「独自契約説（混合契約説を含む）」（**Q10**）
- 非労務供給契約性、フランチャイジーの独立の事業者性を否定する「フランチャイズ・チェーン事業」における「総括、管理監督の関係説」（フランチャイズ契約の労務供給契約性、フランチャイジーの労務供給者性肯定説）（**Q74**）
- 事業の別個独立性を否定する（曖昧にする）商学ないし商業実務上の「フランチャイズ・チェーン事業」の概念における「統合、分業の関係説」「共同事業関係説」（**Q15**）
- フランチャイジーの独立の事業者性を否定する（曖昧にする）「組織型契約説」、商学ないし商業実務上の「組織化小売業」の概念（**Q13**、**Q14**）

2 取引の適正化

(1) 本書の立場

本書は、フランチャイズ契約を事業者間契約と理解する伝統的立場に立ち、1で述べたフランチャイズ契約の法的性質・特徴、特にライセンス契約性、フランチャイジーの独立の事業者性を前提に、次のとおり、1で述べた三つのグループに属する条項ごとに、その性質に従い、法適合性（＊）の要件を定め、取引の適正化をはかっています。

◆営業活動以外の行為の制限・禁止

フランチャイジーの法益との利益衡量を考慮し、法適合性の要件を「目的の正当性＋制限・禁止の必要性＋相当性」と整理（**Q27**）

◆営業活動の指定・義務づけ

フランチャイジーの法益との利益衡量に加え、フランチャイザーの権益確保とフランチャイジーの事業能力の向上の表裏一体性、有益性の原則の性質を考慮し、法適合性の要件を「目的の正当性＋指定・義務づけの必要性＋相当性＋有益性」と整理（**Q30**）

◆営業活動に対する推奨、助言・指導

任意性の原則の性質を考慮し、法適合性の要件を「フランチャイジーの任意の決定・判断への働きかけの程度・範囲を逸脱して、不当にその意思・行動を抑圧しないこと」と整理（**Q33**）

＊法適合性

当該条項の内容・運用が民法上の法律行為の有効要件や、権利の行使に関する制約を規定した条項（公序良俗、信義則、権利濫用）に抵触しないこと、債務不履行・不法行為を構成しないこと、または独禁法が禁止する不公正な取引方法に抵触しないこと

⑵ 反対説（フランチャイズ契約の労務供給契約性、フランチャイジーの労務供給者性の肯定説）

⑴に対しては、ビジネス・フォーマット型フランチャイズとしての理念型に基づく法的性質（特に非労務供給契約性）、法的特徴（特にフランチャイジーの独立の事業者性）を否定し、フランチャイズ契約の労務供給契約性、フランチャイジーの労務供給者性を肯定する反対説が存在しています（**Q74**）（コンビニ・フランチャイズ契約のフランチャイジーに労組法上の労働者性を肯定した岡山県労委命令）。

反対説では、フランチャイジーの労組法上の労働者性が肯定されますが、これに対する論評については、**Q75～Q81**をご参照ください。

付言するに、反対説の主要な論拠は、フランチャイジーが独立の事業者であり、コンビニエンスストア事業のすべての損益が帰属するとの建前にもかかわらず、実際には、フランチャイザーによって、数多くの指定・義務づけや推奨、助言・指導の強要がなされ、これによって、事実上、フランチャイザーは、自らはリスクを負うことなく、フランチャイジーを自らが雇用する従業員と同様に指揮命令しているとの、いわば「いいとこ取り」の実態がある場合に、その適正化をはかり、救済手段を拡大するため、当該契約関係を労務供給契約とみなし、フランチャイジーに団体交渉権を認めるとの趣旨ではないかと思われます。

しかし、契約の実態としては、フランチャイジーが加盟金・ロイヤルティなどの対価を支払い、コンビニエンスストア事業の営業利益から事業者収入を取得し、フランチャイザーから報酬を受けておらず、コンビニエンスストア事業のすべての損益がフランチャイジーに帰属するとの事実は否定しようがありませんので、当該契約関係を労務供給契約とみなすことには無理があると考えられます。

また、フランチャイジーは、労務供給者のように自己の労働力を売る立場ではなく、フランチャイザーからフランチャイズ・パッケージを買う立場であり、フランチャイズ・パッケージの内容は、専門業者であるフランチャイザーが統一的に定めざるを得ませんので、フランチャイズ・パッケージ（フランチャイズ契約）の内容を団体交渉によって決定することには困難が予想されます。

したがって、⑴で述べたとおり、フランチャイジーの独立の事業者性を尊重する立場に基づき、フランチャイジーの営業活動に対する制約について、その法適合性の要件を厳格に解釈し、法適合性を欠く行為に対しては、民法上の損害賠償義務、独禁法の不公正な取引方法による規制を加えることによって、取引の適正化をはかるのが相当ではないかと考えられます。

第1章

フランチャイズ契約の概念

序　節

基礎的概念の理念的考察

1 概　要

第１章は、フランチャイズ契約の総論として、次のとおり、ビジネス・フォーマット型フランチャイズとしての理念型に基づき、フランチャイズ契約の基礎的概念について検討を試みるとともに、フランチャイズ契約に適用される法律について解説するものです。

◆フランチャイズ契約の基礎的概念
フランチャイズ契約の定義、仕組み、法的性質・法的特徴、類似・隣接の契約類型との対比…第１節～第４節（**Q１～Q20**）

◆フランチャイズ契約に適用される法律…第５節（**Q21～Q24**）

2 企　図

フランチャイズ契約は、典型契約ではなく、契約実務・裁判実務が先行して発展を遂げてきた法的分野です。

典型契約の場合、契約の基礎的概念に関する知識・情報は、民商法の規定や体系書の解説によって得られますが、非典型契約では、これが存在しないため、先行する契約実務・裁判実務に基づき、基礎的概念を構築・提示することが要請されます。

しかし、従前の議論では、実務の処理に必要な基礎的概念が十分に提示されておらず、また、関連する商学ないし商業実務上の「組織型小売業」や「フランチャイズ・チェーン事業」などの概念との関係が不明確であったように思われます。

そこで、第1節〜第4節では、ビジネス・フォーマット型フランチャイズとしての理念型に基づき、できるだけ伝統的な体系書のスタイルに近い形でフランチャイズ契約を定義づけ、その仕組みや法的性質・法的特徴を明確にするよう努めるとともに、商学ないし商業実務上の概念との関係について検討を試みました。本書の結論に反対する立場を含め、議論の整理に役に立つ内容となっているのではないかと考えています。

3 ポイント

(1) ビジネス・フォーマット型フランチャイズとしての理念型

本書では、フランチャイズ契約の基礎的概念の中核として、ビジネス・フォーマット型フランチャイズとしての理念型を提示しています。次頁の**図表1**に基づき、その概要を説明したいと思います。

ビジネス・フォーマット型フランチャイズとしての理念型によれば、①のフランチャイズ契約の本質は、ビジネス・フォーマット（事業経営の仕組み）型フランチャイズにかかる契約であると理解され、これを出発点として、②のとおりフランチャイズ契約はフランチャイザーがフランチャイジーにビジネス・フォーマットとしてのフランチャイズ・パッケージを有償で提供・利用許諾する契約であると定義され、③のとおりフランチャイザーのフランチャイズ事業とフランチャイジーの対象事業が区別されたうえで、④の法的性質として、㋐のライセンス契約性と㋑の非労務供給契約性が導か

【図表1】ビジネス・フォーマット型フランチャイズとしての理念型

① フランチャイズ契約の本質		…ビジネス・フォーマット（事業経営の仕組み）型フランチャイズにかかる契約
② 定　義		…フランチャイザーがフランチャイジーにビジネス・フォーマットとしてのフランチャイズ・パッケージを有償で提供・利用許諾する契約
③ 事業の区別	フランチャイザーの営むフランチャイズ事業	…フランチャイズ・パッケージを開発・構築し、これをフランチャイジーに有償で提供・利用許諾する事業
	フランチャイジーの営む対象事業	…フランチャイズ・パッケージを利用して商品を販売し、サービスを提供する事業
④ 法的性質	㋐ ライセンス契約性	…フランチャイズ・パッケージの利用許諾（ライセンス）契約であること
	㋑ 非労務供給契約性	…労務供給契約ではないこと
⑤ 法的特徴	㋒ 事業の別個独立性	…フランチャイザーとフランチャイジーの事業の組織、活動、収支の別個独立性
	㋓ 利害対立性	…両者の利害対立性（非合同行為性）
	㋔ フランチャイジーの独立の事業者性	…フランチャイジーに損益のすべてが帰属し、フランチャイザーから指揮命令を受けないこと

れ、⑤の法的特徴として、㋒のフランチャイザーとフランチャイジーの事業の別個独立性、㋓の両者の利害対立性、㋔のフランチャイジーの独立の事業者性が導かれます。

(2) 反対説

上述の法的性質・法的特徴に対しては、次のとおり、反対説が存在しており、第3節では、その議論の対立状況についても、解説を加えています。

ⓐ…㋐の「ライセンス契約性」に対する「流通契約説」「独自契約説（混合契約説を含む）」
ⓑ…㋑の「非労務供給契約性」、㋔の「フランチャイジーの独立の事業者性」（指揮命令関係の不存在）を否定する「フランチャイズ・チェーン事業」における「統括、管理監督の関係説」（フランチャイズ契約の労務供給契約性、フランチャイジーの労務供給者性肯定説）
ⓒ…㋒の「事業の別個独立性」を否定する（曖昧にする）商学ないし商業実務上の「フランチャイズ・チェーン事業」の概念における「統合、分業の関係説」「共同事業関係説」
ⓓ…㋔の「フランチャイジーの独立の事業者性」（指揮命令関係の不存在）を否定する（曖昧にする）「組織型契約説」、商学ないし商業実務上の「組織型小売業」の概念

第1節

フランチャイズ契約の定義

Q1

フランチャイズ契約の定義

フランチャイズ契約とは、どのような契約のことをいうのですか。

A1（結論）

フランチャイズ契約とは、「フランチャイザーがフランチャイジーにフランチャイズ・パッケージを提供し、その利用を許諾（ライセンス）し、フランチャイジーがこれを利用して、自らの名義と計算において、フランチャイズ契約で規定された商品の販売、サービスの提供などの事業（以下「対象事業」という）を経営し、フランチャイザーにフランチャイズ・パッケージの利用の対価を支払うことを約する契約をいう」と定義するのが相当であると考えられます。

上述のフランチャイズ・パッケージとは、フランチャイジーの経営する対象事業に使用される標識（以下「標識」ということがある)、ノウハウ（以下「ノウハウ」ということがある)、フランチャイジーの経営する対象事業に対する支援（以下「支援」ということがある）が、有機的かつ統一的に統合された事業経営の仕組み（ビジネス・フォーマット）のことをいいます。

なお、フランチャイズ・パッケージは、コンビニ・フランチャイズ契約では、「○○○（本部名)・システム」と呼ばれることがあり、本書でも、この用語例に従う場合があります。

A2（背景）

1 ビジネス・フォーマット型フランチャイズ

ビジネス・フォーマット型フランチャイズとは、フランチャイズ・パッケージがビジネス・フォーマット（事業経営の仕組み）の形で、提供・利用許諾されるフランチャイズのことをいいます。フランチャイズ契約は、ビジネス・フォーマット型フランチャイズにかかる契約であることに、その本質を有しています（**Q8**)。

A1で述べた定義は、フランチャイズ契約の本質（ビジネス・フォーマット型フランチャイズ)、ライセンス契約（知的財産の使用・実施を許諾する契約）の性質、フランチャイジーの独立の事業者性の特徴に適合し、かつ、当事者間の給付を中心に契約を定義する、わが国の伝統的な典型契約の定義のスタイルに従う形で、フランチャイズ契約を定義したものです。

2 従前の定義

フランチャイズ契約の定義については、後述のとおり、日本フランチャイズチェーン協会による「フランチャイズ」の定義がありますが、これは事業形態としてのフランチャイズの定義であり、典型契約を意識した、法的な定義としては、小塚荘一郎教授による定義が有力なものです。

同教授の定義は、後述のとおり、基本的に、ビジネス・フォーマット型フランチャイズの本質に適合する内容のものですが、フランチャイジーにフランチャイズ・パッケージの使用義務を認めておられる点と、フランチャイズ契約の法的性質につき、ライセンス契約説を否定しておられる点で、本書とは考えを異にしています。

A3（解説）

1　日本フランチャイズチェーン協会による定義

フランチャイズの定義として、よく引用されるのは、日本フランチャイズチェーン協会による次の定義です。注1）

> フランチャイズとは、事業者（『フランチャイザー』と呼ぶ）が、他の事業者（『フランチャイジー』と呼ぶ）との間に契約を結び、自己の商標、サービス・マーク、トレードネーム、その他の営業の象徴となる標識、および経営のノウハウを用いて、同一のイメージの下に商品の販売その他の事業を行う権利を与え、一方、フランチャイジーはその見返りとして一定の対価を支払い、事業に必要な資金を投下してフランチャイザーの指導および援助の下に事業を行う両者の継続的関係をいう。

この定義は、事業形態としてのフランチャイズを定義したものであり、法的にフランチャイズ契約を定義したものではありません。また、フランチャイザーがフランチャイジーに提供する「経営ノウハウ」と「指導および援助」の関係にやや不明確な点があるのではないかと考えられます（**Q3**）。

2 小塚荘一郎教授による定義

(1) 定 義

小塚荘一郎教授は、フランチャイズ契約を次のように定義しておられます。[注2)]

- フランチャイザーがフランチャイジーに対して、「フランチャイズ・パッケージ」の利用を認めるとともにその使用を義務づけること
- フランチャイジーは「フランチャイズ・パッケージ」の利用に対して対価を支払う義務を負うこと
- 商品・サービスの取引を目的とした契約であること
- フランチャイジーは自己の名義および計算においてこの取引を行うものであること
- 「フランチャイズ・パッケージ」の内容として、
 (a) 共通の標識および統一的な外観の使用
 (b) フランチャイザーからフランチャイジーに対するノウハウの付与
 (c) フランチャイザーによるフランチャイジーの経営の継続的な支援
が規定されていること

(2) フランチャイズ・パッケージの使用義務

上述の定義のうち、「フランチャイザーがフランチャイジーに対して、『フランチャイズ・パッケージ』…（中略）…の使用を義務づけること」に関しては、実務上、多少の留保（次の①②）を付す必要があるのではないかと考えられます。

① 「(a)」の「共通の標識および統一的な外観」、「(b)」の「ノウハウ」、「(c)」の「継続的な支援」が「フランチャイジーの営業活動を指定・義務づける」形で規定されている場合であっても、当該指定・義務づけの法適合性が否定されるときは、フランチャイジーはこれを使用する義務を負わないこと（**Q30**）。

② 「(b)」の「ノウハウ」、「(c)」の「継続的な支援」が「フランチャイジーの営業活動に対する推奨、助言・指導」の形で規定され、フランチャイジーが営業活動上の決定権・判断権を有することを前提としていると解される場合は、最終的にこれを採用するか否かはフランチャイジーの任意の判断に委ねられ、フランチャイジーはこれを使用する義務は負わないこと（**Q33**）。

(3) フランチャイズ契約の法的性質

また、小塚荘一郎教授は、フランチャイズ契約の法的性質について、フランチャイズ契約をビジネス・フォーマットとしてのフランチャイズ・パッケージの利用許諾（ライセンス）であるとする学説（ライセンス契約説）を否定し、「独自の契約説」を採っておられます（**Q10**）。

しかし、フランチャイズ契約は、ビジネス・フォーマット型フランチャイズにかかる契約であることにその本質があり（**Q8**）、この本質に立脚すると、その法的性質は、フランチャイズ・パッケージの利用許諾（ライセンス）であると解するのが簡潔で、かつ、相当であると考えられます。また、ライセンス契約説に立って、はじめて、非労務供給契約性の性質や、フランチャイザーとフランチャイジーの事業の別個独立性、利害対立性（非合同行為性）、フランチャイジーの独立の事業者性の法的特徴を整合的に説明し得るのではないかと考えられます（**Q12**）。

3 結　語

したがって、ビジネス・フォーマット型フランチャイズを出発点とし、基本的には小塚荘一郎教授の定義に従いつつ、フランチャイズ・パッケージの使用義務を含めず、ライセンス契約説に基づき、当事者の給付を中心に契約を定義する伝統的なスタイルに従い、フランチャイズ契約を定義するのが相当と考え、**A 1**（結論）で述べた内容をもって、フランチャイズ契約を定義しました。

4　その他の定義

なお、フランチャイズ契約の定義に関しては、小振法がフランチャイズに類似する事業として特定連鎖化事業を定義し（**Q22**）、公取委が「フランチャイズ・システムに関する独占禁止法の考え方について」[注3]（以下「フランチャイズ・ガイドライン」という）においてフランチャイズ契約を定義しています（**Q24**）。

注

注1）協会編『ハンドブック』22頁

注2）小塚『契約論』45頁

注3）公取委 HP に掲載。
（http://www.jftc.go.jp/dk/guideline/unyoukijun/franchise.html）

Q2

フランチャイズ・パッケージの内容

フランチャイズ・パッケージの内容はどのようなものですか。

A1（結論）

フランチャイズ・パッケージとは、フランチャイジーの経営する対象事業（フランチャイズ・パッケージを利用して商品を販売し、サービスを提供する事業）に使用される標識、ノウハウ、フランチャイジーの経営する対象事業に対する支援が、有機的かつ統一的に統合された事業経営の仕組み（ビジネス・フォーマット）のことをいいます。

フランチャイズは、小売業、外食業、サービス業など、多種多様な業種、業態において広く利用されている事業形態ですが、フランチャイズ契約では、フランチャイジーが経営する特定の対象事業（例：コンビニ・フランチャイズ契約の場合ではコンビニエンスストア事業）が規定されています。

フランチャイズ・パッケージの内容は、対象事業に応じ、その内容を異にしていますが、対象事業に使用される標識、ノウハウ、対象事業に対する支援、以上三つの要素から構成される点では概ね共通しています。これら三要素の概要は、**A3**に述べるとおりです。

A3（解説）

1 対象事業に使用される標識

(1) 標識の使用

フランチャイズ・パッケージのうち、フランチャイジーの対象事業に使用される標識としては、「商号、商標、その他の標章（マーク）」などがあり、概要、次のようなものに使用されます。

- 店舗の看板、造作、内外装・設備
- 商品販売用の什器・機器、備品（事務机、キャビネット）
- 商品（サービス）、用度品（包装紙、レジ袋）
- 広告・販促物、ホームページ、名刺
- 請求書・領収書
- 営業車両

(2) 商号の主要部が含まれる商標・標章の使用許諾

「商号」とは、商人がその営業上の活動において自己を表章する名称のことであり（商法第11条第1項）[注1] フランチャイザーの社名（例：○○△△株式会社）がこれに該当します。多くの場合は、商号の主要部（例：「○○△△」または「○○」）を含む商標や標章（＊）を、標識（商品・役務または営業の識別表示）として使用することが許諾されており、商号の全部をフランチャイジーの商号として使用することが許諾されることは少ないのではないかと思われます。

＊標　章

人の知覚によって認識することができるもののうち、文字、図

形、記号、立体的形状若しくは色彩又はこれらの結合、音その他政令で定めるもの（商標法第２条第１項柱書）

⑶　商標の使用許諾

「商標」とは、上述の標章であって、「業として商品を生産し、証明し、又は譲渡する者がその商品について使用をするもの」「業として役務を提供し、又は証明する者がその役務について使用をするもの」のことです（商標法第２条第１項第１号、第２号）。「役務」には、「小売及び卸売の業務において行われる顧客に対する便益の提供」（小売業等役務）が含まれます（同法第２条第２項）。なお、平成18年商標法改正までは、小売等役務が「役務」に含まれていなかったため、「商品」、（小売等役務を含まない）「役務」の商標が使用許諾されるのが一般的でした。

2　対象事業に使用されるノウハウ

⑴　ノウハウの意義

対象事業に使用される「ノウハウ」については、確立した定義はありませんが、わが国の制定法では、不競法が定義する「営業秘密」、すなわち「秘密として管理されている生産方法、販売方法その他の事業活動に有用な技術上又は営業上の情報であって、公然と知られていないもの」（商標法第２条第６項）が近似の概念であると考えられます。

営業秘密には、技術上の情報（以下「技術情報」という）と営業上の情報（以下「営業情報」という）とがあります。技術情報の例としては、「製品の設計図、製造又は設計上の技術又はノウハウ、試験データ、研究開発情報等」が挙げられ、また、営業情報の例としては、「顧客名簿、顧客の属性データ、製品販売情報、新製品の企画情報、マーケット・リサーチ情報、販売マニュアル、仕入れ情報等」が挙げられています。[注2)]

一般に、ノウハウの用語は、むしろ、技術情報に限定して使用されることの方が多いように思われますが、フランチャイズ契約の場合、主として小売業、外食業、サービス業などの商品の販売、サービスの提供を行う業種・業態で利用され、ノウハウは事業経営の仕組みの一部として提供されるため、その内容は営業情報が中心となっていることが多いと思われます。

(2) ノウハウの具体例

具体的に、いかなるノウハウが提供されるかは、各フランチャイズ・パッケージにより異なりますが、一般的には、ノウハウは、概要、次のような事項に関する情報から成っています。

- 店舗の造作、内外装・設備の仕様・規格、その施工業者
- 営業に使用される機械器具、商品販売用の什器・機器の仕様・規格、それらの調達先
- 情報システム機器、POSレジスター、会計上の伝票・帳簿の仕様・規格、それらの調達先
- 商品（サービス）・原材料、部品・部材の仕様・規格、それらの調達先
- 商品（料理）の加工方法（調理方法）、商品（サービス）の販売方法、接客、清掃の方法
- 顧客名簿、商品の売筋状況、店舗の立地選定・客層分析

3　対象事業に対する支援

対象事業に対する「支援」とは、ノウハウの提供以外の方法による対象事業の支援をいいます。具体的にいかなる支援が提供されるかは、各フランチャイズ・パッケージにより異なりますが、一般的には、概要、次のような支援が提供されています。

- 店舗における商品の仕入・販売などの取引記録、会計帳票の作成の補助・代行
- フランチャイジーに対する運転資金の貸与
- 店舗の広告・従業員募集への協力
- 紛争解決への助言・指導

なお、ノウハウの提供も、フランチャイジーの事業を支援する意味を持ち、支援の中にはノウハウを内包するものもありますので、ノウハウと支援の区別は絶対的なものではなく、相対的なものであり、その境界は流動的です。

注

注1）鴻『総則』195頁
注2）山本『要説』135頁

Q3

フランチャイズ・パッケージの提供方法・利用許諾

フランチャイズ・パッケージは、どのような方法によって提供され、利用許諾されますか。

A1（結論）

フランチャイズ・パッケージとは、フランチャイジーの経営する対象事業に使用される標識、ノウハウ、フランチャイジーの経営する対象事業に対する支援が、有機的かつ統一的に統合された事業経営の仕組み（ビジネス・フォーマット）のことをいいます。

フランチャイズ・パッケージは、標識、ノウハウ、支援ごとに、**A3**の**1**で述べるような方法によって、フランチャイザーからフランチャイジーに提供されます。

その利用許諾は、特定の店舗において、商品の販売、サービスの提供などの対象事業をフランチャイジーが経営する限度で、非独占的・再許諾不可の形で許諾されるのが一般的です。

A3（解説）

1 フランチャイズ・パッケージの提供方法

(1) 標識の提供方法

フランチャイザーは、概要、次のような方法により、フランチャイジーに標識を提供しています。

- 標識のロゴタイプ、デザイン、カラーなどを記載・記録した書面・情報媒体の提供
- 標識が使用された看板、造作、内外装・設備、商品販売用の什器・機器・備品の供給・貸与または調達先の推奨・指定
- 標識が使用された商品（サービス）、用度品（包装紙、レジ袋）の供給、または調達先の推奨・指定
- 標識が使用された広告・販促物、名刺、請求書・領収書の供給、または調達先の推奨、指定

(2)　ノウハウ

ア　ノウハウの提供方法

フランチャイザーは、概要、次のような方法により、フランチャイジーにノウハウを提供しています。

- 店舗の造作、内外装・設備の仕様・規格の提供、施工業者の推奨・指定
- 営業に使用される機械器具、商品販売用の什器・機器、情報システム機器、会計上の伝票・帳簿などの仕様・規格の提供、供給・貸与または調達先の推奨・指定
- 商品（サービス）・原材料、部品・部材の仕様・規格の提供、供給または調達先の推奨・指定
- 商品（料理）の加工方法（調理方法）、商品（サービス）の発注、陳列、販売価格、販売方法、接客、清掃の方法が記載されたマニュアル（手引書）の提供・研修の実施（これらにあってはノウハウの全体が提供される）
- 商品（料理）の加工方法（調理方法）、商品（サービス）の発注、陳列、販売価格、販売方法、接客、清掃に関する、フランチャイザーの従業員による個別の助言・指導
- 顧客名簿、商品の売筋状況、店舗の立地選定・客層分析を記載した書面の提供

イ 「ノウハウ」と「指導および援助」の区別

小塚荘一郎教授は、上記のノウハウないしその提供方法のうち、マニュアル、研修の方法で提供される情報を「ノウハウ」とし、フランチャイザーの従業員により個別に提供される「指導および援助」と区別する考えもあることを指摘されており、[注1] 日本フランチャイズチェーン協会のフランチャイズの定義（**Q1**）は、この用語例に基づくものだと思われます。

しかし、「指導および援助」はあくまでノウハウの提供方法ですので、この言葉をノウハウそれ自体と並列的に使用するのは適切ではなく、ノウハウそれ自体とその提供方法は区別して使用すべきであると考えられます。

(3) 支援の提供方法

フランチャイザーは、概要、次のような方法により、フランチャイジーに支援を提供します。

- 店舗における商品の仕入・販売などの取引記録、会計帳票の作成と提供
- フランチャイジーに対する運転資金の融資の実行
- 店舗の広告に関し宣材の提供、従業員募集に関しホームページの提供
- 紛争解決の助言・指導の実施

2 利用許諾の範囲

フランチャイズ契約では、多数の店舗の展開が予定されるため、フランチャイズ・パッケージの利用は、フランチャイジーが特定の店舗において商品の販売、サービスの提供などの対象事業を行う限度で、非独占的・再許諾不可の範囲で許諾されるのが一般的です。

ビジネス・フォーマットとしてのフランチャイズ・パッケージのような、無体財産（権）の利用の許諾は、法的には、フランチャイジーによるフランチャイズ・パッケージの利用に対し、フランチャイザーが差止請求権、損害賠償請求権を行使しないことを意味しますが、[注2] 実際には、❶で述べたように、フランチャイザーにより、標識、ノウハウ、支援が、書面（データ）の提供、物の貸与、研修の実施、指導員の派遣などの有形的・積極的な方法で提供されています。

注

注１）小塚『契約論』13頁
注２）中山『特許法』443頁

Q4

フランチャイジーへの商品供給の仕組み

フランチャイジーは、どのような方法によって、顧客に販売する商品やその原材料、部材、部品などの供給を受けますか。

A1（結論）

フランチャイズ契約では、ノウハウないし支援の提供として、フランチャイジーが顧客に販売する商品やその原材料、部材、部品など（以下これらを総称して「商品」という）の供給に関する条項が設けられています。

商品の供給の方法としては、次の二つの方法があります。

① フランチャイザーが自らフランチャイジーに商品を供給する方法
② フランチャイザーとは別の商品の仕入先を指定・推奨し、当該仕入先がフランチャイジーに商品を供給する方法

①の場合は、フランチャイジーとフランチャイザーの間で商品の仕入（売買）契約が締結されます。

②の場合は、フランチャイジーと商品の仕入先の間で商品の仕入（売買）契約が締結されます。この場合、（契約書の形を採るかどうかは別として）フランチャイザーは、仕入先との間で、フランチャイジーから商品仕入の発注があったら、これに応じ、商品を供給することを義務づける契約（以下「商品供給義務づけ契約」という）を締結し、そのうえで、当該仕入先をフランチャイジーに指定・推奨します。指定・推奨の法的性質は、仕入先のあっせん契約ないし

指示仲立契約と考えられます。

■ 商品供給の仕組み

(1) 商品の供給体制の提供

フランチャイザーは、フランチャイジーが対象事業（フランチャイズ・パッケージを利用して商品を販売し、サービスを提供する事業）において顧客に販売する商品の供給体制を開発・構築し、これをフランチャイジーに提供します。その契約上の仕組みは、次の**図表2**のとおりです。

【図表2】商品供給の仕組み

①の場合

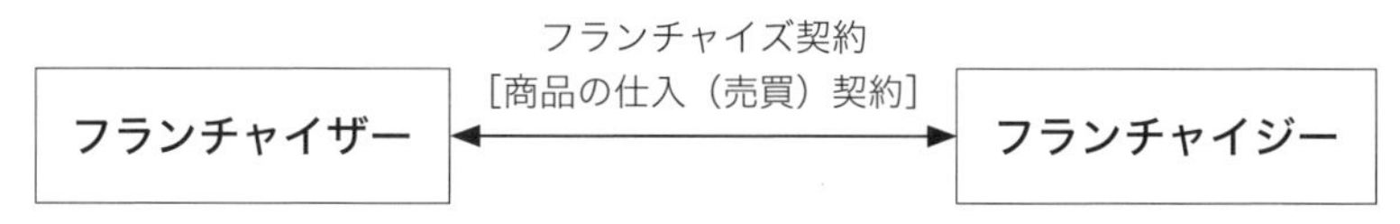

②の場合

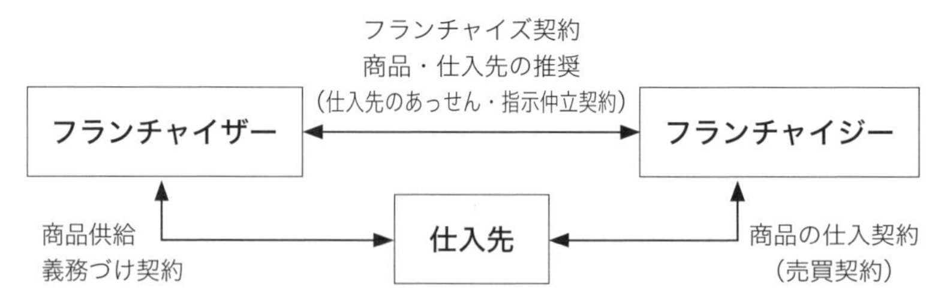

⑵　①のフランチャイザーが自らフランチャイジーに商品を供給する場合

フランチャイザーは、自社で開発・製造した商品をフランチャイジーに納入します（フランチャイジーからみれば仕入）。①の場合、フランチャイザーとフランチャイジーの間で商品の仕入（売買）契約がなされます。

⑶　②の商品の仕入先をフランチャイジーに指定・推奨する場合

フランチャイザーは、供給能力を備えた仕入先を選定し、仕入先との間で商品を企画・開発し、商品供給義務づけ契約を締結し、商品の供給体制を構築したうえで、当該仕入先・商品をフランチャイジーに指定・推奨します。

仕入先の指定・推奨の法的性質は、あっせん（ある人とその相手方との間の交渉が円滑に行われるよう第三者が世話をすること）ないし指示仲立（取引の相手方たるべき者を探し、または指示して、取引の成立に機会を与えること）に該当すると考えられます（**Q63**）。

②の場合、フランチャイジーと指定・推奨仕入先の間で商品の仕入（売買）契約がなされます。

なお、コンビニ・フランチャイズ契約では②の方法により、推奨仕入先から商品が供給されており、フランチャイザーがフランチャイジーに代わり、推奨仕入先に対する商品の仕入代金を支払っています（**Q63**、**Q64**）。また、フランチャイザー、フランチャイジー、推奨仕入先、製造工場、物流施設の間で商品の受発注・納品用の情報・物流システムが構築され、商品の発注・納品の効率化がはかられています（**Q56**、**Q57**）。

2 関連問題

(1) 商標フランチャイズとの関係

①のフランチャイザーが自ら商品を供給する場合は、商標フランチャイズ（**Q9**）と類似しますが、フランチャイズ契約では、有償にて、ビジネス・フォーマットとしてのフランチャイズ・パッケージが提供されるのに対し、商標フランチャイズでは、ビジネス・フォーマットとしてのフランチャイズ・パッケージは提供されず、自社の商品の流通系列化を目的に、商標の使用許諾と商品の売買がなされる点で、フランチャイズ契約とは異なっています。

(2) 兼業のフランチャイザーとの関係

なお、①のフランチャイザーが自ら商品を供給する場合では、フランチャイザーは、兼業のフランチャイザー（*）に当たる場合が多いのではないかと思われます。

＊兼業のフランチャイザー

自らが商品の販売、サービスの提供などを直営事業として経営しつつ、直営事業で開発・構築した事業経営の仕組み（ビジネス・フォーマット）をフランチャイジーに提供するフランチャイザー（**Q7**）

Q5

フランチャイズ・パッケージ利用の対価（加盟金・ロイヤルティ）

フランチャイジーは、フランチャイズ・パッケージの利用の許諾を受ける対価として、どのような種類の金銭をフランチャイザーに支払いますか。

A1（結論）

フランチャイジーはフランチャイザーに、フランチャイズ・パッケージの利用の対価を支払いますが、この対価の支払（有償性）は、ビジネス・フォーマット型フランチャイズとしてのフランチャイズ契約のライセンス契約性を基礎づける重要な行為です。

対価の種類としては、「加盟金」「権利金」などの名目で契約時に一括して支払われる金銭（以下総称して「加盟金」という）と、「チャージ」「フィー」「ロイヤルティ」などの名目で契約期間中、継続的に支払われる金銭（以下総称して「ロイヤルティ」という）が一般的なものです。

A3（解説）

1　加盟金

加盟金の趣旨・目的は、フランチャイズ契約によってさまざまです。一般的には、フランチャイザーのチェーンに加盟し、フランチャイズ・パッケージ（標識・ノウハウ・支援から成る事業経営の仕組み）の提供を受け、対象事業を経営することができる権利を付与されたことの対価をいいます。

2 ロイヤルティ

ロイヤルティは、契約期間中、フランチャイジーがフランチャイズ・パッケージの提供を受け、これを利用して対象事業を経営することの対価であり、[注1] 対象事業（フランチャイズ・パッケージを利用して商品を販売し、サービスを提供する事業）の売上高に対し、一定割合を乗じた金銭とするか（歩合制）、定額の金銭とする（定額制）のが一般的であると思われます。これに対し、コンビニ・フランチャイズ契約では、各フランチャイズ契約によって用語が多少異なりますが、売上総利益（売上高－売上原価）に対し、一定割合を乗じた金額のロイヤルティがかけられています（**Q58**）。

3 ロイヤルティの不徴収

小塚荘一郎教授は、フランチャイズ契約では「ロイヤルティを徴収しない例も少なくな」く「ロイヤルティがなくともシステムが成り立つ理由は、フランチャイジーが原材料や商品をフランチャイザーから購入する場合に、その代金に相当額を含めることが可能だからである」と述べておられます。[注2]

この種のフランチャイズ契約においては、フランチャイズ・パッケージが提供され、その対価として、実質的に、ロイヤルティが商品代金に含まれる形で支払われていると理解することができれば、それをフランチャイズ契約と位置づけることは可能かと考えられますが、そうでない場合は、フランチャイズ契約の定義（フランチャイザーがフランチャイジーにビジネス・フォーマットとしてのフランチャイズ・パッケージを有償で提供・利用許諾する契約）（**Q 1**）に従えば、フランチャイズ契約には該当しないと解すべきであると考えられます。
　いずれにせよ、契約実務上は、商品の仕入代金とロイヤルティを明確に区別して規定することが必要と考えられます。

4　資本金（出資金）

　なお、コンビニ・フランチャイズ契約では、フランチャイジーは、契約日（開業日前）にコンビニエンスストアの経営の資本金（出資金）を拠出することになっています。当該資本金は、フランチャイジーのコンビニエンスストア事業に出資され、貸借対照表上、純資産の部に資本金として計上され、開業時の商品仕入代金の支払などに充てられます。
　資本金は、フランチャイジーからフランチャイザーに支払われますが、これは、加盟金のようにフランチャイザーが取得する金銭ではなく、フランチャイジーのため預かり金として管理され、オープン・アカウントにおいて、実質的にフランチャイジーのコンビニエンスストア事業に使用されることとなっています（**Q56**、**Q67**）。

注

注1）協会編『ハンドブック』425頁。同書では「フランチャイズ・フィー」と総称している。
注2）小塚『契約論』13頁

Q6

フランチャイジーによる対象事業の経営

フランチャイジーが、自らの名義と計算において対象事業を経営するとは、どのようなことを意味しますか。また、対象事業の損益計算は、どのような内容となっていますか。

A1（結論）

フランチャイジーが自己の「名義」において対象事業を経営するとは、自らが対象事業に必要な商品の仕入、販売などのすべての取引の当事者となって、当該契約関係を処理し、取引の相手方との間で紛争が発生したときは、その当事者として責任を負い、当該紛争を解決・処理することを意味します。フランチャイザーが当事者となることはありません。フランチャイジーが対象事業の経営のために行う取引は、**A3**の❶で述べるとおりです。

また、自己の「計算」において対象事業を経営するとは、対象事業の経営によるすべての利益・損失がフランチャイジーに帰属することを意味します。フランチャイザーに利益・損失が帰属することはありません。フランチャイジーによる対象事業の損益計算の仕組みは、**A3**の❷で述べるとおりです。

A2（背景）

フランチャイズ契約では、フランチャイジーは、フランチャイザーから提供・利用許諾されたフランチャイズ・パッケージを利用して、「自己の名義と計算」において、対象事業（商品を販売し、サービスを提供する事業）を経営します。

フランチャイジーによって経営される対象事業としては、小売業のコンビニエンスストア、リサイクルショップ、外食業のファストフード店、菓子店、ラーメン店、寿司店、サービス業のクリーニング店、学習塾、理容店など、さまざまな業種・業態にわたっています。

本問は、フランチャイジーが「自己の名義と計算」において対象事業を経営することの法的な意味と、対象事業の損益計算の仕組みを問うものです。

A3（解説）

1 フランチャイジーが「自己の名義」で対象事業を経営すること

(1) 意　義

フランチャイジーが自己の名義で対象事業を経営するとは、自らが当事者となって、対象事業の遂行に必要なすべての取引を行い、その責任を負い、関連する紛争処理などを行うことをいいます。フランチャイジーが対象事業を経営するために行う取引には、概要、次のようなものがあります。

- 従業員の雇用（募集・採用・教育・配置・管理・評価・給料など）
- 商品の仕入・販売その他の営業行為（仕入商品の発注・受領、代金支払／商品の陳列・値付け・販売、引渡し、商品代金のレジ精算／接客、店内清掃）
- 店舗建物の賃借（フランチャイジーが自ら店舗建物を調達する場合）
- 店舗の看板、造作、内外装・設備の請負工事の発注（フランチャイジーが自ら当該工事を発注する場合）

・営業用の機械器具、商品販売用の什器・機器、情報システム機器、POSレジスター の購入・レンタル（これらをフランチャイジーが購入・レンタルする場合）
・電話回線、電気・ガス・水道、インターネット・サービスの供給を受ける権利の確保

(2) 具体例

従業員の雇用を例にとると、フランチャイジーは従業員を募集・採用し、雇用契約を締結し、従業員を教育し、配置を行い、出退勤を管理し、評価を行い、給料を支払います。雇用に関し従業員との間で、例えば、従業員が他の従業員からのセクハラ被害を訴えた場合、使用者としてこれを処理せねばなりません。

また、商品の仕入・販売を例にとると、フランチャイジーは、自らが当事者となって仕入先に商品を発注して商品を仕入れ（売買契約を締結し）、納品を受け、その代金を支払います。また、商品を陳列し、自らが当事者となって顧客に対し商品を販売し（売買契約を締結し）、商品を引き渡し、その代金の支払を受けます。商品の販売に関し顧客との間で、例えば、賞味期限が経過した商品を販売し、トラブルが生じた場合、売主としてこれを処理せねばなりません。

2 フランチャイジーが「自己の計算」で対象事業を経営すること

(1) 意　義

フランチャイジーが自己の計算で対象事業を経営するとは、事業経営の結果として生じる利益・損失のすべてがフランチャイジーに帰属することをいいます。

(2) 損益計算の仕組み

このことを、損益計算の仕組みにより説明すると、対象事業の損益計算は、概要、次の**図表3**のとおりとなります（個人のフランチャイジーを前提とする）。フランチャイジーは、店舗での商品の販売、サービスの提供による売上金を受領し、営業利益から事業者収入を得ており、フランチャイザーからは何らの収入も得ていません。

【図表3】対象事業の損益計算

売上高	←顧客への商品販売
▲売上原価	←商品の仕入金額・原価率などにより計算
売上総利益	
▲販売費および一般管理費	←従業員給料、不動産賃借料、通信費・水光費など
▲ロイヤルティ	←売上高×一定割合（売上高にロイヤルティがかかる場合。ロイヤルティを費用として把握することを前提とする）
営業利益	
▲事業者収入	←フランチャイジーが事業者として取得する収入
営業利益残高	→留保利益として貸借対照表上の純資産の部に計上される。

フランチャイジーに利益・損失のすべてが帰属するとは、上記の損益計算における営業利益（赤字の場合は営業損失）のすべてがフランチャイジーに帰属することを意味します。

フランチャイジーは、上記の営業利益から事業者収入を取得しますが、営業損失の場合は、これを取得することはできません。

(3) 貸借対照表の仕組み

貸借対照表では、概要、開業時に拠出された出資金が「純資産の部」に資本金として計上され、在庫商品（棚卸資産）が「資産の部」に流動資産として計上され、（運転資金を借り入れた場合の）借入金が「負債の部」に流動負債として計上されます。

業績が順調に推移した場合には、フランチャイジーが営業利益から事業者収入を取得し、残額は留保利益として、貸借対照表の「純資産の部」に計上されます。逆に、業績が不振の場合には、営業損失となり、フランチャイジーは事業者収入を取得できないばかりか、営業利益残高がマイナスとなって、貸借対照表の「純資産の部」を毀損し（減少させ）、これが続くと、やがて債務超過の状態となり、フランチャイジーは廃業するか、追加出資して対象事業を続けるかの選択を迫られることになります。当然のことですが、フランチャイジーは既存の債務（借入金）の返済を免れることはできません。この事態に陥ることがフランチャイジーの負う最大のリスクとなります。

3 補足（フランチャイジーの独立の事業者性）

なお、フランチャイジーに対象事業のすべての損益が帰属すること（フランチャイジーが対象事業の成功、失敗の全責任を負うこと）と、その当然の帰結として、フランチャイジーは対象事業を経営するうえで必要な事項を自ら決定・判断する権利（経営を差配する権利）を有し、フランチャイザーから指揮命令を受けないことを総称して、「フランチャイジーの独立の事業者性」といいます（**Q12**）。

この決定権・判断権を制約する、フランチャイジーの営業活動の指定・義務づけや、フランチャイジーの営業活動に対する推奨、助言・指導の要請は、有益性の原則や任意性の原則を中心とする法適合性のチェックを受け、法適合性が認められない営業活動の指定・義務づけの不当強制や、推奨、助言・指導の不当強要は許容されません（**Q30**、**Q33**）。

Q7

フランチャイザーによるフランチャイズ事業の経営

フランチャイズ契約において、フランチャイザーはいかなる事業を経営していますか。また、フランチャイズ事業の損益計算は、どのような仕組みとなっていますか。

A1（結論）

1 フランチャイズ事業の経営

フランチャイズ契約では、フランチャイザーは、フランチャイズ・パッケージ（対象事業に使用される標識、ノウハウ、支援が有機的かつ統一的に統された事業経営の仕組み）を開発・構築し、これをフランチャイジーに有償で提供・利用許諾する「フランチャイズ事業」を経営します。

フランチャイズ・パッケージは、対象事業（フランチャイズ・パッケージを利用して商品を販売し、サービスを提供する事業）の種別と、ビジネス・フォーマット（事業経営の仕組み）化の進展具合によって、質・量を異にしています［例えば、コンビニ・フランチャイズ契約では、ビジネス・フォーマット化が顕著に進展しており、高度にシステム化された数多くのノウハウ、支援が提供されている（**Q57**）］。

フランチャイズ事業を経営するため、フランチャイザーが行っている事業活動の内容については、**A3**の**1**で述べるとおりです。

❷ フランチャイザーの損益計算

フランチャイザーは、一般に、フランチャイズ事業のほかに、直営事業（直営店において自ら商品を販売し、サービスを提供する事業）を営んでおり、収入の柱は、フランチャイズ事業では加盟金・ロイヤルティであり、直営事業では商品の売上高であり、両事業の損益計算の内容は異なっています。

フランチャイズ事業と直営事業の損益計算の仕組みの相違は、**A3**の❷で述べるとおりです。

A3（解説）

❶ フランチャイズ事業

(1) 事業の概要

フランチャイザーは、フランチャイズ事業の経営に関し、概要、次の三つの柱となる事業活動を行っており、その具体例は(2)～(4)で述べるとおりです。

- フランチャイズ・パッケージの開発・構築と提供
- フランチャイズ契約の締結…フランチャイズ・パッケージの利用許諾、加盟金・ロイヤルティの受領
- （フランチャイジーに貸与する）店舗建物の調達

(2) フランチャイズ・パッケージの開発・構築と提供

ア 標 識

- 標識のロゴタイプ、デザイン、カラーなどの製作とフランチャイジーへの提供
- 標識が使用された看板、造作、内外装・設備、商品販売用の什器・機器、備品の製作、フランチャイジーへの供給・貸与、または調達先の推奨・指定
- 標識が使用された商品（サービス）、用度品（包装紙、レジ袋）の製作、フランチャイジーへの供給、または調達先の推奨・指定
- 標識が使用された広告・販促物、名刺、請求書・領収書の製作、フランチャイジーへの供給、または調達先の推奨・指定

イ ノウハウ

- 店舗の造作、内外装・設備の仕様・規格の製作とフランチャイジーへの提供。同施工業者の選定とフランチャイジーへの推奨・指定
- 営業に使用される機械器具、商品販売用の什器・機器、情報システム機器、会計上の伝票・帳簿などの仕様・規格の製作、フランチャイジーへの供給・貸与、または調達先の推奨・指定
- 商品（サービス）、原材料、部品・部材の仕様・規格の製作とフランチャイジーへの提供。同調達先の選定とフランチャイジーへの推奨・指定
- 商品（料理）の加工方法（調理方法）の仕様・規格の製作とフランチャイジーへの提供
- 商品（サービス）の発注・陳列、販売価格、販売方法、接客、清掃の方法が記載されたマニュアル（手引書）の製作とフランチャイジーへの提供
- 研修の実施
- 商品（料理）の加工方法（調理方法）、商品（サービス）の発注、陳列、販売価格、販売方法、接客、清掃に関し、従業員を派遣して

行う個別の助言・指導
- 顧客名簿、商品の売筋状況、店舗の立地選定・客層分析の実施とフランチャイジーへの提供

ウ 支 援

- 商品の仕入・販売などの取引記録、会計帳票の作成とフランチャイジーへの提供
- フランチャイジーに対する運転資金の融資の実行
- 広告用宣材の作成、従業員募集用のホームページの作成とフランチャイジーへの提供
- 紛争解決の助言・指導

(3) フランチャイズ契約の締結…フランチャイズ・パッケージの利用許諾、加盟金・ロイヤルティの受領

- フランチャイジーの募集（募集広告の掲載、募集説明会の開催）
- 契約希望者に対する契約説明（説明書の作成、説明の実施）
- フランチャイズ契約の締結（契約書の作成、契約条項の説明、調印手続）
- 加盟金・ロイヤルティの受領

(4) （フランチャイジーに貸与する）店舗建物の調達

- 候補物件の立地環境の調査（調査方法の策定、調査の実施）
- 候補物件の立地環境の分析、売上予測（分析方法、売上予測手法の策定、分析・予測の実施）
- 賃貸借契約の締結（仲介の委託、賃貸借契約の交渉・締結）

2　フランチャイザーの損益計算

(1)　フランチャイズ事業

フランチャイズ事業の損益計算の仕組みは、概要、次の**図表4**のとおりとなります（フランチャイザーが会社であることを前提とする）。フランチャイザーは、フランチャイジーから加盟金・ロイヤルティを受領し、営業利益から事業者収入を得ており、フランチャイジーへは何らの報酬も支払っていません。

【図表4】フランチャイズ事業の損益計算

加盟金・ロイヤルティ収入	←フランチャイズ・パッケージの利用許諾による（自らはフランチャイジーに商品供給しないことを前提）。
▲販売費および一般管理費	←従業員給料、不動産賃借料、通信費・水光費など
営業利益	
▲配　当	←会社の株主への配当
営業利益残高	→留保利益として貸借対照表上の純資産の部に計上される。

(2)　直営事業

直営事業とは、フランチャイザーが自ら直営店舗において商品を販売し、サービスを提供する事業をいいます。直営事業の損益計算の仕組みは、概要、次頁の**図表5**のとおりとなります（フランチャイザーが会社であることを前提とする）。

【図表5】直営事業の損益計算

売上高	←顧客への商品販売による。
▲売上原価	←商品の仕入金額・原価率などにより計算
売上総利益	
▲販売費および一般管理費	←従業員給料、不動産賃借料、通信費、水光費など
営業利益	
▲配　当	←会社の株主への配当
営業利益残高	→留保利益として貸借対照表上の純資産の部に計上される。

(3) 専業のフランチャイザー・兼業のフランチャイザー

あまり馴染みのない用語ですが、フランチャイザーは、①専業のフランチャイザーと、②兼業のフランチャイザーに分類されます。

①の専業のフランチャイザー

専業のフランチャイザーとは、自らは、原則としてフランチャイズ事業のみを経営し、商品の販売、サービスの提供などの対象事業を経営しないフランチャイザーをいいます。専業のフランチャイザーは、試験的・例外的に直営事業を営むことがありますが、その比重は低位にとどまっています。コンビニ・フランチャイズ契約のフランチャイザーは、専業のフランチャイザーの代表例です（**Q57**）。

②の兼業のフランチャイザー

これに対し、兼業のフランチャイザーとは、自らが、商品の販売、サービスの提供などの事業を直営事業として経営しつつ、同時に、直営事業で開発・構築した事業経営の仕組みをフランチャイジーに提供し、フランチャイズ事業を経営するフランチャイザーをいいます。直営事業の比重が高いのがその特徴です。

兼業のフランチャイザーの場合、フランチャイズ事業は自らの直営事業を拡大する手段とみなされやすく、フランチャイズ事業と直営事業の区別が曖昧になりがちです。しかし、兼業のフランチャイザーの場合であっても、フランチャイズ・ビジネスの部分に限っていえば、フランチャイザーはフランチャイズ・パッケージを有償で提供・利用許諾するフランチャイズ事業を経営する者であり、フランチャイジーが経営する対象事業との別個独立性（**Q12**）は、専業のフランチャイザーの場合と異なるところはありません。

第2節

フランチャイズの類型

Q8

ビジネス・フォーマット型フランチャイズ

ビジネス・フォーマット型フランチャイズとはどのようなフランチャイズのことをいうのですか。

A1（結論）

ビジネス・フォーマット型フランチャイズとは、フランチャイズ・パッケージがビジネス・フォーマットの形で、すなわち、フランチャイジーの経営する対象事業（フランチャイズ・パッケージを利用して商品を販売し、サービスを提供する事業）に使用される標識、ノウハウ、支援が有機的かつ統一的に統合された事業経営の仕組みとして提供・利用許諾されるフランチャイズをいいます。

標識、ノウハウ、支援が「有機的かつ統一的に統合された」とは、標識、ノウハウ、支援が、統一的なイメージのもとに、一体として事業経営の仕組みとして機能し得るよう、相互に関連づけられていることをいいます。

「事業経営の仕組み」とは、対象事業の知識・経験、ノウハウ、知名度（集客力)、商品の調達能力、情報・物流システムの構築能力などが乏しいフランチャイジーであっても、フランチャイズ・パッケージを利用して、対象事業を経営することができる程度に体系化された、事業経営の手順・方法のことをいいます。

なお、本書では、ビジネス・フォーマット型フランチャイズにかかる契約のみを、フランチャイズ契約というものとします。

A 3（解説）

1 ビジネス・フォーマット型フランチャイズ

(1) ビジネス・フォーマット型フランチャイズ

ビジネス・フォーマット型フランチャイズは、「一定の経営方法とそれを表現するブランドのライセンスを主たる目的」とするフランチャイズ・システムとして米国で発生したもので、その例としては、20世紀半ばの米国におけるマクドナルド、ケンタッキー・フライドチキンが挙げられており、米国では1950年代から60年代にかけてそのブームが到来したといわれています。[注1)]

A 1で述べたビジネス・フォーマット型フランチャイズの定義は、これを法的・理念的に整理したものです。

(2) 対概念としての商標フランチャイズ

ビジネス・フォーマット型フランチャイズの対概念は、商標フランチャイズ（**Q 9**）です。

商標フランチャイズとは、製造業者（メーカー）が自社の商品の流通系列化のため、各地の販売店を組織し、販売店に対し商標の使用許諾と商品の供給を行い、販売店が当該商品の販売を行う取引です。商標フランチャイズでも、フランチャイザーからフランチャイジーに商標の使用許諾がなされますが、ビジネス・フォーマット（事業経営の仕組み）としてのフランチャイズ・パッケージは提供されず、その利用の対価（加盟金・ロイヤルティ）の支払もなされない点で、ビジネス・フォーマット型フランチャイズと異なっています。

2 ビジネス・フォーマット型フランチャイズとしての理念型

ビジネス・フォーマット型フランチャイズとしての理念型（本章序節）によれば、フランチャイズ契約は、ビジネス・フォーマット（事業経営の仕組み）型フランチャイズを本質とし、フランチャイザーとフランチャイジーの間でビジネス・フォーマットとしてのフランチャイズ・パッケージが有償で取引される契約と定義され、フランチャイザーのフランチャイズ事業（フランチャイズ・パッケージを開発・構築し、これをフランチャイジーに有償で提供・利用許諾する事業）とフランチャイジーの対象事業（フランチャイズ・パッケージを利用して商品を販売し、サービスを提供する事業）は区別されます。

そのうえで、フランチャイズ契約の法的性質はライセンス契約（賃貸借類似の契約）であり、非労務供給契約であると理解され、その法的特徴として、フランチャイザーとフランチャイジーの事業は、その組織、活動、収支において別個独立であり（事業の別個独立性）、フランチャイズ契約は、通常の契約と同様、両当事者の利害対立（フランチャイズ・パッケージの提供・利用許諾と加盟金・ロイヤルティの支払の対価関係）の構造を基礎とするものであり（利害対立性・非合同行為性）、フランチャイジーは独立の事業者である（対象事業のすべての損益はフランチャイジーに帰属し、フランチャイザーとの間には指揮命令関係はない）と理解されます。

以上に述べたことを、当事者の関係において図示すると、次の**図表6**のとおりとなります。

【図表6】ビジネス・フォーマット型フランチャイズとしての理念型における当事者の関係

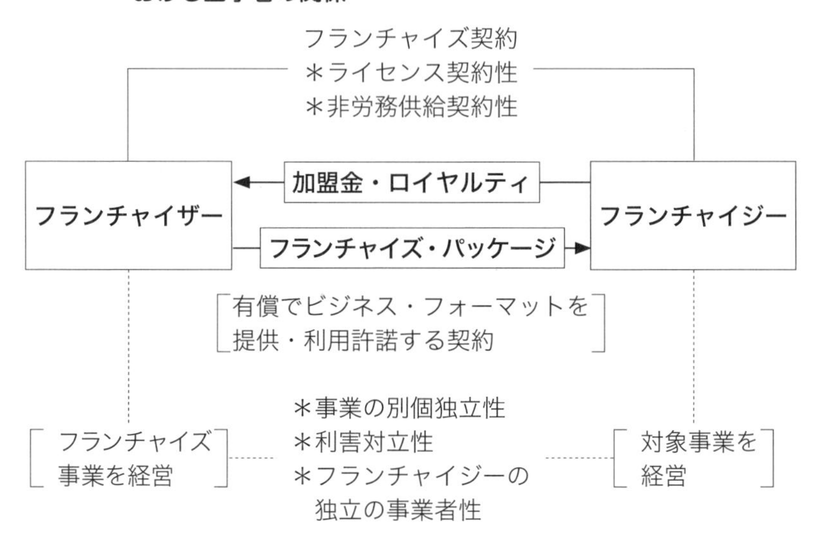

3　情報開示との関係

ビジネス・フォーマット型フランチャイズでは、フランチャイザーによりフランチャイズ・パッケージ（事業経営の仕組み）が提供される結果、対象事業の知識・経験に乏しい個人、小規模の企業がフランチャイジーとなり、フランチャイズ・パッケージを利用することにより、対象事業を経営することが可能となります。

実際のフランチャイズ契約でも、個人、小規模の企業がフランチャイジーになる例が多いと思われます［これに対し、商標フランチャイズ、製造フランチャイズ（**Q９**）では、対象事業の知識・経験を有する企業、ある程度以上の規模を有する企業がフランチャイジーになる例が多いと思われる]。

このように、ビジネス・フォーマット型フランチャイズでは、フランチャイザーとフランチャイジーの間に、対象事業の知識・経験や、情報・交渉力に格差が生じ、あるいは生じる可能性が高いため、フランチャイジーとなろうとする者（加盟希望者）に対し、フランチャイザーの会社・事業の状況に関する情報、契約内容の情報、売上予測に関する情報などが正確・的確に開示されることが重要となります。特に、フランチャイジーは独立の事業者として、対象事業の成功、失敗に全責任を負っており、情報開示の重要性はいくら強調しても強調しすぎることはないと考えられます。[注2)]

小振法により特定連鎖化事業（フランチャイズに類似する事業）につき開示規制がなされ（**Q22**）、独禁法によりフランチャイジーの募集につき、ぎまん的顧客誘引による規制がなされ（**Q24**）、裁判上、フランチャイザーに売上予測について的確な情報を提供すべき義務が課せられる場合があるのは（**第４章**）、フランチャイズ契約における情報開示の重要性に基づくものです。

注

注１）小塚『契約論』２頁以下

注２）江頭『商取引法』263頁。フランチャイジーが新規に募集された者であることに着眼し情報開示を説明しておられる。

Q9

商標フランチャイズ、製造フランチャイズ

商標フランチャイズ、製造フランチャイズとは、どのようなフランチャイズのことをいうのですか。ビジネス・フォーマット型フランチャイズとはどこが違いますか。

A 1（結論）

商標フランチャイズとは、製造業者（メーカー）が自社の商品の流通系列化（フランチャイジーをフランチャイザーの商品の販売の経路とすること）をはかるため、各地に販売店を組織し、販売店に対し商標の使用許諾と商品の供給を行い、販売店が当該商品の販売を行う取引で、わが国で特約店と呼ばれる取引に近似しています。

製造フランチャイズとは、製造業者（メーカー）が自社の商品の製造・販売網を拡大するため、各地に製造・販売会社を組織し、製造・販売会社に対し商標の使用許諾、商品を製造するための特許・ノウハウ（技術情報）の実施許諾、原材料・原液などの供給を行い、製造・販売会社が当該商品の製造・販売を行う取引です。

商標フランチャイズ、製造フランチャイズでは、商標の使用許諾、特許・ノウハウの実施許諾がなされますが、「有機的かつ統一的に統合された事業経営の仕組み」としての、商標、特許・ノウハウを含むフランチャイズ・パッケージが提供されるのではなく、その利用の対価（加盟金・ロイヤルティ）も支払われない点において、ビジネス・フォーマット型フランチャイズとは異なるフランチャイズです。

A 3（解説）

1 商標フランチャイズ、製造フランチャイズ

ビジネス・フォーマット型フランチャイズと対比される概念として、商標フランチャイズ（特約店）、製造フランチャイズと呼ばれるフランチャイズがあります。

商標フランチャイズの例としては、20世紀初頭の米国におけるGM、フォードなどの自動車メーカーが組織したディーラーのネットワークが挙げられ、製造フランチャイズの例としては、コカ・コーラ、ペプシ・コーラのボトリング会社のネットワークが挙げられています。[注1)]

商標フランチャイズでは、フランチャイジー（ディーラー）は、フランチャイザー（メーカー）から使用許諾された商標（営業標識）のもとに、フランチャイザーから供給された商品を販売します。製造フランチャイズでは、フランチャイジー（地域ボトラー）は、フランチャイザー（ボトリング本社）から実施許諾された特許・ノウハウ（技術情報）を実施し、フランチャイザーから提供された原材料・原液などを使用して商品を製造し、これをフランチャイザーから使用許諾された商標（営業標識）のもとに販売します。

米国では、商標フランチャイズ、製造フランチャイズもフランチャイズとして位置づけられていますが、わが国では、ビジネス・フォーマット型フランチャイズのみをフランチャイズとし、商標フランチャイズ、製造フランチャイズはフランチャイズに含めないのが一般的です。

2 ビジネス・フォーマット型フランチャイズとの違い

商標フランチャイズ、製造フランチャイズでは、商標の使用許諾、特許・ノウハウの実施許諾がなされますが、「有機的かつ統一的に統合された事業経営の仕組み」として、商標、特許・ノウハウを含むフランチャイズ・パッケージが提供されることはなく、その利用の対価（加盟金・ロイヤルティ）の支払もありません。

フランチャイジー（ディーラー、地域ボトラー）としては、商品の製造・販売について知識・経験を有する企業、ある程度以上の規模を有する企業が多いと思われます。

商標フランチャイズ、製造フランチャイズは、フランチャイザー（メーカー、ボトリング本社）が自社の商品の製造・販売網を拡大するため、フランチャイジー（ディーラー、地域ボトラー）を系列化するもので、フランチャイザーからフランチャイジーに対する商品、原材料・原液などの供給（流通契約）と、商品の製造・販売業務の委任的要素を伴います。

これに対し、フランチャイズ契約では、フランチャイザーとフランチャイジーは別個独立の事業者であり、フランチャイジーがフランチャイザーに系列化されることもなく、必ずしもフランチャイザーから商品、原材料・原液などが供給されるというわけではなく、フランチャイザーから商品の製造・販売業務を委託される要素もありません。

このように、商標フランチャイズ、製造フランチャイズは、ビジネス・フォーマット型フランチャイズとは異なっています。

3 特約店

商標フランチャイズは、わが国では、特約店（**Q17**）と呼ばれる取引に近似しています。特約店とは、メーカーまたは他の卸売業者（商品供給者）から買い取った商品を転売する形（仕切り）をとりながら、商品供給者である著名な商人の商品の販売チャネルとして系列化された卸売業者または小売業者をいいます。[注2)] 特約店取引では、商品供給者から特約店に対し商標（営業標識）の使用許諾がなされますが、「有機的かつ統一的に統合された事業経営の仕組み」として商標、特許・ノウハウを含むフランチャイズ・パッケージが提供されることはなく、その利用の対価（加盟金・ロイヤルティ）の支払もありません。

注

注1）小塚『契約論』１頁以下
注2）江頭『商取引法』262頁

第3節

フランチャイズ契約の法的性質・法的特徴

Q10

ライセンス契約性

フランチャイズ契約は、いかなる法的性質を有する契約と理解すべきですか。

A1（結論）

1 ライセンス契約性

フランチャイズ契約は、ビジネス・フォーマット型フランチャイズにかかる契約であることに、その本質を有しています。

ビジネス・フォーマット型フランチャイズでは、ビジネス・フォーマット（事業経営の仕組み）としてのフランチャイズ・パッケージが有償で提供・利用許諾されることが中核的要素となっており、フランチャイズ契約の法的性質は、ビジネス・フォーマットとしてのフランチャイズ・パッケージの利用許諾契約＝ライセンス契約（知的財産の使用・実施を許諾する契約）であると理解するのが、最も簡潔かつ相当ではないかと考えられます。

利用許諾契約（ライセンス契約）は、わが国の民法が定める典型契約では、賃貸借に類似する契約（知的財産という無体物の賃貸借）に当たるとされています。

2 個別の契約

フランチャイズ契約では、フランチャイズ・パッケージ全体の利用許諾契約（ライセンス契約）のほかに、フランチャイズ・パッケージを構成する個々の標識、ノウハウ、支援の部分について、フランチャイズ・パッケージ全体の利用許諾契約と重畳する形で、同契約とは別に個別の契約（以下「個別の契約」という）が成立していると考えられます。個別の契約の法的性質は、その内容に従い、商標の使用許諾契約、ノウハウの実施許諾契約など、様々な類型の契約から成ると理解されます。

A2（背景）

1 フランチャイズ契約の法的性質に関する学説

フランチャイズ契約の法的性質に関する学説については、小塚荘一郎教授は、概要、次の流通契約説、ライセンス契約説、独自の契約類型説（混合契約説を含む）の三つに分類しておられます。[注1)]

①流通契約説

…フランチャイザーの営業活動の一端（販売活動）をフランチャイジーが担う事務処理契約（準委任契約）であるとみる見解。

なお、「流通契約」と呼ぶのは、フランチャイザーが商品の販売活動をフランチャイジーに委任するに際し、フランチャイジーとの間の売買契約に基づき、商品が供給されることを指しています。

②ライセンス契約説

…㋐フランチャイザーからフランチャイジーに対する商標、ノウハウ（知的財産）の使用許諾・実施許諾契約とみる見解。なお、本書においては、㋑ビジネス・フォーマット（事業経営の仕組み）としてのフランチャイズ・パッケージ全体の利用許諾契約であるとみる見解も、ライセンス契約説に含めるものとします。㋑のライセンス契約説では、フランチャイズ・パッケージ全体の利用許諾契約と重複する形で、商標の使用許諾契約、ノウハウの実施契約などの個別の契約も成立していると理解されます。

③独自の契約類型説（混合契約説を含む）

…㋒典型契約には当てはまらない独自の契約類型であるとの見解、または、㋓いくつかの典型契約の混合契約とみる見解（混合契約説）。

なお、㋓の混合契約説では、フランチャイズ契約には、次のような要素があるとされています。注2）

- 「フランチャイジーが商標（サービスマークを含む）およびノウハウのライセンスを受けるという点では賃貸借的要素」
- 「フランチャイジーはフランチャイザーにより指定された一定の商品の販売およびサービスの提供を契約により義務付けられているという点でフランチャイザーを委任者と考えうる準委任的要素」
- 「フランチャイザーはフランチャイジーに対して使用許諾（ライセンス）をするノウハウについて継続的に改良・開発する義務を負い、その改良・開発されたノウハウを継続的に提供する義務を負い、また、その改良・開発されたノウハウをフランチャイジーに伝達するために、フランチャイジーおよびその従業員の訓練等を行うなどの経営に必要な指導・援助をすることが義務づけられるという点では、フランチャイジーを委任者と考えうる準委任的要素」
- 「フランチャイジーがフランチャイザーから継続的に一定の商品や材料を購入するという点では、継続的売買の要素」

2 叙　述

以下、**A 3**においては、**1**で述べた学説の検討を試み、また、②㋑のフランチャイズ・パッケージ全体の利用許諾契約であるとのライセンス契約説に立った場合の個別の契約の位置づけについて述べたいと思います。

A 3（解説）

1 学説の検討

(1) ②㋑のライセンス契約説が適切であること

上述の三説のうち、①の流通契約説は、商品の流通系列化の組織である商標フランチャイズ（**Q 9**）には妥当するかもしれませんが、ビジネス・フォーマット型フランチャイズには妥当しないと考えられます。ビジネス・フォーマット型フランチャイズでは、ビジネス・フォーマットとしてのフランチャイズ・パッケージが有償で提供・利用許諾される点に本質がありますので、その法的性質は、基本的に②のライセンス契約説によるべきであると考えられます。

そこで、②のライセンス契約説を検討するに、同説のうち、㋐のフランチャイズ契約を商標、ノウハウの使用許諾・実施許諾契約とみる見解は、フランチャイズ・パッケージの中心が商標、ノウハウである点において、正しい面を有しています。しかし、利用許諾されるのは、単なる個別の商標、ノウハウではなく、支援も含むビジネス・フォーマット（事業経営の仕組み）としてのフランチャイズ・パッケージ全体ですので、その点で、㋐の見解は適切ではないと考えられます。

そこで、ビジネス・フォーマットとしてのフランチャイズ・パッケージ全体を一個の無体財産であると理解し、フランチャイズ契約をフランチャイズ・パッケージ全体を利用許諾する契約（ライセンス契約）であるとみる②㋑の見解によるのが、簡潔で、かつ相当であると考えられます。[注3]

(2) ③の独自の契約類型説への批判

③の独自の契約類型説のうち、㋒のフランチャイズ契約が典型契約に当てはまらない独自の契約類型であるとの見解は、わが国の民商法においては、ビジネス・フォーマット（事業経営の仕組み）としてのフランチャイズ・パッケージが利用許諾される契約が典型契約として規定されておらず、その意味で、独自の契約類型であるとするのは正しいと考えられます。

しかし、いくら典型契約として規定されていないからといって、契約実務においては、ライセンス契約の概念は、商標、特許のような無体財産を使用許諾・実施許諾する契約類型として確立していると考えられますので、これに準ずる内容のフランチャイズ契約をライセンス契約として類型化することを妨げる理由はなく、あえて独自の契約類型であるとする理由もないのではないかと考えられます。

また、㋓の混合契約説も、フランチャイズ契約中に、いくつかの典型契約（前述の個別の契約）が混在するとの点では正しいと考えられます（ただし、フランチャイジーによる商品販売・サービス提供は対象事業の経営そのものであり、フランチャイザーから受託した事務ではないので、準委任的要素はなく、フランチャイザーによるノウハウの継続的な改良・開発義務とフランチャイジーへの提供、指導・援助義務も、ノウハウの提供・実施許諾の履行行為であり、フランチャイジーから受託した事務ではないので、準委任的要素はないと考えられる）。

しかし、だからといって、個別の契約とは別に、ビジネス・フォーマットとしてのフランチャイズ・パッケージ全体の利用許諾契約が存在するとみる②㋑の見解を否定する理由はありません。また、**4**で述べるとおり、個別の契約の解釈を行う場合、フランチャイズ・パッケージ全体の利用許諾契約を観念し、同契約との関係において、個別の契約を調和的に解釈する必要がありますので、㋓の混合契約説が、個別の契約しか認めないというのであれば、それは相当ではないと考えられます。

2　ビジネス・フォーマット（事業経営の仕組み）の権利性

フランチャイズ・パッケージでは、フランチャイジーが対象事業を経営するために必要な、標識、ノウハウ、支援が、無形の財産（例：店舗の立地選定・客層分析に関する情報）、有形の財産（例：店舗の運営方法を記載したマニュアル）、人の行為（例：研修の実施）、無形の機能（例：商品の受発注システム）などが混在した形で提供され、しかも、その全体が有機的かつ統一的に統合された事業経営の仕組みとして提供・利用許諾されています。

このような事業経営の仕組みにかかる権利が取引の対象となることには、多少、違和感があるかもしれませんが、例えば、会社法第467条第1項第4号では、事業［かつての営業「一定の営業目的のため組織化され、有機的一体として機能する財産（得意先関係等の経済的価値のある事実を含む。)」[注4]] の賃貸借が認められており、情報サービス関係の取引では、情報処理システム（「電子計算機及びプログラムの集合体であって、情報処理の業務を一体的に行うよう構成されたもの」。情報処理の促進に関する法律第20条第１項第５号）の使用許諾が行われていることなどに照らせば、ビジネス・フォーマット（事業経営の仕組み）の利用許諾も、違和感なく受け入れられるのではないかと思われます。

なお、この点に関連し、小塚荘一郎教授は、「システムのライセンス」の概念は十分に解明されたものではない、そのように表現してみたところで、フランチャイズ契約の性質が明確になるとは言い難い旨を述べておられます。[注5)] この「システム」とは、ビジネス・フォーマットとしてのフランチャイズ・パッケージのことを指すのではないかと思われますが、そうであるなら、ビジネス・フォーマットとしてのフランチャイズ・パッケージや、その利用許諾（ライセンス）の概念は、上述のとおり、十分に解明され得るものであり、その法的性質も明確になり得るのではないかと考えられます。

また、小塚荘一郎教授は、「『ライセンス契約』の内容については知的財産権の使用を受忍する関係であるが、フランチャイズ契約の特徴は継続的な指導や援助を通じてフランチャイザーとフランチャイジーが協力し、市場の変化に対応していくという動態的側面にあるから、両者は本質を異にする」との見解⒜や、「特許権や著作権のライセンス契約においても実際には契約当事者間に継続的な取引関係が生じ、協力義務や改良義務が伴うので、フランチャイズ契約と何ら異ならない」との見解⒝を紹介され、「『ライセンス契約』の内容についての理解が論者により必ずしも一致していない」と指摘しておられます。[注6)]

しかし、実際のライセンス契約においては、ライセンス契約の本質を「知的財産権の使用を受忍する関係」（静態的側面）と理解しつつ、ライセンサーがライセンシーに対し協力義務や改良義務を負うこと（動態的側面）が何ら矛盾なく行われている事例が少なからず見受けられますので、[注7] 見解(B)が正しく、見解(A)は正鵠を得たものではないと理解されます。そうだとすれば、見解(B)を前提に、フランチャイズ契約の場合も、その法的性質をライセンス契約とみても差支えないのではないかと考えられます。

3 賃貸借類似の契約

ライセンス契約は、商標、特許などの無体財産（権）をライセンサーに留保しつつ、ライセンシーにその使用・実施を許諾するものであり、民法に規定された典型契約では、賃貸借に類似する契約であると考えられています。フランチャイズ契約も、同様に、ビジネス・フォーマット（事業経営の仕組み）としてのフランチャイズ・パッケージの権利をフランチャイザーに留保しつつ、フランチャイジーにその利用が許諾されており、民法に規定された典型契約では、賃貸借に類似する契約であると考えられます。

民法の賃貸借契約では、有体物（動産、不動産）がその目的物とされており（第601条）、特定の有体物が賃借人に引き渡され、賃借人により使用収益されます。しかし、立法例には、用益賃貸借は有体物ではない「権利や営業についても成立する、としているものもある。わが国でも、賃貸借の規定を少なくとも類推適用すべき場合がある」とされています。[注8] フランチャイズ・パッケージのような有形・無形の財産（権）、人の行為（役務）、無形の機能などが有機的かつ統一的に統合された事業経営の仕組みについても、上述の権利や、営業に準じて、賃貸借類似の契約関係の成立を認めるのが相当であると考えられます。

なお、民法の賃貸借に関する条項の類推適用については、フランチャイズ契約では、一般的に、多数の条項により契約の内容が詳細に規定されていますので、民法の条項を類推適用する余地は、実際にはあまりないと思われます。しかし、賃貸人の目的物を使用収益させる義務、修繕義務、担保責任や、賃借人の目的物の用法に従い使用収益すべき義務、賃料支払義務、目的物返還義務、譲渡・転貸の禁止などの条項は、類推適用される余地があり得ると考えられます。その場合、当然のことですが、賃貸借契約とフランチャイズ契約の取引構造の違いに配慮することが求められることとなります。

4 契約の二重構造と個別の契約の解釈方法

(1) 契約の二重構造

フランチャイズ契約は、以上に述べたとおり、フランチャイズ・パッケージ全体の利用許諾契約として、ライセンス契約（賃貸借類似の契約）の性質を有するものですが、次頁の**図表7**のとおり、フランチャイズ・パッケージを構成する個々の標識、ノウハウ、支援の部分について、フランチャイズ・パッケージ全体の利用許諾契約と重畳する形で、同契約とは別に個別の契約が成立し、個別の契約の法的性質は、その内容に従い、商標の使用許諾契約、ノウハウの実施許諾契約など、さまざまな類型の契約から成ると理解されます。このように、フランチャイズ契約は、二重構造を有すると理解されます。

(2) 個別の契約の解釈方法

個別の契約に関し解釈問題が生じた場合は、一般的に、当該条項の文言を中心に、取引の背景・実情・慣行、当事者の説明・言動などの付帯的諸事情を勘案した契約の解釈（当事者の意思の解釈）が必要とされますが、フランチャイズ契約の場合、これに加え、契約

【図表7】フランチャイズ・パッケージ全体の利用許諾契約と
その構成部分の個別の契約

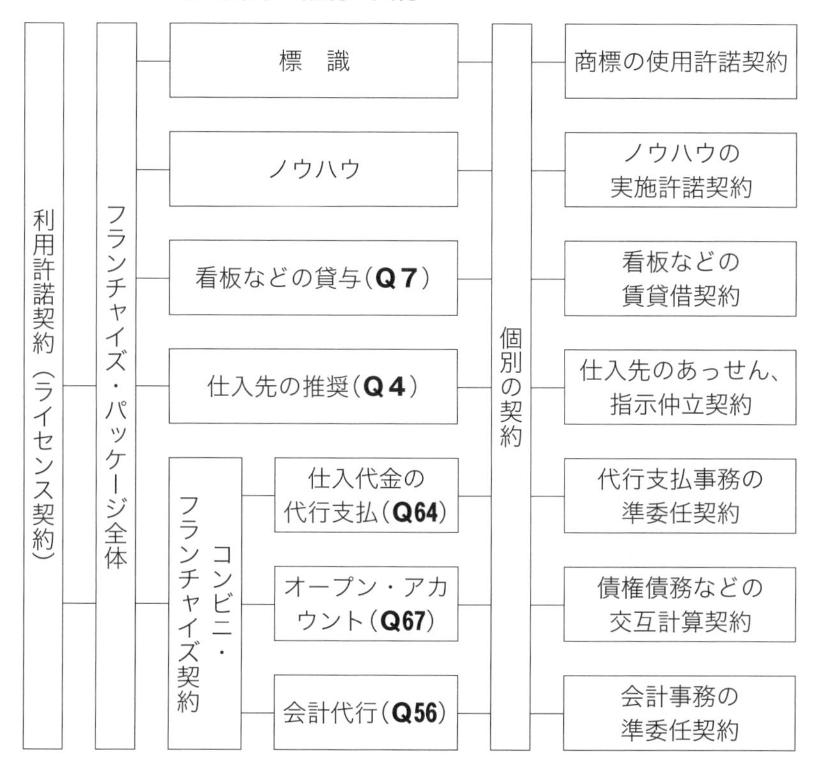

の二重構造を前提に、フランチャイズ・パッケージ全体の利用許諾契約と調和を保つ形で個別の契約の解釈がなされる必要があると考えられます。

⑶　最(二小)判平20.7.4判時2028.32

同判決は、要旨、セブン－イレブン・ジャパン社の加盟店基本契約において、加盟店経営者が推薦仕入先に対し支払うべき商品の仕入代金を、セブン－イレブン・ジャパン社が代行支払（**Q64**）していたが、代行支払を定めた条項には報告義務を関する定めがなく、フランチャイズ契約の関連条項（本件資料等提供条項）として税申告の資料提供、損益計算書～商品報告書の作成・提供の規定が設けられているものの、本件資料等提供条項により提供される資料等からは具体的支払内容は明らかにならないとの事案で、代行支払の法的性質を準委任と解しつつ、直ちには、民法第656条、第645条による報告義務を負うとはせず、「本件資料等提供条項の履行で足りるか、それ以上に、民法の規定に基づき代行支払の明細を報告すべき義務を負うか」との問いを立て、その問いについて、フランチャイズ契約全体の趣旨［オープン・アカウントでの決済に伴う費用の前払のないこと～無報酬であることの特性と、セブン－イレブン・ジャパン社にとっての利益や加盟店経営者の独立の事業者性の尊重（代行支払の明細を知りたいと考えるのは当然であること）］との関係で調和的な解釈を行い、民法第656条、第645条に基づく代行支払の明細の報告義務を肯定したものと理解され、代行支払事務の準委任契約が(2)で述べたフランチャイズ・パッケージ全体の利用許諾契約と調和を保つ形で解釈された一例ではないかと考えられます（**Q65**）。

注

注１）小塚『契約論』46頁以下

注２）金井『理論分析』14頁以下

注３）佐藤『実務契約法』348頁。「本質的にはライセンス契約の一種といえる」と述べておられる。

注４）最(三小)判昭40.9.22判時421.31

注５）小塚・同上47頁

注６）小塚・同上47頁

注７）中山『特許法』444頁の注(2)。「通常実施権許諾契約では、現実に実施しうるように協力する義務、登録義務、ノウ・ハウ提供義務、侵害排除義務等々の規定の設けられることも多い」と述べておられる。

注８）星野『概論Ⅳ』189頁

Q11

非労務供給契約性

フランチャイズ契約は、フランチャイジーがフランチャイザーに労務を供給する契約ですか。

A 1（結論）

フランチャイズ契約は、ビジネス・フォーマット型フランチャイズとしての理念型、フランチャイズ契約の事業構造、契約の実態のいずれの観点においても、非労務供給契約であり、雇用に該当しないことはもちろん、請負、委任などの労務供給契約にも該当しないと考えられます。

A 3（解説）

1 労務供給契約

(1) 典型契約

民法の典型契約では、他人に労務を供給する契約として、雇用契約のほか、請負契約、委任契約が規定されています。

雇用契約とは、当事者の一方が相手方に対して労働に従事することを約し、相手方がこれに対してその報酬を与えることを約する契約です（民法第623条）。雇用契約は、労働者が使用者の指揮命令に服することを前提としています。

請負契約とは、当事者の一方がある仕事を完成することを約し、相手方がその仕事の結果に対してその報酬を支払うことを約する契約です（民法第632条）。労務の提供ではなく、「仕事の完成」に対し報酬が支払われる点で、雇用契約と異なっています。

委任契約とは、当事者の一方が法律行為をすることを相手方に委託し、相手方がこれを承諾する契約です（民法第643条）。法律行為でない事務の委託についても、委任の節が準用され（民法第656条）、準委任と呼ばれています。委任契約は、準委任を含め、他人に事務を委託する契約となり、請負契約とは「仕事の完成」を目的としない点で異なり、雇用契約とは使用者の指揮命令に服さない（多かれ少なかれ労務者の裁量で働く）点で異なるとされています。[注1]

(2) 労務供給契約に共通の要素

他人に労務を供給する契約が雇用契約、請負契約、委任契約のいずれに該当するかの判断は相当に微妙ですが、いずれの契約でも、当事者の一方が相手方に労務を供給し、その対価（報酬）の支払を得る点では共通しています。

2 フランチャイズ契約の非労務供給契約性

(1) ビジネス・フォーマット型フランチャイズとしての理念型の観点

ア 理念型

ビジネス・フォーマット型フランチャイズとしての理念型（本章序節、**Q8**）によれば、フランチャイズ契約は、ビジネス・フォーマット（事業経営の仕組み）型フランチャイズを本質とし、フランチャイザーとフランチャイジーの間でビジネス・フォーマットとしてのフランチャイズ・パッケージが有償で取引される契約と定義され、フランチャイザーのフランチャイズ事業（フランチャイズ・パッケージを開発・構築し、これをフランチャイジーに有償で提供・利用許諾する事業）とフランチャイジーの対象事業（フランチャイズ・パッケージを利用して商品を販売し、サービスを提供する事業）は区別されます。

そのうえで、フランチャイズ契約の法的性質はライセンス契約（賃貸借類似の契約）であり、非労務供給契約であると理解され、その法的特徴として、フランチャイザーのフランチャイズ事業とフランチャイジーの対象事業はその組織、活動、収支において別個独立であり（事業の別個独立性）、フランチャイズ契約は、通常の契約と同様、両当事者の利害対立（フランチャイズ・パッケージの提供・利用許諾と加盟金・ロイヤルティの支払の対価関係）の構造を基礎とするものであり（利害対立性・非合同行為性）、フランチャイジーは独立の事業者である（対象事業のすべての損益はフランチャイジーに帰属し、フランチャイザーとの間には指揮命令関係はない）と理解されます。

イ　非労務供給契約性

ビジネス・フォーマット型フランチャイズとしての理念型によれば、フランチャイズ契約は、フランチャイジーがフランチャイザーに対価（加盟金・ロイヤルティ）を支払って、フランチャイズ・パッケージの利用許諾を受け、独立の事業者として対象事業を経営する契約であり、フランチャイザーに労務を供給して対価（報酬）の支払を得る労務供給契約とはまったく性質を異にしており、フランチャイズ契約の非労務供給契約性は契約の本質から導かれる自明の理ともいうべき性質です。

⑵ フランチャイズ契約の事業構造の観点

ア 請負、委任などの労務供給契約の事業構造

フランチャイズ契約が雇用に該当しないことは明らかですので、以下、請負、委任などの労務供給契約の事業構造との対比において、フランチャイズ契約の非労務供給契約性について述べます。

請負、委任などの労務供給契約において営まれる事業は、次のような構造を有しています。

① 発注者、委任者などから仕事、事務などの発注を受ける。
② 請負人は発注者と請負契約を締結し、受注した仕事を完成する。受任者は委任者と委任契約を締結し、受任した事務を処理する。
③ 発注者、委任者などが営む事業に自己の労務を供給する。
④ 発注者、委任者など（の資金）から、請負代金、委託料などの報酬を受領する（収入を得る）。
⑤ 発注者、委任者などに金銭を支払うことはない。

イ フランチャイズ契約の事業構造

フランチャイズ契約において営まれる前記の対象事業は、次のような構造を有しています。

① フランチャイザーからの仕事、事務の発注はない。フランチャイジーは、自己の発意でフランチャイジーとなり、対象事業を営む。
② フランチャイジーは、フランチャイザーとフランチャイズ契約を締結し、フランチャイザーに対価を支払って、フランチャイズ・パッケージの提供・利用許諾を受け、これを利用して、自己の名義と計算で対象事業を営む。
③ フランチャイザーが営むフランチャイズ事業には労務を供給せず、自らが営む対象事業に従事する。
④ フランチャイザーから何らの報酬（労務供給の対価）を受領しない。自己が営む対象事業において顧客から売上金を受領し、（売上

金を原資とする）営業利益から事業者収入を得る。
⑤　フランチャイザーに自己の資金から加盟金・ロイヤルティなどのフランチャイズ・パッケージ利用許諾の対価を支払う。

ウ　非労務供給契約性

請負、委任などの労務供給契約とフランチャイズ契約の事業の構造の異同を図示すると、次頁の**図表8**のとおりとなりますが、フランチャイズ契約が請負、委任などの契約と異なり、労務供給契約でないことは明白です。

(3)　契約の実態の観点

ア　契約の実態

フランチャイズ契約をいかに労務供給契約として理解しようとしても、契約の実態として、次の㋐～㋒の事実（次頁の**図表8**で下線を付した部分）の存在を否定することはできないと考えられます。

㋐　フランチャイジーが自己の資金からフランチャイザーにフランチャイズ・パッケージ利用の対価（加盟金・ロイヤルティ）を支払っている事実
㋑　フランチャイジーがフランチャイザーから何ら報酬（労務供給の対価）を得ていない事実
㋒　対象事業の損益のすべてがフランチャイジーに帰属している事実

イ　非労務供給契約性

契約の実態として、㋐～㋒の事実が認定される以上、フランチャイジーがフランチャイズ・パッケージの利用者であって、労務供給者ではないことは明白であり、フランチャイズ契約の労務供給契約性を肯定することはできないと考えられます。

なお、㋐～㋒の事実は、ビジネス・フォーマット型フランチャイ

【図表8】請負、委任などの労務供給契約とフランチャイズ契約の事業の異同

<table>
<tr><th></th><th colspan="2">請負、委任などの
労務供給契約</th><th>フランチャイズ契約</th></tr>
<tr><td>仕事・事務の発注</td><td colspan="2">発注者、委任者などから仕事、事務の発注を受ける。</td><td>フランチャイザーからの仕事、事務の発注はない。自己の発意で対象事業を営む。</td></tr>
<tr><td rowspan="2">活　動</td><td>請負人</td><td>発注者と請負契約を締結し、受注した仕事を完成する。</td><td rowspan="2">フランチャイザーとフランチャイズ契約と締結し、対価を支払って、フランチャイズ・パッケージの提供・利用許諾を受け、これを利用して、自己の名義と計算で対象事業を営む。</td></tr>
<tr><td>受任者</td><td>委任者と委任契約を締結し、受任した事務を処理する。</td></tr>
<tr><td>労務の供給先</td><td colspan="2">発注者、委任者などが営む事業に自己の労務を供給する。</td><td>フランチャイザーが営むフランチャイズ事業に労務を供給しない。自らが営む対象事業に従事する。</td></tr>
<tr><td>報酬の受領（収入）</td><td colspan="2">受注者、委任者など（の資金）から、請負代金、委任料などの報酬を受領する（収入を得る）。</td><td>フランチャイザーから何らの報酬（労務供給の対価）を受領しない。自己が営む対象事業において顧客から売上金を受領し、（売上金を原資とする）営業利益から事業者収入を得る。</td></tr>
<tr><td>金銭の支払</td><td colspan="2">発注者、委任者などに金銭を支払うことはない。</td><td>フランチャイザーに自己の資金から加盟金・ロイヤルティなどのフランチャイズ・パッケージ利用許諾の対価を支払う。</td></tr>
</table>

ズとしての理念型の中核をなすものであり、当該事実が認定される以上、ビジネス・フォーマット型フランチャイズとしての理念型は、実態としても、存在していることになります。

3 岡山県労委命令

岡山県労委命令は、セブン－イレブン・ジャパン社のフランチャイズ契約において、「セブン－イレブン・チェーン事業」の存在を認め、同事業の内部における同社と加盟店主の関係について、統括、管理監督の関係が存在し、加盟店主は「店舗の経営義務」（労務供給義務）を課せられている旨の事実を認定し、同社のフランチャイズ契約の労務供給契約性を肯定していますが（**Q74**）、加盟店主は労務供給者ではなく、フランチャイズ契約の労務供給契約性も否定されると考えられます。

注

注1）星野『概論Ⅳ』235頁、255頁、271頁

Q12

フランチャイザーとフランチャイジーの事業の別個独立性、両者の利害対立性、フランチャイジーの独立の事業者性

フランチャイズ契約には、どのような法的特徴が認められますか。

A1（結論）

ビジネス・フォーマット型フランチャイズとしての理念型によれば、フランチャイズ契約は、ビジネス・フォーマット（事業経営の仕組み）型フランチャイズを本質とし、フランチャイザーとフランチャイジーの間でビジネス・フォーマットとしてのフランチャイズ・パッケージが有償で取引される契約と定義され、フランチャイザーのフランチャイズ事業（フランチャイズ・パッケージを開発・構築し、これをフランチャイジーに有償で提供・利用許諾する事業）とフランチャイジーの対象事業（フランチャイズ・パッケージを利用して商品を販売し、サービスを提供する事業）は区別されることを前提に、フランチャイズ契約には、次の三つの法的特徴が認められます。

① 事業の別個独立性…フランチャイザーのフランチャイズ事業とフランチャイジーの対象事業がその組織、活動、収支において別個独立であること
② 利害対立性…フランチャイズ契約は、通常の契約と同様、両当事者の利害対立（フランチャイズ・パッケージの提供・利用許諾と加盟金・ロイヤルティの支払の対価関係）の構造を有し、合同行為の

関係はないこと
③　独立の事業者性…フランチャイジーは、独立の事業者として、対象事業の損益のすべてが帰属し、フランチャイザーとの間には指揮命令関係はないこと

A3（解説）

1　フランチャイザーとフランチャイジーの事業の別個独立性

⑴　事業の区別

ビジネス・フォーマット型フランチャイズとしての理念型では、フランチャイザーのフランチャイズ事業とフランチャイジーの対象事業は区別されます。

⑵　事業の別個独立性

ア　事業組織

㋐　フランチャイズ事業の組織

フランチャイザーが営むフランチャイズ事業の組織では、当該事業規模の大小によっても差がありますが、概要、次のような部署が設置され、フランチャイザーの役員、従業員がその責任者・担当者として配置され、事業が営まれています（部署名は便宜的に付したものである）。

㋐　**意匠部**…標識のロゴタイプ、デザイン、カラーの製作などの業務
㋑　**建設部**…店舗の造作、内外装・設備の仕様・規格の製作、施工業者の選定などの業務
㋒　**設備部**…営業用の機械器具、商品販売用の什器・機器の仕様・規格の製作、供給業者の選定などの業務
㋓　**開発部**…フランチャイズ契約の説明・締結、店舗建物の調達などの業務
㋔　**情報システム部**…情報機器・商品の発注端末の調達、商品の受発注の情報システムの開発などの業務
㋕　**物流部**…商品の納入の物流システムの構築などの業務
㋖　**商品部**…仕入先の選定、商品・原材料の開発、メニュー・レシピの作成などの業務
㋗　**研修部**…研修の実施、教材の作成、講師の確保などの業務
㋘　**店舗運営部**…営業行為に関するマニュアル作成、個別の助言・指導の実施などの業務
㋙　**会計部**…伝票・会計帳票の整備、取引記録の作成、運転資金の融資などの業務
㋚　**店舗販促部**…販促の実施、販促用宣材の供給業者の選定などの業務

⑷　対象事業の組織

フランチャイジーが営む対象事業の組織では、当該事業規模の大小によっても差がありますが、小規模の場合、特に部署を設置するまでのことはなく、例えば、次のフランチャイジー、店長・副店長、店舗スタッフにより店舗運営の体制を設け、業務が分担されています（小売業を想定。組織の名称は便宜的に付したものである）。

㋛　**フランチャイジー**…店舗建物の賃借、店舗の看板・内外装・設備の請負工事の発注、従業員の雇用などの業務
㋜　**店長・副店長**…営業用の機械・器具などの購入・レンタル、電話回線の確保、商品の仕入（発注）、従業員の教育・管理などの

業務
㋝ **店舗スタッフ**…納入商品の受領、商品の陳列・値付け・販売、商品代金のレジ精算、接客、店内清掃などの業務

イ　事業活動

(ア)　フランチャイズ事業の活動

フランチャイザーは、フランチャイズ事業において、フランチャイズ・パッケージの開発・構築、フランチャイズ契約の締結（フランチャイズ・パッケージの提供・利用許諾、加盟金・ロイヤルティの受領）、店舗建物の調達などの活動を営んでいます（**Q7**）。

(イ)　対象事業の活動

フランチャイジーは、対象事業において、店舗従業員の雇用、商品の仕入・販売その他の営業行為、店舗建物の賃借などの活動を営んでいます（**Q6**）。

ウ　事業収支

(ア)　フランチャイズ事業の収支

フランチャイザーは、フランチャイジーから加盟金・ロイヤルティを受領し、営業利益から事業者収入を取得しており、フランチャイジーへは何らの報酬も支払っていません（**Q7**）。

(イ)　対象事業の収支

フランチャイジーは、顧客から店舗での商品の販売、サービスの提供による売上金を受領し、営業利益から事業者収入を取得しており、フランチャイザーからは何らの収入も得ていません（**Q6**）。

以上のフランチャイザーとフランチャイジーの事業の組織、活動および収支の別個独立性を整理すると、次頁の**図表9**のとおりとなります。

【図表9】フランチャイザーとフランチャイジーの事業の別個独立性

	フランチャイザー	フランチャイジー
事　業	フランチャイズ事業（フランチャイズ・パッケージを開発･構築し､これをフランチャイジーに有償で提供・利用許諾すること）	対象事業（フランチャイザーに加盟金・ロイヤルティを支払ってフランチャイズ・パッケージの提供・利用許諾を受け、これを利用して商品を販売し、サービスを提供をすること）
組　織	フランチャイズ本部を組織するため、意匠部、開発部、商品部、研修部、店舗運営部などの各部署を設置し、各部署が分担して、標識の製作、フランチャイズ契約の締結、商品の開発、研修の実施、店舗への運営指導などのフランチャイズ事業の業務を処理する。	店舗の運営組織を整備するため､フランチャイジー､店長･副店長、店舗スタッフなどの体制を設け、各役職者が分担して、店舗建物の賃借、従業員の雇用･教育､商品の陳列･販売、接客・清掃などの対象事業の業務を処理する。
活　動	フランチャイズ・パッケージの開発・構築、フランチャイジーとのフランチャイズ契約の締結、店舗建物の調達などの活動を行う。	店舗において商品の仕入・販売、その他の営業行為などの活動を行う。
収　支	フランチャイズ事業によりフランチャイジーから加盟金・ロイヤルティを受領し、その営業利益から事業者収入を得る。フランチャイジーへは何らの報酬も支払わない。	対象事業により顧客から売上金を受領し、その営業利益から事業者収入を得る。フランチャイザーに加盟金・ロイヤルティを支払うが、フランチャイザーからは何らの収入も得ない。

エ　別個独立性説

以上のとおり、フランチャイザーのフランチャイズ事業と、フランチャイジーの対象事業は、その事業の組織、活動、収支を別個独立にしていますが、このことについて、川越憲治弁護士は次のように説かれています。[注1)]

> フランチャイジング関係における両当事者は、いずれも自己の計算で営業活動をする事業者である。したがって、両当事者の関係は、雇用関係でもないし、代理関係でもない。フランチャイジング関係においては、それぞれの事業者が自己固有の事業を持ち、自ら出資し、損益の帰属の主体になる。…（中略）…当事者の基本的なポジションは、ライセンス契約としての関係にある。その点で、フランチャイズは共同経営やパートナーの関係からでてくる権利と異なる。

以下、上記の見解を別個独立説というものとします。

実際のフランチャイズ契約においても、多くの場合、（別個独立説に立って）フランチャイジーは独立の事業者であって、自己の責任で対象事業を経営し、その損益はすべてフランチャイジーに帰属するとか、フランチャイジーはフランチャイザーの受任者、代理人、従業員ではないことを確認する、などといった条項が設けられています。

なお、事業の別個独立性は、ビジネス・フォーマット型フランチャイズでは、自明の理というべき法的特徴ですが、商学ないし商業実務上の「組織化小売業」「フランチャイズ・チェーン事業」の概念によって、曖昧にされてきたきらいがありますので（**Q14**、**Q15**）、両事業を混同しないよう留意することが肝要であると思われます。

2　両者の利害対立性

(1)　利害対立性

フランチャイズ契約は、その定義（**Q1**）からも明らかなとおり、フランチャイザーによるフランチャイズ・パッケージの提供・利用許諾と、フランチャイジーによる加盟金・ロイヤルティの支払の対価関係を基軸とし、フランチャイザーのフランチャイズ事業と、フランチャイジーの対象事業は別個独立に存在しています。両者の間は、契約一般の利害対立構造と同じ関係によって支配されており、合同行為（相対立しない複数当事者の内容と方向を同じくする複数の意思表示が合致することによって成立する法律行為）[注2]ないし組合契約の要素は存在しないと考えられます。

(2)　商学ないし商業実務上の共同事業の関係は法的には存在しないこと

商学ないし商業実務では、フランチャイザーとフランチャイジーが「共同事業の関係」(フランチャイザーはフランチャイズ・パッケージを開発・提供し、フランチャイジーは店舗を経営するとの役割分担のもとに、フランチャイザーとフランチャイジーが共同して商品・サービスを販売する事業を経営し、その売上ないし利益を分配するとの関係)にある旨の説明がなされています。[注3]

「共同事業の関係」の用語は、一見すると、フランチャイザーとフランチャイジーの関係が合同行為（組合契約）的関係にあることを意味するようにもみえますが、上記の説明でも、「本部と加盟者は…（中略）…契約に基づきビジネスパートナーとしてお互いに協力しあいながら『共同事業』を行うものであり、『共同経営』を営むものではありません」と述べられており、[注4]合同行為（組合契約）的関係は否定されています。

実際の用語法をみても、「共同事業」は、フランチャイザーのフランチャイズ事業とフランチャイジーの対象事業が共存共栄的な関係に立つことをいうか、あるいは、フランチャイザーとフランチャイジーは協力関係にあるべしとの、多分に精神的・装飾的な意味を有するにとどまっているように思われます。

「共同事業の関係」の語彙は、日常感覚にも合致し、一見、説得的に感じられますが、合同行為（組合契約）的関係であるかの誤解を招くおそれがありますので、この点につき留意する必要があると考えられます。

なお、コンビニ・フランチャイズ契約では、ロイヤルティは売上総利益（いわゆる粗利）にかけられており、このことを、「粗利分配方式」と呼ぶ場合がありますが（**Q58**）、この用語法も、フランチャイザーとフランチャイジーが共同事業を経営し、その粗利を分け合っているとの誤解を生じさせるおそれがあるのではないかと思われます。

3　フランチャイジーの独立の事業者性

(1)　独立の事業者性

フランチャイジーは、フランチャイズ・パッケージを利用して対象事業を経営し、当該経営によるすべての利益・損失が帰属する立場にあり、その当然の帰結（コロラリー）として、フランチャイジーには、対象事業の経営に関し、自己の利益を最大化し、自己の損失を最小化するため、売上の向上、費用の削減などのために必要な措置をとる（経営を差配する）決定権・判断権が認められ、フランチャイザーから指揮命令を受ける関係には立ちません。これを、「フランチャイジーの独立の事業者性」といいます。

⑵　営業活動に対する指定・義務づけ、推奨、助言・指導の性質

フランチャイズ契約では、一般に、フランチャイジーの営業活動を指定・義務づける条項や、フランチャイジーの営業活動に対し推奨、助言・指導を行う条項が数多く設けられていますが、フランチャイジーの独立した事業者性（経営の決定権・判断権）に鑑み、フランチャイジーの究極的な利益に繋がらない指定・義務づけの不当強制や、フランチャイジーの意思・行動を抑圧する推奨、助言・指導の不当強要は法適合性が否定されることとなります（**Q30**、**Q33**）。

注

注１）川越『法理論』27頁

注２）四宮『総則』143頁

注３）例えば、日本フランチャイズチェーン協会編『よくわかる！フランチャイズ入門』（同友館／2005）９頁。「各々独立した事業体が、契約に基づきビジネスパートナーとしてお互いに協力しあいながら『共同事業』を行う」と説明されている。

注４）日本フランチャイズチェーン協会編・同上９頁

Q13

組織型契約

フランチャイズ契約を組織型契約の概念で説明する学説は、どのような内容のものですか。

A1 (結論)

フランチャイズ契約を組織型契約の概念で説明する学説は、概要、フランチャイズ契約では、フランチャイザーとフランチャイジーは情報・ノウハウ・金融等によって緊密に結合された関係にあり、両者の間には非代替性の大きな財、特別な技術に関する情報の格差が存在し、フランチャイジーはフランチャイザーの指揮命令に従うしかない場合もあるので、両者の関係は階層制とそれに伴う指揮命令系統が存在する組織に類似するものとなるが、他方で、両者の間は契約で結ばれているという点において契約の論理に服さなければならないので、フランチャイズ契約は、市場（契約）と組織の中間的な契約形態である「組織型契約」として位置づけられる、とする学説であると理解されます。

しかし、フランチャイズ契約において、フランチャイザーにより情報・ノウハウ・金融等を含むフランチャイズ・パッケージが提供され、それに伴い、フランチャイジーの営業活動に数多くの指定・義務づけや、推奨、助言・指導がなされ、多くの場合、フランチャイジーがこれに従って営業活動をすることにより、両者の間に緊密に結合された関係が形成されているのは事実ですが、当該関係は、フランチャイズ契約の履行（フランチャイズ・パッケージの提供）

と履行の受領（フランチャイズ・パッケージの受領・利用）により形成されたものと理解すべきであり、フランチャイザーがフランチャイジーに組織類似の指揮命令を行い、フランチャイジーがこれに従っていることにより形成されたものと理解すべきではないと考えられます。

また、非代替性の大きな財、特別な技術に関する情報の格差についても、当該格差があるのは事実ですが、当該格差のあることを前提に、フランチャイジーは当該格差を埋めるために、自らの発意で（能動的に）、フランチャイズ契約を締結し、対価（加盟金・ロイヤルティ）を支払って、当該情報を含むフランチャイズ・パッケージを入手し、これを営業活動に利用しているのであり、当該格差があるから、フランチャイジーがフランチャイザーの指揮命令に従うしかないと理解すべきではないと考えられます。

したがって、少なくとも、実務の観点からは、フランチャイザーとフランチャイジーの間には組織類似の階層制と指揮命令系統は存在せず、フランチャイズ契約を市場（契約）と組織の中間的な契約形態である「組織型契約」として位置づけるのは不相当ではないかと考えられます。

A 3（解説）

1 組織型契約

平井宜雄教授は、フランチャイズ契約を「組織型契約」の一類型である「共同事業型契約」であると述べておられます。[注1)]

その趣旨は、概要、次のようなものではないかと考えられます（以下、「組織型契約」一般に関する記述をフランチャイズ契約に当てはめて表現した部分がある）。すなわち、フランチャイザーとフランチャイジーは「情報・ノウハウ・金融等によって緊密に結合された」関係にある。[注2)] フランチャイザーとフランチャイジーの間には「非代替性の大きな財（ブランド名・トレードネーム）」「特別な技術（生産技術だけでなく、販売・広告のノウハウ・経営分析・財務処理・資産の管理運用・融資を受ける能力等に関するものを含む）」に関する情報の格差が存在し、[注3)] フランチャイジーはフランチャイザーの指揮命令に従うしかない場合もある。[注4)] そのため、両者の関係は「階層制とそれに伴う指揮命令系統が存在する」[注5)] 組織に類似するものとなる。他方で、「当事者間の関係は組織に近くなるけれども、契約で結ばれているという点において契約の論理に服さなければならない」[注6)] ので、フランチャイズ契約は、市場（契約）と組織の中間的な契約形態である「組織型契約」として位置づけられる。[注7)] フランチャイズ契約においては、フランチャイザーは非代替性の大きな財・特別な技術を提供し、フランチャイジーは非代替性の比較的小さい財（土地、金銭）を提供するとの共同事業関係が認められるので、「共同事業型契約」に該当する、[注8)] というものです。

2　フランチャイズ契約では組織類似の指揮命令関係は存在しないこと

(1)　組織型契約における組織類似の指揮命令の存在

平井宜雄教授は、フランチャイザーとフランチャイジーの間に、①情報・ノウハウ・金融等によって密接に結合された関係が存在することと、②非代替性の大きな財、特別な技術に関する情報の格差が存在し、フランチャイジーがフランチャイザーの指揮命令に従うしかない場合もあることを理由に、両者の関係は階層制とそれに伴う指揮命令統制が存在する組織に類似するものとなると結論づけておられます。

①の「情報・ノウハウ・金融等によって密接に結合された関係」とは、フランチャイザーからフランチャイジーに情報・ノウハウ・金融等を含むフランチャイズ・パッケージ（標識、ノウハウ、支援が有機的かつ統一的に統合された事業経営の仕組み）が提供され、それに伴い、フランチャイジーの営業活動について、数多くの指定・義務づけ、推奨、助言・指導がなされ、多くの場合、フランチャイジーがこれに従っていることにより、両者が密接な関係を形成していることを指すものと理解されます。

また、②の「非代替性の大きな財、特別な技術に関する情報の格差」が存在することによりフランチャイジーがフランチャイザーの指揮命令に従うしかないとは、情報弱者（フランチャイジー）の情報強者（フランチャイジー）に対する心理効果より、フランチャイジーはフランチャイザーから提供されたフランチャイズ・パッケージや、営業活動の指定・義務づけ、推奨、助言・指導に従わざるを得ないことを指すものと理解されます。

(2) 組織類似の指揮命令の不存在

ア　情報・ノウハウ・金融等によって密接に結合された関係

しかし、フランチャイズ契約において、「情報・ノウハウ・金融等」を含むフランチャイズ・パッケージが提供され、それに伴い、フランチャイジーの営業活動に数多くの指定・義務づけや、推奨、助言・指導がなされるのは事実ですが、当該関係は、フランチャイザーがフランチャイジーから対価（加盟金・ロイヤルティ）の支払を受け、フランチャイズ契約の履行としてフランチャイジーにフランチャイズ・パッケージを提供する行為であり、使用者が労働者に賃金を支払って一定の業務への従事を命ずる組織の指揮命令とはまったく性質を異にします。

また、フランチャイジーの立場からみても、フランチャイズ・

パッケージの提供や、それに伴うフランチャイジーの営業行為に対する数多くの指定・義務づけや、推奨、助言・指導を受け、多くの場合、これに従って営業活動をしているのは事実ですが、当該事実は、フランチャイジーがフランチャイザーに対価（加盟金・ロイヤルティ）を支払って、フランチャイズ・パッケージの提供を受領し、これを利用して営業活動をする行為であり、労働者が賃金を受領して使用者の組織の指揮命令に従い一定の業務に従事することとはまったく性質を異にします。

したがって、フランチャイズ契約において、フランチャイザーにより情報・ノウハウ・金融等を含むフランチャイズ・パッケージが提供され、それに伴い、フランチャイジーの営業活動に数多くの指定・義務づけや、推奨、助言・指導がなされ、多くの場合、フランチャイジーがこれに従って営業活動をすることにより、両者の間に密接に結合された関係が形成されているとしても、当該関係は、フランチャイズ契約の履行と履行の受領により形成されたものと理解すべきであり、フランチャイザーがフランチャイジーに組織類似の指揮命令を行い、フランチャイジーがこれに従っていることにより形成されたものと理解すべきではないと考えられます。

イ　非代替性の大きな財、特別な技術に関する情報の格差

「非代替性の大きな財、特別な技術に関する情報の格差」についても、当該格差があるのは事実ですが、当該格差があることを前提に、フランチャイジーは、当該格差を埋めるため（自らの事業能力を向上させるため）に、自らの発意で（能動的に）、フランチャイズ契約を締結し、対価（加盟金・ロイヤルティ）を支払って、当該情報を含むフランチャイズ・パッケージを入手し、これを営業活動に利用しているのであり、当該格差があるから、フランチャイジーがフランチャイザーの指揮命令に従うしかないと理解すべきではないと考えられます。

ウ　結　語

平井宜雄教授の議論は、契約法の本質に根ざす深遠な体系を基礎とされており、軽々に論評を加えることは控えざるを得ませんが、以上に述べたとおり、少なくとも、実務の観点からは、フランチャイザーとフランチャイジーの間には組織類似の階層制と指揮命令系統は存在せず、フランチャイズ契約を市場（契約）と組織の中間的な契約形態である「組織型契約」として位置づけるのは不相当ではないかと考えられます。

ちなみに、平井宜雄教授は、フランチャイズ契約につき、川越憲治弁護士の定義を引用しておられますが、[注9] 川越憲治弁護士は、フランチャイズ契約の法的性質につき、ライセンス契約説をとり、その組織性（指揮命令の関係）を否定しておられます。[注10]

注

注１）平井『契約総論』119頁
注２）平井・同上116頁
注３）平井・同上118頁
注４）平井・同上117頁
注５）平井・同上65頁
注６）平井・同上117頁
注７）平井・同上65頁
注８）平井・同上119頁
注９）平井・同上119頁
注10）川越『法理論』27頁

Q14

組織化小売業

フランチャイズ契約を組織化小売業の概念で説明する学説は、どのような内容のものですか。

A 1（結論）

組織化小売業とは、「店舗を展開する際に、他企業と企業間で組織化して店舗展開を行う小売業」と定義されています。組織化小売業では、複数店舗の展開について、独立小売業（単一の企業）が複数店舗を展開する場合に導入されることがある「チェーン・ストア経営」（本部による各店舗の統制が厳しく、本部は各店舗の仕入を集中して行い、物流活動やプロモーション活動、販売価格を管理する経営方法）が導入され、規模の利益（例：仕入のスケール・メリット）、範囲の利益（共通費の節約＝スコープ・メリット）が得られていると説明され、その代表例として、ボランタリー・チェーンとフランチャイズ・チェーンが挙げられています。

しかし、法的観点からは、独立小売業（単一の企業）には組織の指揮命令関係が存在しますが、組織化小売業は複数の企業を構成員とし、その間には、組織の指揮命令関係が存在せず、当該企業間の契約関係しか存在しませんので、独立小売業（単一の企業）の「チェーン・ストア経営」と同じ経営方法が組織化小売業の複数店舗の展開に導入されているとの説明は、不正確であり、組織化小売業（ボランタリー・チェーン、フランチャイズ・チェーン）において組織の指揮命令関係が存在する（フランチャイジーの独立の事業者が否定される）との誤解を招きかねませんので、留意が必要と考えられます。

正確には、「組織化小売業の複数店舗展開では、複数の企業の契約関係によって、共通の商品仕入、情報・物流システムの利用、販促活動などが実施されているので、独立小売業（単一の企業）のチェーン・ストア経営と類似した規模の利益、範囲の利益が得られている」と説明すべきであると考えられます。

1　組織化小売業

商学ないし商業実務においては、従来から、小売業の経営形態の一つとして、組織化小売業の概念が提示されてきました。

すなわち、石川和男教授によれば、小売業の経営形態は、次の**図表10**のとおり、①の独立小売業（単独で単一または複数の店舗展開を行う小売業）と、②の組織化小売業（店舗を展開する際に、他企業と企業間で組織化して店舗展開を行う小売業）とに分類されます。

①の独立小売業は、単一店舗を経営する場合と、複数店舗を経営

【図表10】小売業の経営形態

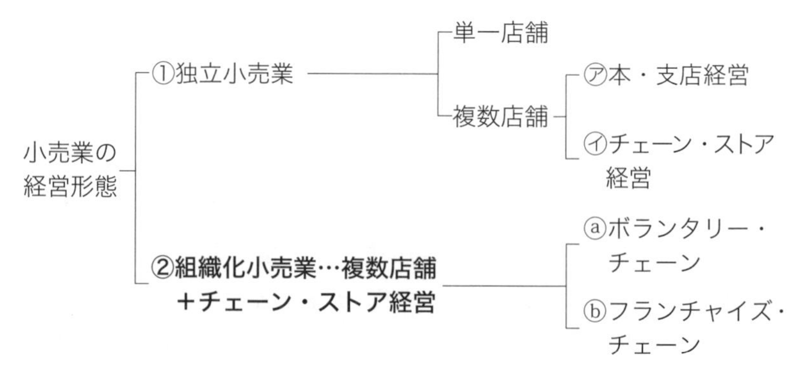

する場合があり、後者の複数店舗を展開する場合、その経営方法には、㋐の本・支店経営（本店による支店の拘束は緩やかで、仕入や販売活動について自由な場合）と、㋑のチェーン・ストア経営（本部による各店舗の統制が厳しく、本部は各店舗の仕入を集中して行い、物流活動やプロモーション活動、販売価格を管理する場合）の二通りの方法があると説明されます。[注1)]

そのうえで、①の独立小売業で複数店舗を㋑のチェーン・ストア経営の方法により経営すると、規模の利益（例：仕入のスケール・メリット）、範囲の利益（共通費の節約＝スコープ・メリット）が得られるとし、[注2)]②の組織化小売業は、独立小売業ではないが、複数店舗の展開において、①㋑のチェーン・ストア経営が導入され、規模の利益、範囲の利益が得られている旨が説明され、その代表例として、ⓐのボランタリー・チェーンと、ⓑのフランチャイズ・チェーンが挙げられます。

ⓐとⓑの違いは、ⓐのボランタリー・チェーンは「(複数の）流通業者が自発的に組織化し、協業化するチェーン組織」であり、ⓑのフランチャイズ・チェーンは「フランチャイザーと（複数の）フランチャイジーとの契約関係により構成される組織」である点に求められ、両者ともに「チェーン・ストア」経営がなされているが、ⓐのボランタリー・チェーンでは統制が緩く、ⓑのフランチャイズ・チェーンでは統制が厳しいとされています。[注3)]

2　組織化小売業では法的には独立小売業と同じ指揮命令関係は存在しないこと

1で述べた、②の組織化小売業の複数店舗の展開において、①㋑の「チェーン・ストア」経営が導入されている旨の説明には、法的観点からは、次に述べるような疑問があります。

すなわち、法的観点からみれば、①の独立小売業（単一の企業）

が複数店舗を経営する場合には、当該企業には組織の指揮命令関係が存在し、当該指揮命令関係を通じ、本部が各店舗を統制管理することが可能ですが、複数の企業（事業者）が契約に基づく集団を構成しているにすぎない②の組織化小売業（ボランタリー・チェーンまたはフランチャイズ・チェーン）では、①の独立小売業（単一の企業）におけるのと同じ組織の指揮命令関係は存在せず、複数の企業間の契約関係しか存在しないので、①の独立小売業（単一の企業）が行うチェーン・ストア経営と同一の経営方法をとることはできません。

組織化小売業に関する上述の説明は法的には不正確であり、組織化小売業（ボランタリー・チェーン、フランチャイズ・チェーン）において組織の指揮命令関係が存在する（フランチャイジーの独立の事業者が否定される）との誤解を招きかねません。正確にいうなら、「②の組織化小売業の複数店舗の展開では、複数の企業（ボランタリー・チェーンでいえば複数の流通業者、フランチャイズ・チェーンでいえば複数のフランチャイジー）の契約関係（ボランタリー・チェーン契約、フランチャイズ契約）によって、共通の商品仕入、情報・物流システムの利用、販促活動などが実施されているので、①の独立小売業（単一の企業）のチェーン・ストア経営と類似した規模の利益、範囲の利益が得られている」と説明すべきであると考えられます。

注

注１）石川『基礎』150頁以下
注２）久保村編『通論』67頁以下（関根孝執筆）
注３）石川・同上150頁以下、久保村編・同上67頁以下（同上執筆）

Q15

フランチャイズ・チェーン事業

「フランチャイズ・チェーン事業」とは、どのような事業のことをいうのですか。フランチャイズ・チェーン事業内部における、フランチャイザーとフランチャイジーの「統合、分業の関係」とは、どのような関係のことをいうのですか。

A 1（結論）

商学ないし商業実務では、単一企業が複数店舗を経営する場合の経営方法として、「チェーン・ストア経営」（本部による各店舗の統制が厳しく、本部は各店舗の仕入を集中して行い、物流活動やプロモーション活動、販売価格を管理する経営方法）があるとされ、チェーン・ストア経営における本部と各店舗から成る事業体を「チェーン・ストア」と呼んでいます。

フランチャイズ契約においては、チェーン・ストアと同様な外観および組織的特徴を持った一個の事業体として「フランチャイズ・チェーン」があるとされ、フランチャイズ・チェーンが一体となって営む商品・サービスの販売事業は「フランチャイズ・チェーン事業」と呼ばれています。フランチャイズ・チェーン事業の内部においては、フランチャイザーは事業方針の決定〜フランチャイジーの指導等を担当し、フランチャイジーは販売、サービスなどの業務に専念するとの「統合、分業の関係」にあると説明されています。

しかし、フランチャイズ・チェーン、フランチャイズ・チェーン事業は、事業活動上の外観としては存在するものの、法的観点からみれば、単一企業のチェーン・ストアと同じ意味での組織の指揮命令関係は存在せず、フランチャイザーとフランチャイジーは別個の事業体ですので、単一企業のチェーン・ストアの用語を転用し、フランチャイズ・チェーンの用語を使用するのは、法的には、誤解を招き易い不適切な用語であると考えられます。

また、フランチャイザーが担当するという事業方針の決定～フランチャイジーの指導等は、各フランチャイジーに対するフランチャイズ・パッケージの提供・利用許諾を指し、多数のフランチャイジーを統合する機能は有せず、フランチャイジーが専念するという販売、サービスなどの業務も、フランチャイズ事業の経営を指し、フランチャイザーと一つの仕事を分担する機能は有しないため、統合、分業の関係にはないと考えられます。統合、分業の関係の用語は、フランチャイザーとフランチャイジーの事業の別個独立性を否定する（曖昧にする）方向に働きかねない表現であり、法的には、不適切な用語であると考えられます。

A3（解説）

1 フランチャイズ・チェーン事業

(1) 商学ないし商業実務上のフランチャイズ・チェーン事業

商学ないし商業実務においては、「チェーン・ストア（*）と同様な外観および組織的特徴を持った一個の事業体」である「フランチャイズ・チェーン（**）」と、当該フランチャイズ・チェーンが一体となって営むフランチャイズ・チェーン事業（商品・サービスの販売事業）の概念が認められています。

＊チェーン・ストア

単一企業（例：スーパーマーケットの経営主体）が複数店舗

（例：複数のスーパーマーケット）を経営する場合の経営方法として、「本部による各店舗の統制が厳しい。本部は各店舗の仕入を集中して行い、物流活動やプロモーション活動、販売価格を管理する」[注1)] チェーン・ストア経営が存在するところ、チェーン・ストアとは、チェーン・ストア経営における本部と各店舗から成る事業体をいう。[注2)]

＊＊フランチャイズ・チェーン

「同じ標識を用い、同種の商品またはサービスを販売して事業を行うフランチャイザーとすべてのフランチャイジーが構成する事実上の集団」をいう。フランチャイズ・チェーンにおいては、フランチャイザーは「フランチャイズ・チェーンの本部として、事業方針の決定、計画、フランチャイジーの募集と選択、店舗立地の選定、管理統制、マーチャンダイジング、フランチャイジーの指導等の機能を担当し、フランチャイジーは販売、サービスおよびこれに付帯する日常の業務に専念する」。「フランチャイザーは分業を有機的に統合しながら一体としての事業活動を推進する」。[注3)]

(2) 事業活動上の外観としてのフランチャイズ・チェーン、フランチャイズ・チェーン事業

フランチャイズ・チェーン、フランチャイズ・チェーン事業では、フランチャイザーが商品の仕入体制、情報・物流システム、共同販促などを企画・開発し、これをフランチャイジーに提供し、フランチャイジーがこれを利用して、店舗で商品・サービスを販売しているので、単一企業が複数店舗をチェーン・ストア方式により経営するチェーン・ストアに類似した外観が存在することは否定できないと考えられます。

また、社会生活の中でも、例えば、フランチャイザーの名称（「○○」）の後に「チェーン」の言葉を付して、「○○チェーン」と呼ぶ

のが常態化していますし、事業規模の説明でも、例えば、「チェーン全店売上高」の言葉が使用されています。

(3) フランチャイズ・チェーン、フランチャイズ・チェーン事業は法的には存在せず、そのことは、商学ないし商業実務でも指摘されていること

しかし、法的にみれば、単一企業が複数店舗を経営する場合には、その組織の指揮命令関係を通じ、本部が各店舗を統制管理することができますが、複数の企業（事業者）が契約に基づく集団を構成しているにすぎないフランチャイズ・チェーンでは、単一企業のような指揮命令関係は存在しませんので、単一企業のチェーン・ストアと同じ意味でのフランチャイズ・チェーンが存在しないことは明白です。

現に、商学ないし商業実務でも、フランチャイズ・チェーン事業は、法的存在ではなく、商学ないし商業実務上の観点から観察される事業活動上の外観であり、法的には、あくまで、フランチャイザーとフランチャイジーは「それぞれ別個の事業者である」と指摘されています。[注4)]

その意味は、法的にはフランチャイザーはフランチャイズ事業を営み、フランチャイジーは対象事業を営む、それぞれ別個の事業体であり、[注5)] 両者の事業体を融合させたかの如きフランチャイズ・チェーンや、両者の事業を融合させたかの如きフランチャイズ・チェーン事業は存在しないというものであると理解されます。

たとえ事業活動上の外観が類似しているとはいえ、単一企業の「チェーン・ストア」の用語を転用し、「フランチャイズ・チェーン」の用語を使用するのは、法的には、誤解を招きやすい表現であるといわざるを得ません。

2 統合、分業の関係

(1) 商学ないし商業実務上の統合、分業の関係

「統合、分業の関係」とは、フランチャイズ・チェーン事業の内部において、フランチャイザーがフランチャイズ・チェーンの本部として、事業方針の決定、計画、フランチャイジーの募集と選択、店舗立地の選定、管理統制、マーチャンダイジング、フランチャイジーの指導等の機能を担当し、フランチャイジーが販売、サービスおよびこれに付帯する日常の業務に専念するとの「分業の関係」と、フランチャイザーが分業を有機的に統合しながら一体としての事業活動を推進する「統合の関係」とがあることをいいます。注6)

「統合、分業の関係」は、フランチャイザーがフランチャイジーの上位者として統括、管理監督する関係ではなく、各フランチャイジーと対等の立場に立ちつつ、全体の取りまとめ役をつとめる（有機的な結合をはかる）関係にある、との意味であると理解されます。

商学ないし商業実務上のフランチャイズ・チェーン事業におけるフランチャイザーとフランチャイジーの関係を整理すると、次の**図表11**のとおりとなります。

【図表11】フランチャイズ・チェーン事業（統合、分業の関係）

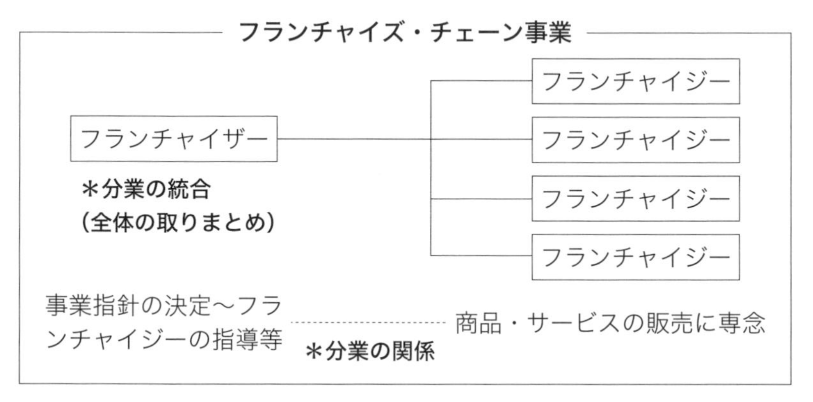

(2) 統合、分業の関係の法的意義

統合、分業の関係において、フランチャイザーが担当する「事業方針の決定〜フランチャイジーの指導等」の機能は、法的には、概ね、フランチャイズ・パッケージの提供・利用許諾を指すものであり、それは、フランチャイザーが各フランチャイジーとの間のフランチャイズ契約に基づき、各フランチャイジーに果たしている機能であり、厳密には、多数のフランチャイジーを統合する（ある秩序のもとに結合する）機能は有しないと考えられます。

また、フランチャイジーが専念する「販売、サービスおよびこれに付帯する日常の業務」は、法的には、概ね、対象事業の経営（店舗の運営）を指すものであり、それは、フランチャイザーのフランチャイズ事業と対をなす関係にはあるものの、厳密には、分業［一つの仕事（商品・サービスの販売事業）を分担して受け持つ］の機能は有しないと考えられます。

統合、分業の関係の用語は、フランチャイザーとフランチャイジーの事業の別個独立性を否定する（曖昧にする）方向に働きかねない表現であり、法的には、不適切な用語であると考えられます。

(3) 「統括、管理監督の関係」

なお、岡山県労委命令は、セブン－イレブン・ジャパン社のフランチャイズ契約において、フランチャイズ・チェーン事業と同一類似のセブン－イレブン・チェーン事業の存在を認め、同事業の内部においてセブン－イレブン・ジャパン社と加盟店主は、（統合、分業の関係ではなく）統括、管理監督の関係にある旨を認定しています（**Q74**）。

注

注1）石川『基礎』150頁

注2）石川・同上150頁、久保村編『通論』67頁以下（関根孝執筆）、協会編『ハンドブック』410頁

注3）協会編・同上423頁

注4）協会編・同上423頁

注5）日本フランチャイズチェーン協会編『よくわかる！フランチャイズ入門』（同文舘／2005）9頁。「本部と加盟者は法律的にも財務的にも各々独立した事業体であり、『共同経営』を行うものではありません」と述べておられる。

注6）協会編・同上423頁

第4節

類似・隣接の契約類型

Q16

ライセンス契約

ライセンス契約とは、どのような契約のことをいうのですか。ライセンス契約は、フランチャイズ契約とどのような点で異なりますか。

A1（結論）

ライセンス契約とは、「ライセンサーがライセンシーに対し、商標、特許・ノウハウなどの知的財産の使用、実施を有償で許諾する契約」をいいます。

これに対し、フランチャイズ契約は、フランチャイザーがフランチャイジーに対し、ビジネス・フォーマットとしてのフランチャイズ・パッケージ（フランチャイジーの経営する対象事業に使用される標識、ノウハウ、対象事業に対する支援が、有機的かつ統一的に統合された事業経営の仕組み）を有償で提供・利用許諾（ライセンス）する契約をいいます。

ライセンス契約では、商標、ノウハウなどの知的財産がそれ自体として使用・実施許諾されますが、フランチャイズ契約では、商標、ノウハウ、支援などを含む事業経営の仕組み（ビジネス・フォーマット）が利用許諾されることが、両契約の異なるところです。

A 3（解説）

1 ライセンス契約

(1) 定義・典型例

ライセンス契約とは、「ライセンサーがライセンシーに対し、商標、特許・ノウハウなどの知的財産の使用、実施を有償で許諾する契約」をいいます。[注1)] ライセンス契約の典型例としては、次の商標の使用許諾契約や、特許の実施許諾契約を挙げることができます。

- **商標の使用許諾契約**
  …ライセンサーが自己の保有する商標（権）の使用を有償でライセンシーに許諾し、ライセンシーが許諾された商標を使用して商品の製造・販売を行う契約
- **特許の実施許諾契約**
  …ライセンサーが自己の保有する特許・ノウハウ（権）の実施を有償でライセンシーに許諾し、ライセンシーが許諾された特許・ノウハウを実施して、商品の製造・販売を行う契約

(2) 契約の骨子

ライセンス契約では、商標、特許・ノウハウなどの知的財産が知的財産それ自体として使用許諾、実施許諾され、これに対する対価

としてロイヤルティが支払われます。商標、特許・ノウハウなどはビジネス・フォーマット（事業経営の仕組み）の形で利用許諾されませんので、多くの場合、商品の製造・販売について、一定の知識・経験を有する、ある程度以上の規模の企業がライセンシーとなります。

商標の使用、特許・ノウハウの実施が許諾される範囲・態様（許諾商品・地域・期間／専用使用権・通常使用権、専用実施権・通常実施権の別／独占性・非独占性／再許諾・譲渡の可否など）については、ライセンス契約により規定されます。

ライセンス契約、特に商標の使用許諾契約では、付随的に、ライセンシーに対し、（程度の差はあれ）商品の企画・開発、販促活動などにつきライセンサーの同意を得る義務、商標の名声・信用を毀損する行為や、品質不良な商品の流通の禁止、商品の品質向上・消費者への訴求力の向上に努める義務などが課せられる例が見受けられます。

(3) 契約の性質

ライセンス契約は、民商法で典型契約として規定されてはいませんが、取引社会においては、知的財産（知的財産権）を権利者に留保しつつ、その使用・実施を第三者に許諾する契約として、確立した契約類型の一つとして認知されており、民法の規定する典型契約では、賃貸借に類似する契約であると考えられます。[注2)]

2 フランチャイズ契約

(1) 定　義

フランチャイズ契約は、フランチャイザーがフランチャイジーに対し、ビジネス・フォーマットとしてのフランチャイズ・パッケージ（フランチャイジーの経営する対象事業に使用される標識、ノウハウ、対象事業に対する支援が、有機的かつ統一的に統合された事業経営の仕組み）を有償で提供・利用許諾（ライセンス）する契約をいいます（**Q 1**）。

(2) 契約の骨子

フランチャイズ契約では、標識、ノウハウは、フランチャイジーの事業に対する支援とともに、ビジネス・フォーマット（事業経営の仕組み）の形で、フランチャイズ・パッケージに組み込まれて、フランチャイジーに提供・利用許諾され、その対価として加盟金・ロイヤルティなどが支払われます。ビジネス・フォーマットの形で利用許諾されますので、対象事業（フランチャイズ・パッケージを利用して、商品を販売し、サービスを提供する事業）の知識・経験が乏しい個人や、小規模の企業がフランチャイジーとして対象事業に参入することが可能となり、実際にも、知識・経験の乏しい個人、小規模の企業がフランチャイジーとなる例が多く見受けられます。

なお、フランチャイズ契約では、フランチャイズ・パッケージの提供に伴い、フランチャイジーの営業活動に対して数多くの指定・義務づけや、推奨・助言・指導がなされており、フランチャイザーがフランチャイジーの営業活動に関与する度合いが高く、その分、営業活動の品質の維持・向上をはかることが可能となります。

(3) 契約の性質

フランチャイズ契約も、民商法で典型契約として規定されていませんが、ビジネス・フォーマット（事業経営の仕組み）としてのフランチャイズ・パッケージに関する権利をフランチャイザーに留保しつつ、その利用を第三者に許諾する契約として、ライセンス契約の性質を有し、民法の規定する典型契約では、賃貸借に類似する契約であると考えられます（**Q10**）。

3 結　語

以上を整理すると、ライセンス契約とフランチャイズ契約の異同は、概ね、次の**図表12**のとおりとなります。

【図表12】ライセンス契約とフランチャイズ契約の異同

	ライセンス契約	フランチャイズ契約
定　義	商標、特許・ノウハウの使用・実施許諾	ビジネス・フォーマット（事業経営の仕組み）の利用許諾
骨　子	知的財産それ自体の許諾➡被許諾者は一定の知識・経験を有する、ある程度以上の規模の企業	ビジネス・フォーマットの許諾➡被許諾者は知識・経験の乏しい個人、小規模の企業
法的性質	賃貸借類似の契約	同左

注

注１）佐藤『実務契約』325頁は「ライセンス契約とは、技術情報を利用させるための契約である」と述べておられる。また、椙山敬士、高林龍、小川憲久、平嶋竜太編『ライセンス契約』（日本評論社／2007）３頁（金子宏直執筆）は「ライセンス契約は知的財産権の利用にかかわる契約」と述べておられる。

注２）佐藤・同上325頁以下、椙山敬士、高林龍、小川憲久、平嶋竜太編・同上２頁以下（同上執筆）

Q17

特約店契約

特約店契約とは、どのような契約のことをいうのですか。特約店契約は、フランチャイズ契約と、どのような点で異なりますか。

A1（結論）

特約店とは、「メーカーまたは他の卸売業者（商品供給者）から買い取った商品を転売する形（仕切り）をとりながら、商品供給者である著名な商人の商品の販売チャネルとして系列化された」卸売業者または小売業者をいい、特約店契約とは、当該商品供給者と卸売業者または小売業者の間の契約をいいます。

これに対し、フランチャイズ契約は、フランチャイザーがフランチャイジーに対し、ビジネス・フォーマットとしてのフランチャイズ・パッケージ（フランチャイジーの経営する対象事業に使用される標識、ノウハウ、対象事業に対する支援が、有機的かつ統一的に統合された事業経営の仕組み）を有償で提供・利用許諾（ライセンス）する契約をいいます。

特約店契約は、商品供給者が特約店を系列化し、両者の間で商品を継続的に売買する（実質的には消費者などに対する商品の販売を委任する）契約ですが、フランチャイズ契約は、フランチャイザーがビジネス・フォーマット（事業経営の仕組み）としてのフランチャイズ・パッケージを有償で利用許諾し、フランチャイジーがこれを利用して対象事業を経営する契約であることが、両契約の異なるところです。

A 3（解説）

1 特約店契約

(1) 定義・典型例

特約店とは、「メーカーまたは他の卸売業者（商品供給者）から買い取った商品を転売する形（仕切り）をとりながら、商品供給者である著名な商人の商品の販売チャネルとして系列化された」卸売業者または小売業者をいい、[注1] 特約店契約とは、当該商品供給者と卸売業者または小売業者の間の契約をいいます。

特約店契約の典型例としては、家電メーカーや、移動通信（携帯電話）の通信キャリアが、自社の供給する家電、携帯電話などの商品の販売店（通信キャリアの場合は通信回線契約の取次店を兼ねる）を特約店として系列化する事例を挙げることができます。なお、特約店契約は、取引社会では、「代理店契約」と呼ばれることが多いと思われます。

(2) 契約の骨子

特約店契約では、商品供給者の系列店であることを表示するため、標識の使用が特約店に許諾され（義務づけられ)、一定地域における独占販売権が付与され、優先的に商品が供給され、商品供給者の販売戦略に応じた各種のリベート、インセンティブ・フィーや、営業支援金（例：店舗従業員の人件費補助）などの金員が支払われますが、他方で、特約店には競業避止義務、商品供給者により指定された販売価格、販売方法、販促活動などの販売戦略に従う義務などが課せられます。[注2]

商品の流通に関しては、商品供給者と特約店の間に継続的な商品の売買契約（契約の形式としては、商品売買基本契約と個別の商品売買契約の２本立ての契約）がなされ、商品の売買代金（仕入代金）が支払われます。標識の使用に対するロイヤルティは支払われません。

特約店契約では、特約店に対しビジネス・フォーマット（事業経営の仕組み）は利用許諾されませんので、多くの場合、商品の販売（卸売、小売）について、一定の知識・経験を有する、ある程度以上の規模の企業が特約店となります。

なお、特約店契約は、商品供給者から特約店に対し標識（商標）の使用が許諾されることや、特約店が商品供給者の流通経路に組み込まれる点において、概ね、商標フランチャイズ（**Q9**）に該当する類型の契約ということができます。

(3) 契約の性質

特約店契約は、民商法で典型契約として規定されてはいませんが、商取引法上、代理商（**Q18**）に近接する契約として位置づけられています。[注3] 商品供給者と特約店の間には、商品の売買契約がなされますが、特約店は、商品供給者の販売チャネルとして系列化された存在として、商品の供給を受け、これを転売する立場にあり、実質的には、商品供給者から商品の販売を委託された関係にあります。

特約店の経営成績は、一般的に、商品供給者からのリベート、インセンティブ・フィー、営業支援金の多寡や、商品供給者の販売価格、販売方法、販促活動などの販売戦略の成否に左右される割合が高くなっています。

2 フランチャイズ契約

(1) 定　義

フランチャイズ契約は、フランチャイザーがフランチャイジーに対し、ビジネス・フォーマットとしてのフランチャイズ・パッケージ（フランチャイジーの経営する対象事業に使用される標識、ノウハウ、対象事業に対する支援が、有機的かつ統一的に統合された事業経営の仕組み）を有償で提供・利用許諾（ライセンス）する契約をいいます。

(2) 契約の骨子

フランチャイズ契約では、ビジネス・フォーマット（事業経営の仕組み）としてのフランチャイズ・パッケージが利用許諾され、これに対する対価として加盟金・ロイヤルティなどが支払われます。ビジネス・フォーマットが利用許諾されますので、対象事業（フランチャイズ・パッケージを利用して、商品を販売し、サービスを提供する事業）の知識・経験が乏しい個人や、小規模の企業がフランチャイジーとして対象事業に参入することが可能となり、実際にも、知識・経験の乏しい個人、小規模の企業がフランチャイジーとなる例が多く見受けられます。

(3) 契約の性質

フランチャイズ契約も、民商法で典型契約として規定されていませんが、ビジネス・フォーマット（事業経営の仕組み）としてのフランチャイズ・パッケージに関する権利をフランチャイザーに留保しつつ、その利用を第三者に許諾する契約として、ライセンス契約の性質を有し、民法の規定する典型契約では、賃貸借に類似する契約であると考えられます（**Q10**）。

3 結 語

以上を整理すると、特約店契約とフランチャイズ契約の異同は、概ね、次の**図表13**のとおりとなります。

【図表13】特約店契約とフランチャイズ契約の異同

	特約店契約	フランチャイズ契約
定 義	商品供給者（著名な商人）の販売チャネルの系列化	ビジネス・フォーマット（事業経営の仕組み）の利用許諾
骨 子	特約店を系列化し、商品を供給する➡特約店は一定の知識・経験を有する、ある程度以上の規模の企業	ビジネス・フォーマットの許諾➡被許諾者は知識・経験の乏しい個人、小規模の企業
法的性質	商品の売買契約（実質的には販売委託の関係）	賃貸借類似の契約

注

注１）江頭『商取引法』262頁

注２）川越憲治責任編集『販売店契約ハンドブック／代理店・特約店・フランチャイズ制の実際』（ビジネス社／1974）242頁以下（土原陽美ら執筆）

注３）江頭・同上261頁以下

Q18

代理商契約

代理商契約とは、どのような契約のことをいうのですか。代理商契約は、フランチャイズ契約と、どのような点で異なりますか。

A 1（結論）

「商人のためにその平常の営業の部類に属する取引の代理又は媒介をする者で、その商人の使用人でないもの」を代理商といい、代理商契約とは、代理商と商人との間の法律関係を定める契約をいいます。

これに対し、フランチャイズ契約は、フランチャイザーがフランチャイジーに対し、ビジネス・フォーマットとしてのフランチャイズ・パッケージ（フランチャイジーの経営する対象事業に使用される標識、ノウハウ、対象事業に対する支援が、有機的かつ統一的に統合された事業経営の仕組み）を有償で提供・利用許諾（ライセンス）する契約をいいます。

代理商契約では、商人が取引を行い、代理商は商人の取引を代理・媒介しますが、フランチャイズ契約では、フランチャイザーは取引（商品の販売、サービスの提供）を行わず、フランチャイジーは対象事業（フランチャイズ・パッケージを利用して、商品を販売し、サービスを提供する事業）を営み、フランチャイザーの取引を代理・媒介しないことが、両契約の異なるところです。

A 3（解説）

1 代理商契約

(1) 代理商契約

ア 代理商

代理商とは「商人のためにその平常の営業の部類に属する取引の代理又は媒介をする者で、その商人の使用人でないもの」（商法第27条）をいいます。[注1] 代理商は、次の**図表14**のとおり、締約代理商（他の商人の取引を代理する者）と、媒介代理商（他の商人の取引を媒介する者）に分類されます。代理商は、本人（商人）のために働きますが、商業使用人ではなく、独立した立場にある補助商である、と位置づけられています。

【図表14】代理商の分類

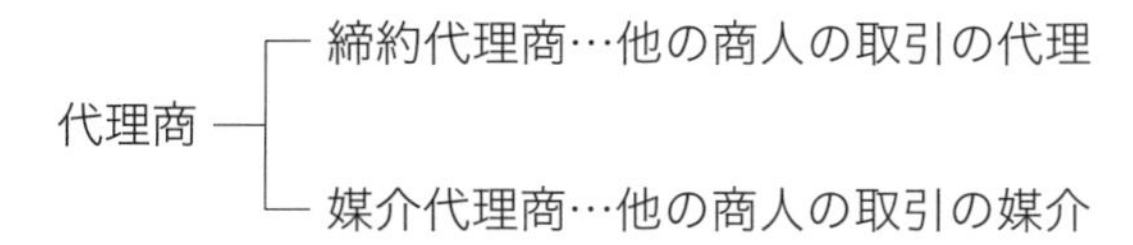

イ 代理商契約

代理商契約とは、代理商と商人との間の法律関係を定める契約ですが、取引社会では、多くの場合、「代理店契約」と呼ばれることが多いと思われます［特約店契約（**Q17**）も「代理店契約」と呼ばれることが多いため、具体的な契約がそのいずれに該当するか区別する必要がある］。

(2) 代理・媒介の意義

ア 代　理

代理商が行う「代理」とは、民法が規定する代理、すなわち、「本人と一定の関係にある他人（代理人）が、本人のために意思表示をなしまたはこれを受けることによって、その法律効果が全面的に本人に帰属することを認める制度」のことです。[注2)] 商品の販売を例にとると、締約代理商は、商人作成の資料などに基づき、購入候補者に商品内容を説明・勧誘し、購入の意思が示された場合、商人作成の契約書類に署名捺印を求め、自らは代理人として署名捺印し、捺印済みの契約書類を商人に届けることにより、商品販売の代理をします。この場合の商品の売主は商人であり、代理商ではありません（代理商の立場の者が商品を商人から仕入れ、自ら販売する場合は、特約店となる）。

イ 媒　介

「媒介」とは、「他人の間にたって、他人を当事者とする法律行為の成立に尽力するという事実行為」のことです。[注3)] 商品の販売を例にとると、媒介代理商は、商人作成の資料などに基づき、購入候補者に商品内容を説明・勧誘し、売買契約の成立に尽力し、購入の意思が示された場合、その案件を商人に引き継ぎ、商人が購入者との間で売買契約を締結します。

(3) 法的性質

代理商契約は、代理商が代理を行う場合（締約代理商の場合）、代理商が「本人（商人）のためにその取引の代理（法律行為をする）の委託を受ける」契約となり、その性質は委任となります。

また、代理商が媒介を行う場合（媒介代理商の場合）、代理商が

「本人（商人）のためにその取引の媒介（法律行為でない事務をする）の委託を受ける」契約となり、その性質は準委任となります。注4）

2 フランチャイズ契約

フランチャイズ契約は、フランチャイザーがフランチャイジーに対し、ビジネス・フォーマットとしてのフランチャイズ・パッケージ（フランチャイジーの経営する対象事業に使用される標識、ノウハウ、対象事業に対する支援が、有機的かつ統一的に統合された事業経営の仕組み）を有償で提供・利用許諾（ライセンス）する契約をいいます。

フランチャイズ契約の場合、フランチャイザーは取引（商品の販売、サービスの提供）を行わず、フランチャイジーは対象事業（フランチャイズ・パッケージを利用して、商品を販売し、サービスを提供する事業）を営み、フランチャイザーの取引を代理・媒介することはありません。

3 結　語

以上を整理すると、代理商契約とフランチャイズ契約の異同は、概ね、次の**図表15**のとおりとなります。

【図表15】代理商契約とフランチャイズ契約の異同

	代理商契約	フランチャイズ契約
定　義	商人の取引の代理・媒介	ビジネス・フォーマット（事業経営の仕組み）の利用許諾
骨　子	代理商は商人とは別個独立の補助商	フランチャイジーは対象事業を経営する独立の事業者
法的性質	委任・準委任契約	賃貸借類似の契約

注

注1）鴻『総則』181頁以下

注2）四宮『総則』224頁

注3）平出『商行為法』182頁

注4）鴻・同上184頁

Q19

ボランタリー・チェーン契約

ボランタリー・チェーン契約とは、どのような契約のことをいうのですか。ボランタリー・チェーン契約は、フランチャイズ契約と、どのような点で異なりますか。

A 1（結論）

ボランタリー・チェーンとは、「資本面での独立性を維持したまま、流通業者が自発的に組織し、協業化するチェーン組織」をいい、ボランタリー・チェーン契約とは、当該流通業者間の契約をいいます。協業の対象となるのは、営業標識、商品の仕入、商品の受発注に関する情報・物流システム、販促活動などです。

これに対し、フランチャイズ契約は、フランチャイザーがフランチャイジーに対し、ビジネス・フォーマットとしてのフランチャイズ・パッケージ（フランチャイジーの経営する対象事業に使用される標識、ノウハウ、対象事業に対する支援が、有機的かつ統一的に統合された事業経営の仕組み）を有償で提供・利用許諾（ライセンス）する契約をいいます。

ボランタリー・チェーン契約は、複数の流通業者が自らを組織化し、組織の定めに従い、営業標識、商品の仕入、商品の受発注に関する情報・物流システム、販促活動などを協業化する組合類似の契約ですが、フランチャイズ契約は、フランチャイザーがフランチャイジーにフランチャイズ・パッケージの利用を許諾するライセンス契約（賃貸借類似の契約）であり、ボランタリー・チェーン契約が複数の流通業者間で締結される、事業の協同化を約する契約であるのに対し、フランチャイズ契約はフランチャイザーとフランチャイジーの相対で締結される、フランチャイズ・パッケージの提供・利用許諾を約する契約であることが、両契約の異なるところです。

なお、「ボランタリー」とはいっても、ある協業行為が組織として決定された以上、構成員（流通業者）は当該決定に拘束されると理解されますが（拘束されないとすると、協業化のメリットは得られないので）、協業化の対象となる事項は、フランチャイズ・パッケージに含まれる営業活動に対する指定・義務づけや、推奨、助言・指導よりも、一般的には数が少ないのではないかと思われます。

A 3（解説）

1 ボランタリー・チェーン契約

(1) 定義・具体例

ボランタリー・チェーンとは、「資本面での独立性を維持したまま、流通業者が自発的に組織化し、協業化するチェーン組織」をいい、[注1] ボランタリー・チェーン契約とは、当該流通業者間の契約をいいます。

商学では、ボランタリー・チェーンは、独立小売業（単一の企業）による複数店舗のチェーン・ストア経営（*）に対抗して、中小の流通業者が、「共同仕入、共同物流施設、共同プロモーションなど」の「協業化」により規模の利益（例：仕入のスケール・メリット）、範囲の利益（例：共通費の節約＝スコープ・メリット）を得ることなどを目的として結成されたものであり、フランチャイズ・チェーンとともに、組織化小売業（店舗を展開する際に、他企業と企業間で組織化して店舗展開を行う小売業）として位置づけられる、旨の説明がなされています。[注2]

なお、一般社団法人日本ボランタリーチェーン協会によれば、ボランタリー・チェーンは、「異なる経営主体同士が結合して、販売機能を多数の店舗において展開すると同時に、情報等を本部に集中することによって組織の統合を図り、強力な管理のもとで、仕入れ・販売等に関する戦略が集中的にプログラム化される仕組みとその運営」と定義されています。[注3)]

＊チェーン・ストア経営

複数店舗をチェーン・ストア方式（本部による各店舗の統制が厳しく、本部は各店舗の仕入を集中して行い、物流活動やプロモーション活動、販売価格を管理する方式）により経営すること（**Q14**）

(2) 契約の骨子

ボランタリー・チェーン契約は、理念的にいえば、チェーンの組織（名称、構成員の資格・入退会／機関・権限など）、活動（協業行為／費用負担など）などを規定するものであり、複数の当事者（流通業者）が一通の契約書を作成するか、あるいは共通の規約を前提とする入会手続をとることにより契約として成立し、いかなる協業行為（共通の営業標識、商品の仕入、商品の受発注に関する情報・物流システム、販促活動など）を行うかは構成員の意思に基づき、組織として決定されるものです。

協業行為が組織として決定された以上、構成員（流通業者）は当該決定に拘束されると理解されますが（拘束されないとすると、協業化のメリットは得られないので）、協業化の対象となる事項は、フランチャイズ・パッケージに含まれる営業活動に対する指定・義務づけや、推奨、助言・指導よりも、一般的には数が少ないのではないかと思われます。

ボランタリー・チェーンは、原則として、商品の販売について、一定の知識・経験を有する小規模の企業（流通業者）が構成員となります（実際には、当事者が本部と加盟者に分化しているボランタリー・チェーンもあり、その場合は知識・経験に乏しい個人、小規模の企業が構成員となることもあり得るが、それは、理念的にはボランタリー・チェーンとは呼ばない）。

(3) 契約の性質

ボランタリー・チェーン契約は、民商法で典型契約として規定されてはいませんが、その法的性質は、民法が規定する組合類似の契約となり、[注4] その特徴としては、合同行為性（相対立しない複数当事者の内容と方向を同じくする複数の意思表示が合致することによって成立する法律行為）[注5] を挙げることができます。

2 フランチャイズ契約

(1) 定　義

フランチャイズ契約は、フランチャイザーがフランチャイジーに対し、ビジネス・フォーマットとしてのフランチャイズ・パッケージ（フランチャイジーの事業に使用される標識、ノウハウ、対象事業に対する支援が、有機的かつ統一的に統合された事業経営の仕組み）を有償で提供・利用許諾（ライセンス）する契約をいいます。

(2) 契約の骨子

フランチャイズ契約では、ビジネス・フォーマット（事業経営の仕組み）としてのフランチャイズ・パッケージが利用許諾され、これに対する対価として加盟金・ロイヤルティなどが支払われます。ビジネス・フォーマットが利用許諾されますので、対象事業（フランチャイズ・パッケージを利用して商品を販売し、サービスを提供する事業）の知識・経験が乏しい個人や、小規模の企業がフランチャイジーとして対象事業に参入することが可能となり、実際にも、知識・経験の乏しい個人、小規模の企業がフランチャイジーとなる例が多く見受けられます。

(3)　契約の性質

フランチャイズ契約も、民商法で典型契約として規定されていませんが、ビジネス・フォーマット（事業経営の仕組み）としてのフランチャイズ・パッケージに関する権利をフランチャイザーに留保しつつ、その利用を第三者に許諾する契約として、ライセンス契約の性質を有し、民法の規定する典型契約では、賃貸借に類似する契約であると考えられます。

以上を整理すると、ボランタリー・チェーン契約とフランチャイズ契約の異同は、概ね、次頁の**図表16**のとおりとなります。

【図表16】ボランタリー・チェーン契約とフランチャイズ契約の異同

	ボランタリー・チェーン	フランチャイズ契約
定　義	複数の流通業者を組織化し、規模の利益、範囲の利益を得ることを目的に、事業の協業化を約する契約	ビジネス・フォーマット（事業経営の仕組み）の利用許諾
骨　子	事業の協業化➡当事者は知識・経験を有する小規模の企業	ビジネス・フォーマットの許諾➡被許諾者は知識・経営の乏しい個人、企業
法的性質	組合類似の契約 当事者の利害一致（合同行為性）	ライセンス契約（賃貸借類似の契約） 当事者の利害対立性（非合同行為性）

注

注１）石川『基礎』151頁

注２）石川・同上150頁以下、久保村編『通論』67頁以下（関根孝執筆）

注３）一般社団法人日本ボランタリーチェーン協会 HP に掲載
（http://www.vca.or.jp/vc/vc_difinition.html）

注４）西口編『法律相談』31頁（奈良輝久執筆）

注５）四宮『総則』143頁

Q20

エリア・フランチャイズ契約

エリア・フランチャイズ契約とは、どのような契約のことをいうのですか。エリア・フランチャイズ契約は、フランチャイズ契約と、どのような点で異なりますか。

A 1 （結論）

エリア・フランチャイズ契約とは、「フランチャイザーが、既存のフランチャイズ事業を新しい地域・国に拡大するため、当該地域・国に事業基盤を有する企業（エリア・フランチャイザー）に対し、フランチャイズ・パッケージ（フランチャイジーの経営する事業に使用される標識、ノウハウ、対象事業に対する支援が、有機的かつ統一的に統合された事業経営の仕組み）などを提供し、エリア・フランチャイザーが当該地域・国において、当該フランチャイズ・パッケージを利用して、フランチャイズ事業を経営する権利を許諾する契約」をいいます。

これに対し、フランチャイズ契約は、フランチャイザーがフランチャイジーに対し、ビジネス・フォーマットとしてのフランチャイズ・パッケージを有償で提供・利用許諾（ライセンス）する契約をいいます。

エリア・フランチャイズ契約は、フランチャイザーとエリア・フランチャイザーの間で締結される契約であり、一定の地域・国におけるフランチャイズ事業が許諾される契約ですが、フランチャイズ契約は、フランチャイザーとフランチャイジーの間で締結される契約であり、フランチャイズ・パッケージを利用する対象事業の経営が許諾される契約であることが、両契約の異なるところです。

A3（解説）

1　エリア・フランチャイズ契約

(1)　定　義

エリア・フランチャイズ契約とは、「フランチャイザーが、既存のフランチャイズ事業を新しい地域・国に拡大するため、当該地域・国に事業基盤を有する企業（エリア・フランチャイザー）に対し、フランチャイズ・パッケージなどを提供し、エリア・フランチャイザーが当該地域・国において、当該フランチャイズ・パッケージを利用して、フランチャイズ事業を経営する権利を許諾する契約」をいいます。

(2)　意　義

フランチャイザーは、その事業規模の拡大のため、自己のフランチャイズ事業（フランチャイズ・パッケージを開発・構築し、これをフランチャイジーに有償で提供・利用許諾する事業）を、既存の地域から新規の地域へと拡大し、また、国内から国外へと拡大をはかることがあります。

新規の地域・国への事業の展開には多額の資金、人員などや、進出する地域・国における事業の遂行能力、事業環境の知識、実績・知名度・信用力などが必要となりますが、フランチャイザーは必ずしもこれらの経営資源を備えているとは限りません。

そこで、フランチャイザー(A)は、フランチャイズ事業を拡大する方法として、進出先の地域・国に事業基盤を有する企業(B)との間で、エリア・フランチャイズ契約を締結し、フランチャイザー(A)がエリア・フランチャイザー(B)にフランチャイズ・パッケージなどを提供し、エリア・フランチャイザー(B)が当該地域・国において、フランチャイザー(A)から提供を受けたフランチャイズ・パッケージなどを利用して、フランチャイズ事業を経営する権利を許諾することがあります。

これが「エリア・フランチャイズ契約」と呼ばれている契約であり、進出先の地域・国の企業は、「エリア・フランチャイザー」と呼ばれています。なお、「エリア・フランチャイズ契約」は、英語では「マスター・ライセンス契約」と呼ばれています。

(3) 契約の概要

エリア・フランチャイズ契約の具体的な内容は、概要、次のとおりとなっています。

① フランチャイザー(A)は、エリア・フランチャイザー(B)に対し、エリア・フランチャイザー(B)が当該地域・国においてフランチャイズ事業を経営するのに必要な次の情報などを提供する。

- フランチャイズ・パッケージ（その構成要素である標識、ノウハウ、支援）に関する情報
- フランチャイジー(C)との契約、その募集・説明・締結手順、店舗の仕様・規格、立地選定などに関する情報
- 上述の情報が記憶・記載された情報媒体、手引・書類・図面など

② エリア・フランチャイザー(B)は、長期間にわたり、その資金・労力を投下して、当該地域・国に適合するようフランチャイズ・パッケージに所要の変更を加え、当該地域・国において、フランチャイジー(C)との間で、フランチャイズ契約を締結し、フランチャイジー(C)に対し、自らが開発・構築したフランチャイズ・パッケージを提供・利用許諾（Aからみると再許諾）し、加盟金・ロイヤ

ルティなどの対価を得るフランチャイズ事業を経営する。
③　エリア・フランチャイザー(B)は、①、②の対価として、フランチャイザー(A)に対し、加盟金・ロイヤルティ［例：許諾地域内の店舗の売上金、あるいはエリア・フランチャイザー(B)がフランチャイジー(C)から徴収するロイヤルティに対し、一定の割合を乗じた金額］を支払う。

(4)　フランチャイズ契約との異同

上述のとおり、エリア・フランチャイズ契約は、フランチャイザーがエリア・フランチャイザーにフランチャイズ事業を許諾する契約であり、フランチャイザーがフランチャイジーにフランチャイズ・パッケージを利用した対象事業を許諾するフランチャイズ契約とは異なる契約です。

2　更新拒絶のやむを得ない事由との関係

なお、フランチャイザーがフランチャイズ契約の更新を拒絶する場合、「やむを得ない事由」を必要とするか否かの議論がありますが、そこで取り上げられている裁判例の中には、エリア・フランチャイズ契約の事例に関するものが含まれています。

しかし、エリア・フランチャイズ契約は、上述のとおり、フランチャイズ契約とは取引の趣旨・目的、構造や、期間、資金・労力の投下の状況を異にする契約であり、契約条項の文言や当事者の説明・言動などの付帯的事情も異にしています。かかる相違を等閑視して、エリア・フランチャイズ契約を例に、フランチャイズ契約の更新拒絶を議論するのは適切ではないと考えられます。

本書のように、契約の解釈（当事者の意思の解釈）によって更新拒絶が制限される範囲が画されるとの立場（私的自治を重視する立場）からは、フランチャイズ契約とエリア・フランチャイズ契約の上記相違に応じ、自ずと内容の異なる契約の解釈がなされ、両契約では、「やむを得ない事由」の要否について、結論を異にすることになると考えられます（**Q48**）。

第5節

フランチャイズ契約に適用される法律

Q21

フランチャイズ契約に適用される法律

フランチャイズ契約について規定した法律はありますか。

A 1 （結論）

フランチャイズ契約は、民商法上、典型契約として規定されていません。また、フランチャイズ事業を対象とした包括的な業法（特定の業種の営業に関し規制を行う法律）も制定されていません。

しかし、フランチャイズ契約は、小振法に規定された「特定連鎖化事業」に該当し、同法により、契約内容、フランチャイザーの会社・事業の概要に関して、開示規制が加えられており、小売業、飲食業のフランチャイズ事業は同法による開示規制を受けます。

また、独禁法の規定する不公正な取引方法により、フランチャイザーによるフランチャイジーの募集、フランチャイズ契約締結後のフランチャイザーとフランチャイジーの取引につき、規制が加えられています。

なお、平成27年３月国会に提出された民法の一部を改正する法律案（以下「法律案」という）[注1] は、フランチャイズ契約について規定を置いておらず、その内容も大きな影響を与えるものではありません。

A３（解説）

1　非典型契約性、業法の不存在

わが国では、民法第３編第２章で売買契約その他の典型契約が規定され、商法第２編、第３編で商事売買契約その他の典型契約が規定されていますが、フランチャイズ契約は、民商法において典型契約として規定されていません。また、フランチャイズ事業を対象とした包括的な業法も制定されていません。

2　法規制の経緯・概要

わが国では、フランチャイズ・ビジネスは、昭和38年の株式会社ダスキンの「愛の店」、株式会社不二家の洋菓子店を嚆矢として、その導入が開始され、その後、昭和40年代に外食業、小売業のフランチャイズ・ビジネスが展開され、徐々にその裾野を広げ、チェーン数、店舗数、売上高などが拡大・発展してきたといわれています。[注2]

このように、フランチャイズ契約は取引実務が先行する形で着実に導入・定着がはかられてきましたが、その進捗状況を受け、昭和48年、小振法が制定され、「特定連鎖化事業」（小売業、飲食業のフランチャイズ事業）につき開示規制が加えられ、平成14年、同法施行規則の改正により、開示事項が大幅に拡充されました。

また、フランチャイズ契約の条項・運用には、フランチャイジーの募集、フランチャイズ契約締結後のフランチャイザーとフランチャイジーとの取引について、独禁法の規定する不公正な取引方法に抵触するおそれのある事項があり、独禁法の運用の指針を示すため、昭和58年、公取委により「フランチャイズ・ガイドライン」が制定されました。フランチャイズ・ガイドラインは平成14年に規制を強化する方向で大幅な改訂がなされましたが、その後も、平成22年、平成23年と順次改正が加えられています。

以下においては、**Q22**で小振法による開示規制についてその概要を述べ、**Q23**で独禁法の不公正な取引方法による規制、**Q24**でフランチャイズ・ガイドラインについてその概要を述べることとします。

3 民法の一部を改正する法律案

法律案のうち、フランチャイズ契約の全体に関連するものとしては、定型約款の規定（新設）、契約解除の規定（修正）などがあり、定型約款については、フランチャイズ契約が定型約款に該当するとすれば、第548条の２第１項（合意の擬制）、同第２項（不当条項の不合意の擬制）などが適用されますが、フランチャイズ契約は、附合契約ないし約款の性質を有する契約に当たるものの（**Q77**）、契約内容を小振法（**Q22**）、フランチャイズ・ガイドライン（**Q24**）に従って各加盟希望者に開示・説明し、契約書に調印する手続を前提とする限り、かかる手続が履践されていない場合を想定しているかにみえる「定型取引」には該当しないと解する余地があるのではないかと考えられます。また、契約解除の修正も小幅に止まっています。

注

注１）法務省 HP に掲載
（http://www.moj.go.jp/MINJI/minji07_00175.html）

注２）協会編『ハンドブック』17頁以下

Q22

小振法

フランチャイズ契約は、小振法によって、どのような規制を受けていますか。

A1（結論）

小振法は、特定連鎖化事業［連鎖化事業（主として中小小売商業者に対し、定型的な約款による契約に基づき継続的に、商品を販売し、又は販売をあっせんし、かつ、経営に関する指導を行う事業）であって、当該連鎖化事業に係る約款に、加盟者に特定の商標、商号その他の表示を使用させる旨及び加盟者から加盟に際し加盟金、保証金その他の金銭を徴収する旨の定めがあるもの］を行う者に対し、契約内容、事業者の会社・事業の概要の開示を義務づけています。主として中小小売商業者に対し、小売業、飲食業のフランチャイズ事業を営むフランチャイザーは、同法の適用を受け、開示義務を負います。その概要は、**A3**で述べるとおりです。

A3（解説）

1 特定連鎖化事業の定義

(1) 特定連鎖化事業の定義

小振法は、商店街の整備、店舗の集団化などの中小小売商業者が共同して行う高度化事業の円滑化や、中小小売商業者の経営の近代化の促進などにより、中小小売商業の振興を図ることを目的とする法律です（同法第１条）。

同法は、その第４条第５項で、「連鎖化事業」を「主として中小小売商業者に対し、定型的な約款による契約に基づき継続的に、商品を販売し、又は販売をあっせんし、かつ、経営に関する指導を行う事業」と定義し、第11条第１項で、「特定連鎖化事業」を「連鎖化事業であつて、当該連鎖化事業に係る約款に、加盟者に特定の商標、商号その他の表示を使用させる旨及び加盟者から加盟に際し加盟金、保証金その他の金銭を徴収する旨の定めがあるもの」と定義しています。

⑵　特定連鎖化事業の要件

連鎖化事業の要件のうち、「主として中小小売商業者に対し」とは、「チェーン加盟店の多数が大企業やサービス業者であるようなもの」を除外する趣旨である旨、解説されています。[注1)]「中小小売商業者」とは小売業に属する事業を主たる事業として営むものであって、小振法第２条第１項第２号から第５号までの一に該当するものをいいます（同法第２条第２項）。

「定型的な約款による契約」とは、「本部事業者において予め作成した書面による符号契約」（附合契約）をいうとされています。[注2)]

「商品を販売し、又は販売をあっせんし」の「商品を販売し」とは、チェーン本部がチェーン加盟店に対し商品を直接に販売することをいいます。

「販売をあっせんし」とは、①チェーン本部がチェーン加盟店に対する商品の販売条件について特定の卸売業者等と契約し、当該卸売業者等を加盟店に対し指定すること（この場合、㋐本部が加盟店の発注をとりまとめて卸売業者等に伝える形態と、㋑発注を伝えず、加盟店が直接卸売業者等に発注する形態がある)、または、②チェーン本部が卸売業者等とチェーン加盟店に対する商品の販売条件について契約せず、単に加盟店に対し、卸売業者等を指定すること(この場合、㋒本部が加盟店の発注をとりまとめて卸売業者等に伝える形態と、㋓発注を伝えず、加盟店が直接卸売業者等に発注する形態があり得るが、㋓の形態が多い)をいうとされています。[注3)]

「あっせん」とは、「ある人とその相手方との間の交渉が円滑に行われるよう第三者が世話をすること」をいい、「媒介」ではないとされています(**Q4**、**Q63**)。[注4)]

商品は、チェーン本部またはチェーン本部が指定する卸売業者等から供給されることになりますが、この「指定」には卸売業者等の「推奨」も含まれるものと考えられます。

商品供給を伴う小売業、飲食業のフランチャイズ事業を営むフランチャイザーは、フランチャイジーに「商品を販売し、又は販売をあっせんし」の要件を充足するので特定連鎖化事業を行う者に該当しますが、サービス業のフランチャイズ事業を営むフランチャイザーは、「商品を販売し、又は販売をあっせんし」の要件を充足しないので特定連鎖化事業を行う者に該当しません。ただし、「小売業種でも飲食店などで商品供給が契約の条件となっていないフランチャイズ・チェーン」は、特定連鎖化事業に該当しないとされています。[注5)]「ボランタリー・チェーン」(**Q19**)や「特約店取引」(**Q17**)などであっても、上述の定義に該当するものは特定連鎖化事業に該当するとされています。[注6)]

2 開示規制

(1) 趣 旨

小振法は第11条第1項、同法施行規則第10条、第11条により、特定連鎖化事業を行う者に対し、次の事項につき、書面交付義務、説明義務を課すとともに、書面に記載すべき事項の詳細を規定しています。その目的は、特定連鎖化事業に加盟する中小小売商業者を保護し、特定連鎖化事業の健全な発展を確保するためとされています。[注7)]

フランチャイズ契約（ビジネス・フォーマット型フランチャイズ）では、フランチャイジーは不特定多数の、事業の知識・経験に乏しい個人か小規模の企業であることが多く、フランチャイジーとなった以上、対象事業の成功・失敗の結果をすべて引き受けなければならないリスクを負うことになるため、事前の情報開示が特に重要となります（**Q8**）。同法は、この法理に基づき、開示規制を定めたものと解されます。

(2) 開示事項

開示が義務づけられる事項は、次のように多岐にわたっており、広範な内容の開示規制となっています。

ア 契約内容

- 加盟金、保証金その他の金銭
- 商品の販売条件
- 経営の指導
- 商標、商号その他の表示
- 契約の期間、更新、解除
- 営業時間、営業日、休業日
- テリトリー権
- 競業禁止義務
- 守秘義務
- ロイヤルティ

- 売上送金
- 金銭貸付け
- 債権債務の相殺後の残高に対する利息
- 店舗の構造・内外装に関する特別の義務
- 違約金

イ　会社の状況

- 社名、住所、従業員数、役員
- 資本金額、主要株主
- 会社の過半の議決権を有する者

ウ　事業の状況

- 三事業年度の貸借対照表、損益計算書
- 事業の開始時期
- 三事業年度の店舗数
- 五事業年度の加盟者との訴訟

注

注１）中小企業庁編『小振法解説』59頁
注２）中小企業庁編・同上59頁
注３）中小企業庁編・同上60頁
注４）中小企業庁編・同上61頁
注５）中小企業庁編・同上100頁
注６）中小企業庁編・同上100頁
注７）中小企業庁編・同上99頁

Q23

独禁法(1) 不公正な取引方法

フランチャイズ契約に適用される独禁法の規定には、どのようなものがありますか。

A 1（結論）

フランチャイズ契約に適用される独禁法の主な規定は、同法第19条、第2条第9項に規定される不公正な取引方法のうち、フランチャイザーによるフランチャイジーの募集についての不当誘引（ぎまん的顧客誘引）の規定と、フランチャイズ契約締結後のフランチャイザーとフランチャイジーの取引についての優越的地位の濫用、事業活動の不当拘束（抱き合わせ販売等、拘束条件付取引）、再販売価格の拘束の規定です。

A 3（解説）

1　ぎまん的顧客誘引

(1)　情報開示の重要性

フランチャイズ契約（ビジネス・フォーマット型フランチャイズ）では、対象事業の知識・経験に乏しい個人、小規模の企業がフランチャイジーとなることが多く、フランチャイジーとなった以上、独立の事業者として、対象事業の成功・失敗の結果をすべて引き受けなければならないリスクを負うこととなるため、事前の情報開示が特に重要となります（**Q8**）。そこで、フランチャイズ契約では、フランチャイジーとなろうとする者（加盟希望者）に対し、適切に契約の内容、売上予測の情報などが開示されなければなりません。

(2) 独禁法

フランチャイザーが、フランチャイジーになろうとする者に対し、契約の重要事項、売上予測の情報などについて、十分な開示を行わず、または虚偽・誇大な開示を行い、実際のフランチャイズ・システムの内容よりも著しく優良・有利であると誤認させ、競争者の顧客を自己と取引するように不当に誘引した場合、ぎまん的顧客誘引に該当するおそれが生じます。

2 優越的地位の濫用、事業活動の不当拘束、再販売価格の拘束

(1) 営業活動の不当制約のおそれ

フランチャイズ契約では、チェーン・イメージの統一性、フランチャイズ・パッケージの統一性・効率性・協同性、対象事業の内在的要請などの目的のために、フランチャイジーの営業活動を指定・義務づける条項が設けられていますが、その法適合性の限界を超える形で、不当に指定・義務づけの強制がなされ、フランチャイジーの営業活動が制約されるおそれがあります（**Q30**）。

また、フランチャイズ契約では、フランチャイジーの事業能力の向上の目的のために、その営業活動に対する推奨、助言・指導を規定する条項が設けられていますが、フランチャイジーが当該推奨、

助言・指導の採否につき、最終的な決定権・判断権を有すると解釈される場合であるにもかかわらず、フランチャイザーによって、フランチャイズ・パッケージの統一性の確保の観点から、その法適合性の限界を超える形で、不当に推奨、助言・指導の強要がなされ、フランチャイジーの営業活動が制約されるおそれがあります（**Q33**）。

フランチャイズ契約締結後のフランチャイザーとフランチャイジーの取引については、その法適合性を確保し、適正化をはからなければなりません。独禁法の不公正な取引方法による規制は、民法の一般条項（公序良俗、信義則、権利濫用）、債務不履行・不法行為に基づく損害賠償とともに、法適合性を確保するための重要な手段として位置づけられます。

(2) 独禁法

フランチャイザーがフランチャイジーに対し、契約締結後の取引に関し、不当に不利益となるよう取引条件を設定した場合は優越的地位の濫用に、自己や自己の指定する事業者から商品を購入させた場合は事業活動の不当拘束（抱き合わせ販売等・拘束条件付取引）に、販売価格を拘束した場合は再販売価格の拘束・拘束条件付取引に、それぞれ該当するおそれが生じます。

3 独禁法の規定

1 **2**に関連する独禁法の規定は次のとおりです。

【独禁法】
第19条　事業者は、不公正な取引方法を用いてはならない。
第２条第９項　この法律において「不公正な取引方法」とは、次の各号のいずれかに該当する行為をいう。

・4号（再販売価格の拘束）自己の供給する商品を購入する相手方に、正当な理由がないのに、次のいずれかに掲げる拘束の条件を付けて、当該商品を供給すること

イ　相手方に対しその販売する当該商品の販売価格を定めてこれを維持させることその他相手方の当該商品の販売価格の自由な決定を拘束すること

・5号（優越的地位の濫用）自己の取引上の地位が相手方に優越していることを利用して、正常な商慣習に照らして不当に、次のいずれかに該当する行為をすること

ハ　…（中略）その他取引の相手方に不利益となるように取引の条件を設定し、若しくは変更し、又は取引を実施すること。

・6号　前各号に掲げるもののほか、次のいずれかに該当する行為であって、公正な競争を阻害するおそれがあるもののうち、公正取引委員会が指定するもの

ハ　（不当誘引）不当に競争者の顧客を自己と取引するように誘引し、又は強制すること

一般指定8項（ぎまん的顧客誘引）自己の供給する商品又は役務の内容又は取引条件その他これらの取引に関する事項について、実際のもの又は競争者に係るものよりも著しく優良又は有利であると顧客に誤認させることにより、競争者の顧客を自己と取引するように不当に誘引すること

ニ　（事業活動の不当拘束）相手方の事業活動を不当に拘束する条件をもって取引すること

一般指定10項（抱き合わせ販売等）相手方に対し、不当に、商品又は役務の供給に併せて他の商品又は役務を自己又は自己の指定する事業者から購入させ、その他自己又は自己の指定する事業者と取引するように強制すること

一般指定12項（拘束条件付取引）…（中略）相手方とその取引の相手方との取引その他相手方の事業活動を不当に拘束する条件をつけて、当該相手方と取引すること

Q24

独禁法⑵ フランチャイズ・ガイドライン

フランチャイズ契約に関する独禁法の運用について、フランチャイズ・ガイドラインは、どのような内容を定めていますか。

A1（結論）

フランチャイズ・ガイドラインは、フランチャイズ・システムを定義したうえ、本部の加盟者募集とぎまん的顧客誘引、フランチャイズ契約締結後の本部と加盟者との取引と優越的地位の濫用、抱き合わせ販売等・拘束条件付取引、販売価格の制限について、独禁法（不公正な取引方法）の運用上の指針を示しています。フランチャイズ・ガイドラインは本書の随所においてしばしば引用されることから、**A3**において、その概要を列記します。

A3（解説）

1 フランチャイズ・システムの定義

フランチャイズ・ガイドラインの1⑴では、フランチャイズ・システムを、「本部が加盟者に対して、特定の商標、商号等を使用する権利を与えるとともに、加盟者の物品販売、サービス提供その他の事業・経営について、統一的な方法で統制、指導、援助を行い、これらの対価として加盟者が本部に金銭を支払う事業形態」と定義しています。

フランチャイズ契約については、「おおむね次のような事項を含む統一的契約である」と定義しています。

① 加盟者が本部の商標、商号等を使用し営業することの許諾に関するもの
② 営業に対する第三者の統一的イメージを確保し、加盟者の営業を維持するための加盟者の統制、指導等に関するもの
③ 上記に関連した対価の支払に関するもの
④ フランチャイズ契約の終了に関するもの

2 加盟者募集とぎまん的顧客誘引

(1) 契約の内容の開示

フランチャイズ・ガイドラインの2(2)アでは、「…（中略）本部の加盟者の募集に当たり、次のような事項について開示が的確に実施されることが望ましい」と定められています。

① 加盟後の商品等の供給条件に関する事項（仕入先の推奨制度等）
② 加盟者に対する事業活動上の指導の内容、方法、回数、費用負担に関する事項
③ 加盟に際して徴収する金銭の性質、金額、その返還の有無及び返還の条件
④ 加盟後、本部の商標、商号等の使用、経営指導等の対価として加盟者が本部に定期的に支払う金額（以下「ロイヤルティ」という。）の額、算定方法、徴収の時期、徴収の方法
⑤ 本部と加盟者の間の決済方法の仕組み・条件、本部による加盟者への融資の利率等に関する事項
⑥ 事業活動上の損失に対する補償の有無及びその内容並びに経営不振となった場合の本部による経営支援の有無及びその内容
⑦ 契約の期間並びに契約の更新、解除及び中途解約の条件・手続に関する事項

⑧　加盟後、加盟者の店舗の周辺の地域に、同一又はそれに類似した業種を営む店舗を本部が自ら営業すること又は他の加盟者に営業させることができるか否かに関する契約上の条項の有無及びその内容並びにこのような営業が実施される計画の有無及びその内容

⑵　売上予測の的確性

フランチャイズ・ガイドラインの2⑵イでは、「加盟者募集に際して」本部が「予想売上げ又は予想収益を提示する」場合には、「類似した環境にある既存店舗の実績等根拠ある事実、合理的な算定方法等に基づくことが必要であり、また、本部は、加盟希望者に、これらの根拠となる事実、算定方法等を示す必要がある」と定められています。

⑶　ぎまん的顧客誘引

フランチャイズ・ガイドラインの2⑶では、「本部が、加盟者の募集に当たり、上記⑵に掲げるような重要な事項について、十分な開示を行わず、又は虚偽若しくは誇大な開示を行い、これらにより、実際のフランチャイズ・システムの内容よりも著しく優良又は有利であると誤認させ、競争者の顧客を自己と取引するように不当に誘引する場合には、不公正な取引方法の一般指定の第八項（ぎまん的顧客誘引）に該当する」と定められています。

3　フランチャイズ契約締結後の本部と加盟者との取引と優越的地位の濫用、抱き合わせ販売等・拘束条件付取引、販売価格の制限

(1)　優越的地位の濫用

ガイドラインの3(1)柱書では、「加盟者に対して取引上優越した地位にある本部が、加盟者に対して、フランチャイズ・システムによる営業を的確に実施する限度を超えて、正常な商慣習に照らして不当に加盟者に不利益となるように取引の条件を設定し、若しくは変更し、又は取引を実施する場合には、フランチャイズ契約又は本部の行為が独占禁止法第二条第九項第五号（優越的地位の濫用）に該当する」と定められ、同アで優越的地位の濫用に該当する行為等の例として、次の五つの行為が挙げられています。

- 取引先の制限
- 仕入数量の強制
- 見切り販売の制限
- フランチャイズ契約締結後の契約内容の変更
- 契約終了後の競業禁止

また、3(1)イでは、「フランチャイズ契約全体としてみて本部の取引方法」が優越的地位の濫用に該当すると認められる場合があると定められ、これは、「上記アに例示した事項のほか、例えば、次のようなことを総合勘案して判断される」とし、次の四つの行為が挙げられています。

①　取扱商品の制限、販売方法の制限については、本部の統一ブランド・イメージを維持するために必要な範囲を超えて、一律に（細部に至るまで）統制を加えていないか。

② 一定の売上高の達成については、それが義務的であり、市場の実情を無視して過大なものになっていないか、また、その代金を一方的に徴収していないか。
③ 加盟者に契約の解約権を与えず、又は解約の場合高額の違約金を課していないか。
④ 契約期間については、加盟者が投資を回収するに足る期間を著しく超えたものになっていないか。あるいは、投資を回収するに足る期間を著しく下回っていないか。

⑵ 抱き合わせ販売等・拘束条件付取引

「フランチャイズ契約に基づく営業のノウハウの供与に併せて、本部が、加盟者に対し、自己や自己の指定する事業者から商品、原材料等の供給を受けさせるようにすることが、一般指定の第一〇項（抱き合わせ販売等）に該当するかどうかについては、行為者の地位、行為の範囲、相手方の数・規模、拘束の程度等を総合勘案して判断する必要があり、このほか、かかる取引が一般指定の第一二項（拘束条件付取引）に該当するかどうかについては、行為者の地位、拘束の相手方の事業者間の競争に及ぼす効果、指定先の事業者間の競争に及ぼす効果等を総合勘案して判断される」と定められています。

⑶ 販売価格の制限

「販売価格については、統一的営業・消費者の選択基準の明示の観点から、必要に応じて希望価格の提示は許容される。しかし、加盟者が地域市場の実情に応じて販売価格を設定しなければならない場合や売れ残り商品等について値下げして販売しなければならない場合などもあることから、本部が加盟者に商品を供給している場合、加盟者の販売価格（再販売価格）を拘束することは、原則として独占禁止法第二条第九項第四号（再販売価格の拘束）に該当する。また、本部が加盟者に商品を直接供給していない場合であっても、加盟者が供給する商品又は役務の価格を不当に拘束する場合は、一般指定の第一二項（拘束条件付取引）に該当することとなり、これについては、地域市場の状況、本部の販売価格への関与の状況等を総合勘案して判断される」と定められています。

❊ 第2章 ❊

フランチャイズ契約に特有の条項の整理・分類と法適合性の要件

序　節

契約条項の体系的整理・分類

1　概　要

第２章は、主として契約実務（契約書の作成、契約運用の相談）の観点から、次のとおり実際の契約例に基づき、フランチャイズ契約に特有の条項（フランチャイズ・パッケージの内容に関連する条項であって、実務上、その法適合性が問われることの多い条項）を抽出し、その体系的整理・分類を行い、各条項の性質、法適合性（＊）の要件について解説・検討を試みるものです。

◆契約条項の体系的整理・分類
フランチャイズ契約に特有の条項（**Q25**）
契約条項の体系的整理・分類（**Q26**、**Q28**、**Q31**）

◆各条項の性質、法適合性の要件
各条項の性質（**Q29**、**Q32**）
法適合性の要件（**Q27**、**Q30**、**Q33**）

＊法適合性

当該条項の内容・運用が民法上の法律行為の有効要件や、権利の行使に関する制約を規定した条項（公序良俗、信義則、権利濫用）に抵触しないこと、債務不履行・不法行為を構成しないこと、または独禁法が禁止する不公正な取引方法に抵触しないことをいう。
なお、優越的地位の濫用に関しては、競争秩序への悪影響（優越的地位、濫用行為、行為の広がり）と、正当化事由の不存在が成立要件となり、正当化事由には、競争秩序に直接的にかかわらない事業経営上の合理性・必要性などの事由が含まれると解されている［**Q27**の**A 3**の**2**(2)］。本書での検討は、競争秩序への悪影響を除外しており、正当化事由としての事業経営上の合理性・必要性などの事由の存否についても、その判断は私法上の法適合性と合致する関係にあるので、その旨を指摘するにとどめている。

2 企 図

(1) 契約条項の体系的整理・分類

フランチャイズ契約に特有の条項は、その趣旨・内容、強制力の有無、制約の対象・態様、目的などが複雑に入り組んでいるため、実際の契約例に基づきその条項を体系的に整理・分類し、これに従って条項の具体例を提示することが要請されますが、従前の実務書・書式集では、主要な条項は列記されているものの、契約条項の体系的な整理・分類は十分にはなされていなかったと思われます。
そこで、本書では、契約実務の便宜をはかるため、実際の契約例に基づき、契約条項を営業活動以外の行為の制限・禁止、営業活動の指定・義務づけ、営業活動に対する推奨、助言・指導の三グループに整理し、各グループに属する条項をフランチャイザーのための目的（権益）とフランチャイザーのための目的（権益）に従って分類し、各目的（権益）に応じ具体的な条項を列挙し、その一覧表（**Q26**、**Q28**、**Q31**）を作成・提示しました。契約の構想や、契約条項の起案に役立つことができるのではないかと考えています。

⑵　各条項の性質、法適合性の要件

また、契約条項の法適合性が問題となる場合、当該条項の性質に応じた明確な判断基準を提示することが要請されますが、従前は、フランチャイジーの営業活動以外の行為を制限・禁止する条項、営業活動を指定・義務づける条項の場合では、フランチャイザーとフランチャイジーの法益の利益衡量を中心とする合理性の判断により、法適合性の有無が決せられており、また、営業活動に対する推奨、助言・指導を規定する条項では、フランチャイジーが推奨、助言・指導に従わない場合に、いかなる限度で当該推奨、助言・指導を要請できるかという形で法適合性が問題となりますが、従前は、上述の利益衡量により判断するか、フランチャイジーの任意の決定・判断の侵害の有無により判断するかが不明確であり、いずれにあっても、当該条項の性質に応じた明確な判断基準が提示されず、実務上、契約条項の法適合性には、常に微妙な判断が強いられてきたと思われます。

そこで、本書では、営業活動を指定・義務づける条項の性質として、フランチャイザーの権益確保とフランチャイジーの事業能力向上の目的の表裏一体性を指摘し、また、営業活動に対する推奨、助言・指導を規定する条項の性質として、推奨、助言・指導の任意性を指摘したうえ、三つのグループごとに、その性質に応じた、簡便・明確で利用しやすい法適合性の要件を提示しました。法適合性を判断する際の一つの手掛かりとなることができるのではないかと考えています。

3 ポイント

(1) フランチャイズ契約に特有な条項

- フランチャイズ契約に特有な条項は、①フランチャイジーの営業活動以外の行為を制限・禁止する条項、②営業活動を指定・義務づける条項、③営業活動に対する推奨、助言・指導を規定する条項の三つのグループに分類されること（**Q25・図表17**）

(2) 契約条項の体系的整理・分類

- 営業活動以外の行為を制限・禁止する条項は、概要、フランチャイザーのための二つの目的と五つの権益に分類され、十の具体例が挙げられること（**Q26・図表18**）
- 営業活動を指定・義務づける条項は、概要、フランチャイザーのための一つの目的と四つの権益に分類され、十六の具体例が挙げられること（**Q28・図表20**）
- 営業活動に対する推奨、助言・指導を規定する条項は、概要、フランチャイジーのための一つの目的と二つの権益に分類され、四つの具体例が挙げられること（**Q31・図表24**）

(3) 各条項の性質

- 営業活動を指定・義務づける条項には、フランチャイザーの権益確保のほか、フランチャイジーの事業能力向上の目的が存在し、「フランチャイザーの権益確保とフランチャイジーの事業能力向上の表裏一体性」を有すること（**Q29・図表21**）
- 営業活動に対する推奨、助言・指導を規定する条項には、当該営業活動につき、フランチャイジーが最終的な決定権・判断権を有

することを前提としていると解釈される場合、任意性の原則が認められること（**Q32・図表25**）

(4) （簡便で利用しやすい）法適合性の要件

- 事業活動以外の行為を制限・禁止する条項の法適合性の要件は、フランチャイジーの法益との利益衡量を踏まえ、「目的の正当性＋制限・禁止の必要性＋相当性」と整理されること（**Q27・図表19**）
- 事業活動を指定・義務づける条項の法適合性の要件は、フランチャイジーの法益との利益衡量のほか、フランチャイザーの権益確保とフランチャイジーの事業能力向上の表裏一体性を踏まえ、「目的の正当性＋指定・義務づけの必要性＋相当性＋有益性（フランチャイジーの利益に繋がり得ること）」と整理され、「有益性」が特徴となること（**Q30・図表23**）
- 営業活動に対する推奨、助言・指導を規定する条項の法適合性の要件は、任意性の原則を踏まえ、「フランチャイジーの任意の決定・判断への働きかけの程度・範囲を逸脱して、不当にその意思・行動を抑圧しないこと」と整理され、推奨、助言・指導の「目的の正当性＋必要性＋相当性＋有益性」（利益衡量などによる判断）は問われないこと（**Q33・図表26**）

第1節

フランチャイズ契約に特有の条項の整理・分類と法適合性の要件

Q25

フランチャイズ契約に特有の条項

フランチャイズ契約に特有の条項（フランチャイズ・パッケージの内容に関連する条項であって、実務上、その法適合性が問われることの多い条項）としては、どのような条項がありますか。

A1（結論）

フランチャイズ契約に特有の条項としては、概要、フランチャイジーの事業活動などを制約する条項と、フランチャイジーの営業活動を支援する条項とがあります。前者（事業活動などの制約）には、フランチャイジーの営業活動以外の行為を制限・禁止する条項と、フランチャイジーの営業活動を指定・義務づける条項とがあります。後者（営業活動の支援）は、フランチャイジーの営業活動に対する推奨、助言・指導を規定する条項が中心となります。

A 3（解説）

1 契約条項

フランチャイズ契約は、その契約例をみると、一般的に、条数が多く、各条項の内容も、次のとおり多岐にわたっています。

- **フランチャイズの基本的内容を定める条項**
  …フランチャイジーが経営する対象事業の種別、対象事業を経営する店舗建物、その調達と投資・費用の負担、フランチャイズ・パッケージの提供とロイヤルティの支払、契約期間、テリトリー、禁止行為などに関する条項
- **フランチャイズ・パッケージの内容を定める条項**
  …営業標識、店舗の内外装・設備、研修、店舗運営体制、商品の仕入・販売などの営業活動、販促活動、運営指導、会計処理、保険などに関する条項
- **一般条項**
  …契約解除、契約上の地位移転の禁止、秘密保持などに関する条項

2 フランチャイズ契約に特有の条項

本書では、上記の契約条項のうち、フランチャイズ契約の中心をなすフランチャイズ・パッケージの内容に関連する条項であって、実務上、その法適合性が問われることの多い条項を、フランチャイズ契約に特有の条項というものとします。

実際の契約例に基づき、フランチャイズ契約に特有の条項を、その趣旨・内容や強制力の有無などの観点から整理・分類すると、概要、次頁の**図表17**のとおり、①のフランチャイジーの事業活動など（＊）を「制約」する条項と、②のフランチャイジーの営業活動（＊＊）を「支援」する条項とに大別されます。

【図表17】フランチャイズ契約に特有の条項

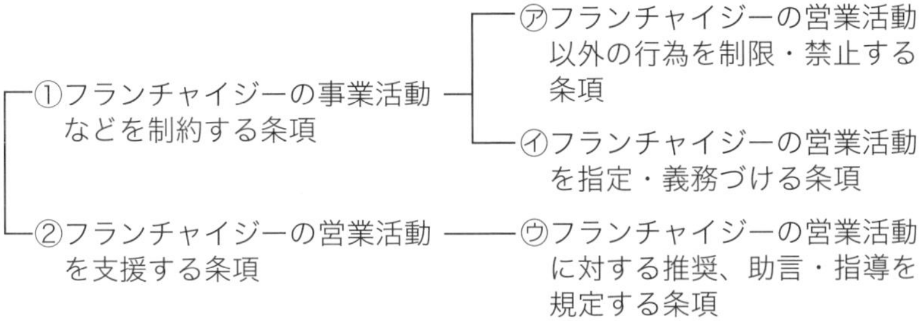

- ①フランチャイジーの事業活動などを制約する条項
  - ㋐フランチャイジーの営業活動以外の行為を制限・禁止する条項
  - ㋑フランチャイジーの営業活動を指定・義務づける条項
- ②フランチャイジーの営業活動を支援する条項
  - ㋒フランチャイジーの営業活動に対する推奨、助言・指導を規定する条項

①のフランチャイジーの事業活動などを制約する条項は、制約の対象となる行為と制約の態様の観点から、㋐のフランチャイジーの「営業活動以外の行為を制限・禁止」する条項と、㋑のフランチャイジーの「営業活動を指定・義務」づける条項に整理・分類されます。

②のフランチャイジーの営業活動を支援する条項は、支援の趣旨・内容の観点から整理すると、㋒のフランチャイジーの「営業活動に対する推奨、助言・指導」を規定する条項が中心となります。

㋐のフランチャイジーの営業活動以外の行為を制限・禁止する条項は、商標、ノウハウの使用・実施許諾契約（ライセンス契約）でも見受けられるものですが、㋑のフランチャイジーの営業活動を指定・義務づける条項は、㋒のフランチャイジーの営業活動に対する推奨、助言・指導を規定する条項とともに、フランチャイズ契約の最大の特徴の一つをなす条項ということができます。

＊フランチャイジーの事業活動など

フランチャイジーの営業活動以外の行為と、フランチャイジーの営業活動の総称をいう。

＊＊フランチャイジーの営業活動

フランチャイジーがフランチャイズ・パッケージを利用して行う、対象事業にかかる営業活動をいう。

Q26

フランチャイジーの営業活動以外の行為を制限・禁止する条項

フランチャイズ契約中の条項によって、フランチャイジーの営業活動以外の行為は、どのような制限･禁止を受けますか。

A1（結論）

フランチャイジーの営業活動（＊）以外の行為を制限・禁止する条項を、実際の契約例に基づき、その目的の観点から整理・分類すると、概要、次頁の**図表18**のとおり、ⓐのフランチャイザーの権益の確保と、ⓑのフランチャイザーの権利の保護の目的に大別することができます。

ⓐのフランチャイザーの権益としては、1）の契約存続による収益と、2）のノウハウの権利、商圏・顧客があり、ⓑのフランチャイザーの権利としては、3）の信用・名誉の権利、4）の商標、ノウハウの権利と、5）のフランチャイジーへの信頼があります。1）～5）に対応する条項の具体例としては、ァ）の中途解約金による中途解約の制限～ｺ）の契約上の地位の譲渡禁止が挙げられます。

＊フランチャイジーの営業活動

フランチャイジーがフランチャイズ・パッケージを利用して行う、対象事業にかかる営業活動をいう。

【図表18】㋐のフランチャイジーの営業活動以外の行為を制限・禁止する条項

制約の対象となる行為と制約の態様	フランチャイザーのための目的（権益）		具体例
㋐ フランチャイジーの営業活動以外の行為の制限・禁止	ⓐ フランチャイザーの権益の確保	1) 契約存続による収益	ｱ) フランチャイジーによる中途解約に対し中途解約金を賦課し、中途解約を制限すること
		2) ノウハウの権利、商圏・顧客	ｲ) 契約期間中、同一類似の事業の経営を一定の地域において禁止すること
			ｳ) 契約終了後、同一類似の事業の経営を一定の期間・地域において禁止すること
	ⓑ フランチャイザーの権利の保護	3) 信用・名誉の権利	ｴ) フランチャイザーの事業上の信用、顧客からの支持・信頼を失墜させる行為を禁止すること
			ｵ) フランチャイザーに誹謗・中傷を加える行為を禁止すること
		4) 商標、ノウハウの権利	ｶ) フランチャイザーが保有する商標権、ノウハウなどの権利を侵害する行為を禁止すること
			ｷ) フランチャイザーから使用許諾、実施許諾された商標、ノウハウを第三者に再許諾することを禁止すること
			ｸ) フランチャイザーから提供されたノウハウにつき契約期間中、守秘義務を課すこと
			ｹ) フランチャイザーから提供されたノウハウにつき契約終了後、守秘義務を課すこと
		5) フランチャイジーへの信頼	ｺ) フランチャイズ契約に基づくフランチャイジーの地位を第三者に譲渡することを禁止すること

Q27

フランチャイジーの営業活動以外の行為を制限・禁止する条項の法適合性の要件

フランチャイジーの営業活動以外の行為を制限・禁止する条項は、いかなる範囲で法適合性を有しますか。

A1（結論）

フランチャイジーの営業活動以外の行為を制限・禁止する条項は、営業活動以外の行為を制限・禁止する目的に正当性があり、当該目的を達成するためフランチャイジーの法益を制限・禁止する必要性があり、かつ、当該制限・禁止によってフランチャイザーが得る権益とフランチャイジーが被る法益の制限につき利益衡量上、相当性があれば、法適合性は肯定されると考えられます。

A3（解説）

1 法適合性の要件

(1) 法益の抵触

フランチャイジーの営業活動以外の行為を制限・禁止する条項の具体例としては、次頁の**図表19**のとおり、ア）の中途解約金による中途解約の制限〜コ）の契約上の地位の譲渡禁止が挙げられますが、そのうち、ア）〜ウ）の条項は、フランチャイジーの法益に制限を加えており、フランチャイザーとフランチャイジーの法益の抵触を包

【図表19】営業活動以外の行為を制限・禁止する条項の法適合性の要件

制約の対象となる行為と制約の態様	フランチャイザーのための目的（権益）		具体例	フランチャイジーの法益の制限	法適合性の要件
㋐ フランチャイジーの営業活動以外の行為の制限・禁止	ⓐ フランチャイザーの権益の確保	1) 契約存続による収益	ｱ) 中途解約金による中途解約の制限	金銭上の負担、営業・職業選択の自由の制限	目的の正当性＋制限・禁止の必要性＋相当性
		2) ノウハウの権利、商圏・顧客	ｲ) 契約期間中の競業禁止	営業・職業選択の自由の制限	
			ｳ) 契約終了後の競業禁止		
	ⓑ フランチャイザーの権利の保護	3) 信用・名誉の権利	ｴ) 信用、支持・信頼の失墜の禁止	—	—
			ｵ) 誹謗・中傷の禁止		
		4) 商標、ノウハウの権利	ｶ) 商標権、ノウハウの侵害の禁止	—	—
			ｷ) 商標、ノウハウの再許諾の禁止		
			ｸ) 契約期間中のノウハウの守秘義務		
			ｹ) 契約終了後のノウハウの守秘義務		
		5) フランチャイジーへの信頼	ｺ) 契約上の地位の譲渡禁止		

含しています［これと対比し、ｴ）〜ｺ）の条項は、フランチャイジーの法益を特に制限するものではないため、以下の記述から除外する］。

すなわち、ｱ）の中途解約金による中途解約の制限では、フランチャイジーに金銭上の負担や、営業・職業選択の自由の制限が課せられ、ｲ）の契約期間中の競業禁止、ｳ）の契約終了後の競業禁止では、フランチャイジーに営業・職業選択の自由の制限が課せられており、両者の法益は厳しく対立し、その均衡点を探るのは、なかなか困難な場合が多いのではないかと思われます。

(2) 裁判例の傾向

そのため、ｱ）〜ｳ）の条項に関しては、当該条項の有効性や、これに基づく権利の行使の限界などを争点とする多数の訴訟が提起されています。[注1)] 当該裁判例では、民法上の「公序良俗」「信義則」「権利濫用」などの一般条項を適用すべきか否かに関し、次のような事実に基づく利益衡量により、制限・禁止の合理性の判断がなされ、その結果により、一般条項の適用の有無が判断されるのが一般的です。

- フランチャイザーとフランチャイジーの法益の存否・性質
- フランチャイザーの法益を保護するためにフランチャイジーの法益を制約することの正当性・必要性
- フランチャイザーとフランチャイジーの法益の要保護性の強弱
- 結果の妥当性

⑶ 契約実務

この点、契約実務（契約書の作成）においては、一般的に、次のような手順が踏まれていると思われます。

a) フランチャイザーのいかなる権益を確保する目的のために、
b) フランチャイジーのいかなる行為をいかなる程度・態様のもとに制限・禁止する必要があるかを検討し、
c) フランチャイザーとフランチャイジーの法益につき、裁判例も参考にしながら、利益衡量を加え、当該制限・禁止の合理性を検討し、当該条項が法適合性の範囲に収まるよう、その内容を定める。

⑷ 法適合性の要件

上記の契約実務の手順に即して考えると、㋐のフランチャイジーの営業活動以外の行為を制限・禁止する条項の法適合性に関しては、まずは、a)b) の検討と関連づけて、a) のフランチャイザーの権益を確保する目的の正当性と、b) のフランチャイジーの行為を制限・禁止する必要性（制限・禁止の程度、態様）を判断し、目的の正当性と制限・禁止の必要性が肯定されることを前提に、c) のフランチャイザーとフランチャイジーの法益の利益衡量に基づき制限・禁止の相当性（相当性の用語を使った理由については後述）を判断する、との方法により法適合性を判断するのが、実務的で、簡便な思考方法であり、かつ、訴訟実務にも適合することができるのではないかと考えられます。

以上のことから、本書では、㋐のフランチャイザーの営業活動以外の行為を制限・禁止する条項の法適合性の要件を「目的の正当性＋制限・禁止の必要性＋相当性」と整理することにします。

⑸ 補　足

ア　正当性、必要性と相当性の関係

目的の正当性、制限・禁止の必要性の要件は、主にフランチャイザー側の法益に関連する要素であり、（フランチャイザーとフランチャイジーの法益の利益衡量に基づく）相当性の判断と、一部、重複することは否めませんが、正当性、必要性は一般的・類型的な判断を中心とし、相当性は個別的・具体的な判断を中心とすれば、重複は相当程度、回避され得るのではないかと考えられます。

イ　相当性の用語

（フランチャイザーとフランチャイジーの法益の）比較衡量に基づく判断について、「合理性」ではなく、「相当性」の用語を使ったのは、「相当性」の方が「均衡」を表現するニュアンスがより強く、用語として適当と考えたからです。

ウ　正当性、必要性の重要性

157頁の**図表19**の契約条項の「具体例」では、「目的の正当性＋制限・禁止の必要性」を具備する例を挙げていますので、「目的の正当性＋制限・禁止の必要性」の要件は不要なようにも感じられるかもしれません。しかし、実際の契約例をみると、この「目的の正当性＋制限・禁止の必要性」の要件を欠くのではないかと思われる内容の条項も散見されます。契約実務（契約書の作成）の観点からは、「目的の正当性＋制限・禁止の必要性」の要件を軽視することはできないと思われます。

2　フランチャイズ・ガイドライン

(1)　関連するフランチャイズ・ガイドラインの定め（優越的地位の濫用）

ア）〜ウ）の条項の具体例に関して、フランチャイズ・ガイドライン上、問題となり得るのは優越的地位の濫用です。フランチャイズ・ガイドラインでは、優越的地位の濫用に関し、次のとおり定められています。

- **「3」の「フランチャイズ契約締結後の本部と加盟者との取引について」の「(1) 優越的地位の濫用について」の柱書**

  …「加盟者に対して取引上優越した地位にある本部が、加盟者に対して、フランチャイズ・システムによる営業を的確に実施する限度を超えて、正常な商慣習に照らして不当に加盟者に不利益となるように取引の条件を設定し、若しくは変更し、又は取引を実施する場合には、フランチャイズ契約又は本部の行為が…（中略）…優越的地位の濫用に該当する」

- **「3（1）イ」の柱書、「③」**

  …（中途解約金による中途解約の制限に関し）「フランチャイズ契約全体としてみて本部の取引方法が独占禁止法第二条第九項第五号（優越的地位の濫用）に該当するかどうかは、個別具体的なフランチャイズ契約ごとに判断されるが、上記アに例示した事項のほか、例えば、次のようなことを総合勘案して判断される」「加盟者に契約の解約権を与えず、又は解約の場合高額の違約金を課していないか」

- **「3（1）ア」の「(契約終了後の競業禁止)」**

  …（契約終了後の競業禁止に関し、優越的地位の濫用に該当する行為等の例として）「本部が加盟者に対して、特定地域で成立している本部の商権の維持、本部が加盟者に対して供与したノウハウの保護等に必要な範囲を超えるような地域、期間又は内容の競業禁止義務を課すこと」

(2) 優越的地位の濫用の成立要件

ア 公正競争阻害性の要件

池田幸司弁護士によれば、優越的地位の濫用の公正競争阻害性は、各取引主体がそれぞれ自由かつ主体的に取引上の判断を行うという「自由競争基盤の侵害」にあり、その成立要件は、ⓘ優越的地位（一方が他方を抑圧し得る関係にあること）、ⓘⓘ法定の行為要件を充足し、公正競争阻害性を有する濫用行為（通常では受け容れ難い不利益を一方的に課すような抑圧的な行為）の両角度から議論されることになる、とされています。加えて、ⓘⓘⓘその行為の広がり（対象となる相手方の数、組織的・制度的なものかどうか、行為の波及性・伝播性の有無）が考慮され、公正な競争秩序にかかわると認められる場合に初めて不公正な取引方法としての「優越的地位の濫用」となるとされています。[注2)]

イ 正当化事由（事業経営上の合理性・必要性）の不存在の要件

このように、優越的地位の濫用には、❶で述べたフランチャイザーとフランチャイジーの私的利害の調整を趣旨とする法適合性の判断が直接、妥当するものではありません。

しかし、池田幸司弁護士によれば、不公正な取引方法の成立には、ⓘ～ⓘⓘⓘに加え、ⓘⓥ正当化事由の不存在が確認される必要があり、当該正当化事由には、競争秩序に直接的に関わらない事業経営上の合理性・必要性などの事由が含まれる、と解されています。[注3)] そして、❶で述べた法適合性の判断は、事業経営上の合理性・必要性などに関連する事由として、正当化事由の存否の判断において考慮されるものと解されます。なお、実際上は、正当化事由（事業経営上の合理性・必要性）の不存在は濫用行為の成否に含めて判断されることになると思われますが、以下においては、独立の要件として取り扱うものとします。

フランチャイズ・ガイドライン中の次の記述をみても、正当化事由の判断を通じ、私法上の法適合性の判断が考慮される内容となっているものと理解されます。

- 「3（1）」の柱書
  …「フランチャイズ・システムによる営業を的確に実施する限度を超えて」
- 「3（1）ア」の「(契約終了後の競合禁止)」
  …「本部の商権の維持、本部が加盟者に対して供与したノウハウの保護等に必要な範囲を超える」
- 「3（1）イ」の「③」
  …「加盟者に契約の解約権を与えず、又は解約の場合、高額の違約金を課していないか」

そうだとすると、競争秩序への悪影響の点は独禁法独自の解釈理論によるとしても、正当化事由の存否の判断については、契約実務の観点からは、❶で述べた「目的の正当性＋制限・禁止の必要性＋相当性」と同一の要件で判断することができるものと考えられます。

注

注１）例えば、中途解約金による中途解約の制限につき東京高判平7.2.27判時1591.22。契約期間中の競業禁止につき東京高判平8.3.28判時1573.29。契約終了後の競業禁止につき東京地判平21.3.9判時2037.35。

注２）伊従編『独禁法Ｑ＆Ａ』336頁以下（池田幸司執筆）

注３）伊従編・同上255頁以下（同上執筆）

Q28

フランチャイジーの営業活動を指定・義務づける条項

フランチャイズ契約中の条項によって、フランチャイジーの営業活動は、どのような指定・義務づけを受けますか。

A 1 （結論）

フランチャイジーの営業活動（＊）を指定・義務づける条項を実際の契約例に基づきその目的の観点から整理すると、概要、次頁の**図表20**のとおり、ⓒのフランチャイザーのフランチャイズ事業上の権益の確保を目的とする、ということができます。

ⓒのフランチャイザーの具体的な権益としては、6）のチェーン・イメージの統一性、7）のフランチャイズ・パッケージの統一性・効率性・協同性、8）の対象事業の内在的要請、9）の法令違反の防止があります。

6）～9）に対応する条項の具体例としては、ｻ）の看板などの指定～ﾊ）の個人情報の保護義務が挙げられます。

＊フランチャイジーの営業活動

フランチャイジーがフランチャイズ・パッケージを利用して行う、対象事業にかかる営業活動をいう。

【図表20】㋑のフランチャイジーの営業活動を指定・義務づける条項

制約の対象となる行為と制約の態様	フランチャイザーのための目的（権益）		具体例
㋑　フランチャイジーの営業活動の指定・義務づけ	ⓒ　フランチャイザーのフランチャイズ事業上の権益の確保	6)　チェーン・イメージの統一性	ｻ）　看板（営業標識）の仕様・規格や、その製作・設置業者を指定すること
			ｼ）　内外装・設備の仕様・規格や、その施工業者を指定すること
			ｽ）　商品販売用の什器・機器や、その購入先を指定すること
			ｾ）　ユニフォーム、バッジなどの用度品や、その購入先を指定すること
			ｿ）　研修を受講する義務を課すこと（※）
		7)　フランチャイズ・パッケージの統一性・効率性・協同性	ﾀ）　（コンビニ・フランチャイズ契約における）商品受発注・納品用の情報・物流システムを使用する義務を課すこと（当該情報・物流システムはフランチャイザーが提供）
			ﾁ）　商品販売用のPOSレジスターや、その購入先を指定すること
			ﾂ）　伝票・帳簿、会計ソフトや、その購入先を指定すること
			ﾃ）　利用可能なクレジットカード・金券を指定すること。共同販促や、販促素材の購入先を指定すること
			ﾄ）　（コンビニ・フランチャイズ契約における）オープン・アカウント、売上送金、商品の仕入代金の代行支払の仕組みを使用する義務を課すこと（当該仕組みはフランチャイザーが提供）

㋑　フランチャイジーの営業活動の指定・義務づけ	ⓒ　フランチャイザーのフランチャイズ事業上の権益の確保	8)　対象事業の内在的要請	ﾅ)　業種・業態に応じた標準的商品（例：コンビニ・フランチャイズ契約におけるコンビニエンスストアとしての標準的商品）の品揃えを指定すること（商品とその仕入先はフランチャイザーが推奨）
			ﾆ)　業種・業態に応じた営業時間（例：コンビニ・フランチャイズ契約における24時間営業）を指定し、当該時間中の営業を行う義務を課すこと
			ﾇ)　事業の特殊性（例：飲食店のチェーンで提供される料理が決まっており、その提供が店舗の売上・集客力の基礎となっている場合）に応えるため、商品・原材料・部材（例:料理の原材料・半加工品）や、その仕入先、商品の製造・加工方法（例：料理のレシピ）を指定すること
		9)　法令違反の防止	ﾈ)　対象事業に適用される法令を遵守する義務を課すこと
			ﾉ)　商品につき、その品質保持・衛生管理の実施などの義務を課すこと
			ﾊ)　個人情報の保護に関する措置を実施する義務を課すこと

※　統一された店舗運営を行うための研修として位置づけ。

Q29

フランチャイジーの営業活動を指定・義務づける条項の性質

フランチャイジーの営業活動を指定・義務づける条項は、どのような性質を有していますか。

A1（結論）

フランチャイジーの営業活動を指定・義務づける条項は、概要、フランチャイザーのフランチャイズ事業上の権益（チェーン・イメージの統一性、フランチャイズ・パッケージの統一性・効率性・協同性、対象事業の内在的要請、法令違反の防止）を確保する目的を有するのと同時に、フランチャイジーの事業能力の向上（知名度・集客力の向上、知識・ノウハウの習得・補助、各種システムの構築能力の補助、各種業務の効率化・合理化、商品の選定能力の補助など）の目的を有します。

このように、営業活動を指定・義務づける条項は、「フランチャイザーの権益確保とフランチャイジーの事業能力向上の表裏一体性」の性質を有しており、この性質は、フランチャイズ契約の最大の特徴の一つとなっています。

A3（解説）

1　事業能力向上の目的

フランチャイジーの営業活動を指定・義務づける条項は、フランチャイザーのフランチャイズ事業上の権益の確保を目的としていますが（**Q28**）、同時に、フランチャイジーの事業能力の向上も目的としています。

フランチャイジーの事業能力の向上としては、170頁の**図表21**のとおり、6）のチェーン・イメージの統一性に対応するサ）〜ツ）の条項では、知名度・集客力の向上、知識・経験、ノウハウの習得・補助、発注の便宜などがあり、7）のフランチャイズ・パッケージの統一性・効率性・協同性に対応するタ）〜ト）の条項では、各種システムの構築能力の補助、各種業務の効率化・合理化、発注の便宜などがあり、8）の対象事業の内在的要請に対応するナ）〜ヌ）の条項では、知識・経験、ノウハウの補助、商品選定能力の補助、売上・集客力の向上などがあります［なお、9）の法令違反の防止に対応するネ）〜ハ）の条項は、事業能力の向上と関連するとはいえ、特別のものではないので、以下の記述から除外する］。

2 フランチャイザーの権益確保とフランチャイジーの事業能力向上の表裏一体性

(1) 表裏一体性

フランチャイジーの営業活動を指定・義務づける条項は、フランチャイザーのフランチャイズ事業上の権益確保の目的と、フランチャイジーの事業能力向上の目的を、同時に有しています。

例えば、170頁の**図表21**のサ）の看板の指定は、6）のチェーン・イメージの統一性を目的とするものですが、同時に、指定された統一看板の使用により、フランチャイジーが看板の有する知名度・集客力を享受することが目的となっています。

タ）の情報・物流システムの使用義務は、7）のフランチャイズ・パッケージの統一性・効率性・協同性を目的とするものですが、同時に、当該情報・物流システムの使用により、フランチャイジーが情報・物流システムの構築能力の補助を受け、商品受発注・納品業務の効率化・合理化の利益を享受することが目的となっています。

また、ナ）の業種、業態に応じた標準的商品の品揃えの指定は、8）の対象事業の内在的要請に応じることを目的とするものですが、同時に、商品の品揃えの指定により、フランチャイジーが商品に関する知識・経験、ノウハウの補助を受け、売上・集客力向上の利益を享受することが目的となっています。

本書では、このことを「フランチャイザーの権益確保とフランチャイジーの事業能力向上の表裏一体性」というものとします。営業活動を指定・義務づける条項が、フランチャイザーの権益確保とフランチャイジーの事業能力向上の表裏一体性の性質を有することは、フランチャイズ契約の最大の特徴の一つであるということができ、その法適合性の要件に「有益性」が加わる理由となっています（**Q30**）。

(2) 表裏一体性の実質的基礎

フランチャイザーの権益確保とフランチャイジーの事業能力向上の表裏一体性の実質的基礎は、フランチャイジーが営業活動の指定・義務づけを遵守し、集団で統一のとれた営業活動を行うことが、フランチャイジーの利益に繋がり得るとの関係が成立していることにあります。

これをフランチャイジーの意思の観点から説明すると、どんな契約であれ、当事者が自己の義務のみを有償で取得することはあり得ません。フランチャイジーがフランチャイズ契約を締結し、営業活動の指定・義務づけを受諾したのは、（逆説的な言い方ですが）指定・義務づけの履行が自己の利益に繋がり得るとの関係を前提に、独立の事業者（となる者）の判断として、自己の利益を最大化するため、「契約上の権益」として指定・義務づけを受け入れ、これを遵守する途を選択したからである、と理解することができます。

【図表21】フランチャイザーの権益確保とフランチャイジーの事業能力向上の表裏一体性

制約の対象となる行為と制約の態様	フランチャイザーのための目的（権益）		具体例	フランチャイジーのための目的（フランチャイジーの事業能力の向上）（権益）	
㋑ フランチャイジーの営業活動の指定・義務づけ	ⓒ フランチャイザーのフランチャイズ事業上の権益の確保	6) チェーン・イメージの統一性	ｻ) 看板、その製作・設置業者の指定	知名度・集客力の向上、知識・経験、ノウハウの習得・補助、発注の便宜など	統一看板の使用による知名度・集客力の向上、看板の製作発注の便宜
			ｼ) 内外装・設備、その施工業者の指定		統一内外装・設備の使用による知名度・集客力の向上、内外装・設備工事発注の便宜
			ｽ) 商品販売用の什器・機器、その購入先の指定		統一什器・機器の使用による知名度・集客力の向上、什器・機器の発注の便宜
			ｾ) ユニフォーム、バッジなどの用度品、その購入先の指定		統一ユニフォーム、バッジなどの使用（着用）による知名度・集客力の向上、ユニフォーム、バッジなどの用度品の発注の便宜
			ｿ) 研修の受講義務		研修の受講による店舗運営・商品などの知識・経験、ノウハウの習得

<table>
<tr><td rowspan="5">㋑　フランチャイジーの営業活動の指定・義務づけ</td><td rowspan="5">ⓒ　フランチャイザーのフランチャイズ事業上の権益の確保</td><td rowspan="5">7)　フランチャイズ・パッケージの統一性・効率性・協同性</td><td>タ)　情報・物流システムの使用義務</td><td rowspan="5">各種システム構築能力の補助、各種業務の効率化・合理化、発注の便宜など</td><td>情報・物流システムの構築能力の補助、統一情報・物流システムの使用による商品受発注・納品業務の効率化・合理化</td></tr>
<tr><td>チ)　POSレジスター、その購入先の指定</td><td>統一POSレジスターの使用による精算業務の効率化・合理化、POSレジスターの発注の便宜</td></tr>
<tr><td>ツ)　伝票・帳簿、会計ソフト、その購入先の指定</td><td>統一伝票・帳簿、会計ソフトの使用による会計業務の効率化・合理化、伝票・帳簿、会計ソフトの発注の便宜</td></tr>
<tr><td>テ)　クレジットカード・金券の指定。共同販促、販促素材の購入先の指定</td><td>統一カード・金券の使用による決済手段の多様化、共同販促の実施による売上・集客力の向上、クレジットカード・金券の取扱いの便宜、販促素材の発注の便宜</td></tr>
<tr><td>ト)　オープン・アカウント、売上送金、商品の仕入代金の代行支払の仕組みの使用義務</td><td>オープン・アカウント、売上送金、商品の仕入代金の代行支払の仕組みの利用による金銭管理、資金調達、仕入代金決済業務の効率化・合理化</td></tr>
</table>

㋑ フランチャイジーの営業活動の指定・義務づけ	ⓒ フランチャイザーのフランチャイズ事業上の権益の確保	8) 対象事業の内在的要請	ﾅ) 業種、業態に応じた標準的商品の品揃えの指定	知識・経験、ノウハウの補助、商品選定能力の補助、売上・集客力の向上など	品揃えの指定による知識・経験、ノウハウの補助、商品選定能力の補助、売上・集客力の向上
			ﾆ) 業種、業態に応じた営業時間の指定		統一営業時間の営業による売上・集客力の向上
			ﾇ) 事業の特殊性に応えるための商品・原材料・部材、その仕入先、商品の製造・加工方法の指定		商品の指定による商品の選定能力の補助、売上・集客力の向上、商品の発注の便宜、指定された商品の製造・加工方法の使用による売上・集客力の向上
	—	9) 法令違反の防止	ﾈ) 対象事業の法令遵守義務	—	—
			ﾉ) 商品の品質保持・衛生管理義務		—
			ﾊ) 個人情報の保護義務		—

Q30

フランチャイジーの営業活動を指定・義務づける条項の法適合性の要件

フランチャイジーの営業活動を指定・義務づける条項は、いかなる範囲で法適合性を有しますか。

A1（結論）

フランチャイジーの営業活動を指定・義務づける条項は、営業活動を指定・義務づける目的に正当性があり、当該目的を達成するためフランチャイジーの法益を制限する必要性があり、当該指定・義務づけによってフランチャイザーが得る権益とフランチャイジーが被る法益の制限につき利益衡量上、相当性があり、かつ、当該指定・義務づけにフランチャイジーの事業能力の向上・利益に繋がり得る有益性があれば、法適合性は肯定されると考えられます。

A3（解説）

1　法適合性の要件

(1)　法益の抵触

フランチャイジーの営業活動を指定・義務づける条項の具体例としては、177頁の**図表23**のとおり、ｻ）の看板などの指定からﾇ）の事業の特殊性に応じた商品などの指定が挙げられますが、これらの条項は、フランチャイジーの法益（営業の自由）に制限を加えており、フランチャイザーとフランチャイジーの法益の抵触を包含しています［これと対比し、ネ）～ハ）の条項は、フランチャイジーの法益を特に制限するものではないので、以下の記述から除外する］。

そのため、サ）～ヌ）の条項に関しては、当該条項の有効性や、これに基づく権利の行使の限界などに関する係争が発生してもおかしくないと思われますが、営業活動の指定・義務づけの法適合性への関心が低いためか、コンビニエンスストアの24時間営業義務に関する裁判例［**2**の(3)］を除き、訴訟で本格的に争われた事例はあまり見当たらないようです。

(2) 利益衡量による合理性の判断

しかし、当該条項の法適合性が争われたとすれば、フランチャイジーの営業活動以外の行為を制限・禁止する条項に関する従前の裁判例の傾向によれば（**Q27**）、次のような事実に基づく利益衡量により、指定・義務づけのの合理性（相当性）の判断がなされるのではないかと考えられます。

- フランチャイザーとフランチャイジーの法益の存否・性質
- フランチャイザーの法益を保護するためにフランチャイジーの法益を制約することの正当性・必要性
- フランチャイザーとフランチャイジーの法益の要保護性の強弱
- 結果の妥当性

(3) 契約実務

営業活動の指定・義務づけの場合も、営業活動以外の行為を制限・禁止する条項と同様、契約実務（契約書の作成）においては、一般的に、次のような手順が踏まれていると思われます。

a)　フランチャイザーのいかなる権益を確保する目的のために、
b)　フランチャイジーのいかなる営業活動をいかなる程度・態様のもとに指定・義務づける必要があるかを検討し、
c)　フランチャイザーとフランチャイジーの法益につき、裁判例も参考にしながら、利益衡量を加え、当該指定・義務づけの合理性を検討し、当該条項が法適合性の範囲に収まるよう、その内容を定める。

(4)　法適合性の要件

上述の契約実務（契約書の作成）の手順に即して考えると、㋑のフランチャイジーの営業活動を指定・義務づける条項の法適合性に関しては、まずは、a) b) の検討と関連づけて、a) のフランチャイザーの権益を確保する目的の正当性と、b) のフランチャイジーの営業活動を指定・義務づける必要性（指定・義務づけの程度・態様）を判断し、目的の正当性と指定・義務づけの必要性が肯定されることを前提に、c) のフランチャイザーとフランチャイジーの法益の利益衡量に基づき指定・義務づけの相当性［相当性の用語を使った理由は **Q27**の**A3**の**1**(5)**イ**］を判断する、との方法により法適合性を判断するのが、実務的で、簡便な思考方法であり、かつ、訴訟実務にも適合することができるのではないかと考えられます。

(5)　有益性の要件の加味

さらに、営業活動の指定・義務づけの場合は、上記に加え、d) 有益性の要件を充足する必要があると考えられます。

すなわち、営業活動を指定・義務づける条項は、フランチャイザーのフランチャイズ事業上の権益確保と同時に、フランチャイジーの事業能力の向上も目的としており、フランチャイジーの意思は、指定・義務づけの履行が自己の利益に繋がり得るとの関係を前提に、営業活動の指定・義務づけを受諾したと理解されます（**Q29**）。

当該契約条項の目的やフランチャイジーの意思を考慮すれば、フランチャイジーの営業活動を指定・義務づける条項の法適合性の要件には、当該指定・義務づけを強制することが、究極的に、フランチャイジーの事業能力の向上・利益に繋がり得る関係にあること（以下「有益性」という）が加えられるべきであると考えられます。

営業活動以外の行為の制限・禁止と、営業活動の指定・義務づけの法適合性の要件の相違は、次の**図表22**のとおりです。

【図表22】法適合性の要件の相違

㋐の営業活動以外の行為の制限・禁止…目的の正当性＋制限・禁止の必要性＋相当性

㋑の営業活動の指定・義務づけ…目的の正当性＋指定・義務づけの必要性＋相当性＋有益性

なお、有益性の要件は、当該指定・義務づけがフランチャイジーの利益に繋がり得ると一般的・合理的に認められることをいい、当該指定・義務づけが、結果としてフランチャイジーの利益となることまでは意味しません。

この有益性の要件は、上述の利益衡量による相当性の判断と密接に関連すると考えられますが、フランチャイザーの法益（フランチャイズ事業上の権益）とフランチャイジーの法益（営業の自由）の比較・調整の観点よりも、より端的に、当該指定・義務づけが究極的にフランチャイジーの利益に繋がり得るか否かを、フランチャイジーの立場から判断するという意味で、独立の要件と解しても差し支えないと考えられます。

(6) 結　語

以上のことから、本書では、㋑のフランチャイジーの営業活動を指定・義務づける条項の法適合性の要件を、次の**図表23**のとおり、「目的の正当性＋指定・義務づけの必要性＋相当性＋有益性」と整理することにします。

㋑のフランチャイジーの営業活動を指定・義務づける条項の法適合性の要件には、「有益性」が加わっており、有益性の要件を充足するか否かが、法適合性の判断を左右する重要なメルクマールとなると考えられます。

【図表23】営業活動の指定・義務づけの法適合性の要件

制約の対象となる行為と制約の態様	フランチャイザーのための目的（権益）		具体例	フランチャイジーの法益の制限	フランチャイジーのための目的（フランチャイジーの事業能力の向上）（権益）	法適合性の要件
㋑ フランチャイジーの営業活動の指定・義務づけ	ⓒ フランチャイザーのフランチャイズ事業上の権益の確保	6) チェーン・イメージの統一性	ｻ) 看板、その製作・設置業者の指定	営業の自由の制限	知名度・集客力の向上、知識・経験、ノウハウの習得・補助、発注の便宜など	目的の正当性＋指定・義務づけの必要性＋相当性＋有益性
			ｼ) 内外装・設備、その施工業者の指定			
			ｽ) 商品販売用の什器・機器、その購入先の指定			

㋑ **フランチャイジーの営業活動の指定・義務づけ**	ⓒ フランチャイザーのフランチャイズ事業上の権益の確保	6) チェーン・イメージの統一性	セ) ユニフォーム、バッジなどの用度品、その購入先の指定	営業の自由の制限	知名度・集客力の向上、知識・経験、ノウハウの習得・補助、発注の便宜など	目的の正当性＋指定・義務づけの必要性＋相当性＋有益性
			ソ) 研修の受講義務			
		7) フランチャイズ・パッケージの統一性・効率性・協同性	タ) 情報・物流システムの使用義務		各種システムの構築能力の補助、各種業務の効率化・合理化、発注の便宜の向上など	
			チ) POSレジスター、その購入先の指定			
			ツ) 伝票・帳簿、会計ソフト、その購入先の指定			
			テ) クレジットカード・金券の指定。共同販促、販促素材の購入先の指定			
			ト) オープン・アカウント、売上送金、商品の仕入代金の代行支払の仕組みの使用義務			

㋑ フランチャイジーの営業活動の指定・義務づけ	ⓒ フランチャイザーのフランチャイズ事業上の権益の確保	8) 対象事業の内在的要請	ナ) 業種・業態に応じた標準的商品の品揃えの指定	営業の自由の制限	知識・経験、ノウハウの補助、商品選定能力の補助、売上・集客力の向上など	目的の正当性＋指定・義務づけの必要性＋相当性＋有益性
			ニ) 業種、業態に応じた営業時間の指定			
			ヌ) 事業の特殊性に応えるための商品・原材料・部材、その仕入先、商品の製造・加工方法の指定			
	—	9) 法令違反の防止	ネ) 対象事業の法令遵守義務	—	—	—
			ノ) 商品の品質保持・衛生管理義務	—		
			ハ) 個人情報の保護義務	—		

2 フランチャイズ・ガイドライン

(1) 関連する不公正な取引方法の類型

サ）〜ヌ）の条項の具体例に関して、フランチャイズ・ガイドライン上、問題となり得る不公正な取引方法の行為類型は次のとおりです。

ⅰ 「3（1)」の優越的地位の濫用

・「3」の柱書の営業時間の制限

…ﾆ）の営業時間の指定

・「3」の柱書の注文先、依頼先の指定、「3（1）ア」の「(取引先の制限)」

…ｻ）の看板の製作・設置業者の指定

ｼ）の内外装・設備の施工業者の指定

ｽ）の商品販売用の什器・機器、容器の購入先の指定

ｾ）のユニフォーム、バッジなどの用度品の購入先の指定

ﾁ）の POS レジスターの購入先の指定

ﾂ）の伝票・帳簿、会計ソフトの購入先の指定

ﾃ）の販促素材の購入先の指定

ﾇ）の商品の仕入先の指定

・「3（1）イ①」の「取扱商品の制限」

…ﾇ）の商品の指定

ⅱ 「3（2)」の「抱き合わせ販売等・拘束条件付取引」（フランチャイズ契約に基づく営業のノウハウの供与に併せて、本部が、加盟者に対し、自己や自己の指定する事業者から商品、原材料等の供給を受けさせようとすること）

…ﾇ）の商品の仕入先の指定

(2) 関連するフランチャイズ・ガイドラインの定め（優越的地位の濫用、抱き合わせ販売等又は拘束条件付取引等）

ア 総 説

フランチャイズ・ガイドラインでは、「3　フランチャイズ契約締結後の本部と加盟者との取引について」の柱書で、「フランチャイズ契約又は本部の行為が、フランチャイズ・システムによる営業を的確に実施する限度を超え、加盟者に対して正常な商慣習に照らして不当に不利益を与える場合」には優越的地位の濫用に、また、「加盟者を不当に拘束するものである場合」には抱き合わせ販売等又

は拘束条件付取引等に該当することがある、旨が定められています。

イ　優越的地位の濫用

フランチャイズ・ガイドラインでは、優越的地位の濫用に関し、次のとおり定められています。

- **「3」の「フランチャイズ契約締結後の本部と加盟者との取引について」の「(1) 優越的地位の濫用について」の柱書**
  …「加盟者に対して取引上優越した地位にある本部が、加盟者に対して、フランチャイズ・システムによる営業を的確に実施する限度を超えて、正常な商慣習に照らして不当に加盟者に不利益となるように取引の条件を設定し、若しくは変更し、又は取引を実施する場合には、フランチャイズ契約又は本部の行為が独占禁止法第二条第九項第五号（優越的地位の濫用）に該当する」と定められている。
- **「3（1）ア」の「(取引先の制限)」**(※)
  …優越的地位の濫用に該当する行為等の例として、取引先の制限（「本部が加盟者に対して、商品、原材料等の注文先や加盟者の店舗の清掃、内外装工事等の依頼先について、正当な理由がないのに、本部又は本部の指定する事業者とのみ取引させることにより、良質廉価で商品又は役務を提供する他の事業者と取引させないようにすること」）が挙げられている。

※　「3（1）ア」では、営業活動の指定・義務づけに関し、取引先の制限以外に、仕入数量の強制、見切り販売の制限、フランチャイズ契約締結後の契約内容の変更が挙げられているが、これらについては、推奨、助言・指導の強要として、**Q33**で述べるとともに、詳細は、**Q39**、**Q40・Q62**、**Q41**で述べるものとする。

- 「３（１）イ」の柱書、①
  …「フランチャイズ契約全体としてみて本部の取引方法が独占禁止法第二条第九項第五号（優越的地位の濫用）に該当するかどうかは、個別具体的なフランチャイズ契約ごとに判断されるが、上記アに例示した事項のほか、例えば、次のようなことを総合勘案して判断される」とし、「取扱商品の制限」が挙げられている。

ウ　抱き合わせ販売等、拘束条件付取引

フランチャイズ・ガイドラインでは、抱き合わせ販売等、拘束条件付取引に関し、次のとおり定められています。

- 「３（２）抱き合わせ販売等・拘束条件付取引について」
  …「フランチャイズ契約に基づく営業のノウハウの供与に併せて、本部が、加盟者に対し、自己や自己の指定する事業者から商品、原材料等の供給を受けさせるようにすること」が抱き合わせ販売等に該当するかどうかについては、「行為者の地位、行為の範囲、相手方の数・規模、拘束の程度等を総合勘案して判断する必要」があると定められ、かかる取引が拘束条件付取引に該当するかどうかについては、「行為者の地位、拘束の相手方の事業者間の競争に及ぼす効果、指定先の事業者間の競争に及ぼす効果等を総合勘案して判断される」と定められている。

(3)　優越的地位の濫用

ア　優越的地位の濫用の成立要件

優越的地位の濫用の公正競争阻害性は、各取引主体がそれぞれ自由かつ主体的に取引上の判断を行うという「自由競争基盤の侵害」にあり、その成立には、次の四要件が必要とされています［**Q27**の**A３**の**2**(2)］。

i）優越的地位（一方が他方を抑圧し得る関係にあること）
ii）（法定の行為要件を充足し、公正競争阻害性を有する）濫用行為（通常では受け容れ難い不利益を一方的に課すような抑圧的な行為）
iii）その行為の広がり（対象となる相手方の数、組織的・制度的なものがどうか、行為の波及性・伝播性の有無）を考慮し、公正な競争秩序にかかわると認められること
iv）正当化事由の不存在。当該正当化事由には、競争秩序に直接的に関わらない事業経営上の合理性・必要性などの事由が含まれる。**1**で述べた法適合性の判断は、事業経営上の合理性・必要性などに関連する事由として、正当化事由の存否の判断において考慮されるものと解される。

イ　正当化事由に関連するフランチャイズ・ガイドライン中の記述

フランチャイズ・ガイドライン中の次の記述をみても、正当化事由の判断を通じ、私法上の法適合性の判断が考慮される内容となっているものと理解されます。

- 「3（1）」の柱書
  …「フランチャイズ・システムによる営業を的確に実施する限度を超えて」
- 「3（1）ア」の「（取引先の制限）」
  …「良質廉価」で商品又は役務を提供する他の事業者と取引させないようにすること
- 「3（1）イ」の①
  …本部の統一ブランド・イメージを維持するために「必要な範囲を超えて」

そうだとすると、競争秩序への悪影響の点は独禁法独自の解釈理論によるとしても、正当化事由の判断については、契約実務の観点からは、**1**で述べた「目的の正当性＋指定・義務づけの必要性＋相

当性＋有益性」と同一の要件で判断することができるものと考えられます。

ウ　裁判例

ニ）の営業時間の指定に関する優越的地位の濫用該当性について、東京地判平23.12.22判時2148.130は、コンビニエンスストアにおける午後11時から翌日午前７時までの間の深夜営業の義務づけに関し、概要、フランチャイジーは契約上、深夜営業を行う義務を負うこと、24時間営業の認識の広まり、契約の説明資料等への24時間営業の実施の明記を認定したうえ、次の理由などにより、優越的地位の濫用の成立を否定しています。

- 深夜時間帯の売上額は減少するが、手待ち時間を利用し、発注業務、店舗の清掃・点検等の作業、早朝向け商品の発注、納品、検品、陳列等が行われていること
- 深夜の強盗事件は発生率が他社よりも高くはなく、対応策が講じられていること
- コンビニエンスストア業界では24時間営業が普及し、深夜営業が行われないとフランチャイズ・チェーンの利便性にかかわる加盟店に共通する独特のイメージが損なわれることは避け難いこと

上記の理由をみてもわかるとおり、この裁判例は、24時間営業の義務づけの法適合性（優越的地位の濫用該当性）に関し、実質的に、「目的の正当性＋指定・義務づけの必要性＋相当性＋有益性」の要件に合致する判断（特に、有益性を重視した判断）を行っている、と理解することができるのではないかと考えられます（**Q69**）。

(4)　抱き合わせ販売等、拘束条件付取引

ヌ）の商品の仕入先の指定に関しては、「フランチャイズ契約に基

づく営業のノウハウの供与に併せて、本部が、加盟者に対し、自己や自己の指定する事業者から商品、原材料等の供給を受けさせるようにすること」として、抱き合わせ販売等、拘束条件付取引が問題となり得ます。

この場合の抱き合わせ販売等の公正競争阻害性は、従たる商品の市場において、同種の商品を販売する競争者を排除する競争減殺[注1)]（指定仕入先の競争者を排除すること）に当たるのではないかと考えられます。また、池田幸司弁護士によれば、拘束条件付取引については、「はなはだ抽象度の高い規定」となっており、「多様な行為が本行為類型の対象になる可能性を秘めて」おり、「行為要件に該当する行為として具体的にどのような行為を捉えるべきかの問題と、そうした行為が公正な競争秩序にどのような悪影響を及ぼすか、さらにはそうした行為に取引上の合理性その他の正当化事由が認められるかといった問題がいわばほとんど一体のものとして検討されざるを得ないケースもあるように思われる」とされていますが、[注2)]この場合の拘束条件付取引の公正競争阻害性は、「自由な競争の侵害・減殺」（そのうちの「競争の停止・閉塞」）[注3)]に求めることになるのではないかと考えられます。

いずれの場合も、公正競争阻害性の成立には、正当化事由の不存在が要件となり、フランチャイズ・ガイドラインの「3（2）」には関連する記述はないものの、「3」の柱書の記述（「フランチャイズ・システムによる営業を的確に実施する限度を超えて」）をみれば、❶で述べた法適合性の判断が、事業経営上の合理性・必要性などに関連する事由として、正当化事由の存否の判断において考慮されるものと理解されます。

したがって、(3)の優越的地位の濫用の場合と同様、競争秩序への悪影響の点は独禁法独自の解釈理論によるとしても、正当化事由の判断については、契約実務の観点からは、❶で述べた「目的の正当性＋指定・義務づけの必要性＋相当性＋有益性」と同一の要件で判断することができるものと考えられます。

注

注１）伊従編『独禁法Ｑ＆Ａ』305頁（池田幸司執筆）
注２）伊従編・同上326頁以下（同上執筆）
注３）伊従編・同上328頁（同上執筆）

Q31

フランチャイジーの営業活動に対する推奨、助言・指導を規定する条項

フランチャイズ契約中の条項によって、フランチャイジーの営業活動は、どのような推奨、助言・指導を受けますか。

A 1 (結論)

フランチャイジーの営業活動（＊）に対する推奨、助言・指導を規定する条項を、実際の契約例に基づき、その目的の観点から整理すると、概要、次頁の**図表24**のとおり、ⓓのフランチャイジーの事業能力の向上を目的とするということができます。フランチャイジーの権益としては、10）の商品の選定・調達能力の補助と、11）の店舗運営の知識・経験、ノウハウの補助があり、10)、11）に対応する条項の具体例としては、ㇶ）の商品・仕入先の推奨〜ㇹ）の従業員の雇用に関する助言・指導が挙げられます。

＊フランチャイジーの営業活動

フランチャイジーがフランチャイズ・パッケージを利用して行う、対象事業にかかる営業活動をいう。

【図表24】㋒のフランチャイジーの営業活動を支援する条項

支援の趣旨・内容	フランチャイジーのための目的（権益）		具体例
㋒　フランチャイジーの営業活動に対する推奨、助言・指導（※）	ⓓ　フランチャイジーの事業能力の向上	10)　商品の選定・調達能力の補助	ﾄ)　商品とその仕入先を推奨すること
		11)　店舗運営の知識・経験、ノウハウの補助	ﾁ)　商品の販売価格を推奨すること
			ﾍ)　商品の発注・陳列・接客・清掃などの個別の営業活動に関する助言・指導を行うこと
			ﾎ)　従業員の労働条件、就労体制などの従業員の雇用に関する助言・指導を行うこと

※　当該推奨、助言・指導は、研修の実施、各種書面・マニュアル（手引書）・教材の交付、情報システムによる情報伝達などの方法により集団的に提供される場合と、巡回指導員による臨店・口頭の情報伝達などの方法により個別的に提供される場合がある。

Q32

フランチャイジーの営業活動に対する推奨、助言・指導を規定する条項の性質

フランチャイジーの営業活動に対する推奨、助言・指導を規定する条項は、どのような性質を有していますか。

A1（結論）

フランチャイジーの営業活動に対する推奨、助言・指導を規定する条項は、推奨、助言・指導の対象となる営業活動について、フランチャイジーが最終的な決定権・判断権を有することを前提として規定が設けられていると解釈される場合、任意性の原則（フランチャイザーの推奨、助言・指導に従うか否かは、最終的に、フランチャイジーの任意の決定・判断に委ねられること）が認められます。

A2（背景）

フランチャイズ契約において、フランチャイジーの営業活動に対する推奨、助言・指導を規定する条項が設けられている場合、その趣旨としては、次頁の**図表25**のとおり、推奨、助言・指導にかかる事項につき、①のフランチャイジーに最終的な決定権・判断権があることを前提としていると解釈される場合と、②のフランチャイジーに、ある程度までは決定権・判断権があるが、最終的な決定権・判断権はないことを前提としていると解釈される場合があると思われます。

以下、①の場合を前提に、フランチャイジーの営業活動に対する

推奨、助言・指導を規定する条項の性質について述べたいと思います。

【図表25】営業活動に対する推奨、助言・指導を規定する条項の趣旨の解釈

二つの解釈
- ①　推奨、助言･指導にかかる事項につき、フランチャイジーに最終的な決定権・判断権があることを前提としていると解釈される場合
- ②　当該事項につき、フランチャイジーにある程度までは決定権・判断権はあるが、最終的な決定権・判断権がないことを前提としていると解釈される場合

A3（解説）

フランチャイジーの営業活動に対する推奨、助言・指導にかかる事項につき、①のフランチャイジーが最終的な決定権・判断権を有することを前提としていると解釈される場合、当該条項には、任意性の原則（フランチャイザーの推奨、助言・指導に従うか否かは、最終的に、フランチャイジーの任意の決定・判断に委ねられること）が認められることになります。

フランチャイズ契約は、フランチャイジーはフランチャイザーからフランチャイズ・パッケージの提供・利用許諾を受け、自己の責任で対象事業（店舗の経営・営業）を営むとのモデルに基づいていますので、多くの場合は、フランチャイジーの営業活動に対する推奨、助言・指導を規定する条項は①の趣旨であると解釈されます。ただし、実際の契約例をみると、「推奨、助言・指導」の文言にもかかわらず、他の条項との関係や、当該推奨、助言・指導にかかる事項の内容・性質などによっては、営業活動に対する推奨、助言・指導を規定する条項が、②の趣旨であると解釈される場合もあり得ますので、その見定めには留意を要します（②の場合は**Q29**の営業活動を指定・義務づける条項となる）。

Q33

フランチャイジーの営業活動に対する推奨、助言・指導を規定する条項の法適合性の要件

フランチャイジーが営業活動に対する推奨、助言・指導に従わない場合、フランチャイザーは、いかなる限度で、チェーン・イメージの統一性を保つことを理由として、推奨、助言・指導に従うよう要請できますか。

A1（結論）

フランチャイザーは、推奨、助言・指導に従わないフランチャイジーに対し、フランチャイジーの任意の決定・判断への働きかけの限度において、推奨、助言・指導に従うよう要請することはできますが、「フランチャイジーの任意の決定・判断への働きかけの程度・範囲を逸脱して、不当にその意思・行動を抑圧すること」により、推奨、助言・指導を「強要」することは許容されません。

強要の例としては、フランチャイザー（の担当者）による執拗な言動の繰り返しや、推奨、助言・指導に従わないと、損害賠償、契約解除、再契約（契約更新）の拒絶などの契約上の不利益を課すことを示唆することにより、推奨商品の仕入、推奨販売価格の設定、助言・指導した品目・数量の商品の発注などを強要する行為が想定されます。

A3（解説）

1 法適合性の要件

(1) 利益衡量に基づく法適合性の判断の不要性

フランチャイジーの営業活動に対する推奨、助言・指導は、営業活動の指定・義務づけと異なり、フランチャイジーの事業能力の向上のみを目的とするものであり（**Q31**）、また、フランチャイジーはフランチャイザーの推奨、助言・指導に従うか否かの最終的な決定権・判断権を有するとの解釈（任意性の原則）を前提にすると（**Q32**）、フランチャイジーは法益（営業の自由）の制限を受けませんので、本来、法適合性の判断を行う必要はありません。

(2) 推奨、助言・指導の要請と法適合性の判断の必要性

しかし、実際のフランチャイズ契約の運用においては、次頁の**図表26**のとおり、フランチャイジーが推奨、助言・指導に従わない場合、フランチャイザーが「チェーン・イメージの統一性」を保つことを理由として、仕入商品、販売価格の推奨、商品発注（発注する商品の品目・数量）の助言・指導に従うよう要請する場合があります。

当該要請は、その程度・範囲によっては、（任意性を前提とする）本来の推奨、助言・指導と異なり、フランチャイジーの法益（営業の自由）を制限することもあり得ますので、当該要請が許容されるか否かについて、法適合性の判断を行う必要が生じます。

【図表26】営業活動に対する推奨、助言・指導の要請

支援の趣旨・内容	フランチャイジーのための目的（権益）		具体例	チェーン・イメージの統一性を保つ目的
㋒ フランチャイジーの営業活動に対する推奨、助言・指導	ⓓ フランチャイジーの事業能力の向上	10) 商品の選定・調達能力の補助	ヒ) 商品・仕入先の推奨	推奨した商品・仕入先の要請
		11) 店舗の運営の知識・経験、ノウハウの補助	フ) 商品の販売価格の推奨	推奨した商品の販売価格の要請
			ヘ) 商品の発注などの個別の営業活動に関する助言・指導	助言・指導した商品の発注（品目・数量）の要請
			ホ) 従業員の雇用に関する助言・指導	―

(3) 法適合性の要件

推奨、助言・指導の要請の法適合性の要件は、営業活動に対する推奨、助言・指導を規定する条項が、推奨、助言・指導にかかる事項につき、フランチャイジーが最終的な決定権・判断権を有することを前提としている（フランチャイジーに自由な営業活動が認められている）と解釈される以上、当該要請が「フランチャイジーの任意の決定・判断への働きかけの程度・範囲を逸脱して、不当にその意思・行動を抑圧することにより、推奨、助言・指導を強要した」と認められる場合は、法適合性が否定され、当該強要行為は許容されないと考えられます。

なお、強要の例としては、フランチャイザー（の担当者）による執拗な言動の繰り返しや、推奨、助言・指導に従わないと、損害賠償、契約解除、再契約（契約更新）の拒絶などの契約上の不利益を課すことを示唆することにより、推奨商品の仕入、推奨販売価格の設定、助言・指導した品目・数量の商品の発注などを強要する行為が想定されます。

当該強要のもととなった推奨、助言・指導の内容が「目的の正当性＋推奨、助言・指導の必要性＋相当性＋有益性」（**Q30**）を備えているか否かは問われないと考えられます。

⑷　民事上の制裁

ア　債務不履行・不法行為に基づく損害賠償請求／裁判例

上述の推奨、助言・指導の不当な強要は、契約で定めた推奨、助言・指導の任意性を否定し、フランチャイジーの営業の自由を違法に侵害するものであり、これによってフランチャイジーが損害を被った場合は、債務不履行または不法行為に基づき、フランチャイザーに対し損害賠償請求をなし得ると考えられます。

この点が本格的に争われた裁判例としては、後述の見切り販売に関する独禁法上の損害賠償請求を挙げることができますが、現在までのところ、それ以外の事例で推奨、助言・指導の強要が本格的に争われた裁判例は見当たらないようです（フランチャイザーによるロイヤルティ、契約終了後の清算金などの請求に対し、フランチャイジーから、例えば、商品発注の強要により損害を被ったとして、当該損害賠償請求権を自働債権とする相殺が主張される類いの事例は散見されるが、商品発注の強要が本格的な争点となり、その主張が認められた事例は見当たらないようである）。

しかし、今後、フランチャイズ契約締結後のフランチャイザーとフランチャイジーの取引関係に関心が高まれば、かかる損害賠償請求の数が増すことも考えられないではありません。

イ　名ばかりフランチャイズを理由とする不法行為

また、推奨、助言・指導の不当な強要が繰り返され、フランチャイジーの営業の自由が重大かつ継続的に侵害されている場合において、当初から、フランチャイズ契約を名乗りながら、フランチャイジーの決定権・判断権を否定する意図（いわば「名ばかりフランチャイズ」の意図）で契約を締結したことが認定し得る場合は、フランチャイズ契約（を偽装した契約）自体が不法行為と認められることもあり得るのではないかと考えられます。

ウ　重大な営業方針の相違と再契約（契約更新）の拒絶

フランチャイザーがフランチャイジーの営業活動に対し、「目的の正当性＋推奨、助言・指導の必要性＋相当性＋有益性」を備えている、いわば正当な推奨、助言・指導を行った場合であっても、契約上、推奨、助言・指導の任意性が定められていると解釈される場合は、フランチャイジーがこれを拒んでも、フランチャイザーはこれを強要することはできず、また、推奨、助言・指導を拒んだことを理由に、損害賠償、契約解除などの契約上の不利益を課すことはできず、損害賠償、契約解除、再契約（契約更新）の拒絶などの不利益を課すことを示唆して推奨、助言・指導を不当に強要することもできません。

しかし、当該推奨、助言・指導が対象事業の中核をなす重大な営業方針にかかるものであって、フランチャイジーがこれを継続的に拒み、当該営業方針につき、フランチャイザーと見解を異にし、その相違を埋めることが著しく困難であると認められる場合、フランチャイザーは、契約の期間満了時において、［フランチャイザーによる再契約（契約更新）の拒絶について、やむを得ない事由の存在を必要とするとの見解に立つとしても、当該事由（重大な営業方針の相違）がある場合は、当事者双方にとって再契約（契約更新）することに積極的な意義は見出せず、当該事由はやむを得ない事由に該当するので]当該事由の存在を理由に再契約（契約更新）を拒絶し得る場合もあると考えられます。ただし、現行の契約に基づく推奨、助言・指導の強要の手段として、再契約（契約更新）の拒絶を示唆することは許容されません。

2 フランチャイズ・ガイドライン

(1) 問題となる不公正な取引方法の類型

上述の商品の仕入、商品の販売価格の設定、商品の発注などに対する推奨、助言・指導の強要について、フランチャイズ・ガイドライン上、問題となり得るのは次の行為です。なお、フランチャイズ・ガイドラインは、次の行為が指定・義務づけの形でなされたか、推奨、助言・指導の強要の形でなされたかは区別していません。

a) 「3（1）」の優越的地位の濫用
- **「3（1）ア」の「(仕入数量の強制)」**
  …前記**図表26**のヘ）の商品の発注（品目・数量）の助言・指導の強要と関連
- **「3」の柱書の販売価格の制限、「3（1）ア」の「(見切り販売の制限)」**
  …同フ）の商品の販売価格の推奨の強要と関連
- **「3（1）ア」の「(フランチャイズ契約締結後の契約内容の変更)」**
  …同ヒ）の（新規導入された）商品の推奨の強要と関連

b) **「3（3）」の「販売価格の制限」と再販売価格の拘束、拘束条件付取引**
  …同フ）の商品の販売価格の推奨の強要と関連

(2) 関連するフランチャイズ・ガイドラインの定め（優越的地位の濫用、再販売価格の拘束、拘束条件付取引）

ア 総 説

フランチャイズ・ガイドラインでは、「3　フランチャイズ契約締結後の本部と加盟者との取引について」の柱書で、「フランチャイズ契約又は本部の行為が、フランチャイズ・システムによる営業を的確に実施する限度を超え、加盟者に対して正常な商慣習に照らして不当に不利益を与える場合」には優越的地位の濫用に、また、「加盟者を不当に拘束するものである場合」には抱き合わせ販売等又は拘束条件付取引等に該当することがある、旨が定められています。

イ 優越的地位の濫用

フランチャイズ・ガイドラインでは、優越的地位の濫用に関し、次のとおり定められています。

- **「3」の「フランチャイズ契約締結後の本部と加盟者との取引について」の「(1) 優越的地位の濫用について」の柱書**
  …「加盟者に対して取引上優越した地位にある本部が、加盟者に対して、フランチャイズ・システムによる営業を的確に実施する限度を超えて、正常な商慣習に照らして不当に加盟者に不利益となるように取引の条件を設定し、若しくは変更し、又は取引を実施する場合には、フランチャイズ契約又は本部の行為が独占禁止法第二条第九項第五号（優越的地位の濫用）に該当する」と定められている。
- **「3（1）ア」の「(仕入数量の強制)」「(見切り販売の制限)」「(フランチャイズ契約締結後の契約内容の変更)」**
  …優越的地位の濫用に該当する行為等の例として、次のとおり、仕入数量の強制、見切り販売の制限、フランチャイズ契約締結後の契約内容の変更が挙げられている。

「(仕入数量の強制)」

…「本部が加盟者に対して、加盟者の販売する商品又は使用する原材料について、返品が認められないにもかかわらず、実際の販売に必要な範囲を超えて、本部が仕入数量を指示し、当該数量を仕入れることを余儀なくさせること」

「(見切り販売の制限)」

…「廃棄ロス原価を含む売上総利益がロイヤルティの算定の基準となる場合において、本部が加盟者に対して、正当な理由がないのに、品質が急速に低下する商品等の見切り販売を制限し、売れ残りとして廃棄することを余儀なくさせること」

「(フランチャイズ契約締結後の契約内容の変更)」

…「当初のフランチャイズ契約に規定されていない新規事業の導入によって、加盟者が得られる利益の範囲を超える費用を負担することとなるにもかかわらず、本部が、新規事業を導入しなければ不利益な取扱いをすること等を示唆し、加盟者に対して新規事業の導入を余儀なくさせること」

ウ　再販売価格の拘束、拘束条件付取引

フランチャイズ・ガイドラインでは、「3（3）販売価格の制限について」で、販売価格の制限に関し、「販売価格については、統一的営業・消費者の選択基準の明示の観点から、必要に応じて希望価格の提示は許容される。しかし、加盟者が地域市場の実情に応じて販売価格を設定しなければならない場合や売れ残り商品等について値下げして販売しなければならない場合などもあることから」「本部が加盟者に商品を供給している場合、加盟者の販売価格（再販売価格）を拘束することは」原則として再販売価格の拘束に該当し、「本部が加盟者に商品を直接供給していない場合であっても、加盟者が供給する商品又は役務の価格を不当に拘束する場合は」、拘束条件付取引に該当することとなり、これについては、「地域市場の状況、本部の販売価格への関与の状況等を総合勘案して判断される」と定められています。

(3) 優越的地位の濫用

ア　優越的地位の濫用の成立要件

優越的地位の濫用の公正競争阻害性は、各取引主体がそれぞれ自由かつ主体的に取引上の判断を行うという「自由競争基盤の侵害」にあり、その成立には、次の四要件が必要とされています［**Q27**の**A 3**の**2**(2)］。

> ⅰ　優越的地位（一方が他方を抑圧し得る関係にあること）
> ⅱ　（法定の行為要件を充足し、公正競争阻害性を有する）濫用行為（通常では受け容れ難い不利益を一方的に課すような抑圧的な行為）
> ⅲ　その行為の広がり（対象となる相手方の数、組織的・制度的なものがどうか、行為の波及性・伝播性の有無）を考慮し、公正な競争秩序にかかわると認められること
> ⅳ　正当化事由の不存在。当該正当化事由には、競争秩序に直接的に関わらない事業経営上の合理性・必要性などの事由が含まれる。推奨、助言・指導の要請の場合、法適合性の要件は、営業活動の指定・義務づけとは判断の構造が異なり、「目的の正当性＋指定・義務づけの必要性＋相当性＋有益性」の有無ではなく、「フランチャイジーの任意の決定・判断」の侵害の有無である点において、相違はあるものの、「フランチャイジーの任意の決定・判断」の侵害の有無も、事業経営上の合理性・必要性などに関連する事由となり得るので、**1**で述べた法適合性の判断は、正当化事由の存否の判断において考慮されるものと解される。

イ　排除措置命令

セブン－イレブン・ジャパン社に対する見切り販売の制限に関する排除措置命令事件（**Q40、Q62**）では、契約上、加盟店で販売する商品の販売価格を加盟者が自らの判断で決定することとなっており、セブン－イレブン・ジャパン社は推奨商品についての標準的な

販売価格（推奨価格）を定め、これを加盟者に提示している旨の事実が認定されています。

そのうえで、見切り販売を制限する行為として、概要、OFC（経営相談員）などの従業員が見切り販売（セブン－イレブン・ジャパン社が独自の基準により定める販売期限が迫っている商品について、それまでの販売価格から値引きした価格で消費者に販売する行為）を行おうとし、または、行った加盟者に対し、見切り販売を行わないようにさせ、見切り販売を取りやめないときは、加盟店基本契約の解除等の不利益な取扱いをする旨を示唆するなどして見切り販売を行わないようにさせ、見切り販売の取りやめを余儀なくさせた旨の事実が認定されており、当該事例は、本問の推奨、助言・指導の強要の類型に該当するものと理解されます。

同命令では、正当化事由の判断について明示的な説示はなされていませんが、上述の見切り販売を制限する行為の認定をみても、本書の立場と同様、「フランチャイジーの任意の決定・判断への働きかけの程度・範囲を逸脱して、不当にその意思・行動を抑圧した」（か否か）の要件を適用し、当該事案では不当な意思・行動の抑圧があると判断し（法適合性が否定されると判断し）、正当化事由の不存在を認めたものと理解されます。

(4) 再販売価格の拘束、拘束条件付取引

193頁の**図表26**のァ）の販売価格の推奨の強要に関しては、再販売価格の拘束、拘束条件付取引が問題となり得ます。

池田幸司弁護士によれば、再販売価格の拘束は「それ自体に競争阻害性があり」、「販売先の事業者間の価格競争が消滅し、市場全体の競争が減殺されることとな」るが、通常の理解では、その公正競争阻害性は、「自由な競争の侵害」（競争の減殺）であり、[注1]また、拘束条件付取引については、抽象度の高い規定であるため、行為の

捉え方、競争秩序への悪影響、正当化事由が一体のものとして検討されざるを得ないケースもあるとされていますが［**Q30のA3の2**(4)］、この場合の拘束条件付取引の公正競争阻害性は、自由な競争の侵害・減殺（そのうちの「競争の停止・閉塞」）となるのではないかと考えられます。[注2)]

再販売価格の拘束の場合、判例上、競争秩序に直接的にかかわらない事業経営上の合理性・必要性などの事由は正当な理由となり得ないとされていますが、[注3)] 拘束条件付取引一般においては、優越的地位の濫用と同様、正当化事由となります。[注4)]

したがって、少なくとも、拘束条件付取引一般の場合は、(3)の優越的地位の濫用の場合と同様、「フランチャイジーの任意の決定・判断」の侵害の有無も、事業経営上の合理性・必要性などに関連する事由となり得ますので、正当化事由の存否の判断において考慮されるものと解されます。

注

注１）伊従編『独禁法Ｑ＆Ａ』321頁（池田幸司執筆）
注２）伊従編・同上328頁（同上執筆）
注３）伊従編・同上322頁（同上執筆）
注４）伊従編・同上326頁（同上執筆）

❊ 第3章 ❊

フランチャイズ契約の条項の法適合性の判断

序 節

契約条項の法適合性

1 概　要

第３章は、契約実務（契約書の作成、契約運用の相談）の観点から、フランチャイズ契約に特有の条項について、第２章で述べた法適合性の要件に基づき、法適合性（効力が認められる範囲）の検討を試みるとともに、訴訟実務の観点から、フランチャイズ契約の終了に関する条項について、継続的契約の解消の制限の法理との関係において、法適合性の検討を試みるものです。

◆契約条項の法適合性の判断…第１節（Q34～ Q43）

◆契約終了に関する条項の効力の制限…第２節（Q44～ Q48）

2 企　図

(1) 第１節（契約条項の法適合性の判断）

フランチャイズ契約では、従前、契約条項の法適合性につき、当該条項の性質に応じた明確な判断の基準や、判断の方法が明確に提示されてこなかったことから、実務上、次の問題に関し、常に微妙な判断が強いられてきたと思われます。

- フランチャイジーの営業活動以外の行為を制限・禁止する条項、営業活動を指定・義務づける条項を文言どおり強制することができるか。
- 営業活動に対する推奨、助言・指導に従わないフランチャイジーに対し、いかなる限度で推奨、助言・指導に従うよう要請することができるか。

そこで、第１節では、第２章で述べた（簡便で利用しやすい）法適合性の要件に基づき、主要な契約条項について、その内容を分析・整理のうえ、法適合性の判断の主要な枠組みを提示しました。契約条項の法適合性を判断する際の一つの手掛かりとなることができるのではないかと考えています。

(2)　第２節（契約終了に関する条項の効力の限界）

また、フランチャイズ契約の訴訟実務では、継続的契約の解消の制限の法理との関係から、契約終了に関する条項が文言どおり効力を認められるか（契約終了が制限される範囲）が問われており、訴訟に通用する、簡潔で明確な判断の基準の提示が要請されるところですが、継続的契約の解消の制限の法理は、契約法上の難問の一つであり、学説も複雑多岐にわたっていることから、実務上、判断に迷ったり、訴訟の対応に苦労したりする場面も少なくなかったと思われます。

そこで、第２節では、裁判実務で主流をなすと考えられる伝統的な私法自治（権利義務の変動は各人の自由意思に基づいてのみなされるべきだとの考え方）に依拠し、契約の解釈（当事者の意思解釈）に基づき、フランチャイズ契約の終了に関する条項の法適合性（契約終了が制限される範囲）を判断するとの立場に立ち、主要な条項につき、契約の解釈の主要な枠組みを提示しました。訴訟実務において、簡潔で明確な基準を提示し、主張・立証の方針を定める一助となることができるのはないかと考えています。

3 ポイント

(1) 第1節

- 事業活動以外の行為を制限・禁止する条項の法適合性につき、「目的の正当性＋制限・禁止の必要性＋相当性」の要件に基づく判断の枠組みを提示したこと（**Q34〜 Q37**）
- 事業活動を指定・義務づける条項の法適合性につき、「目的の正当性＋指定・義務づけの必要性＋相当性＋有益性（フランチャイジーの利益に繋がり得ること）」の要件に基づく判断の枠組みを提示したこと。その際、「有益性」が判断のポイントとなること（**Q38**、**Q42**）
- 営業活動に対する推奨、助言・指導を規定する条項の法適合性につき、「フランチャイジーの任意の決定・判断への働きかけの程度・範囲を逸脱して、不当にその意思・行動を抑圧したこと」の要件に基づく判断の枠組みを提示したこと。その際、推奨、助言・指導の「目的の正当性＋必要性＋相当性＋有益性」（利益衡量などによる判断）は考慮されないこと（**Q39〜 Q41**）
- テリトリー権に関する条項の法適合性（フランチャイザーによる近隣出店が許容される範囲）につき、契約の解釈に基づく判断の枠組みを提示したこと（**Q43**）

(2) 第2節

- 契約終了に関する条項の法適合性（契約終了が制限される範囲）につき、伝統的な私的自治（権利義務の変動は各人の自由意思に基づいてのみなされるべきだとの考え方）に依拠した、契約の解

釈（当事者の意思解釈）に基づく判断の枠組みを提示したこと

- 裁判実務も、多くの場合、私的自治を重視し、契約の解釈に基づき、法適合性（契約終了が制限される範囲）を判断していると解されること
- 契約の解釈は、信義則と対比し、個別・具体的な実情に沿った判断を導くことができ、裁判時の主張・立証の方針や、契約時の予測可能性を与え得るので、できる限り、信義則よりも、契約の解釈を優先すべきこと

第1節

フランチャイズ契約に特有の条項の法適合性の判断

Q34

契約期間中の競業禁止義務

フランチャイズ契約の期間中、フランチャイジーに対し競業行為を禁止する旨を規定した条項は、いかなる範囲において法適合性を有しますか。

A 1（結論）

契約期間中の競業禁止条項は、「フランチャイジーの営業活動以外の行為を制限・禁止する条項」（フランチャイジーの営業活動とは、フランチャイジーのフランチャイズ契約に基づく本来の営業活動をいう）に該当し、競業を禁止する目的に正当性があり、当該目的を達成するため競業を禁止する必要性があり、かつ、競業禁止によってフランチャイザーが得る権益とフランチャイジーが被る法益の制限につき、利益衡量上、相当性がある場合に、その法適合性は肯定されると考えられます。

競業禁止条項のうち、「ノウハウの保護を目的として、地域を問わず、フランチャイジーが単独で対象事業（フランチャイズ・パッケージを利用して商品を販売し、サービスを提供する事業）と同一類似の事業を営むことを禁止する条項」を例にすると、フランチャイザーが、ノウハウの権利を保護しようとする目的は正当であり、当該権利の保護のためには、地域を問わず、フランチャイジーに対象事業と同一類似の事業を営むことにつき、禁止義務を課す必要も認められます。フランチャイザーのノウハウの権利とフランチャイジーの法益（営業・職業選択の自由）の制限の利益衡量では、相当性が認められ、法適合性が肯定される場合が多いのではないかと考えられます。

また、「商圏・顧客の確保を目的として、既存店の近隣に、フランチャイジーが提携先を通じて出店し、対象事業と同一類似の事業を営むことを禁止する条項」を例にすると、フランチャイザーが、その商圏・顧客の権益を確保しようとする（既存店の営業毀損によるロイヤルティ収入の減少を予防する）目的は正当であり、当該権益の確保のためには、近隣地域において、フランチャイジーが提携先を通じ対象事業と同一類似の事業を営むことにつき、禁止義務を課す必要も認められます。フランチャイザーの商圏・顧客の権益とフランチャイジーの法益（営業・職業選択の自由）の制限の利益衡量では、相当性が認められ、法適合性が肯定される場合が多いのではないかと考えられますが、禁止された地域が広い場合や、フランチャイジーの提携先によって競業がなされ、フランチャイジーが提携先による事業の経営に関与する度合いが低い場合などでは、相当性が認められず、法適合性が否定されることもあり得ると考えられます。

A 2（背景）

1 競業禁止条項

(1) 競業禁止条項

フランチャイズ契約では、多くの場合、契約の存続期間中、フランチャイジーは、自らまたは提携先を通じ、対象事業・フランチャイズ事業と同一類似の事業を行うこと（競業行為）が禁止される旨の条項が設けられています。また、競業禁止の実効性を担保するため、競業禁止義務に違反した場合を解除事由とし、あるいは競業禁止義務の違反に違約金を課すなどの条項が設けられています。

(2) 本問の趣旨

本問は、契約期間中の競業禁止条項の法適合性が肯定される範囲を問うものですが、競業禁止条項といっても、その内容は一様ではありませんので、以下においては、まず、議論の前提として、競業禁止条項の内容を整理し、本問の対象となる条項の内容を特定のうえ、当該条項の法適合性について検討したいと思います。

2 競業禁止条項の内容

(1) 従前の議論

競業禁止義務については、一般に、禁止される「競業行為」としては、「対象事業と同一類似の事業」を営むことが念頭とされ、その「種類」としては、「契約の存続期間中」のものと「契約の終了後」のものがあり、その「目的」としては、「フランチャイザーのノウハウの保護」と、「商圏・顧客の確保」があるといわれています。[注1]「商圏・顧客の確保」とは、概要、フランチャイジーがフランチャイザーのノウハウと商標を用いて店舗営業を行い、当該地域の顧客を開拓・獲得することによって得られる、フランチャイザーの商圏（店舗への来店が見込まれる地域的な範囲における商業上の権益)・顧客の確保をいうものと理解されます。[注2]

また、裁判例の分析としてですが、契約期間中か契約終了後か、ノウハウの保護の目的か商圏・顧客の確保の目的か、地域的限定が付されているか付されていないかの組み合わせによって、「フランチャイズ契約期間中の競業禁止義務は、フランチャイザーのノウハウの保護を目的」とし、「契約終了後の競業禁止義務」は、「ノウハウの保護を主目的・趣旨とする競業避止義務については、場所的・地域的な範囲の限定がないことになると考えられるのに対して、商圏（顧客）の確保・保護を主目的・趣旨とする競業避止義務については、場所的・地域的な範囲の限定が必然的になされる」との見解が提示されています。[注3] これに対し、ノウハウの保護を目的とする競業禁止について、地域的限定が付される場合もあり得るとの見解も提示されています。[注4]

(2) 競業禁止条項の内容

ア　内容の複雑さ

しかし、実際の契約例や、競業禁止が定められる状況を想定すると、競業禁止義務の内容は、従前の議論より、複雑な要素の組合せとなっており、契約実務（契約書の作成）としては、取引の実情に即し、より詳細に、競業禁止の内容を規定する必要があり、また、訴訟実務においても、係争がいずれの局面で生じているのかを踏まえたうえで、主張・立証の方針を定める必要があると思われます。

イ 内 容

㋐ 要 旨

契約期間中の競業禁止条項は、競業行為者の態様、競業禁止行為としてなされる行為（事業の別）と目的・地域的限定の有無によって、概要、次頁の**図表27**のとおり分類されます。競業禁止の内容は、相当、複雑となっており、実務ではその場合分けに留意する必要があります。

㋑ 競業行為者の態様

競業禁止の対象となるのはフランチャイジーですが、競業行為者の態様は、①の「自」の場合はフランチャイジーが自ら競業行為をし、②の「提携先」の場合はフランチャイジーが提携先を通じ競業行為をします。

㋒ 競業行為としてなされる行為

競業行為としてなされる行為は、㋐㋒の場合は対象事業と同一類似の事業であり、㋑㋓の場合はフランチャイズ事業と同一類似の事業です。

さらに、㋐のフランチャイジーが対象事業と同一類似の事業を行う場合は、他のフランチャイズ・チェーンに加盟して競業行為を行う場合と、単独で競業行為を行う場合に分かれます。

㋓ 目 的

競業禁止の目的は、ⓐのノウハウの保護と、ⓑの商圏・顧客の確保があります。

㋔ 地域的限定

ⓐのノウハウの保護では、1) の地域的限定が付されない場合と、2) の地域的限定が付される場合があります（ノウハウの保護を目的とする競業禁止について、地域的限定が付される場合もあり得るとの見解に従う）。ⓑの商圏・顧客の確保では、2) の地域的限定が付されます。

【図表27】契約期間中の競業禁止条項の分類

<table>
<tr><td rowspan="4">競業行為者の態様</td><td rowspan="4" colspan="3">競業行為としてなされる行為（事業の別）</td><td>1) 地域的限定・無</td><td colspan="2">2) 地域的限定・有</td></tr>
<tr><td colspan="3">目　的</td></tr>
<tr><td colspan="2">ⓐ ノウハウの保護</td><td>ⓑ 商圏・顧客の確保</td></tr>
<tr><td colspan="3">具体的目的</td></tr>
<tr><td rowspan="3">① 自（フランチャイジーが自ら競業行為をする）</td><td rowspan="2">㋐ フランチャイジーが対象事業と同一類似の事業を行う。</td><td rowspan="2">他のフランチャイズ・チェーンへの加盟（※2）</td><td>有</td><td>ｱ) ノウハウの開示・漏洩＋目的外使用の予防</td><td>同左</td><td rowspan="2">ｳ) 既存店の営業毀損の予防／近隣</td></tr>
<tr><td>無</td><td rowspan="2">ｲ) ノウハウの目的外使用の予防</td><td rowspan="2">同左</td></tr>
<tr><td colspan="3">㋑ フランチャイジーがフランチャイザーとなってフランチャイズ事業と同一類似の事業を行う。</td><td>ｴ) フランチャイズ事業毀損の予防／展開地域</td></tr>
<tr><td rowspan="2">② 提携先(※1)（フランチャイジーが提携先を通じ競業行為をする）</td><td colspan="3">㋒ フランチャイジーが提携先を通じ対象事業と同一類似の事業を行う。</td><td rowspan="2">ｱ) ノウハウの開示・漏洩＋目的外使用の予防</td><td rowspan="2">同左</td><td>ｳ) 既存店の営業毀損の予防／近隣</td></tr>
<tr><td colspan="3">㋓ フランチャイジーが提携先を通じフランチャイザーとなってフランチャイズ事業と同一類似の事業を行う。</td><td>ｴ) フランチャイズ事業毀損の予防／展開地域</td></tr>
</table>

※1　提携の態様…資本提携（フランチャイジーが第三者へ出資しその経営に関与する）
業務提携（フランチャイジーが第三者に業務委託しその経営を行う）
人的提携（フランチャイジーが第三者を雇用しその経営を行い、あるいは法人である第三者の役員に就任しその経営に関与する）
資金提携（フランチャイジーが第三者に資金を貸し付けその経営に関与する）

※2　フランチャイジーが他のフランチャイズ・チェーンに加盟して、そのフランチャイズ・パッケージを利用して競業行為をする場合を想定。

(カ)　具体的目的

①㋐のうち、フランチャイジーが他のフランチャイズ・チェーンへ加盟して競業行為をする場合と、②の提携先を通じ競業行為をする場合、ⓐのノウハウの保護の具体的目的は、ァ）のノウハウの開示・漏洩＋目的外使用の予防となります。

①㋐のうち、フランチャイジーが単独で対象事業と同一類似の事業を行う場合と、①㋑のフランチャイジーが単独でフランチャイズ事業と同一類似の事業を行う場合、ⓐのノウハウの保護の具体的目的は、ィ）のノウハウの目的外使用の予防となります。

①㋐と、②㋒のフランチャイジーが対象事業と同一類似の事業を行う場合、ⓑの商圏・顧客の確保の具体的目的は、ゥ）の既存店の近隣への出店→既存店の営業毀損によるロイヤルティ収入の減少の予防となります。

①㋑と、②㋓のフランチャイジーがフランチャイズ事業と同一類似の事業を行う場合、ⓑの商圏・顧客の確保の具体的目的は、ェ）のフランチャイザーのフランチャイズ事業の展開地域における事業の展開→当該地域におけるフランチャイザーのフランチャイズ事業毀損の予防となります。

3　本問の対象となる競業禁止条項の特定

本問においては、契約期間中の、次のa）b）の競業禁止条項を例にとって、その法適合性を検討したいと思います。

a)　ノウハウの保護を目的として、地域を問わず、フランチャイジーが単独で対象事業と同一類似の事業を営むことを禁止するもの
b)　商圏・顧客の確保を目的として、既存店の近隣に、フランチャイジーが提携先を通じ出店し、対象事業と同一類似の事業を営むことを禁止するもの

A3（解説）

1 a）の競業禁止条項の法適合性

a）の競業禁止条項は、「フランチャイジーの営業活動以外の行為を制限・禁止する条項」に該当し、その法適合性の要件は、「目的の正当性＋制限・禁止の必要性＋相当性」となります（**Q27**）。

一般論として、フランチャイザーが、そのノウハウの権利を保護しようとする目的は正当であり、当該権利の保護のためには、地域を問わず、フランチャイジーに対象事業と同一類似の事業を営むこと（競業行為）につき、禁止義務を課す必要も認められます。

相当性は、個別・具体的な事情に基づく判断となり、一概にその結論を示すことはできませんが、a）の場合、フランチャイザーのノウハウの権利とフランチャイジーの法益（営業・職業選択の自由）の制限の利益衡量では、相当性が認められ、法適合性が肯定される場合が多いのではないかと思われます。しかし、次の事由の判断によっては、相当性が認められない場合がまったくないとはいえないと思われ、その場合には、法適合性は否定されることとなります。

- 競業禁止は、フランチャイジーの営業・職業選択の自由を制限すること
- 地域的限定がないこと
- 当該ノウハウの有用性（要保護性）が低い場合もあること
- 競業禁止はノウハウの権利の侵害の「予防」措置にとどまること
- フランチャイジーが競業行為で実際に当該ノウハウを使用していないことが明白な場合もあること

2 b）の競業禁止条項の法適合性

b）の競業禁止条項も、「フランチャイジーの営業活動以外の行

為を制限・禁止する条項」に該当し、その法適合性の要件も、「目的の正当性＋制限・禁止の必要性＋相当性」となります（**Q27**）。

一般論としては、フランチャイザーが、商圏・顧客を確保しようとする（既存店の営業毀損によるロイヤルティ収入の減少を予防する）目的は正当であり、当該商圏・顧客を確保するためには、既存店の近隣において、フランチャイジーが提携先を通じ対象事業と同一類似の事業を営むこと（競業行為）につき、禁止義務を課す必要も認められます。

相当性は、個別・具体的な事情に基づく判断となり、一概にその結論を示すことはできませんが、b）の場合、フランチャイザーの商圏・顧客の権益とフランチャイジーの法益（営業・職業選択の自由）の制限の利益衡量では、相当性が認められ、法適合性が肯定される場合が多いと思われます。しかし、次の事由の判断によっては、相当性が認められない場合もあり得るのではないかと思われ、その場合には、法適合性は否定されることとなります。

- 競業禁止は、フランチャイジーの営業・職業選択の自由を制限すること
- 禁止された地域（既存店の近隣の範囲）が広い場合もあること
- 競業禁止は商圏・顧客の確保の侵害の「予防」措置にとどまること
- 近隣に出店する店舗の業種・業態・商品が既存店の業種・業態・商品と類似性が低い場合もあること
- 資本、業務、人的、資金の各提携において、フランチャイジーが提携先の経営に関与する度合いが低い場合もあること

注

注1）金井『理論分析』521頁以下、神田『実務と書式』139頁以下

注2）神田・同上140頁

注3）金井・同上522頁、523頁

注4）神田・同上140頁

Q35

契約終了後の競業禁止義務

フランチャイズ契約の終了後、フランチャイジーに対し競業行為を禁止する旨を規定した条項は、いかなる範囲において法適合性を有しますか。

A 1（結論）

契約終了後の競業禁止条項は、「フランチャイジーの営業活動以外の行為を制限・禁止する条項」（フランチャイジーの営業活動とは、フランチャイジーのフランチャイズ契約に基づく本来の営業活動をいう）に該当し、競業を禁止する目的に正当性があり、当該目的を達成するため競業を禁止する必要性があり、かつ、当該競業禁止によってフランチャイザーが得る権益とフランチャイジーが被る法益の制限につき、利益衡量上、相当性がある場合、その法適合性は肯定されると考えられます。

競業禁止条項のうち、「ノウハウの保護を目的として、契約終了後の一定期間、地域を問わず、フランチャイジーが単独で対象事業（フランチャイズ・パッケージを利用して商品を販売し、サービスを提供する事業）と同一類似の事業を営むことを禁止する条項」を例にすると、フランチャイザーが、ノウハウの権利を保護しようとする目的は正当であり、当該権利の保護のためには、地域を問わず、フランチャイジーに対象事業と同一類似の事業を営むことにつき、禁止義務を課す必要も認められます。フランチャイザーのノウハウの権利とフランチャイジーの法益（営業・職業選択の自由）の制限の利益衡量では、相当性が認められ、法適合性が肯定される場合が多いのではないかと考えられますが、競業禁止期間が長い場合、ノウハウの有用性（要保護性）が低い場合などでは、相当性が認められず、法適合性が否定されることもあり得ると考えられます。
また、「商圏・顧客の確保を目的として、契約終了後の一定期間、閉鎖店と同一場所およびその近隣に、フランチャイジーが提携先を通じて出店し、対象事業と同一類似の事業を営むことを禁止する条項」を例にすると、フランチャイザーが、契約期間中の閉鎖店の営業により形成された商圏・顧客を、契約終了後も確保しようとする目的は、一応、正当であり、当該商圏・顧客を確保するためには、閉鎖店と同一場所およびその近隣において、フランチャイジーが提携先を通じ対象事業と同一類似の事業を営むことにつき禁止義務を課す必要も、一応、認められますが、契約期間中の場合と比較し、目的の正当性・競業禁止の必要性は低いといわざるを得ません。フランチャイザーの商圏・顧客の権益とフランチャイジーの法益（営業・職業選択の自由）の制限の利益衡量では、商圏・顧客形成への寄与、侵害の程度、期間の長短、地域の広狭、提携関係の強弱、代償措置の有無、契約終了の経緯・原因、店舗建物の利用阻害性などを総合的に勘案し、競業禁止義務を課すことが取引通念上、正当であると認められる場合には、相当性が認められ、法適合性が肯定されますが、正当ではないと認められる場合は、相当性が認められず、法適合性が否定されると考えられます。

A 2（背景）

1 競業禁止条項

(1) 競業禁止条項

フランチャイズ契約では、多くの場合、契約の終了後の一定期間、フランチャイジーは、自らまたは提携先を通じ、対象事業・フランチャイズ事業と同一類似の事業を行うこと（競業行為）が禁止される旨の条項が設けられています。また、競業禁止の実効性を担保するため、競業禁止義務の違反に違約金を課す条項が設けられています。

(2) 本問の趣旨

本問は、契約終了後の競業禁止条項の法適合性が肯定される範囲を問うものですが、競業禁止条項といっても、その内容は一様ではありませんので、以下においては、まず、議論の前提として、競業禁止条項の内容を整理し、本問の対象となる条項の内容を特定のうえ、当該条項の法適合性について検討したいと思います。

2 競業禁止条項の内容

(1) 従前の議論

競業禁止義務については、一般に、禁止される「競業行為」としては、「対象事業と同一類似の事業」を営むことが念頭とされ、その「種類」としては、「契約の存続期間中」のものと「契約の終了後」のものがあり、その「目的」としては、「フランチャイザーのノウハウの保護」と、「商圏・顧客の確保」があるといわれています。[注1]「商圏・顧客の確保」とは、概要、フランチャイジーがフランチャイザーのノウハウと商標を用いて店舗営業を行い、当該地域の顧客を開拓・獲得することによって得られる、フランチャイザーの商圏（店舗への来店が見込まれる地域的な範囲における商業上の権益）・顧客の確保をいうものと理解されます。[注2]

また、裁判例の分析としてですが、契約期間中か契約終了後か、ノウハウの保護の目的か商圏・顧客の確保の目的か、地域的限定が付されているか付されていないかの組合せによって、「フランチャイズ契約期間中の競業禁止義務は、フランチャイザーのノウハウの保護を目的」とし、「契約終了後の競業禁止義務」は、「ノウハウの保護を主目的・趣旨とする競業避止義務については、場所的・地域的な範囲の限定がないことになると考えられるのに対して、商圏（顧客）の確保・保護を主目的・趣旨とする競業避止義務については、場所的・地域的な範囲の限定が必然的になされる」との見解が提示されています。[注3] これに対し、ノウハウの保護を目的とする競業禁止について、地域的限定が付される場合もあり得る旨の見解も提示されています。[注4]

⑵ 競業禁止条項の内容

ア 内容の複雑さ

しかし、実際の契約例や、競業禁止が定められる状況を想定すると、競業禁止義務の内容は、従前の議論より、複雑な要素の組合せとなっており、契約実務（契約書の作成）としては、取引の実情に即し、より詳細に、競業禁止の内容を規定する必要があり、また、訴訟実務においても、係争がいずれの局面で生じているのかを踏まえたうえで、主張・立証の方針を定める必要があると思われます。

イ 内 容

㈠ 要 旨

契約終了後の競業禁止条項は、競業行為者の態様、競業行為としてなされる行為（事業の別）と、目的・地域的限定の有無によって、概要、次頁の**図表28**のとおり分類されます。競業禁止の内容は、相当、複雑となっており、実務では、その場合分けに留意する必要があります。

【図表28】契約終了後の競業禁止条項の分類

<table>
<tr><td rowspan="4">競業行為者の態様</td><td rowspan="4" colspan="3">競業行為としてなされる行為（事業の別）</td><td>1) 地域的限定・無</td><td colspan="2">2) 地域的限定・有</td></tr>
<tr><td colspan="3">目 的</td></tr>
<tr><td colspan="2">ⓐ 契約期間中に開示したノウハウの保護</td><td>ⓑ 契約期間中の閉鎖店の営業により形成された商圏・顧客の確保</td></tr>
<tr><td colspan="3">具体的目的</td></tr>
<tr><td rowspan="3">① 自（フランチャイジーが自ら競業行為をする）</td><td rowspan="2">㋐ フランチャイジーが対象事業と同一類似の事業を行う。</td><td rowspan="2">他のフランチャイズ・チェーンへの加盟（※2）</td><td>有</td><td>ア）ノウハウの開示・漏洩＋目的外使用の予防</td><td>同左</td><td rowspan="2">ウ）商圏・顧客の毀損の予防／閉鎖店と同一場所および近隣</td></tr>
<tr><td>無</td><td rowspan="2">イ）ノウハウの目的外使用の予防</td><td rowspan="2">同左</td></tr>
<tr><td colspan="3">㋑ フランチャイジーがフランチャイザーとなってフランチャイズ事業と同一類似の事業を行う。</td><td>エ）フランチャイズ事業毀損の予防／展開地域</td></tr>
<tr><td rowspan="2">② 提携先（※1）（フランチャイジーが提携先を通じ競業行為をする）</td><td colspan="3">㋒ フランチャイジーが提携先を通じ対象事業と同一類似の事業を行う。</td><td rowspan="2">ア）ノウハウの開示・漏洩＋目的外使用の予防</td><td rowspan="2">同左</td><td>ウ）商圏・顧客の毀損の予防／閉鎖店と同一場所および近隣</td></tr>
<tr><td colspan="3">㋓ フランチャイジーが提携先を通じフランチャイザーとなってフランチャイズ事業と同一類似の事業を行う。</td><td>エ）フランチャイズ事業毀損の予防／展開地域</td></tr>
</table>

※1　提携の態様…資本提携（フランチャイジーが第三者へ出資しその経営に関与する）
業務提携（フランチャイジーが第三者に業務委託しその経営を行う）
人的提携（フランチャイジーが第三者を雇用しその経営を行い、あるいは法人である第三者の役員に就任しその経営に関与する）
資金提携（フランチャイジーが第三者に資金を貸し付けその経営に関与する）

※2　フランチャイジーが他のフランチャイズ・チェーンに加盟して、そのフランチャイズ・パッケージを利用して競業行為をする場合を想定。

⑷　競業行為者の態様

競業禁止の対象となるのはフランチャイジーですが、競業行為者の態様は、①の「自」の場合はフランチャイジーが自ら競業行為をし、②の「提携先」の場合はフランチャイジーが提携先を通じ競業行為をします。

⑸　競業行為としてなされる行為

競業行為としてなされる行為は、㋐㋒の場合は対象事業と同一類似の事業であり、㋑㋓の場合はフランチャイズ事業と同一類似の事業です。

さらに、㋐のフランチャイジーが対象事業と同一類似の事業を行う場合、他のフランチャイズ・チェーンに加盟して競業行為を行う場合と、単独で競業行為を行う場合に分かれます。

⑹　目　的

競業禁止の目的は、ⓐの契約期間中に開示したノウハウの保護と、ⓑの契約期間中の閉鎖店の営業により形成された商圏・顧客の確保があります。

⑺　地域的限定

ⓐの契約期間中に開示したノウハウの保護では、1）の地域的限定が付されない場合と、2）の地域的限定が付される場合があります（ノウハウの保護を目的とする競業禁止について、地域的限定が付される場合もあり得るとの見解に従う）。ⓑの契約期間中の閉鎖店の営業により形成された商圏・顧客の確保では、2）の地域的限定が付されます。

⑻　具体的目的

①㋐のうち、フランチャイジーが他のフランチャイズ・チェーンへ加盟して競業行為をする場合と、②の提携先を通じ競業行為をする場合、ⓐの契約期間中に開示したノウハウの保護の具体的目的は、ｱ）のノウハウの開示・漏洩＋目的外使用の予防となります。

①㋐のうち、フランチャイジーが単独で対象事業と同一類似の事業を行う場合と、①㋑のフランチャイジーが単独でフランチャイズ事業と同一類似の事業を行う場合、ⓐの契約期間中に開示したノウハウの保護の具体的目的は、ｨ）のノウハウの目的外使用の予防となります。

①㋐と、②㋒のフランチャイジーが対象事業と同一類似の事業を行う場合、ⓑの契約期間中の閉鎖店の営業により形成された商圏・顧客の確保の具体的目的は、ｳ）の閉鎖店と同一場所または近隣への出店→当該地域におけるフランチャイザーの商圏・顧客の毀損の予防となります。

①㋑と、②㋓のフランチャイジーが競業行為としてフランチャイズ事業と同一類似の事業を行う場合、ⓑの契約期間中の閉鎖店の営業により形成された商圏・顧客の確保の具体的目的は、ｴ）のフランチャイザーのフランチャイズ事業の展開地域における事業の展開→当該地域におけるフランチャイザーのフランチャイズ事業毀損の予防となります。

3　本問の対象となる競業禁止条項の内容の特定

本問においては、契約終了後の、次のa）b）の競業禁止条項を例にとって、その法適合性を検討したいと思います。

a）　ノウハウの保護を目的として、契約終了後の一定期間、地域を問わず、フランチャイジーが単独で対象事業と同一類似の事業を営むことを禁止するもの

b）　商圏・顧客の確保を目的として、契約終了後の一定期間、閉鎖店と同一場所およびその近隣に、フランチャイジーが提携先を通じて出店し、対象事業と同一類似の事業を営むことを禁止するもの

A3（解説）

1 a）の競業禁止条項の法適合性

a）の競業禁止条項は、「フランチャイジーの営業活動以外の行為を制限・禁止する条項」に該当し、その法適合性の要件は、「目的の正当性＋制限・禁止の必要性＋相当性」となります（**Q27**）。

一般論として、フランチャイザーが、契約期間中に開示したノウハウの権利を、契約終了後も保護しようとする目的は正当であり、当該権利の保護のためには、地域を問わず、フランチャイジーに対象事業と同一類似の事業を営むこと（競業行為）につき、禁止義務を課す必要も認められます。

相当性は、個別・具体的な事実に基づく判断となり、一概にその結論を示すことはできませんが、a）の場合、フランチャイザーのノウハウの権利とフランチャイジーの法益（営業・職業選択の自由）の制限の利益衡量では、相当性が認められ、法適合性が肯定される場合が多いのではないかと思われます。しかし、次のような事由の判断によっては、相当性が認められない場合もあり得るのではないかと思われ、その場合には、法適合性は否定されることとなります。

- 契約終了後の競業禁止であること
- 競業禁止の期間が長い場合もあること（契約の終了によりノウハウは返還されること、ノウハウが経年劣化・陳腐化することから、期間には一定の限度がある）
- 競業禁止は、フランチャイジーの営業・職業選択の自由を制限すること
- 地域的限定がないこと
- 当該ノウハウの有用性（要保護性）が低い場合もあること
- 競業禁止はノウハウの権利の侵害の「予防」措置にとどまること

・フランチャイジーが競業行為で実際に当該ノウハウを使用していないことが明白な場合もあること

2 b）の競合禁止条項の法適合性

b）の競業禁止条項も、「フランチャイジーの営業活動以外の行為を制限・禁止する条項」に該当し、その法適合性の要件も、「目的の正当性＋制限・禁止の必要性＋相当性」となります（**Q27**）。

一般論としては、フランチャイザーが、契約期間中の閉鎖店の営業により形成された商圏・顧客を、契約終了後も確保しようとする目的は、一応、正当であり、当該商圏・顧客を確保するためには、閉鎖店と同一場所およびその近隣において、フランチャイジーが提携先を通じ対象事業と同一類似の事業を営むこと（競業行為）につき禁止義務を課す必要も、一応、認められます。しかし、閉鎖店の営業により形成された商圏・顧客の確保は、過去の権益であり、当該商圏・顧客はフランチャイジーによる店舗営業を通じ得られた面もあり、また、契約期間中の「既存店の営業毀損によるロイヤルティ収入の減少の予防」の目的とは異なり、具体的な権益ではありません（フランチャイザーが当該地域に出店すれば得られるであろう抽象的な権益である）ので、契約期間中の場合と比較し、その目的の正当性・競業禁止の必要性は低いといわざるを得ません。

また、相当性は、個別・具体的な事実に基づく判断となり、一概にその結論を示すことはできませんが、b）の場合、フランチャイザーの商圏・顧客の権益とフランチャイジーの法益（営業・職業選択の自由）の制限の利益衡量では、前者（フランチャイザーの商圏・顧客の権益）は前段で述べた理由により要保護性が低く、後者（フランチャイジーの法益）は契約終了後は要保護性が高くなることを考慮すると、次のような要素を総合的に勘案し、競業禁止義務を課すことが、取引通念上、正当であると認められる場合には、相当性が認められ、法適合性が肯定されますが、正当であると認められない場合は、相当性が認められず、法適合性が否定されると考えられます。[注5)]

- **商圏・顧客形成への寄与**

  …閉鎖店の営業の実態に鑑み、フランチャイザー・フランチャイジーが商圏・顧客の形成につき、どの程度、寄与したか。

- **侵害の程度**

  …競業店の出店によって、単に商圏・顧客が侵害される可能性があるだけなのか、それとも、競業店の業種・業態・取扱商品などによって、商圏・顧客が具体的に侵害される蓋然性があるのか。

- **期間の長短**

  …競業店の出店が禁止される期間が、業種・業態や事業環境に照らし、適切に設定されているか否か。フランチャイザーが商圏・顧客を確保するため、同一場所および近隣で店舗を開設するのに必要な期間に対応しているか。

- **地域の広狭**

  …競業店の出店が禁止される地域が、閉鎖店の商圏（店舗への来店が見込まれる地域的な範囲における商業上の権益）が認められる地域よりも広いか狭いか。

- **提携関係の強弱**

  …資本、業務、人的、資金の各提携において、フランチャイジーの提携先に対する関与の度合いが強いか弱いか。

- **代償措置の有無**

  …フランチャイジーの不利益を補填する代償措置が講じられているか否か。なお、代償措置については、労働者の退職後の競業禁止義務の場合と異なり、不要ではないかとの見解もあるが、[注6)] フランチャイジーが労働者と異なるとしても、契約終了後の競業禁止により営業・職業選択の自由の制約を受ける点では同じなので、代償措置の有無を考慮する必要がある。

- **契約終了の経緯・原因**

  …閉鎖店のフランチャイズ契約が終了した経緯、フランチャイザー・フランチャイジーいずれの責めに帰すべき事由・事情によって契約が終了したか。

- **店舗建物の利用阻害性**

…フランチャイジーが閉鎖店の店舗建物の取得、店舗として利用するための造作、内外装・設備などの工事の施工などに要した資金、未償却資産、借入金などの金額の多寡

3 フランチャイズ・ガイドライン

フランチャイズ・ガイドラインでは、その3（1）アで、「(契約終了後の競業禁止)」として、「本部が加盟者に対して、特定地域で成立している本部の商権の維持、本部が加盟者に対して供与したノウハウの保護等に必要な範囲を超えるような地域、期間又は内容の競業禁止義務を課すこと」を優越的地位の濫用行為の例として挙げています。

この記述は、優越的地位の濫用の要件である「正当化事由の不存在」に関し、「事業営業上の合理性・必要性」の一端を説いたものであり、1、2で述べた法適合性の判断に概ね合致するものと思われます。

注

注1）金井『理論分析』521頁以下、神田『実務と書式』139頁以下
注2）神田・同上140頁
注3）金井・同上522頁、523頁
注4）神田・同上140頁
注5）小塚『契約論』185頁以下に各国の厳格な考え方が紹介されている。
注6）神田・同上144頁

Q36

違約金

フランチャイジーがノウハウの守秘義務、競業禁止義務に違反した場合、フランチャイザーは違約金の支払をフランチャイジーに請求することができる旨を規定した条項は、いかなる範囲で法適合性を有しますか。

A1（結論）

フランチャイジーがノウハウの守秘義務、競業禁止義務に違反した場合、フランチャイザーは違約金の支払をフランチャイジーに請求することができる旨を規定した条項は、「フランチャイジーの営業活動以外の行為を制限・禁止する条項」（フランチャイジーの営業活動とは、フランチャイジーのフランチャイズ契約に基づく本来の営業活動をいう）に該当し、違約金を課す目的に正当性があり、当該目的を達成するため違約金を課す必要性があり、かつ、当該違約金の賦課によってフランチャイザーが得る権益とフランチャイジーが被る法益の制限につき、利益衡量上、相当性がある場合、その法適合性は肯定されると考えられます。

当該条項は、ノウハウの守秘義務、競業禁止義務の不履行の場合に備え、損害・損害額の立証を不要とし、また、債務の履行を間接に強制することにより、ノウハウの権利を保護し、商圏・顧客の権益を確保しようとするものであり、その目的は、正当であり、当該目的を達成するために違約金を課す必要も認められます。フランチャイザーの権益（ノウハウの保護、商圏・顧客の確保と違約金の徴収）とフランチャイジーの法益（営業・職業選択の自由の制限と金銭的負担）の利益衡量では、ノウハウ、商圏・顧客の価値、守秘義務違反、競業禁止義務違反の態様、ノウハウ、商圏・顧客の侵害の程度、フランチャイジーが守秘義務違反、競業禁止義務違反に至った経緯・原因などに照らし、違約金の金額が、均衡を保つ場合は相当性が認められ、法適合性は肯定されますが、均衡を欠く場合は相当性は認められず、法適合性は否定されると考えられます。

A2（背景）

1 違約金条項

(1) 違約金条項

フランチャイズ契約では、多くの場合、フランチャイジーがノウハウの守秘義務や競業禁止義務（**Q34**、**Q35**）に違反した場合、フランチャイザーは違約金の支払を請求することができる旨の条項が設けられています。

(2) 本問の趣旨

本問は、違約金条項の法適合性が肯定される範囲を問うものですが、以下においては、まず、議論の前提として、違約金条項の趣旨、目的について整理した後、当該条項の法適合性を検討したいと思います。

2 違約金条項の趣旨

契約で違約金を規定する場合、損害賠償額の予定（債務の不履行について損害賠償の額を予定すること。民法第420条第１項）の場合と、違約罰（債務不履行の場合に、債権者が民法第416条による損害賠償のほかにその額を請求しうるもの）の場合がある、とされています。注1）民法第420条第３項は、損害賠償額の予定と推定しています。

3 違約金条項の目的

当事者があらかじめ債務不履行の場合について損害賠償の額を約定しておく（損害賠償額の予定の）目的は、概要、次の三点にあるとされています。注2）

① 債権者が損害賠償請求を行う場合の損害額の立証を不要とすること
② 債務不履行が生じた場合に予想される損害額よりも高額な賠償額を定め、債務の履行を間接に強制すること
③ 債務者にとって、将来支払う蓋然性のある賠償額を計算して準備しておくこと

フランチャイズ契約における違約金条項は、多くの場合、①、②を目的とするものです。賠償額は、一定の金額とするか、ロイヤルティの何倍とするというのが一般的な定め方です。

A３（解説）

1 法適合性の要件

フランチャイジーがノウハウの守秘義務、競業禁止義務に違反した場合、フランチャイザーは違約金の支払をフランチャイジーに請求することができる旨を規定した条項は、「ノウハウの守秘義務や競業禁止義務の違反行為」に違約金を課すものであり、「フラン

チャイジーの営業活動以外の行為を制限・禁止する条項」に該当し、その法適合性の要件は、「目的の正当性＋違約金を課す必要性＋相当性」となります（**Q27**）。

2　法適合性の判断

一般論として、フランチャイザーがノウハウの守秘義務、競業禁止義務の不履行の場合に備え、違約金条項により損害・損害額の立証を不要とし、また、債務の履行を間接に強制することにより、ノウハウの権利を保護し、商圏・顧客の権益を確保しようとする目的は正当であり、当該目的を達成するためには違約金を課す必要も認められます。

相当性は、個別・具体的な事実に基づく判断となり、一概にその結論を示すことはできませんが、違約金条項の場合、フランチャイザーの権益（ノウハウの保護、商圏・顧客の確保と違約金の徴収）とフランチャイジーの法益（営業・職業選択の自由の制限と金銭的負担）の利益衡量では、次のような事由に照らし、違約金の金額が均衡を保つ場合は相当性が認められ、法適合性は肯定されますが、均衡を欠く場合は相当性は認められず、法適合性は否定される（例えば、公序良俗違反により当該条項の全部または一部が無効とされる）[注3] ことになると考えられます。

- フランチャイザーのノウハウ、商圏・顧客の価値
- 守秘義務違反、競業禁止義務違反の態様
- ノウハウ、商圏・顧客侵害の程度
- フランチャイジーが守秘義務違反・競業禁止義務違反に至った経緯・原因、債務不履行の重大性
- 同種の契約との比較
- フランチャイザーとフランチャイジーの事業規模の格差

注

注１）星野『概論Ⅲ』85頁

注２）星野・同上83頁以下

注３）公序良俗とは、法律行為（本問ではフランチャイズ契約）の内容が社会的妥当性を有することをいい、裁判上、公序良俗違反とされた類型の一つに「暴利行為」（他人の窮迫、軽率、無経験等に乗じて、はなはだしく不相当の財産的給付を約束させる行為）があり、過大な賠償額の予定はその一例とされている。四宮『総則』199頁、202頁

Q37

契約上の地位の無断譲渡の禁止

フランチャイジーは、フランチャイザーの承諾なく、フランチャイズ契約に基づく契約上の地位（フランチャイジーの地位）を第三者に譲渡できない旨を規定した条項は、いかなる範囲で法適合性を有しますか。

A 1（結論）

フランチャイジーの契約上の地位の無断譲渡を禁止する条項は、「フランチャイジーの営業活動以外の行為を制限・禁止する条項」（フランチャイジーの営業活動とは、フランチャイジーのフランチャイズ契約に基づく本来の営業活動をいう）に該当し、譲渡禁止の目的に正当性があり、当該目的を達成するため譲渡を禁止する必要性があり、かつ、当該譲渡禁止によってフランチャイザーが得る権益とフランチャイジーが被る法益の制限につき、利益衡量上、相当性がある場合、その法適合性は肯定されると考えられます。

無断譲渡の禁止条項は、フランチャイザーのフランチャイジーに対する信頼を保護しようとするものであり、その目的は正当であり、当該目的を達成するためには、フランチャイジーの契約上の地位の無断譲渡を禁止する必要も認められます。

また、フランチャイジーの契約上の地位は、本来、自由に譲渡できない性質のものであり、その無断譲渡の禁止は、フランチャイジーの法益を特に制限するものではありませんので、相当性も認められ、法適合性は肯定されると考えられます。

A2（背景）

1 契約上の地位の無断譲渡の禁止条項

(1) 契約上の地位の無断譲渡の禁止条項

フランチャイズ契約では、多くの場合、フランチャイジーはフランチャイザーに無断で、フランチャイズ契約に基づく契約上の地位（フランチャイジーの地位）を第三者に譲渡（移転）できない旨の条項が設けられています。また、無断譲渡の禁止条項の実効性を担保するため、無断譲渡の禁止違反を契約の解除事由とする旨の条項が設けられています。

上述の契約上の地位とは、フランチャイズ契約に基づいてフランチャイザーとフランチャイジーの間で個々の債権債務が継続的に発生する源となる基本的な関係をいいます。[注1)]

(2) 本問の趣旨

本問は、契約上の地位の無断譲渡の禁止条項の法適合性が肯定される範囲を問うものですが、以下においては、まず、議論の前提として、譲渡人と譲受人との間でなされた契約上の地位の譲渡の効力と、賃貸借契約との関係について整理した後、当該条項の法適合性を検討したいと思います。

2 契約上の地位の譲渡の効力

譲渡人と譲受人との契約で契約上の地位の譲渡（移転）がなされた場合、相手方に対しどのような要件のもとで効力を有するか、その効果はどうかは、相手方が受ける利害関係への影響に応じ、別個

に考えるのが適当であるとされています。注2)

フランチャイズ契約の場合、フランチャイジーが対象事業（フランチャイズ・パッケージを利用して商品を販売し、サービスを提供する事業）を経営するに足る能力、資質、適性、資金、信用などを有することを前提に契約が締結され、また、フランチャイジーには共通の営業標識の使用が許諾され、要秘密性の高いノウハウが開示されるなど、通常の契約よりも濃厚な信頼関係を基礎としています。

したがって、フランチャイジーの地位の譲渡は、相手方（フランチャイザー）との利害関係に強い影響を及ぼすこととなりますので、当然にフランチャイザーの承諾を必要とすると解され、契約上の地位の譲渡を禁止する条項は、これを確認的に規定した趣旨の条項であると考えられます。

3　賃貸借類似の契約

フランチャイズ契約の法的性質はライセンス契約であり、その基本的な法律関係は継続的なフランチャイズ・パッケージの提供・利用許諾とロイヤルティの支払関係にあり、民法の典型契約では、賃貸借契約に類似する契約であり、民法の規定を少なくとも類推適用すべき場合があるとされています（**Q10**）。

2で述べたとおり、フランチャイジーは賃借人以上の信頼関係でフランチャイザーと結ばれた契約当事者であるということができ、賃借人の場合ですら、その地位の譲渡には賃貸人の承諾を要することを考慮すると（民法第612条）、民法の規定からも、フランチャイジーの契約上の地位の譲渡（移転）には、フランチャイザーの承諾を要すると解されます。

なお、不動産賃借権の無断譲渡の場合には、「譲渡が賃貸人に対する背信行為にならない特段の事情がある」ときは、賃貸人の解除権は発生しないとの法理があります。注3)しかし、当該法理は、「使用収益の実体が変わっていない場合」や「近親間の移転」の場合などに適用されるものであるところ、注4) フランチャイズ契約の場合には、フランチャイジーの地位の譲渡後に「(近親間の譲渡の場合などを含め) フランチャイジーによる対象事業の経営の実体が変わっていない」と認定される場合は少なく、当該法理を適用する余地は大きくないと考えられます。

A3 (解説)

1 法適合性の要件・判断

契約上の地位の無断譲渡の禁止条項は、「フランチャイジーの営業活動以外の行為を制限・禁止する条項」に該当し、その法適合性の要件は、「目的の正当性＋制限・禁止の必要性＋相当性」となります (**Q27**)。

無断譲渡の禁止条項は、フランチャイザーのフランチャイジーに対する信頼を保護しようとするものであり、その目的は正当であり、当該目的を達成するためには、フランチャイジーに契約上の地位の無断譲渡禁止を課す必要があり、フランチャイジーの契約上の地位は、本来、自由に譲渡できない性質のものであり、その無断譲渡の禁止は、フランチャイジーの法益を特に制限するものではありませんので、相当性も認められ、法適合性は肯定されると考えられます。

2 補 足

(1) 合併、会社分割

フランチャイジーが会社 (A社) の場合、例えば、A社がB社に吸収合併されることにより、フランチャイジーの地位がB社に包括承継され、あるいは、A社の対象事業に関する権利義務がC社に吸収分割されることにより、フランチャイジーの地位がC社に包括承継される事態も想定されます。

これらの場合、フランチャイズ契約によって会社法に規定された合併、会社分割の効果（包括承継）そのものを否定することはできません。フランチャイザーは契約上の地位は有するものの、通常、債権は有していませんので、債権者として異議を述べることはできません。

しかし、フランチャイズ契約において、フランチャイジー（A社）が合併、会社分割を行う場合、事前にフランチャイザーの同意・承諾を得ることを義務づけることは、債権的合意としては、有効であると考えられます。また、当該同意・承諾の取得義務の違反をフランチャイズ契約の解除事由とし、その違反に損害賠償義務を課すことも有効である（ただし、解除権の行使や損害賠償の請求が制限されると解釈される場合もある）と考えられます。

(2) 株式譲渡

フランチャイジーが会社（A社）の場合には、従前の主要株主・代表者（X）が第三者（Y）に株式を譲渡することにより、主要株主・代表者がXからYに交替し、A社の実体が変更される事態も想定されます。

この場合、フランチャイズ契約が、旧主要株主・代表者（X）との信頼関係（Xの事業経営の能力、資質、適性、資金、信用などに対する信頼）を基礎とし、Yへの主要株主・代表者の交替により、当該信頼関係が破壊されたと認定されるときは、形式的な当事者はA社のままでも、実質的には契約上の地位の譲渡があったものと解され、契約上の地位の譲渡禁止条項に抵触する場合があると考えられます。

契約実務（契約書の作成）としては、かかる事態に備え、法人の実体の変更を伴う主要株主・代表者の交替を、契約上の地位の譲渡とみなす旨の条項を設ける必要があります。

(3) 相　続

フランチャイジーが死亡した場合、フランチャイジーの地位の無断譲渡の禁止条項が設けられていても、フランチャイジーの地位は、相続に関しては「被相続人の一身に専属したもの」（民法第896条但書）ではないと解され、包括承継されることになりますが、フランチャイジーの死亡により契約が失効（消滅）する旨が規定されている場合は、フランチャイジーの生存中に限り効力を有することが契約上予定されていますので、フランチャイジーの契約上の地位は相続により包括承継されないと解されます。契約実務（契約書の作成）としては、フランチャイジー死亡時の契約の存否について、規定を設けておく必要があります。

注

注１）星野『概論Ⅲ』７頁
注２）星野・同上230頁
注３）星野『概論Ⅳ』212頁
注４）星野・同上212頁

Q38

取引先の指定・制限

フランチャイジーが商品を仕入れる取引先（仕入先）をフランチャイザー自身に指定し、あるいはフランチャイザーの指定する会社に制限する旨の条項は、いかなる範囲において法適合性を有しますか。

A 1（結論）

商品の仕入先を指定する条項は、「フランチャイジーの営業活動を指定・義務づける条項」に該当し、仕入先を指定する目的に正当性があり、当該目的を達成するため仕入先を指定する必要性があり、仕入先の指定によってフランチャイザーが得る権益とフランチャイジーが被る法益の制限につき、利益衡量上、相当性があり、かつ、仕入先の指定が有益性を充足する場合（究極的にフランチャイジーの利益に繋がり得る場合）に、その法適合性は肯定されると考えられます。

仕入先を指定する条項は、例えば、「対象事業（フランチャイズ・パッケージを利用して商品を販売し、サービスを提供する事業）の内在的要請」としての事業の特殊性（例：飲食店のチェーンで提供される料理が決まっており、その提供が店舗の売上・集客力の基礎となっている場合）に応える目的で、当該料理に特有の原材料（半加工品）の仕入先を指定する条項の場合であって、当該原材料の取扱いがノウハウの管理の必要上、特定の仕入先に限定されているときは、仕入先を指定する目的は正当であり、当該目的を達成するために仕入先を指定する必要も認められます。フランチャイザーの権益（対象事業の内在的要請への対応）とフランチャイジーの法益（営業の自由の制限）の利益衡量では、フランチャイジーは営業の自由を制限されるものの、他では得られない原材料の調達が可能となり、売上・集客力の向上が見込まれる場合は、相当性が認められ、有益性についても、売上・集客力の向上との対比において、その仕入価格が特に不当でなければ、有益性は認められ、法適合性は肯定されると考えられます。

A 2（背景）

1 仕入先を指定する条項

フランチャイズ契約における商品の供給の方法としては、①フランチャイザーが自らフランチャイジーに商品を供給する場合と、②フランチャイザーとは別の仕入先が供給する場合があります（**Q4**）。

①②いずれの場合であっても、フランチャイザーが（自らを含め）仕入先を「指定」する場合と（**Q28**）、「推奨」する場合があります（**Q31**）。

2 本問の趣旨

本問は、商品の仕入先を「指定」する条項の法適合性の範囲を問うものですが、仕入先を指定する目的としては、例えば、次の㋐㋑のような場合があります。

㋐ 対象事業の内在的要請として、事業の特殊性に応えることを目的とする場合（**Q28**）。「事業の特殊性」の例としては、「飲食店のチェーンで、提供される料理が決まっている場合」や、「ブランド商品の販売店のチェーンで、販売される商品が当該ブランド商品に限定されている場合」で、当該料理・ブランド商品が店舗の売上・集客力の基礎となっている場合を挙げることができる。

㋑　チェーン全店で商品の品質を一定の水準に保ち、チェーン・イメージの向上をはかることや、当該仕入先に取引を集中させ、商品の安定供給をはかることを目的とする場合

以下においては、㋐の対象事業の内在的要請（事業の特殊性）に応えることを目的とする場合のうち、「飲食店のチェーンで提供される料理が決まっており、当該料理が店舗の売上・集客力の基礎となっている場合」に、当該料理に特有の原材料（半加工品）の仕入先を指定する条項を例にとって、その法適合性を検討したいと思います。また、参考までに、㋑のうち、「チェーン全体で商品の品質を一定の水準に保ち、チェーン・イメージの向上をはかることを目的とする場合」に、他でも調達可能な一般商品の仕入先を指定する条項の法適合性についても、検討したいと思います。

A3（解説）

1　特有の原材料の仕入先を指定する条項の法適合性の要件・判断

(1)　法適合性の要件

上述の特有の原材料（半加工品）の仕入先を指定する条項は、「フランチャイジーの営業活動を指定・義務づける条項」に該当し、その法適合性の要件は、「目的の正当性＋指定・義務づけの必要性＋相当性＋有益性」となります（**Q30**）。

(2) 法適合性の判断

一般論として、フランチャイザーが、「対象事業の内在的要請（事業の特殊性）」に応える目的で、当該料理に特有の原材料の仕入先を指定する場合であって、当該原材料の取扱いが、ノウハウの秘密管理の必要上、特定の仕入先に限定されているようなときは、仕入先を指定する目的は正当であり、当該目的を達成するために仕入先を指定する必要も認められます。

相当性については、個別・具体的な事実に基づく判断ですので、一概にその結論を示すことはできませんが、フランチャイザーの権益（対象事業の内在的要請への対応）とフランチャイジーの法益（営業の自由）の制限の利益衡量では、原材料の仕入先の指定により、フランチャイジーは営業の自由を制限されるものの、他では得られない原材料の調達が可能となり、売上・集客力の向上が見込まれる場合であれば、相当性は認められると考えられます。

また、有益性については、当該原材料を使用した料理の提供による売上・集客力の向上との対比において、その仕入価格が特に不当でなければ、究極的にフランチャイジーの利益に繋がり得るものとして有益性が認められ、法適合性は肯定されると考えられます（これに対し、売上・集客力の向上の効果があまりなく、不当に高額の仕入価格が設定されている場合は、有益性が認められず、法適合性は否定される）。

2 一般商品の仕入先を指定する条項の法適合性の要件・判断（参考）

上述の一般商品の仕入先を指定する条項は、「フランチャイジーの営業活動を指定・義務づける条項」に該当し、その法適合性の要件は、「目的の正当性＋指定・義務づけの必要性＋相当性＋有益性」

となります（**Q30**）。

法適合性の判断としては、一般論として、フランチャイザーが商品の品質を一定の水準に保とうとする目的そのものは正当と認められますが、指定外の会社から同種同等の商品を仕入れても、商品の品質を一定の水準に保つことができるときは、他に特別の理由のない限り、指定の必要は認められないと考えられます。

相当性については、個別・具体的な事実に基づく判断ですので、一概にその結論を示すことはできませんが、フランチャイザーの権益（商品の品質の保持）とフランチャイジーの法益（営業の自由）の制限の利益衡量でも、当該商品が一般商品で、特別の売上・集客力の向上が見込めないときは、他に特別の理由のない限り相当性は認められず、有益性も同様に認められず、法適合性は否定されると考えられます。

3　フランチャイズ・ガイドライン

フランチャイズ・ガイドラインは、３（１）アで、「(取引先の制限)」と題して、「本部が加盟者に対して、商品、原材料等の注文先や加盟者の店舗の清掃、内外装工事等の依頼先について、正当な理由がないのに、本部又は本部の指定する事業者とのみ取引させることにより、良質廉価で商品又は役務を提供する他の事業者と取引させないようにすること」を優越的地位の濫用に該当し得る例として挙げています。

この記述は、優越的地位の濫用の成立要件である「正当化事由の不存在」（**Q27**）に関し、「事業経営上の合理性・必要性」の一端を説いたものであり、**1**、**2**で述べた法適合性の判断に概ね合致するものと思われます。

また、フランチャイズ・ガイドラインは、３（２）で、「抱き合わせ販売等・拘束条件付取引について」と題して、「フランチャイズ契約に基づく営業のノウハウの供与に併せて、本部が、加盟者に対し、自己や自己の指定する事業者から商品、原材料等の供給を受けさせるようにすることが、一般指定の第一〇項（抱き合わせ販売等）に該当するかどうかについては、行為者の地位、行為の範囲、相手方の数・規模、拘束の程度等を総合勘案して判断する必要があり、このほか、かかる取引が一般指定の第一二項（拘束条件付取引）に該当するかどうかについては、行為者の地位、拘束の相手方の事業者間の競争に及ぼす効果、指定先の事業者間の競争に及ぼす効果等を総合勘案して判断される」と定めています。

Q39

仕入数量の強要

フランチャイザーは、フランチャイジーの仕入商品の発注（発注する商品の品目・数量）を指導する旨を規定した条項がある場合に、発注指導に従わないフランチャイジーに対し、いかなる限度で、発注指導に従うよう要請できますか。

A 1（結論）

仕入商品の発注について指導を行う旨の条項は、「フランチャイジーの営業活動に対する推奨、助言・指導を規定する条項」に該当し、当該条項が、「仕入商品の発注につき、フランチャイジーに最終的な決定権・判断権がある」ことを前提としていると解釈される場合は、フランチャイザーは、発注指導に従わないフランチャイジーに対し、フランチャイジーの任意の決定・判断への働きかけの限度において、発注指導に従うよう要請することはできますが、「フランチャイジーの任意の決定・判断への働きかけの程度・範囲を逸脱して、不当にその意思・行動を抑圧すること」により、発注指導を強要することは許容されません。

A2（背景）

1 発注指導の条項

(1) 発注指導の条項

（顧客に商品を販売するフランチャイズ・システムについての）フランチャイズ契約では、多くの場合、フランチャイザーは、フランチャイジーによる仕入商品の発注（発注する商品の品目・数量）について、指導を行う旨の条項が設けられています。

(2) 本問の趣旨

本問は、フランチャイザーが仕入商品の発注指導を行ったが、フランチャイジーがこれに従わず、独自の判断に基づき、商品仕入（発注）を行っている場合に、フランチャイザーはいかなる限度で、発注指導に従うよう要請することができるかを問うものです。

以下においては、まず、議論の前提として、発注指導の意義と、商品の発注（発注する商品の品目・数量）を指定・義務づけせず、指導にとどめる理由について解説した後に、発注指導の要請の限界について検討したいと思います。

なお、本問は、（廃棄ロスを売上原価に含めない会計処理を採用している）コンビニ・フランチャイズ契約における増量発注に関連して取り上げられることが多い問題ですが、これについては別途述べます（**Q61**）。

2 発注指導の意義

(1) 商品仕入のジレンマ

ア 増量発注による販売機会の喪失の防止

小売業は、一口でいえば、商品を仕入れ、顧客に販売することにより、営業上の利益を得る業種です。その損益計算は、概要、次の**図表29**のとおりですが、⑤の営業利益として、より多くの金額を得るには、①の売上を増額させることが必要であり、そのためには、商業実務上、「販売機会の喪失」（＊）の防止をはかることが必要であるとされています。販売機会を喪失しないためには、理屈のうえでは、顧客の需要に一致する品目・数量の商品を仕入れるのが最も効率的ですが、完璧に需要を見通すのは困難であることを考慮し、顧客が購入すると予測される品目・数量を上回る発注（以下「増量発注」という）をすればよいこととなります。

【図表29】小売業の損益計算

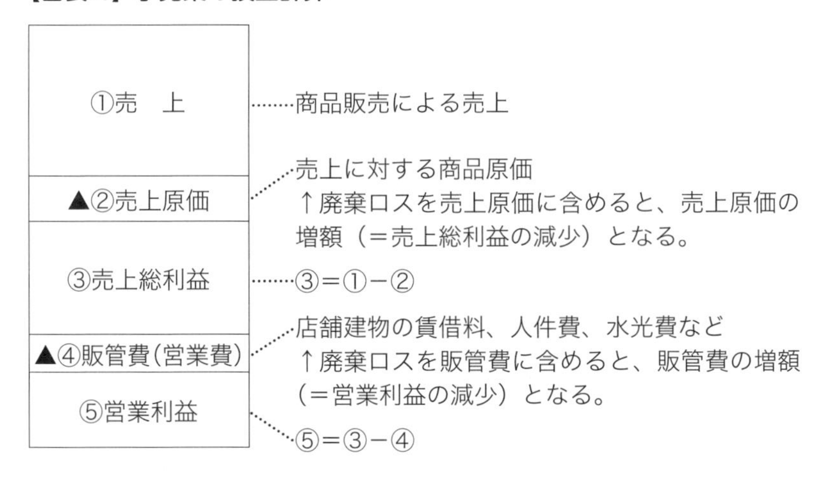

＊販売機会の喪失

来店客が買いたい品目・数量の商品が売場に陳列、販売されていない（売場欠品の）ため、販売する機会を失うこと。商業実務上、販売機会の喪失は売上を失うだけでなく、顧客の期待を裏切り、店舗の評判を落とすといわれている。

イ　減量発注による廃棄ロスの圧縮

しかし、増量発注では、商品の売残りが生じ、売れ残った商品の廃棄による廃棄ロス（＊＊）が②の売上原価または④の販管費（営業費）を増額させ、⑤の営業利益を減額させる要因となります。廃棄ロスを減額するためには、顧客が購入すると予測される品目・数量を下回る発注（以下「減量発注」という）をすればよいこととなりますが、減量発注では、販売機会の喪失を招き、①の売上を減額させ、⑤の営業利益を減額させる要因となります。

＊＊廃棄ロス

売れ残った商品を廃棄することにより発生する損失のこと。フランチャイジーが仕入れた商品が売れ残り、廃棄された場合、フランチャイジーには廃棄ロスが発生する。廃棄ロスは、損益計算上、売上原価に含めるか、または販管費に含める形で会計処理される。前記の**図表29**のとおり、廃棄ロスを②の売上原価に含める会計処理では、廃棄ロスの分、売上原価が増額となり、売上総利益が減額となる。また、④の販管費（営業費）に含める会計処理では、廃棄ロスの分、販管費が増額となり、営業利益が減額となる。いずれの会計処理でも、最終的な営業利益は、廃棄ロスの分、減額となる。

ウ　商品仕入のジレンマとその解消

以上のとおり、増量発注では、売場欠品の発生と販売機会の喪失を防止し、売上を増額させることができますが、廃棄ロスが生じ、営業利益を減額させるおそれがあります。他方、減量発注では、廃棄ロスによる営業利益の減額を防ぐことができますが、売場欠品を発生させ、販売機会の喪失を招来し、売上を減額させ、営業利益を減額させるおそれがあります。

このように、商品仕入は、増量発注すると売上は増加するが、廃棄ロスの増加により営業利益が減少するおそれがあり、減量発注すると廃棄ロスは減少するが、売上の減少により営業利益が減少するおそれがあるというジレンマを抱えています。そのため、商業実務では、顧客の需要を合理的に予測し、適切な範囲で増量発注を行うことにより販売機会の喪失の防止と廃棄ロスのバランスをとり、営業利益の最大化をはかることが重要であるといわれています。

(2) 発注指導の意義

フランチャイザーによる発注指導の意義は、フランチャイジーによる商品仕入（発注）の精度を高め、上記の適切な範囲での増量発注により、販売機会の喪失の防止と、廃棄ロスの圧縮のバランスをとり、営業利益の最大化をはかることにあると考えられます。

3 商品の発注を指定・義務づけせず、指導にとどめる理由

フランチャイズ契約では、仕入商品の品目・数量を指定・義務づけせず、発注の指導にとどめていることが多いと思われますが、その主な理由は、次のようなものであると思われます。

- フランチャイズ契約では、フランチャイジーはフランチャイズ・パッケージを利用して対象事業の経営（店舗の運営）を行う者として位置づけられており、商品発注を含む店舗の営業活動はフランチャイジーの自由な活動領域として理解されていること
- フランチャイジーは独立の事業者として、店舗のすべての利益・

損失が帰属する立場にあるので、対象事業の経営に関し、自己の利益を最大化し、自己の損失を最少化するため、売上・利益を左右する商品の発注につき、決定権・判断権が認められること
- 店舗固有の立地特性、地域の消費動向、来店客の客層・売筋、嗜好、天候・季節・曜日・時刻別の販売状況などを反映した商品の発注や、廃棄ロスの管理が必要なこと
- 発注を指定する条項では、その法適合性が否定されるおそれが強いこと（後述）

A3（解説）

1 指導の任意性

仕入商品の発注について指導を行う旨の条項は、「フランチャイジーの営業活動に対する推奨、助言・指導を規定する条項」に該当します。

当該条項が、フランチャイジーが営業活動上の決定権・判断権を有することを前提に、その商品発注に対し、フランチャイザーが指導を行うことを規定したと解釈される場合、当該指導に従う（指導を採用する）か否かの最終的な決定権・判断権は、フランチャイジーが有することとなります（推奨、助言・指導の任意性）（**Q32**）。

2 発注指導に従うよう要請すること

フランチャイジーは、多くの場合、フランチャイザーの指導に従う（採用する）か、指導を参考にして、最終的には自らの意思・方針に従い、商品を発注しているのではないかと思われます。

しかし、フランチャイジーによっては、販売機会の喪失の防止よりも廃棄ロスの圧縮を重視して、発注する商品の品目・数量を極端

に絞り込んだり、毎日、決まりきった（工夫のない）品目・数量の発注を漫然と繰り返したり、独自の偏った（誤った）店舗の客層・売筋の分析や需要予測に基づく発注を行ったりするなど、フランチャイザーの指導に従わず、あるいは参考にもしないで商品を発注する場合もあり得るのではないかと思われます。

その場合、フランチャイザーは、当該フランチャイジーの売上・利益が損なわれるだけでなく、フランチャイズ店における統一的な品目・数量の商品が陳列・販売されないと、顧客に対するチェーン・イメージの統一性が害されるとの理由で、強く発注指導に従うよう要請することもあるかと思われます。

3 発注指導に従うよう要請することの限界（法適合性）

発注指導に従うよう要請することは、その程度・範囲によっては、本来の指導と異なり、フランチャイジーの法益（営業の自由）を制限することもあり得ますので、当該行為が許容されるか否かについて、法適合性を判断する必要が生じます。

その法適合性の要件は、契約により発注指導の任意性が約定され、仕入商品の発注につき、フランチャイジーに最終的な決定権・判断権があることを前提としていると解釈される以上、「フランチャイジーの任意の決定・判断への働きかけの程度・範囲を逸脱して、不当にその意思･行動を抑圧した」か否かが要件となり（**Q33**）、当該要件に抵触する強要がなされた場合、その法適合性は否定されます。

強要の例としては、フランチャイザー（の担当者）による執拗な言動の繰り返しや、指導に従わないと損害賠償、契約解除、再契約（契約更新）の拒絶などの契約上の不利益を課すことを示唆することにより、指導どおりの品目・数量の商品の発注を強要する行為が挙げられます。

4 発注の「指定」の法適合性

それでは、フランチャイザーがチェーン・イメージの統一性を保つことを目的に、フランチャイジーに対し、商品の発注（品目・数量）を「指定」する旨の条項を設け、当該条項を強制した場合、その法適合性はいかに判断されるでしょうか。

当該条項は、「フランチャイジーの営業活動を指定・義務づける条項」に該当し、その法適合性の要件は、「目的の正当性＋指定・義務づけの必要性＋相当性＋有益性」となります（**Q30**）。

一般論として、フランチャイジーがチェーン・イメージの統一性（フランチャイズ店における統一的な品目・数量の商品の陳列・販売）を確保しようとする目的は正当であり、その目的を達成するためフランチャイジーに商品の発注を指定する必要も認められます。

相当性は、個別・具体的な事実に基づく判断となり、一概にその結論を示すことはできませんが、発注の指定はフランチャイジーの営業の自由を制限し、フランチャイジーから店舗の売上・利益を差配するための発注の決定権・判断権を奪いますので、その相当性には疑問があります。

また、有益性についても、統一的な品目・数量の商品の陳列・販売により顧客に欠品の失望感を与えないことは、フランチャイジーにとって有益な面があることは否定しがたいものの、他方で、店舗の実情や地域市場などを無視して統一的発注を強制することが、フランチャイジーの究極的な利益に繋がり得るかどうか（有益性）には、疑問があります。

このような理由から、商品の発注を指定する条項は、これを正当化する特別の事由がない限り、法適合性が否定される可能性が高く、そのため、多くのフランチャイズ契約では、商品の発注については発注指導の制度を採用しているのではないかと思われます。

5 フランチャイズ・ガイドライン

(1) フランチャイズ・ガイドライン

フランチャイズ・ガイドラインは、3（1）アで、仕入数量の強制（「本部が加盟者に対して、加盟者の販売する商品又は使用する原材料について、返品が認められないにもかかわらず、実際の販売に必要な範囲を超えて、本部が仕入数量を指示し、当該数量を仕入れることを余儀なくさせること」）を優越的地位の濫用に該当し得る行為の例として挙げています。この記述は、優越的地位の濫用の要件である「正当化事由の不存在」に関し、「事業経営上の合理性・必要性」の一端を説いたものであり、3、4で述べた法適合性の判断に概ね合致するものと思われます。

(2) 調査報告書

また、公取委事務総局「フランチャイズ・チェーン本部との取引に関する調査報告書－加盟店に対する実態調査－」（平成23年７月）では、第３の４（３）のイで、「商品の仕入数量について、独占禁止法上問題を生じるおそれがある又は取引適正化の観点から留意すべき具体的事例」として、八つの例を挙げています。[注1)]

注

注１）公取委 HP に掲載
（http://www.jftc.go.jp/houdou/pressrelease/h23/jul/110707gaiyo.html）

Q40

販売価格の制限

フランチャイザーは、フランチャイジーが顧客に販売する商品の価格を推奨する旨を規定した条項がある場合に、推奨価格に従わないフランチャイジーに対し、いかなる限度で、推奨価格に従うよう要請できますか。

A 1 （結論）

商品の販売価格を推奨する旨を規定する条項は、「フランチャイジーの営業活動に対する推奨、助言・指導を規定する条項」に該当し、当該条項が「フランチャイザーが推奨した商品の販売価格につき、フランチャイジーに最終的な決定権・判断権がある」ことを前提にしていると解釈される場合は、フランチャイザーは、推奨に従わないフランチャイジーに対し、フランチャイジーの任意の決定・判断への働きかけの限度において、推奨価格に従うよう要請することはできますが、「フランチャイジーの任意の決定・判断への働きかけの程度・範囲を逸脱して、不当にその意思・行動を抑圧すること」により、推奨価格を強要することは許容されません。

A2（背景）

1 価格推奨の条項

(1) 価格推奨の条項

（顧客に商品を販売するフランチャイズ・システムについての）フランチャイズ契約では、多くの場合、フランチャイザーは、フランチャイジーが顧客に販売する商品の販売価格を推奨する旨を規定する条項が設けられています。

(2) 本問の趣旨

本問は、フランチャイザーが商品の販売価格を推奨したが、フランチャイジーがこれに従わず、独自の判断に基づき販売価格を設定している場合に、フランチャイザーはいかなる限度で推奨価格に従うよう要請することができるかを問うものです。

以下においては、まず、議論の前提として、価格推奨の意義と、販売価格を指定・義務づけしない理由について解説した後に、推奨価格の要請の限度について検討したいと思います。

なお、本問は、コンビニ・フランチャイズ契約における見切り販売の制限に関連して取り上げられることが多い問題ですが、これについては別に述べます（**Q62**）。

2 価格推奨の意義

(1) 商品の販売価格

商品の販売価格は、一般に、当該商品の仕入原価、販売に要する費用、顧客の価格志向、同一類似の商品を販売する他店・他業態との価格競争などを勘案したうえで設定されます。

(2) 価格推奨の意義

価格推奨の意義は、フランチャイジーの事業能力の向上を目的に、価格設定の知識・経験、ノウハウを補助するため、適正妥当な販売価格を教示することにあります。あわせて、同一の商品について各店舗で異なる価格が設定されると、顧客に対し、商品の品質・価格に不信感を与えるおそれがあることも、価格推奨の理由となっています。

3 販売価格を指定・義務づけしない理由

フランチャイズ契約では、販売価格を指定・義務づけせず、価格推奨にとどめていることが多いと思われますが、その主な理由は、次のようなものであると思われます。

- フランチャイズ契約では、フランチャイジーはフランチャイズ・パッケージを利用して対象事業の経営（店舗の運営）を行う者として位置づけられており、価格設定を含む店舗の営業活動はフランチャイジーの自由な活動領域として理解されていること
- フランチャイジーは、独立の事業者として、店舗のすべての利益・損失が帰属する立場にあるので、対象事業の経営に関し、自己の利益を最大化し、自己の損益を最少化するため、売上・利益を左右する販売価格の設定につき、決定権・判断権が認められること
- 店舗固有の立地特性、地域市場での価格動向、来店客の客層・客筋、価格志向、競合店との価格競争などを反映した価格の設定や、見切り販売（値下げ販売）による廃棄ロスの管理が必要なこと
- 販売価格の指定・義務づけでは、その法適合性が否定されるおそれが強いこと（後述）

A3（解説）

1　推奨の任意性

商品の販売価格について推奨を行う旨の条項は、「フランチャイジーの営業活動に対する推奨、助言・指導を規定する条項」に該当します。

当該条項が、フランチャイジーが営業活動上の決定権・判断権を有することを前提に、その販売価格の設定に対し、フランチャイザーが推奨を行うことを規定したと解釈される場合、当該推奨に従う（推奨を採用する）か否かの最終的な決定権・判断権はフランチャイジーが有することとなります（推奨、助言・指導の任意性）（**Q32**）。

2　推奨価格に従うよう要請すること

フランチャイジーは、多くの場合、フランチャイザーの推奨に従うか、推奨を参考にして、自らの意思・方針に従い、商品の販売価格を設定しているのではないかと思われます。

しかし、フランチャイジーによっては、来店客の価格志向、地域市場での価格動向などに関する独自の判断を優先させ、フランチャイザーの推奨に従わず、あるいは参考にもせずに販売価格を設定する場合もあり得るのではないかと思われます。

その場合、フランチャイザーは、当該フランチャイジーの売上・利益が損なわれるだけでなく、フランチャイズ店における統一的な価格設定がなされないと、顧客に対し、商品の品質・価格に不信感を与えるおそれがあるとの理由で、強く推奨価格に従うよう要請することもあるかと思われます。

3　推奨価格に従うよう要請することの限界（法適合性）

推奨価格に従うよう要請することは、その程度・範囲によっては、本来の推奨と異なり、フランチャイジーの法益（営業の自由）を制限することもあり得ますので、当該行為が許容されるか否かについて、法適合性を判断する必要が生じます。

その法適合性の要件は、契約により価格推奨の任意性が約定され、商品の販売価格の設定がフランチャイジーの自由な営業活動の領域として認められたと解釈される以上、「フランチャイジーの任意の決定・判断への働きかけの程度・範囲を逸脱して、不当にその意思・行動を抑圧した」か否かが要件となり（**Q33**）、当該要件に抵触する強要がなされた場合、その法適合性は否定されます。

強要の例としては、フランチャイザー（の従業員）による執拗な言動の繰り返しや、推奨に従わないと損害賠償、契約解除、再契約（契約更新）の拒絶などの契約上の不利益を課すことを示唆することにより、推奨どおりの販売価格を設定を強要する行為が挙げられます。

4　販売価格の「指定」の法適合性

それでは、フランチャイザーがチェーン・イメージの統一性を保つことを目的に、フランチャイジーに対し、商品の販売価格を「指定」する旨の条項を設け、当該条項を強制した場合、その法適合性はいかに判断されるでしょうか。

当該条項は、「フランチャイジーの営業活動を指定・義務づける条項」に該当し、その法適合性の要件は、「目的の正当性＋指定・義務づけの必要性＋相当性＋有益性」となります（**Q30**）。

一般論として、フランチャイザーがチェーン・イメージの統一性

（フランチャイズ店の商品の販売価格を統一し、顧客に商品の品質・価格に関し不信感を与えないこと）を確保しようとする目的は正当であり、その目的を達成するためにフランチャイジーに商品の販売価格を指定する必要も認められます。

相当性は、個別・具体的な事実に基づく判断となり、一概にその結論を示すことはできませんが、販売価格の指定はフランチャイジーの営業の自由を制限し、フランチャイジーから店舗の売上・利益を差配するための価格決定権を奪いますので、その相当性には疑問があります。

また、有益性についても、統一された販売価格により顧客に対し商品の品質・価格に関し信頼を与えることは、フランチャイジーにとって有益な面があることは否定し難いものの、他方で、店舗の実情や地域市場などを無視して、統一的価格を強制することが、フランチャイジーの究極的な利益に繋がり得るかどうか（有益性）には、疑問があります。

さらに、商品の販売価格の指定は、独禁法上の競争阻害性が強いことをあわせて考えると、販売価格を指定する条項は、これを正当化する特別の事由がない限り、法適合性が否定される可能性が高く、そのため、多くのフランチャイズ契約では、商品の販売価格については、価格推奨の制度を採用しているのではないかと思われます。

5 フランチャイズ・ガイドライン

(1) フランチャイズ・ガイドライン

フランチャイズ・ガイドラインは、3（3）で、「販売価格の制限について」と題し、「販売価格については、統一的営業・消費者の選択基準の明示の観点から、必要に応じて希望価格の提示は許容される。しかし、加盟者が地域市場の実情に応じて販売価格を設定しなければならない場合や売れ残り商品等について値下げして販売しなければならない場合などもあることから、本部が加盟者に商品を供給している場合、加盟者の販売価格（再販売価格）を拘束することは、原則として独占禁止法第二条第九項第四号（再販売価格の拘束）に該当する。また、本部が加盟者に商品を直接供給していない場合であっても、加盟者が供給する商品又は役務の価格を不当に拘束する場合は、一般指定の第一二項（拘束条件付取引）に該当することとなり、これについては、地域市場の状況、本部の販売価格への関与の状況等を総合勘案して判断される」と定めています。この記述によれば、フランチャイザーはチェーン・イメージの統一性の確保を目的に、販売価格を推奨すること（希望価格の提示）は許容されるが、その強要（販売価格の拘束）は原則として許容されないと考えられます。

(2) 調査報告書

なお、公取委事務総局「フランチャイズ・チェーン本部との取引に関する調査報告書－加盟店に対する実態調査－」では、第３の４（５）で、「商品の販売価格」と題して、「イ」で、「ファストフードについては、本部の指定する価格で販売することが契約書において義務付けられ」、「ファストフードを見切り販売すると、契約違反とされ、契約が解除される」事例がある旨が報告されています。[注1)]

注

注１）公取委 HP に掲載
(http://www.jftc.go.jp/houdou/pressrelease/h23/jul/110707gaiyo.html)

Q41

契約内容の変更（新規事業の導入）

フランチャイズ契約において、フランチャイザーが「当初のフランチャイズ契約に規定されていない新規事業の導入によって、加盟者が得られる利益の範囲を超える費用を負担することとなるにもかかわらず、本部が、新規事業を導入しなければ不利益な取扱いをすること等を示唆し、加盟者に対して新規事業の導入を余儀なくさせ」た場合、当該行為は法適合性を有しますか。

A 1（結論）

1　導入される新商品が「新規事業」に該当する場合

導入される新商品が「当初のフランチャイズ契約に規定されていない新規事業」に該当する場合、その導入には、契約法上、フランチャイジーの同意が必要であり、同意のない新商品の導入は契約違反となり、その法適合性は否定されます。

また、フランチャイザーは、当該同意の取得に関し、フランチャイジーの任意の決定・判断への働きかけの限度において、同意を要請することはできますが、「フランチャイジーの任意の決定・判断への働きかけの限度・範囲を逸脱して、不当にその意思・行動を抑圧すること」により、同意を「強要」することは許容されません。

2　導入される新商品が「新規事業」に該当しない場合

導入される新商品が「当初のフランチャイズ契約に規定されていない新規事業」に該当しない場合（新商品にかかる事業が契約に規定されている場合）、その導入には、契約法上、フランチャイジーの同意は不要となります。

ただし、新商品の導入が「商品の指定」によりなされる場合は、「フランチャイジーの営業活動を指定・義務づける条項」に準じ、「目的の正当性＋指定の必要性＋相当性＋有益性」を充足することが法適合性の要件となり、「商品の推奨」によりなされる場合は、「フランチャイジーの営業活動に関する推奨、助言・指導を規定する条項」に準じ、「フランチャイジーの任意の決定・判断への働きかけの程度・範囲を逸脱して、不当にその意思・行動を抑圧」しないことが法適合性の要件となり、これらの要件が充足されない場合は、法適合性が否定され、新商品の導入は許容されません。

A 2（背景）

1　本問の趣旨

(1)　フランチャイズ・ガイドライン

本問は、フランチャイズ・ガイドラインの３（１）アにおいて、「(フランチャイズ契約締結後の契約内容の変更)」と題して、優越的地位の濫用に該当しうる行為等として例示された設問の行為（新規事業の導入）について、その法適合性を問うものです。

「新規事業」としては、公取委事務総局「フランチャイズ・チェーン本部との取引に関する調査報告書－加盟店に対する実態調査－」[注1)]第３の４（６）によれば、コンビニエンスストアの場合では、現金自動預払機（以下「ATM」という）の設置、インターネット販売における消費者への物品の受渡し業務、チケット・プリペイドカード・宝くじの販売等、マルチメディア端末機の設置などのサービス商材が想定され、それ以外（100円等均一価格ショップ、酒小売店など）の場合では、宅配便・メール便の取次ぎなどのサービス商材が想定されています。

⑵　場合分けの必要性

本問に関しては、導入される新商品が「新規事業」（当初のフランチャイズ契約に規定されていない商品・サービスを取り扱う事業）に該当するか否かによって、次の**図表30**のとおりに場合分けされ、各場合の法適合性の要件は異なります。

以下においては、上記のコンビニ・フランチャイズ契約におけるサービス商材を念頭に、まず、当該サービス商材導入の状況、契約における商品・サービスの定め方と「新規事業」への該当性の関係について解説した後、「新規事業」に該当する場合としない場合に分けて、その法適合性を検討したいと思います。

【図表30】新商品の「新規事業」への該当性と法適合性の要件

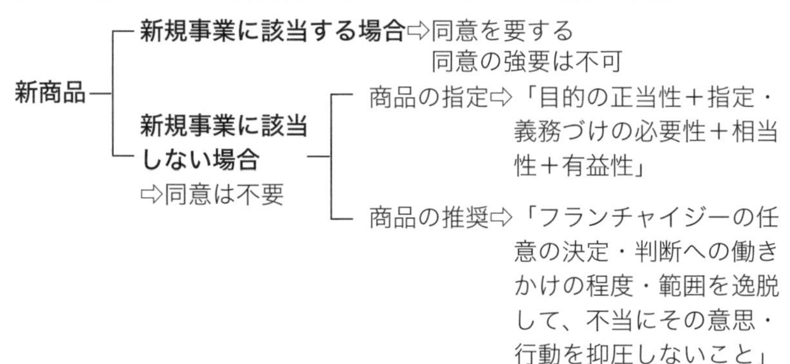

なお、同様の問題は、コンビニ・フランチャイズ契約のサービス商材以外の、一般のフランチャイズ契約の取扱商品でも生じ得ます。

2 コンビニ・フランチャイズ契約におけるサービス商材導入の状況

(1) サービス商材の導入

コンビニエンスストアでは、食品・飲料・菓子、タバコ・酒、生活用品、事務用品、プリペイドカード、雑誌・書籍などの「一般商品」のほかに、公共料金の収納代行、コピー機、ATMの設置、ネット通販で販売された商品の引渡し代行、チケット・宝くじの販売、ネット商材販売用の情報端末機器の設置とその商材の販売、宅配便・メール便の取次ぎなどの「サービス商材」が販売・提供されています（**Q57**）。

上述の一般商品とサービス商材は、ともに、コンビニエンスストアの機能・役割の変遷に応じ、順次、その品目が拡大され、また新しい商品・サービス商材が導入されてきました。特に、新しいサービス商材は、その取扱いにより、顧客に利便性を提供することができ、金銭的にも、手数料収入を得るほか、来店客数の増加、併買による売上の増加を見込むことができ、競合店対策上も、その導入を欠かすことはできない状況となっています。

(2) 異　議

しかし、一部のフランチャイジーは、次のような理由により、新サービス商材の導入に異議を述べており、フランチャイザーに対し、新サービス商材にかかる業務の強要が独禁法の優越的地位の濫用に該当すると主張し、同法第24条に基づく差止請求として、当該業務の強要を禁ずる旨の請求訴訟を提起するフランチャイジーも現れています（後述）。本問はかかる状況も背景の一端となっています。

- 新サービス商材の販売・提供方法が複雑で従業員の教育訓練に手間を要する。
- 販売・提供に要する時間が長い、手間と費用がかかる割には手数料が低額である。
- 公共料金の収納代行などでは多額の現金を取り扱うので、その管理を誤ると多額の現金不足が発生し、また、強盗を誘引する原因となっている。

3 契約における定め方と「新規事業」への該当性の関係

(1) フランチャイズ契約における定め方

フランチャイズ契約では、多くの場合、フランチャイジーが経営する対象事業（フランチャイズ・パッケージを利用して商品を販売し、サービスを提供する事業）に関する条項の中で、対象事業の業種・業態や、フランチャイジーが販売・提供する商品・サービスの種類・内容などについて、包括的あるいは具体的な形で規定が設けられています。

(2) 「新規事業」への該当性

そして、上記の対象事業の業種・業態や商品・サービスの種類・内容などを規定した条項の文言を中心に、事業説明用の資料、取引の背景・実情・慣行、当事者の説明・言動などの付帯的諸事情を総合的に勘案し、当該契約においてフランチャイジーが取り扱うことが予定されている商品の範囲（特にその外縁）について解釈を加え（当該範囲内の商品を以下「対象商品」という）、導入される新商品が対象商品に含まれるのであれば、当該新商品の取扱いは「新規事業」には該当せず、新商品が対象商品に含まれないときは、当該新商品の取扱いは「新規事業」に該当することになります。

A3（解説）

1 導入される新商品が「新規事業」に該当する場合

(1) 同意が必要なこと

導入される新商品が対象商品に含まれず、「新規事業」に該当する場合、その導入には、契約法上、フランチャイジーの同意が必要となります。フランチャイジーの同意のない新商品の導入は、契約違反となり、その法適合性は否定されます。

(2) 同意の強要は許容されないこと

フランチャイジーが同意するか否かは、その任意の決定・判断に委ねられますので、フランチャイザーがフランチャイジーに同意を要請するにあたっては、「営業活動に対する推奨、助言・指導」に従うことを要請する場合に準じ（**Q33**）、「フランチャイジーの任意の決定・判断への働きかけの限度」において、同意を要請することはできますが、「フランチャイジーの任意の決定・判断への働きかけの程度・範囲を逸脱して、不当にその意思・行動を抑圧すること」により、同意を強要することは許容されません。

2　導入される新商品が「新規事業」に該当しない場合

(1)　同意が不要なこと

導入される新商品が対象商品に含まれ、「新規事業」に該当しない場合、その導入には、契約法上、フランチャイジーの同意は不要となります。

(2)　法適合性の要件を欠く場合は許容されないこと

ア　要　旨

しかし、フランチャイザーはいかなる新商品でも導入することができるというわけではなく、新商品の導入が、商品の指定によりなされる場合と、商品の推奨によりなされる場合に分け、次のとおり、法適合性による制約を受けると考えられます。

イ　商品の指定の場合

(ア)　法適合性の要件

新商品の導入が商品の指定によりなされる場合は、「フランチャイジーの営業活動を指定・義務づける条項」に準じ、「目的の正当性＋指定の必要性＋相当性＋有益性」の要件を充足する必要があります（**Q30**）。

(イ)　法適合性の判断

新商品として、例えば、コンビニエンスストアに要請される役割・機能（24時間の金融サービスの提供）に応えるため、ATMの設置が導入される場合、ATMの導入がコンビニエンスストアの業種・業態の内在的要請（コンビニエンスストアに期待される社会的な役割・機能）に適合するときは、その目的は正当であり、その目的を達成するために、ATMを指定するのであれば、その必要性も認められます。

相当性は、個別・具体的な事実に基づく判断となり、一概にその結論を示すことはできませんが、ATMの指定によりフランチャイジーの営業の自由は制限を受けものの、フランチャイジーがコンビニエンスストアへの要請に適合する商品を取り扱うことは当然のことであり（営業の自由は内在的要請に劣後する）、フランチャイジーはATMの設置によりコンビニエンスストアとしての役割・機能を果たすことができ、売上・集客力の向上などの利益も享受できるので、ATMがコンビニエンスストアの内在的要請に応じた適切な商材であれば、相当性も認められると考えられます。

問題は、有益性ですが、ATMの設置に対する社会的期待の強さ、フランチャイジーが手にする手数料収入、併買効果による来店客・売上の向上の効果と、ATMの設置に伴い発生する店舗の改装費、什器・備品の購入費、人件費・水道光熱費などの費用を勘案し、究極的にフランチャイジーの利益に繋がり得るなら、有益性が認められ、その法適合性は肯定されると考えられます。

ウ　商品の推奨の場合

新商品の導入が商品の推奨によりなされる場合は、「フランチャイジーの営業活動に対する推奨、助言・指導を規定する条項」に準じ、フランチャイジーは、推奨された新商品を導入するか否かの最終的な決定権・判断権を有することになります（推奨、助言・指導の任意性）（**Q32**）。

フランチャイザーが、新商品の推奨に従わない（採用しない）フランチャイジーに対し、「チェーン・イメージの統一性を保つ」ことを理由として、新商品の導入を要請する場合、その法適合性の要件は、「フランチャイジーの任意の決定・判断への働きかけの程度・範囲を逸脱して、不当にその意思・行動を抑圧した」か否かとなり（**Q33**）、ATMの例で、当該要件に抵触する形でATMの設置につき強要がなされた場合は、その法適合性は否定されます。

3 フランチャイズ・ガイドライン

フランチャイズ・ガイドラインは、3（1）アで、「(フランチャイズ契約締結後の契約内容の変更)」と題して、「当初のフランチャイズ契約に規定されていない新規事業の導入によって、加盟者が得られる利益の範囲を超える費用を負担することとなるにもかかわらず、本部が、新規事業を導入しなければ不利益な取扱いをすること等を示唆し、加盟者に対して新規事業の導入を余儀なくさせること」を、優越的地位の濫用に該当し得る行為等の例として挙げています。

導入される新商品が「新規事業」に該当する場合、フランチャイジーの同意なく新商品の導入を強要することについては、法適合性は否定されますので、優越的地位の濫用の成立要件の一つである正当化事由（事業経営上の合理性・必要性）の不存在が充足されることとなり、他の優越的地位、濫用行為、行為の広がりの要件が充足されれば、優越的地位の濫用に該当し得ることになります。上記の記述はその旨を説いたものであり、「フランチャイジーが得られる利益の範囲を超える費用を負担することになるにもかかわらず」の部分は、濫用行為（通常では受け容れ難い不利益を一方的に課すような抑圧的な行為）の「不利益」の部分を指しているのではないかとも思われますが、はっきりとしない点もあります。

4　裁判例

(1)　東京地判平23.12.22 判時2148.130

同判決は、セブン－イレブン・ジャパン社の加盟者が、優越的地位の濫用を理由に、加盟店基本契約等に明文の規定がない収納代行サービス等にかかる業務の強要の禁止を請求した事件において、概要、次の理由により、加盟者の請求を棄却しました。

① 加盟者は、本件基本契約等（加盟店基本契約等）に基づき、本件フランチャイズ・チェーン（セブン－イレブン・ジャパン社が運営する「セブン－イレブン・システム」によるコンビニエンスストアのフランチャイズ・チェーン）の利便性にかかわるもので、本件イメージ（セブン－イレブン・ジャパン社のチェーンに加盟する加盟店に共通する独特の印象）の重要な要素を構成する商品やサービスについては、特段の事情のない限り、これを提供する義務を負っており、商品やサービスの内容、構成等が合理性の認められる限度で随時変更されることも了解していたこと
② （最も加盟時期の古い原告が加盟した）平成８年頃までには、収納代行サービスや宅配便受付サービスは、本件フランチャイズ・チェーンの利便性にかかわるものとして、本件イメージの重要な要素を構成するに至っていたこと
③ 原告（加盟者）らは、収納代行サービスなどが本件イメージの重要な要素を構成するサービスであり、加盟店において提供すべきサービスの一つであることを十分に認識し、これらを了解した上で、本件基本契約等を締結したこと
④ 本件対象業務（本訴で強要の禁止が請求された業務）は、いずれも原告らの加盟時に既に導入されていたものか、又は既に導入されていた業務と基本的に性質を同じくするものであること
⑤ 本件対象業務によって原告らの被る負担がこれによって得られる利益に比して過重なものであるとまでいうことはできないこと
⑥ 被告の加盟店において本件対象サービスが提供されないという

状況が生じた場合には、本件フランチャイズ・チェーンの利便性にかかわる本件イメージが損なわれることは避け難いこと

(2) 論　評

①～④は収納代行サービス等が、新規事業に該当しないことを裏づける事由と理解されます。そうだとすると、本件は、導入される新商品が「新規事業」に該当しない場合となり、契約法上、その導入にはフランチャイジーの同意は不要ということになります。

また、⑤⑥は、本書の理解では、収納代行サービス等が「商品の指定」により導入された場合の法適合性の要件のうち、「目的の正当性＋指定の必要性＋相当性＋有益性」を基礎づける事由となりますが、同判決における位置づけがこの理解と合致するかは不明です。

注

注１）公取委 HP に掲載
（http://www.jftc.go.jp/houdou/pressrelease/h23/jul/110707gaiyo.html）

Q42

取扱商品、販売方法の指定

フランチャイザーは、フランチャイジーが顧客に販売する商品（取扱商品）、販売方法を指定することができる旨を規定した条項は、いかなる範囲において法適合性を有しますか。

A 1（結論）

1　法適合性の要件

取扱商品、販売方法を指定する条項は、ともに、「フランチャイジーの営業活動を指定・義務づける条項」に該当し、取扱商品、販売方法を指定する目的に正当性があり、当該目的を達成するため取扱商品、販売方法を指定する必要性があり、取扱商品、販売方法の指定によってフランチャイザーが得る権益とフランチャイジーが被る法益の制限につき、利益衡量上、相当性があり、かつ、取扱商品、販売方法の指定がフランチャイジーの利益に繋がり得る場合（有益性を充足する場合）に、その法適合性は肯定されると考えられます。

2　商品を指定する条項の法適合性の判断

商品を指定する条項は、例えば、「対象事業（フランチャイズ・パッケージを利用して商品を販売し、サービスを提供する事業）の内在的要請」としての事業の特殊性（例：ブランド商品の販売店のチェーンで、販売される商品が当該ブランド商品に限定されており、当該ブランド商品が店舗の売上・集客力の基礎となっている場合）に応える目的で、当該ブランド商品を指定する場合は、当該ブランド商品を指定する目的は正当であり、当該目的を達成するために当該ブランド商品を指定する必要も認められます。フランチャイザーの権益（対象事業の内在的要請への対応）とフランチャイジーの法益（営業の自由）の制限の利益衡量では、フランチャイジーは営業の自由を制限されるものの、ブランド商品の調達が可能となり、当該ブランド商品の取扱いにより、売上・集客力の向上が見込まれる場合は、相当性が認められ、有益性についても、売上・集客力との対比において、その仕入価格が特に不当でなければ、有益性は認められ、法適合性は肯定されると考えられます。

3　商品の販売方法を指定する条項の法適合性の判断

商品の販売方法を指定する条項は、例えば、「対象事業の内在的要請」としての事業の特殊性（例：高級化粧品の販売店のチェーンで、対面販売を行うことが顧客満足度を高め、売上・集客力の基礎となっている場合）に応える目的で、当該対面販売を指定する場合は、対面販売を指定する目的は正当であり、当該目的を達成するために対面販売を指定する必要も認められます。フランチャイザーの権益（対象事業の内在的要請への対応）とフランチャイジーの法益（営業の自由）の制限の利益衡量では、フランチャイジーは営業の自由を制限されるものの、対面販売に関する知識・経験、ノウハウや、商品の販売能力の補助を得ることができ、対面販売の実施により、売上・集客力の向上が見込まれる場合は、相当性が認められ、有益性についても、売上・集客力との対比において、対面販売の実施にかかる人件費、什器・備品などの費用が過大でなく、究極的にフランチャイジーの利益に繋がり得るのであれば、有益性が認められ、その法適合性は肯定されると考えられます。

A3（解説）

1 取扱商品を指定する条項

(1) 取扱商品を指定する条項

フランチャイズ契約では、フランチャイジーが店舗で販売する商品（以下「取扱商品」という）について、フランチャイザーが指定するか、推奨する制度を採っています。

本問は、取扱商品を指定する条項の法適合性の範囲を問うものですが、以下においては、「ブランド商品の販売店のチェーンで、販売される商品が当該ブランド商品に限定されており、当該ブランド商品が店舗の売上・集客力の基礎となっている場合」に、当該ブランド商品を取扱商品として指定する条項を例にとって、その法適合性を検討したいと思います。

(2) 取扱商品を指定する条項の法適合性の要件・判断

取扱商品を指定する条項は、「フランチャイジーの営業活動を指定・義務づける条項」に該当し、その法適合性の要件は、「目的の正当性＋指定・義務づけの必要性＋相当性＋有益性」となります（**Q30**）。

一般論として、フランチャイザーが対象事業の内在的要請としての事業の特殊性（ブランドショップとしての特殊性）に応える目的で、取扱商品として当該ブランド商品を指定する場合は、取扱商品を指定する目的は正当であり、当該目的を達成するために当該ブランド商品を指定する必要も認められます。

相当性については、個別・具体的な事実に基づく判断ですので、一概にその結論を示すことはできませんが、フランチャイザーの権益（対象事業の内在的要請への対応）とフランチャイジーの法益（営業の自由）の制限の利益衡量では、取扱商品の指定により、フランチャイジーは営業の自由を制限されるものの、当該ブランド商品の取扱いにより売上・集客力の向上が見込まれる場合であれば、相当性が認められると考えられます。

また、有益性については、指定された取扱商品の販売による売上・集客力の向上との対比において、その仕入価格が特に不当でなければ、究極的にフランチャイジーの利益に繋がり得るものとして、有益性が認められ、法適合性は肯定される（これに対し、売上・集客力の向上の効果があまりなく、不当に高額の仕入価格が設定されている場合は、有益性が認められず、法適合性は否定される）と考えられます。

2 販売方法の指定

(1) 商品の販売方法を指定する条項

商品の販売方法には、次の二つの意味があります。

① 日用雑貨や衣類などのような一般商品の陳列や、顧客への声がけ・レジ接客などを中心とする一般的な販売方法
② コンビニエンスストアでの公共料金の収納代行の手続（**Q71、Q72**）や、（フランチャイズ契約ではあまり例がないと思われるが、特約店契約では例がある）高級化粧品の対面販売のような商品の特殊性に基づく特別の販売方法

①の場合は、特に販売方法を指定する必要はなく、通常は、マニュアル（手引書）や、フランチャイザーの担当者による助言・指導により、販売方法が提示されます。

②は、商品の特別な販売方法であり、契約によって指定される場合もあり得ます。

本問は、販売方法を指定する条項の法適合性を問うものですが、以下においては、（仮に）②の高級化粧品の対面販売がフランチャイズ契約によって指定された場合を例にとって、その法適合性を検討したいと思います。なお、高級化粧品の対面販売の指定の法適合性（優越的地位の濫用）については、特約店契約において問題となったことがあります。[注1)]

(2) 対面販売を指定する条項の法適合性の要件・判断

対面販売を指定する条項は、「フランチャイジーの営業活動を指定・義務づける条項」に該当し、その法適合性の要件は、「目的の正当性＋指定・義務づけの必要性＋相当性＋有益性」となります（**Q30**）。

一般論として、フランチャイザーが対象事業の内在的要請としての事業の特殊性（高級化粧品の販売店としての特殊性）に応える目的で、対面販売を指定する場合は、高級化粧品の販売には、きめの細かい懇切丁寧な接客により、顧客の嗜好や美容効果に適合した商品を勧めることにより、満足度を上げることが必要であるなら、対面販売の指定の目的は正当であり、当該目的を達成するために対面販売を指定する必要も認められます。

相当性については、個別・具体的な事実に基づく判断ですので、一概にその結論を示すことはできませんが、フランチャイザーの権益（対象事業の内在的要請への対応）とフランチャイジーの法益（営業の自由）の制限の利益衡量では、対面販売の指定によりフランチャイジーは営業の自由を制限されるものの、対面販売の実施により、「顧客満足度の向上→売上・集客力の向上」が見込まれる場合であれば、相当性が認められると考えられます。

また、有益性については、指定された対面販売の実施による売上・集客力の向上との対比において、対面販売を実施するために要する人件費、什器・備品などの費用が特に過大でなければ、究極的にフランチャイジーの利益に繋がり得るものとして、有益性が認められ、その法適合性は肯定される（これに対し、売上・集客力の向上の効果があまりなく、人件費、什器・備品などの費用が過大な場合は、有益性が認められず、法適合性は否定される）と考えられます。

3 フランチャイズ・ガイドライン

フランチャイズ・ガイドラインは、３（１）イの柱書において、「フランチャイズ契約全体としてみて本部の取引方法が独占禁止法第二条第九項第五号（優越的地位の濫用）に該当するかどうかは、個別具体的なフランチャイズ契約ごとに判断されるが、同アに例示した事項のほか、例えば、次のようなことを総合勘案して判断される」とし、同①で、「取扱商品の制限、販売方法の制限については、本部の統一ブランド・イメージを維持するために必要な範囲を超えて、一律に（細部に至るまで）統制を加えていないか。」を挙げています。この記述は、優越的地位の濫用の要件である「正当化事由の不存在」に関し、「事業経営上の合理性・必要性」の一端を説いたものであり、1(2)、2(2)で述べた法適合性の判断に概ね合致するものと思われます。

注

注１）東京地判平12.6.30金商1118.43

Q43

テリトリー権

フランチャイジーには独占的なテリトリー権がなく、フランチャイザーはフランチャイジーが経営する店舗の近隣に自由にフランチャイズ店、直営店を出店することができる旨を規定した条項が設けられている場合、フランチャイザーの近隣出店が制限を受けることはありますか。

A 1 （結論）

フランチャイジーには独占的なテリトリー権がなく、フランチャイザーは自由に近隣出店できる旨を規定した条項が設けられている場合であっても、多くの場合は、当該契約の解釈により、当事者の意思は、「フランチャイジーの事業に重大な打撃を与え、店舗の経営がまったく成り立たない状態を招くような近隣出店は許容されない」というものであると解釈され、実際のフランチャイジーによる近隣出店が当該要件を充足するときは、近隣出店は許容されないと考えられます。

同旨の結論は、当該条項の公序良俗違反、当該条項に基づく権利行使の権利濫用などの民法の一般条項や、（フランチャイズ契約を委任契約と理解することを前提に）委任者としてのフランチャイザーの「利得の機会」を提供する義務の違反としても導くことができますが、前者（公序良俗違反・権利濫用）については、私的自治が支配する契約法の分野では、一般条項の前に、契約の解釈による解決を探ることが必要・適切であり、後者（利得の機会を提供する義務）については、フランチャイズ契約を委任契約と理解すること自体に疑問があるのではないかと考えられます。

A2（背景）

1 テリトリー権

(1) テリトリー権

本問で「テリトリー権」とは、フランチャイジーが店舗周辺の一定地域内において、独占的に営業することが認められる権利をいうものとします。

フランチャイジーにはテリトリー権がなく、フランチャイザーは自由に近隣出店できる旨を規定した条項が設けられている場合、その文言上は、フランチャイザーによる近隣出店は何ら制限を受けません。

(2) 本問の趣旨

しかし、フランチャイザーによる近隣出店は、大なり小なり、フランチャイジーの店舗経営に打撃を与えることは否定できず、フランチャイジーの経営に重大な悪影響を及ぼす場合もあり得ますので、当該条項のもとでも、一定の限度において、フランチャイザーの近隣出店は制限を受けるのではないかとの問題を生じます。

本問は、この問題を取り扱うものですが、以下においては、議論の前提として、まず、**A2**の**2**で、フランチャイジーのテリトリー権を含むフランチャイズ契約におけるテリトリー制について、その一般的な内容を整理し、次いで、**A2**の**3**で、フランチャイジーの独占的なテリトリー権を否定した条項についても、契約の解釈の余地があり、本問を解決する論拠としては、一般条項よりも契約の解釈を優先すべきである旨を述べた後に、**A3**の**1**で、解約の解釈に基づくフランチャイザーの近隣出店の制限について検討し、また、**A3**の**2**以下で、公序良俗・権利濫用や、フランチャイザーの「利得の機会を提供する義務」により近隣出店を制限するとの考え方についても検討したいと思います。

2 フランチャイズ契約におけるテリトリー制

フランチャイズ契約では、多くの場合、フランチャイジーによる店舗の設置場所は特定の場所または一定の地域内に限定されていますが、次頁の**図表31**のとおり、①のフランチャイザーが店舗周辺の一定地域に別の店舗を出店できるか否かについては、㋐の出店できる場合と、㋑のできない場合に分かれています。

また、フランチャイジーは上記の特定の店舗で商品を販売しますが、これに関し、②のフランチャイジーが一定地域外で広告宣伝活動ができるか否かについては、㋒のできる場合と、㋓のできない場合に分かれ、③のフランチャイジーが店舗で一定地域外からの住民に商品を販売することができるか否かについては、㋔のできる場合と、㋕のできない場合に分かれています。

一般に、テリトリー制という場合、以上の㋐㋑、㋒㋓、㋔㋕の各要素の組合せのいずれかを指しています。[注1)][注2)] 本問は、①の㋐を前提とするものです。

3 契約の解釈

(1) 契約の解釈の余地があること

本問では、契約条項によって、フランチャイジーの独占的なテリトリー権が否定されていますが、この場合でも、当該契約条項の

【図表31】フランチャイズ契約におけるテリトリー制の分類要素

フランチャイジーが出店する店舗は特定の場所または一定の地域内に限定される。	①　フランチャイザーが店舗周辺の一定地域内に別の店舗を出店できるか。	㋐可
		㋑不可（※1）
フランチャイジーは同上の店舗で商品販売を行う。	②　フランチャイジーが一定地域外で広告宣伝活動ができるか。	㋒可
		㋓不可（※2）
	③　フランチャイジーが店舗で一定地域外からの住民に商品を販売できるか。（※3）	㋔可
		㋕不可（※4）

※1　フランチャイジーにとっては地域内での独占的権益が認められ、経営基盤が安定し、望ましいが、反面、競争阻害要因となる。
※2　インターネット広告などの安価な広域広告の普及により、フランチャイジーの一定地域外での広告宣伝の不可は現実的ではなくなった面もある。
※3　顧客の住所が判明している対象事業（例：建設業、リフォーム業）を前提としている。
※4　隣接する地域に出店する、複数のフランチャイジーがそれぞれ「一定地域外住民への販売不可」として拘束されれば、棲み分けは可能となるが、競争阻害要因となる。

「合意の意味が明確ではない」（文意に拘泥せず、共通の意思または真意を探究することを前提に、当該条項の文言だけでは、合意の意味が明確ではないことをいうものとする）[注3] ときは、契約の解釈によって、当事者の合意の意味を明確にする余地があります。

ここに「契約の解釈」とは、当事者の意思（契約において合致した内心の効果意思）[注4] の意味を解釈することをいうものとします。

そして、ⓐ実際の契約例では、当該契約条項の文言は必ずしも一様ではなく、フランチャイジーのテリトリー権を否定し、フランチャイザーの近隣出店を許容する表現には強弱、ニュアンスの差があることが多く、ⓑ当然のことながら、契約（取引）には固有の背景・実情・慣行があり、その交渉・成立・履行の各過程における当事者による説明・言動なども異なっており、また、ⓒ当該条項以外にも、契約全体の趣旨、他の条項と当該条項の関係などの考慮すべき事由が存在しており、これらの事実に照らせば、当該契約条項は、「合意の意味が明確ではない」として、契約の解釈を加える余地が少なからず存在していると考えられます。

(2) 契約の解釈による解決を優先すべきこと

本問（フランチャイザーの近隣出店の制限）を解決する論拠としては、当然、公序良俗違反、権利濫用などの民法の一般条項によることもでき、むしろ、一般条項に依拠する立場の方が多数なのではないかと思われます。

しかし、契約の解釈と一般条項のいずれを優先すべきかといえば、次に述べるとおり、一般条項の前に、可能な限り契約の解釈による解決を探ることが適切であると考えられます。

- 契約法の分野は、私的自治（権利義務の変動は各人の自由意思に基づいてのみなされるべきだとの考え方）[注5)] が支配しており、規範性の基礎を、当事者の意思に置く契約の解釈の方が、権利の社会性（内在的制約）ないし社会的妥当性に置く一般条項[注6)] よりも、問題解決の論拠としてふさわしいこと
- 契約の解釈は、上述のとおり、契約において合致した当事者の内心の効果意思の意味を解釈するものであるが、内心の効果意思の合致（合意）は、契約の交渉・成立・履行の各過程を通じ、個別・具体的な事実関係に基づき形成されるので、合致した意思の意味の解釈も自ずと個別・具体的となり、実情に合致した妥当な結論を導き得ること
- 他方、一般条項は、権利の社会性（内在的制約）ないし社会的妥当性に基礎を置くが、社会性の判断は主観的な価値観に左右されがちなので、その判断も自ずと観念的・抽象的となり、実情とか

い離した不当な結論を導くおそれがあること
- 契約の解釈は、当事者の内心の効果意思に関連する個別・具体的事実に基づきなされるので、当事者に裁判時、具体的な主張・立証の指針を与えるのに役立ち、また、遡って、契約時、個々の契約行動につき将来的な予測可能性を与えるのに役立つこと
- 他方、一般条項は、判断の基準となる権利の社会性・妥当性が抽象的価値観に依拠するため、訴訟時の主張・立証の指針や、契約時の予測可能性を与えるのに役立たないこと
- 契約の解釈が、当事者の経済力・情報力などの格差や、当該契約存続への依存度・期待度などの事情、特にフランチャイジーが近隣出店によって受ける打撃の強弱を考慮に入れた規範的な解釈や、フランチャイズ契約のような附合契約（約款）の適正化をはかる配慮などの影響を受けることは否定できないが、それでもなお、一般条項よりも、個別・具体的な事実に沿った判断を導くことができ、裁判時の主張・立証の指針や、契約時の予測可能性を与え得ること

A 3（解説）

1 契約の解釈によるフランチャイザーの近隣出店の制限

(1) 近隣出店の許容性の要件

契約の解釈では、フランチャイザーの近隣出店が許容される範囲は、当事者の意思により定められるべきものであり、当事者の意思は、フランチャイジーの独占的なテリトリー権を否定する条項の文言を中心に、前記の取引の背景・実情・慣行、当事者の説明・言動などの付帯的事情や、契約全体の趣旨、他の条項と当該条項の関係などを総合的に勘案し、個別・具体的に解釈されるべきことになり

ます。

したがって、具体的事例を離れて、その結論を示すことはできませんが、多くの場合は、たとえ、フランチャイジーの独占的テリトリー権を否定する条項があっても、フランチャイズ・ビジネスの背景・実情・慣行としては、フランチャイザーとフランチャイジーの共存共栄の関係が主旨とされており、フランチャイザーによる契約説明においても、その旨の言動がなされているのではないかと思われます（仮に、契約説明の段階でフランチャイジーから「この条項に基づき、極端な話し、店舗の隣に競合店を出店されたら、私の店舗がつぶれてしまうのではないか」との質問を受けた場合、フランチャイザーは、「あなたと契約をするのだから、店舗の経営が成り立たないようなことまではしない」「あなたの店舗の経営状況にも配慮する」などと回答していることが多いと思われる）。

また、フランチャイズ契約の他の条項においても、契約期間中、フランチャイジーは店舗の経営を行い、その売上、利益に対しロイヤルティを支払い、フランチャイザーはフランチャイズ・パッケージを提供し、店舗の経営に推奨、助言・指導を行う旨の条項が設けられており、当該条項に照らすと、フランチャイザーの近隣出店により、フランチャイジーの店舗の経営を壊滅状態にすることまでは想定されていないと考えられます。以上のとおりですので、契約の解釈によれば、多くの場合は、当事者の意思は、「フランチャイジーの事業に重大な打撃を与え、店舗の経営がまったく成り立たない状態を招くような近隣出店は許容されない」と解釈されるのではないかと考えられます。

⑵　具体的な近隣出店の許容性を判断する要素

⑴で述べた契約の解釈に基づき、具体的な近隣出店の許容性を判断する場合、次のような要素が考慮されることになると考えられま

す（以下の記述では、フランチャイジーの経営する店舗を「既存店」、フランチャイザーが出店する店舗を「新店」という）。

- **対象事業（フランチャイズ・パッケージを利用して商品を販売し、サービスを提供する事業）の内容**
  対象事業の業種業態、商圏（店舗への来店が見込まれる地域的な範囲）の広狭、既存店と新店の取扱商品・営業時間・客層の異同など
- **マーケット環境**
  近隣のマーケット環境（地域の立地特性、定住者・生活者の質量、徒歩・自動車の通行量・動線、競合店の有無・位置、道路・鉄道・集客施設などの社会的条件、山・川・坂などの自然的条件など）、既存店と新店の間の距離・位置関係など
- **実際の打撃の程度**
  既存店と新店の売上・利益の規模・内容、新店出店による既存店の売上・利益への影響の程度など。留意すべきは、打撃の程度は、既存店の運営努力にも左右されること
- **新店出店の経緯**
  フランチャイザーによる新店出店の動機・意図、店舗建物の確保の方法（フランチャイジーの所有物件か、フランチャイザーの賃借物件か）。近隣における同業種・同業態のフランチャイザー間の競合の程度。留意すべきは、フランチャイザーが新店出店を控えても、別のチェーンが店舗を出店し、フランチャイザーが出店するのと同等か、それ以上の打撃を与えることもあること
- **打撃の緩和措置**
  フランチャイザーがフランチャイジーに優先的に新店を（２号店として）経営する機会を与えたか。新店出店後、既存店の販促活動の支援、営業補填金などの補償措置を講じたかなど

2　公序良俗違反・権利濫用

フランチャイザーによる自由な近隣出店を認める条項が「フラン

チャイジーの事業に重大な打撃を与え、店舗の経営がまったく成り立たない状態を招くような近隣出店」を認めていると解釈される場合、「正義の観念に反する行為[注7)]」に準じ、公序良俗違反として無効であると解することが可能と考えられます。

また、当該条項に基づく近隣出店が、「フランチャイジーがフランチャイズ契約から利益を得る可能性をおよそ失ってしまうことが予見されたにもかかわらずその点に何ら配慮しなかった場合」は、「フランチャイザーの権限行使は濫用にあたると評価される」との見解があります。[注8)]

これらの見解に立っても、概ね、❶と同旨の結論が導かれると考えられますが、上述のとおり、私的自治が支配する契約法の分野では、可能な限り契約の解約を優先することが適切であると考えられます。

❸ 利得の機会を提供する義務

なお、フランチャイズ契約の有償準委任契約の性質に基づき、フランチャイザーに委任者としての「利得の機会を提供する義務」を認め、近隣出店を制限する見解もあります。[注9)]

しかし、フランチャイズ契約はライセンス契約（賃貸借類似の契約）たる性質を有し、委任契約の性質を有せず（**Q10**）、委任者ではないフランチャイザーに「利得の機会を提供する義務」を観念することはできないと考えられます。

❹ 法令による開示規制

なお、フランチャイザーによる近隣出店に関しては、小振法施行規則第10条第９号で、フランチャイザーに対し、「当該特定連鎖化事業を行う者が、加盟者の店舗の周辺の地域において当該加盟者の店舗における小売業と同一又はそれに類似した小売業を営む店舗を自ら営業し又は当該加盟者以外の者に営業させる旨の規定の有無及びその内容」を記載した書面の交付義務・説明義務を課しています。

また、フランチャイズ・ガイドラインも、2（2）ア⑧で、「加盟後、加盟者の店舗の周辺の地域に、同一又はそれに類似した業種を営む店舗を本部が自ら営業すること又は他の加盟者に営業させることができるか否かに関する契約上の条項の有無及びその内容並びにこのような営業が実施される計画の有無及びその内容」を、「加盟者の募集に当たり」「開示が的確に実施されることが望ましい」事項として挙げています。

注

注1）公取委事務局「流通・取引慣行に関する独占禁止法上の指針」（改正：平成28年5月27日）（公取委ＨＰに掲載。http://www.jftc.go.jp/dk/guideline/unyoukijun/ryutsutorihiki.html）は、第2部の第2の3で、流通業者の販売地域に関する制限として、次の四類型を挙げており、これは、フランチャイズ契約におけるテリトリー制を考える際にも参考となる。

［1］ メーカーが流通業者に対して、一定の地域を主たる責任地域として定め、当該地域内において、積極的な販売活動を行うことを義務付けること（主たる責任地域を設定するのみであって、下記［3］又は［4］に当たらないもの。）

［2］ メーカーが流通業者に対して、店舗等の販売拠点の設置場所を一定地域内に限定したり、販売拠点の設置場所を指定すること（販売拠点を制限するのみであって、下記［3］又は［4］に当たらないもの。）

［3］ メーカーが流通業者に対して、一定の地域を割り当て、地域外での販売を制限すること

［4］ メーカーが流通業者に対して、一定の地域を割り当て、地域外の顧客からの求めに応じた販売を制限すること

注２）独禁法上は、㋑㋓㋕の場合、その競争阻害性が問題となり得るが、フランチャイズ契約では、上記［２］の販売拠点制［(㋐または㋑）＋㋒＋㋔］の場合が多いと思われるので、さほど大きな問題は生じない。

注３）平井『契約総論』85頁

注４）平井・同上84頁

注５）星野『概論Ⅳ』11頁の注（一）の②（12頁）

注６）四宮『総則』29頁、199頁

注７）四宮・同上200頁

注８）小塚『契約論』180頁

注９）高田淳「特約店契約およびフランチャイズ契約の特徴とその解消について（三・完)」新報105.12.128

第2節

フランチャイズ契約の終了を規定する条項の法適合性の判断

Q44

契約期間

フランチャイズ契約において、契約期間はどのような要素を勘案して設定されますか。不相当な期間が設定された場合、どのような不都合が生じますか。

A1（結論）

（フランチャイズ契約を含む）いわゆる継続的契約では、契約期間は、将来にわたる事業継続の見通しと、当該事業に固有の取引上・経済上の要素を勘案して、相手方との合意のもとに設定されるのが一般的です。フランチャイズ契約の場合は、附合契約の性質を有し、フランチャイザーが契約期間を設定し、フランチャイジーがこれに同意することにより、契約期間が合意されますが、将来にわたる事業継続の見通しは、フランチャイザーとフランチャイジーの双方の事業の見通しから成る点に特徴があります。当該事業に固有の取引上・経済上の要素については、**A3**の❶(2)イで述べるとおりです。

契約期間は、原則として当事者が自由に決定し得るものであり、フランチャイズ契約の場合も、フランチャイザーは自由に契約期間を設けることができます。しかし、例えば、上記の将来的な事業継続の見通しが十分に立たないため、とりあえず、短期の契約期間を定め、自動更新条項を付し、当該期間の満了時に事業継続の見通しが立っている限り、自動的に契約を更新する旨を合意したような場合や、上記の取引上・経済上の要素に照らし、著しく不相当な期間を定めたような場合は、契約の解釈や、公序良俗、信義則、権利濫用などの民法の一般条項により、期間の満了による契約の終了が制限されることがあり、また、当該条項の効力や、当該条項に基づく権利行使が制限されることがあり得ます。

A３（解説）

1 契約期間の定め方

(1) 一般論

（フランチャイズ契約を含む）いわゆる継続的契約では、当事者による一回の給付では契約が終了しないため、多くの場合は、一定の存続期間が設けられています。契約実務において、契約期間を左右する主な要因としては、一般に、次の二つが挙げられるのではないかと思われます。

① **将来にわたる事業継続の見通し**
…例えば、ＡがＢから継続的に商品を仕入れ、消費者に小売販売する事業において、当該商品の将来的な販売見通しは一定程度、立っているが、確信を持つほどには至っていないとの状況下、（中途解約は容易ではないとの前提で）とりあえず、１年という短期の契約期間と自動更新条項（＊）を設けて継続的売買基本

契約を締結し、期間満了時に当該商品の販売事業の継続が危うくなっていない限り、自動的に契約を更新（期間延長）するような場合。この例の場合、Ａが一定数量の商品の発注義務を負わないときは、将来にわたる事業継続の見通しは重要な要因とはならない。

② 当該事業に固有の取引上・経済上の要素

…上記事例で、Ｂが当該商品をＡに製造・供給するため、工場、製造設備、物流施設などに投下する資本・費用の金額とその回収可能性、Ｂが雇用する従業員の人数、雇用形態、賃金などの要素。この例の場合、Ｂが当該商品の製造・供給のため、特別な資本・費用を投下せず、従業員を雇用しないときは、上記の要素は重要な要因とはならない。

＊自動更新条項

「期間満了日の○カ月前までに当事者の双方から別段の意思表示がない限り、契約は従前と同一の条件にて○年間、更新（期間延長）され、以降も同様とする」との条項

(2) フランチャイズ契約における契約期間の定め方

ア ①の将来にわたる事業継続の見通し

フランチャイズ契約では、将来的な事業継続の見通しは、㋐フランチャイザーと、㋑フランチャイジーの双方の事業の見通しから成る点に特徴があり、当該見通しを左右する主な要因としては、㋐のフランチャイザーの見通しとしては、フランチャイズ・パッケージが収益力を生む事業経営の仕組みとして十分に機能すること、㋑のフランチャイジーの見通しとしては、店舗の経営により十分な売上・利益が生み出されることを挙げることができます。

上記のフランチャイザー、フランチャイジーの事業の将来的な見通しが一定程度、立っている場合は、当該見通しに応じた契約期間

の設定が可能となります。

将来的な見通しは一定程度、立っているが、確信を持つほどには至っていない場合は、(特に中途解約は容易ではないとの前提で)とりあえず、1年という短期の契約期間と自動更新条項を設けてフランチャイズ契約を締結し、期間満了時にフランチャイザーまたはフランチャイジーの事業の継続が危うくなっていない限り、自動的に契約を更新(期間延長)する、ということがあり得ます。

なお、㋐のフランチャイザーの将来的な事業継続の見通しが立っている場合でも、フランチャイザーの都合により短期で契約を終了させる余地を残したいとの趣旨で、1年という短期の契約期間と自動更新条項が設けられることもあり得ます。

イ　②の当該事業に固有の取引上・経済上の要素

当該事業に固有の取引上・経済上の要素としては、次のようなものが考えられます。

なお、当該取引上・経済上の要素に合致した相当な契約期間が設定された場合には、契約の終了を強化する方向で「当事者間で更新・再契約の合意が成立しない限り、期間満了により契約は終了する」旨の条項が設けられることもあります。

- 当該契約の取引慣行
- フランチャイズ・パッケージの適応年数
- フランチャイザー、フランチャイジーによる投下資本・費用の金額とその回収可能性
- フランチャイザー、フランチャイジーが賃借した店舗建物の賃借期間(定借か否か)
- フランチャイザー、フランチャイジーが設置する造作、内外装・設備、什器・機器、備品などの耐用年数・償却期間
- フランチャイジーが雇用する従業員の人数、雇用形態、賃金
- 当該期間中、フランチャイジーを拘束することの当否

・当該期間中、フランチャイジーに権利を付与することの当否

ウ　附合契約性

なお、フランチャイズ契約は、附合契約の性質を有するため、契約期間はフランチャイザーが決定し、フランチャイジーがこれに同意することにより合意されます。

2　契約の解釈による契約終了の制限

フランチャイズ契約において、例えば、フランチャイザー、フランチャイジーの事業の将来的な見通しが十分に立たないため、とりあえず1年という短期の契約期間と自動更新条項を設けて契約した場合は、フランチャイザーが期間満了時に、フランチャイザー、フランチャイジーの事業の継続が危うくなっていないにもかかわらず、自動更新（期間延長）を拒絶し、期間満了で契約を終了させようとしても、契約の解釈（**Q43**の**A２**の**3**）により、当事者の意思はフランチャイザー、フランチャイジーの事業の継続が危うくなっている場合に、自動更新を拒絶できる旨を定めたものであるとして、フランチャイザーの更新拒絶が否定され、期間の満了による契約の終了が制限されることがあり得ます。

なお、上記の契約の解釈による更新拒絶（契約終了）の制限と同旨の結論は、フランチャイザーの更新拒絶には「やむを得ない事由」の存在が必要であるとの理由により導くことも可能であり、むしろ、かかる考え方の方が一般的と思われますが（**Q48**）、本書では契約の解釈を優先させる立場を採っています（**Q43**の**A２**の**3**）。

3　契約期間が著しく不相当な場合

契約期間が前述の取引上・経済上の要素に照らし、著しく不相当な期間に設定された場合は、上記の契約の解釈のほか、公序良俗、信義則、権利濫用などの民法の一般条項により、当該条項の効力が否定され、あるいは当該条項に基づく権利の行使が制限されることもあり得ます。

4　フランチャイズ・ガイドライン

フランチャイズ・ガイドラインは、3（1）イの柱書において、「フランチャイズ契約全体としてみて本部の取引方法が独占禁止法第二条第九項第五号（優越的地位の濫用）に該当するかどうかは、個別具体的なフランチャイズ契約ごとに判断されるが、上記アに例示した事項のほか、例えば、次のようなことを総合勘案して判断される」とし、その例として、同④で「契約期間については、加盟者が投資を回収するに足る期間を著しく超えたものになっていないか。あるいは、投資を回収するに足る期間を著しく下回っていないか」を挙げています。

Q45

契約の解除原因

フランチャイジーの契約違反を解除事由とする条項が設けられている場合において、フランチャイザーが当該条項に基づきフランチャイジーの契約違反を理由に契約を解除したとき、当該解除権行使はいかなる範囲で効力が認められますか。

A 1（結論）

約定解除事由に基づく解除権の行使については、一般的には、フランチャイズ契約がいわゆる継続的契約であるとの理由で、当該解除事由が存するというだけでは足りず、当事者間の信頼関係が破壊されるような事情がある場合に限り、効力が認められると解されています。

しかし、私的自治が支配する契約法の分野では、可能な限り契約の解釈（当事者の意思）に基づき、解除権行使の効力が認められる範囲を定めるのが適切であると考えられます。この立場では、具体的事例を離れて、その結論を示すことはできませんが、多くの場合、ある契約違反を解除事由と定める条項が設けられている場合であっても、当該契約の解釈により、当事者の意思は、「当該解除事由の発生により、フランチャイズ・パッケージの構成要素の根幹部分またはフランチャイザーとフランチャイジーの取引関係を支える基礎部分が毀損され、またはフランチャイザーの重要な財産、権利が侵害されるなどの重大な事態が発生し、またはそのおそれがある場合に限り、解除権の行使が許容される」というものであると解釈され、実際の契約違反行為が当該要件を充足するときは、解除権行使は効力が認められると考えられます。

なお、上記の結論は、信頼関係破壊の法理とそう大きな差異はないかもしれませんが、契約の解釈では、当事者の内心の効果意思に関連する個別・具体的事実に基づき解釈がなされますので、当事者に対し裁判時、具体的な主張・立証の指針を与えるのに役立ち、また、遡って、契約時、個々の契約行動につき将来的な予測可能性を与えるのに役立つことになりますので、実務上は契約の解釈によるのが相当であると考えられます。

A 3（解説）

1 約定解除権

解除権には、契約に基づくものと、法律の規定に基づくものとがあり（民法第540条第１項）、前者を約定解除権、後者を法定解除権と呼んでいます。[注１）]

フランチャイズ契約では、多くの場合、ロイヤルティの支払遅滞、競業禁止義務違反、フランチャイザーに対する誹謗・中傷禁止義務違反、ノウハウの守秘義務違反などの契約違反や、法的倒産手続き開始の申立て、手形・小切手の不渡りなどの信用不安が約定解除事由として規定されています。

本問は、契約違反を解除事由とする約定解除権行使の効力が認められる範囲を問うものです。

2 継続的契約を理由とする解除権行使の制限

(1) 継続的契約を理由とする解除権の制限

本問に関しては、フランチャイズ契約がいわゆる継続的契約であることを理由に、当事者間の信頼関係が破壊されるような事情がない限り、解除権の行使は許されないとするのが判例の立場であるといわれており、注2) これは通説でもあると思われます（以下「継続的契約説」という）。本問に即していうと、契約違反があるというだけでは足りず、当事者間の信頼関係を破壊するような事情がある場合に限り、解除権行使は効力が認められることになります。

(2) 継続的契約説に対する疑問

しかし、継続的契約説に対しては、次のような疑問があります。

- そもそも、「継続的契約」とは何か。
- 「継続的契約」であることから、何故に、「信頼関係破壊」の場合に解除権行使が制限されることになるのか。「信頼関係破壊」とは何か。
- 「継続的契約」を理由に解除権の行使が制限されるとして、その規範性の実体法上の根拠は何か。当事者の合意か、信義則か。
- その根拠が当事者の合意、信義則のいずれであっても、これとは別に「継続的契約」の概念を援用して議論を行う意味はあるか。
- （そもそもに戻るが）「継続的契約」という、契約の終了の制限を意味する用語により解除権行使（による契約の終了）を制限するのは、一種のトートロジーではないか。

(3) 前　提

上記の疑問を解明するには、継続的取引の一般理論に遡る必要があると考えられますが、関連する学説は複雑多岐にわたっており、[注3] その検討を行うのは時間的・能力的限界を超えますので、本問では、継続的契約説は、「解除は、契約の廃棄であり、相手方にとって深刻な結果を生ずることがあるため、特に継続的契約においては、要件を制限的に解するのが妥当」[注4] との価値判断に基づくものであり、契約終了の制限の規範性の実定法上の根拠を信義則に求め、「信頼関係破壊」の有無は信義則によって判断するとの理論であると理解することを前提に、議論を進めたいと思います。

以下においては、まず、フランチャイジーの契約違反を解除事由とする条項についても、契約の解釈の余地があり、実務的には、本問は、信義則よりも契約の解釈を優先すべきである旨を述べた後に、契約の解釈に基づく約定解除権行使の制限について、具体例を含め検討したいと思います。

3　契約の解釈

(1) 契約の解釈の余地があること

本問では、契約条項によって、フランチャイジーの契約違反が解除事由とされていますが、この場合でも、当該契約条項の「合意の意味が明確ではない」(文意に拘泥せず、共通の意思または真意を探究することを前提に、当該条項の文言だけでは、合意の意味が明確ではないことをいうものとする) [注5] ときは、契約の解釈によって、当事者の合意の意味を明確にする余地があります。

ここに「契約の解釈」とは、当事者の意思（契約において合致した内心の効果意思）[注6)]の意味を解釈することをいうものとします。

そして、①同じ契約違反であっても、違反の程度・態様ないしは結果の重大性（特に、フランチャイズ・パッケージの構成要素の根幹部分またはフランチャイザーとフランチャイジーの取引関係を支える基礎部分が毀損され、またはフランチャイザーの重要な財産、権利が侵害されているか否か）を異にしており、②当然のことながら、契約（取引）には固有の背景・実情・慣行があり、その交渉・成立・履行の各過程における当事者による説明・言動なども異なっており、また、③当該条項以外にも、契約全体の趣旨、他の条項と当該条項の関係などの考慮すべき事由が存在しており、これらの事実に照らせば、当該契約条項は、「合意の意味が明確ではない」として、契約の解釈を加える余地が少なからず存在していると考えられます。

(2) 契約の解釈による解決を優先すべきこと

本問（フランチャイザーの解除権行使の制限）を解決する論拠としては、前記の信義則（継続的契約説）によることもでき、むしろ、信義則に依拠する立場の方が多数なのではないかと思われます。

しかし、契約の解釈と信義則のいずれを優先すべきかといえば、次に述べるとおり、信義則の前に、可能な限り契約の解釈による解決を探ることが適切であると考えられます。

- 契約法の分野は、私的自治（権利義務の変動は各人の自由意思に基づいてのみなされるべきだとの考え方）[注7)]が支配しており、規範性の基礎を、当事者の意思に置く契約の解釈の方が、権利の社会性（内在的制約）ないし特別関係における誠意に置く信義則[注8)]よりも、問題解決の論拠としてふさわしいこと

- 契約の解釈は、上述のとおり、契約において合致した当事者の内心の効果意思の意味を解釈するものであるが、内心の効果意思の合致（合意）は、契約の交渉・成立・履行の各過程を通じ、個別・具体的な事実関係に基づき形成されるため、合致した意思の意味の解釈も自ずと個別・具体的となり、実情に合致した妥当な結論を導き得ること
- 他方、信義則は、権利の社会性（内在的制約）ないし特別関係における誠意に基礎を置くが、社会性・誠意の判断は主観的な価値観に依拠するので、その判断も自ずと観念的・抽象的となり、実情とかい離した不当な結論を導くおそれがあること
- 契約の解釈は、当事者の内心の効果意思に関連する個別・具体的事実に基づきなされるので、当事者に裁判時、具体的な主張・立証の指針を与えるのに役立ち、また、遡って、契約時、個々の契約行動につき将来的な予測可能性を与えるのに役立つこと
- 他方、信義則は、判断の基準となる権利の社会性ないし行動の誠実性が主観的な価値観に依拠するため、訴訟時の主張・立証の指針や、契約時の予測可能性を与えるのに役立たないこと
- 契約の解釈が、当事者の経済力・情報力などの格差や、当該契約存続への依存度・期待度などの事情、特にフランチャイジーが解除によって受ける打撃の強弱を考慮に入れた規範的な解釈や、フランチャイズ契約のような附合契約（約款）の適正化をはかる配慮などの影響を受けることは否定できないが、それでもなお、信義則よりも、個別・具体的な実情に沿った判断を導くことができ、裁判時の主張・立証の指針や、契約時の予測可能性を与え得ること
- 実際の裁判実務でも、後述の契約の解釈に沿った審理がなされていることが多いと理解されること。すなわち、判決書では、解除が有効と認められるのは当事者間の信頼関係を破壊するような事情がある場合に限られる旨の規範が提示されることが多いので、一見、信義則によっているかにみえるが、実際の審理では、後述の契約の解釈により、解除が有効と認められる要件（規範）の定立がなされ、当該要件に関連する事実につき、主張・立証が行われ、その心証をもとに、解除権行使の効力が認められる範囲が判

断されている場合が多いと理解されること

(3) 契約の解釈による解除権行使の制限

ア　解除権行使が制限される範囲（規範）

契約の解釈では、フランチャイザーの解除権行使が許容される範囲は、当事者の意思により定められるべきものであり、当事者の意思は、当該契約違反を解除事由と定めた条項の文言を中心に、前記の取引の背景・実情・慣行、当事者の説明・言動などの付帯的事情や、契約全体の趣旨、他の条項と当該条項の関係などを総合的に勘案し、個別・具体的に解釈されるべきことになります。

したがって、具体的事例を離れて、その結論を示すことはできませんが、多くの場合は、たとえ契約違反を解除事由と定める条項があっても、次に述べるように、当該契約の解釈により、当事者の意思は、「当該解除事由の発生により、フランチャイズ・パッケージの構成要素の根幹部分またはフランチャイザーとフランチャイジーの取引関係を支える基礎部分が毀損され、またはフランチャイザーの重要な財産、権利が侵害されるなどの重大な事態が発生し、またはそのおそれがある場合に限り、解除権の行使が許容される」というものであると考えられます。「継続的契約であるフランチャイズ契約では、フランチャイザーによる解除が認められる契約違反は、当事者間の信頼関係が破壊されるような事情がある場合に限られる」との一般的な法理がアプリオリに存在するわけではありません。

イ　契約期間存続の前提と当事者の相互不可欠な関係による解除制限の意思

フランチャイズ契約では、フランチャイザーとフランチャイジーは、一定の契約期間を前提に、それぞれ相応の資本・費用・労務を投下し、フランチャイジーは継続的に店舗の経営を行い、顧客の支持・信頼と売上・集客力の向上に努める旨が規定され、フランチャイザーは継続的にフランチャイズ・パッケージの提供を行い、店舗の売上・集客力の向上のため推奨、助言・指導を行う旨が規定され、実際にも、これに沿った契約の運用がなされています。

また、フランチャイズ・ビジネスの背景・実情・慣行として、フランチャイザーとフランチャイジーの共存共栄の関係が主旨とされており、契約の説明においても、多くの場合、この主旨に沿った言動がなされていると思われます。契約の条項においても、フランチャイジーは店舗の経営を行い、その売上、利益に応じロイヤルティを支払い、フランチャイザーはフランチャイズ・パッケージを提供し、店舗の売上、利益に応じロイヤルティを徴収する旨の相互に不可欠な関係が規定されています。

上記の契約期間存続の前提と、当事者の相互不可欠な関係によれば、単に解除事由が発生したというだけでは解除は認められず、解除事由の発生により、契約期間存続の前提と、当事者の相互不可欠な関係を解消するに足る重大な事態が発生した場合に限り、解除権行使が許容されるというのが当事者の意思と解釈されます。

ウ　解除権行使が許容される場合

上記の重大な事態が発生したとの理由で解除権行使が許容される場合としては、概ね、次の三つの場合があると考えられます。

㋐　フランチャイズ・パッケージの構成要素の根幹部分の毀損

フランチャイズ・ビジネスでは、フランチャイザーにとって、標識、ノウハウなどのフランチャイズ・パッケージの構成要素が唯一最大の事業資産であり、その収益力がロイヤルティ収入の基礎となっています。

また、フランチャイジーの関心の中心もフランチャイズ・パッケージの収益力と、自らがフランチャイズ・パッケージを利用して店舗経営ができるかの点にあり、契約説明でも、多くの場合、チェーンの実績に基づきフランチャイズ・パッケージの収益力の説明がなされ、また、その利用により（知識・経験がなくても）店舗経営が可能である旨の説明がなされていると思われ、その重要性は十分に認識されています。

上記の事実によれば、フランチャイズ・パッケージの構成要素の根幹部分の毀損は、重大な契約違反であるというのが当事者の意思と解釈されます。

㋑　取引関係を支える基礎部分の毀損

フランチャイズ・ビジネスでは、フランチャイザーとフランチャイジーの間には、多種多様な取引関係が成立していますが、これを基礎から支えているのは、フランチャイザーとフランチャイジーの信頼関係、フランチャイザーによるフランチャイズ・パッケージの提供とフランチャイジーによるロイヤルティの支払の対価関係です。

信頼関係については、契約前、フランチャイジーについて店舗経営の能力、資質、適性、資金、信用などの調査がなされ、フランチャイザーについて、フランチャイズ事業の能力、規模、実績、評判などの調査がなされており、また、多くの場合、フランチャイジーの地位の譲渡を禁止する旨が規定されています。

フランチャイズ・パッケージの提供とロイヤルティの支払が契約で規定されているのはいうまでもありません。

上記の事実によれば、フランチャイザーとフランチャイジーの取引関係を支える基礎部分である信頼関係、フランチャイズ・パッケージの提供とロイヤルティの支払の対価関係の毀損は、重大な契約違反であるというのが当事者の意思と解釈されます。

㋒　フランチャイザーの有形・無形の重要な財産、権利の侵害

契約の一般論として、フランチャイザーの有形・無形の重要な財産、権利の侵害は、重大な契約違反であるというのが当事者の意思と解釈されます。

フランチャイズ契約の場合、フランチャイズ・パッケージを構成する標識、ノウハウは㋐で取り上げましたので、その他のフランチャイザーの有形・無形の重要な財産、権利としては、多額の金銭、フランチャイズ事業用の動産、不動産、フランチャイザーの名誉・信用などが考えられます。

エ　解除権行使が許容される具体例（裁判例）

解除権行使が許容される具体例としては、次のものを挙げることができます。なお、具体的な契約違反（債務不履行）がアの規範に抵触するか否かは、当該行為の内容のほか、契約違反・解除に至った経緯・事情、是正の催告の有無・催告への対応、当事者の帰責性の強弱などの事実も考慮されます。

㋐　フランチャイズ・パッケージの構成要素の根幹部分の毀損

- 商号不正使用行為、商標権侵害行為
- ノウハウの守秘義務違反、競業禁止義務違反…競業禁止義務違反につき東京高判平8.3.28判時1573.29

㋑　取引関係を支える基礎部分の毀損

- フランチャイジーの地位の無断譲渡
- ロイヤルティの支払遅滞…東京地判平18.2.21判時1949.61、大阪地判平22.5.27判時2088.103
- ロイヤルティ算定の基礎となる売上・利益の虚偽報告
- （コンビニ・フランチャイズ契約の場合）売上送金の遅滞…不正

な経理処理により正しい売上送金がなされなかったことにつき東京地判平11.5.11判タ1026.211

㋒　フランチャイザーの有形・無形の重要な財産、権利の侵害

- フランチャイジーに貸与された店舗建物の毀損
- フランチャイジーに貸与された営業用の機械器具、商品販売用の什器・機器、情報システム機器の破損
- フランチャイザーの名誉・信用を害する誹謗中傷行為、敵対的言動、商品の品質管理義務違反、個人情報の漏洩…誹謗中傷行為、敵対的言動につき名古屋高判平14.5.23判タ1121.170

注

注１）星野『概論Ⅳ』67頁
注２）加藤編『判例 Check 継続的契約』310頁（松本明敏執筆）
注３）中田『継続的取引』３頁以下
注４）星野・同上72頁
注５）平井『契約総論』85頁
注６）平井・同上84頁
注７）星野・同上11頁の注（一）の②（12頁）
注８）四宮『総則』29頁、30頁

Q46

フランチャイザーの中途解約

フランチャイザーは、契約期間中であっても、自己の都合で、一定の予告期間を置き、一定額の解約金を支払うことにより、フランチャイズ契約を中途解約することができる旨の条項が設けられている場合において、フランチャイザーは当該条項に基づき契約を中途解約することができますか。

A 1（結論）

判例・通説は、契約違反が解除事由として規定されている場合ですら、フランチャイズ契約がいわゆる継続的契約であるとの理由で、「当事者間の信頼関係が破壊されるような事情がない限り、解除権の行使は許されない」と解除権を制限しています。

この立場に立てば、契約条項でフランチャイザーは自己の都合で契約を中途解約することができる旨が規定されていても、当事者間の信頼関係が破壊されるような事情（あるいはやむを得ない事由）がない限り、中途解約権の行使は許されないことになると理解されます。

しかし、私的自治が支配する契約法の分野では、可能な限り契約の解釈（当事者の意思の解釈）に基づき、解約権行使の効力が認められる範囲を定めるのが適切であると考えられます。この立場では、具体的事例を離れて、その結論を示すことはできませんが、自己の都合で契約を中途解約することができる旨が規定されていても、多くの場合、当該契約の解釈により、当事者の意思は、「フランチャイジーの事業経営が著しく不振となり回復の見込みが立たない場合など、契約を存続させることが当事者双方にとって有害無益であるときには、フランチャイザーは中途解約権を行使することができる（相当な予告期間が設けられ、相当額の解約金が支払われることを前提とする）」というものであると解釈され、実際の事業経営の状況などが当該要件を充足するときは、解約権行使は効力が認められる（ただし、当該契約関係をめぐる具体的事情に照らし、解約権行使が信義則に違反する場合は、その効力が制限・否定されることがあり得る）と考えられます。

なお、上記の結論は、信頼関係破壊の法理とそう大きな差異はないかもしれませんが、契約の解釈では、当事者の内心の効果意思に関連する個別・具体的事実に基づき解釈がなされますので、当事者に対し裁判時、具体的な主張・立証の方針を立てるのに役立ち、また、遡って、契約時、個々の契約行動につき将来的な予測可能性を与えるのに役立つことになりますので、実務上は契約の解釈によるのが相当であると考えられます。

A2（背景）

1 フランチャイザーの中途解約条項

(1) 中途解約条項

フランチャイズ契約では、フランチャイザーは、契約期間中であっても、自己の都合で、契約を中途解約できる旨の条項が設けられることがあります。この場合、その文言上は、フランチャイザーは自己の都合によって自由に中途解約を行うことができます。

(2) 本問の趣旨

しかし、フランチャイザーによる中途解約はフランチャイジーの権益を一気に消滅させるものであり、当該条項が設けられていても、フランチャイザーの中途解約権の行使は制限を受けるのではないかとの問題を生じます。

本問は、この問題を取り扱うものですが、以下においては、議論の前提として、まず、**A 2**の**❷**で、フランチャイザーの中途解約を定める条項の内容を整理のうえ、本問の対象となる条項の内容を特定し、次いで、**A 3**の**❶**で、継続的契約説による結論と同説の前提について述べた後に、フランチャイザーの中途解約を定める条項についても、契約の解釈の余地があり、実務的には、本問は、信義則よりも契約の解釈を優先すべきである旨を述べた後に、**A 3**の**❷**で、契約の解釈に基づくフランチャイザーの中途解約の制限について、具体例を含め検討したいと思います。

❷ 中途解約条項の整理

(1) 類　型

フランチャイザーの中途解約を定めた条項には、次頁の**図表32**のとおり、①の解約事由として、㋐のフランチャイジーの経営不振、疾病、やむを得ない事由が存する場合など、解約事由が限定されているものと、㋑の特段の事由は規定されておらず、文字どおり解すると、フランチャイザーは自己の都合で中途解約できる規定となっているものとがあります。

また、②の予告期間として、㋒の一定の期間が規定されているものと、㋓の規定されていないものとがあります（予告期間は規定されていることが多いと思われる）。

【図表32】中途解約条項の分類

① 解約事由（の限定）	② 予告期間の定め	③ 解約金の定め	④ 可能期間（の限定）
㋐ 有…フランチャイジーの経営不振、疾病、やむを得ない事由など	㋒ 有	㋔ 要	㋖ 有
			㋗ 無
		㋕ 不要	㋖ 有
			㋗ 無
	㋓ 無	㋔ 要	㋖ 有
			㋗ 無
		㋕ 不要	㋖ 有
			㋗ 無
㋑ 無…自己都合による中途解約可	㋒ 有	㋔ 要	㋖ 有
			㋗ 無
		㋕ 不要	㋖ 有
			㋗ 無
	㋓ 無	㋔ 要	㋖ 有
			㋗ 無
		㋕ 不要	㋖ 有
			㋗ 無

③の解約金について、㋔の支払を要すると規定されているものと、㋕の支払を不要とするものとがあります（解約金も規定されていることが多いと思われる）。

④の中途解約の可能な期間として、㋖の契約開始後一定年数が経過した後に限る旨が規定されているものと、㋗の特段の期間が規定されていないものとがあります。

以上の組合わせだけで16通りの規定があり得ることになり、実際のフランチャイズ契約における中途解約条項の内容は一様ではありません。

なお、③の解約金の金額については、定額とするもの、ロイヤルティの何倍かの金額とするもの、契約の経過年数に応じて変動するものなどの規定の仕方があり、その金額も高額なものから低額なものまでがあります。

(2) 本問の対象となる中途解約条項の特定

本問においては、(1)で述べた組合せのうち、㋑㋒㋔㋗の条項（フランチャイザーは、契約期間中であっても、自己の都合で、一定の予告期間を置き、一定額の解約金を支払うことにより、フランチャイズ契約を中途解約することができる旨の条項）を前提に、フランチャイザーはいかなる場合であれば契約を中途解約できるかを検討したいと思います。

A 3（解説）

❶ 継続的契約を理由とする中途解約権の制限

(1) 継続的契約を理由とする中途解約権の制限

判例・通説は、契約違反が契約の解除事由として規定されている場合ですら、フランチャイズ契約がいわゆる継続的契約であるとの理由で、「当事者間の信頼関係が破壊されるような事情がない限り、解除権の行使は許されない」と解除権を制限しています［以下「継続的契約説」という（**Q45のA 3の❷**）］。[注1)]

継続的契約説に立てば、契約条項でいくらフランチャイザーは自己の都合で契約を中途解約することができる旨が規定されていても、当事者間の信頼関係が破壊されるような事情がない限り、中途解約権の行使は許されないことになると理解されます。

(2) 前　提

継続的契約に関連する学説は複雑多岐にわたっており、[注2)]その検討は時間的・能力的限界を超えますので、本問でも、継続的契約説は、「解除は、契約の廃棄であり、相手方にとって深刻な結果を生ずることがあるので、特に継続的契約においては、要件を制限的に解するのが妥当」[注3)]との判断価値に基づくものであり、契約終了の制限の規範性の実体法上の根拠を信義則に求め、「信頼関係破壊」の有無は信義則によって判断するとの理論であると理解することを前提に、議論を進めたいと思います。

2　契約の解釈

(1) 契約の解釈の余地があること

本問では、契約条項によって、フランチャイザーの中途解約が定められていますが、この場合でも、当該契約条項の「合意の意味が明確ではない」（文意に拘泥せず、共通の意思または真意を探究することを前提に、当該条項の文言だけでは、合意の意味が明確ではないことをいうものとする）[注4)]ときは、契約の解釈によって、当事者の合意の意味を明確にする余地があります。

ここに「契約の解釈」とは、当事者の意思（契約において合致した内心の効果意思）[注5)]の意味を解釈することをいうものとします。

そして、ⓐ同じ中途解約であっても、中途解約が行われる理由は、単なるフランチャイザーの都合の場合から、フランチャイジーの事業の不振の場合まで、経緯・事情を異にしており、ⓑ当然のことながら、契約（取引）には固有の背景・実情・慣行があり、その交渉・成立・履行の各過程における当事者による説明・言動なども異なっており、また、ⓒ当該条項以外にも、契約全体の趣旨、他の条項と当該条項の関係などの考慮すべき事由が存在しており、これらの事実に照らせば、当該契約条項は、「合意の意味が明確ではない」として、契約の解釈を加える余地が少なからず存在していると考えられます。

(2) 契約の解釈による解決を優先すべきこと

本問（フランチャイザーの解約権行使の制限）を解決する論拠としては、前記の信義則（継続的契約説）によることもでき、むしろ、信義則に依拠する立場の方が多数なのではないかと思われます。

しかし、契約の解釈と信義則のいずれを優先すべきかといえば、信義則の前に、可能な限り契約の解釈による解決を探ることが適切であると考えられます［**Q45**の**A 3**の**3**(2)］。

(3) 契約の解釈によるフランチャイザーの中途解約権行使の制限

ア　中途解約権行使が制限される範囲（規範）

契約の解釈では、フランチャイザーの中途解約権行使が許容される範囲は、当事者の意思により定められるべきであり、当事者の意思は、当該中途解約を定めた条項の文言を中心に、取引の背景・実情・慣行、当事者の説明・言動などの付帯的事情や、契約全体の趣旨、他の条項と当該条項の関係などを総合的に勘案し、個別・具体的に解釈されるべきことになります。

したがって、具体的事例を離れて、その結論を示すことはできませんが、多くの場合は、たとえ自己都合による中途解約を認める条項があっても、次に述べるように、当該契約の解釈により、当事者の意思は、「フランチャイズ契約は一般に期間が長く、その間には、フランチャイジーの事業経営が著しく不振となり回復の見込みが立たないことなど、契約違反とはいえないが、契約を存続させるのが当事者双方にとって有害無益となる事由が発生する可能性があり、その場合は契約違反には該当しないので、法定解除権・約定解除権の行使では対応できず、さりとて契約を存続させることは相当でないので、フランチャイザーは中途解約権を行使することができる（相当な予告期間が設けられ、相当額の解約金が支払われることを前提とする）」というものであると考えられます。「継続的契約であるフランチャイズ契約では、当事者間の信頼関係が破壊されるような事情（あるいはやむを得ない事由）がない限り、中途解約権の行使は許されない」との一般的法理がアプリオリに存在するわけではありません。

イ　契約期間存続の前提と当事者の相互不可欠な関係による解除制限の意思

フランチャイズ契約では、フランチャイザーとフランチャイジーは、一定の契約期間を前提に、それぞれ相応の資本・費用・労務を投下し、フランチャイジーは継続的に店舗の経営を行い、顧客の支持・信頼と売上・集客力の向上に努める旨が規定され、フランチャイザーは継続的にフランチャイズ・パッケージの提供を行い、店舗の売上・集客力の向上のため推奨、助言・指導を行う旨が規定され、実際にも、これに沿った契約の運用がなされています。

また、フランチャイズ・ビジネスの背景・実情・慣行として、フランチャイザーとフランチャイジーの共存共栄の関係が主旨とされており、契約の説明においても、多くの場合、この主旨に沿った言動がなされていると思われます。契約の条項においても、フランチャイジーは店舗の経営を行い、その売上、利益に応じロイヤルティを支払い、フランチャイザーはフランチャイズ・パッケージを提供し、店舗の売上、利益に応じロイヤルティを徴収する旨の相互に不可欠な関係が規定されています。

上記の契約期間存続の前提と、当事者の相互不可欠な関係によれば、単なるフランチャイザーの都合による中途解約は認められず、契約期間存続の前提と、当事者の相互不可欠な関係を解消するに足る、契約を存続させることが当事者双方にとって有害無益となる事態が発生した場合に限り、中途解約権行使が許容されるというのが当事者の意思と解釈されます。

ウ　中途解約権行使が許容される場合

契約を存続させることが当事者双方にとって有害無益となる事態が発生したとの理由で中途解約権行使が許容される場合としては、次のような場合があると考えられます。なお、具体的な事情がアの規範に抵触するか否かは、当該事情の内容のほか、当該事情に至った経緯・原因、当事者の帰責性の強弱などの事実も考慮されます。

- フランチャイジーの事業経営が著しく不振となり、回復の見込みが立たないとき
- フランチャイジーの責めに帰すべき事由により、フランチャイザーとの間に感情的なしこりが強くなり、コミュニケーションをとることが著しく困難となったとき
- フランチャイジーの家族環境の変化・加齢・遊興などにより事業経営の意欲・能力が著しく低下したとき
- フランチャイジーの健康が著しく悪化したとき
- フランチャイジーが他に経営する事業が失敗し、巨額の借金苦に陥り、店舗運営が困難となったとき

エ　予告期間・解約金

上記の解釈は、中途解約権の行使によるフランチャイジーの権益の消滅に対する緩和措置・代償措置として、相当な予告期間が設けられ、相当額の解約金が支払われることが前提となります。

注

注１）加藤編『裁判 Check 継続的契約』310頁（松本明敏執筆）

注２）中田『継続的取引』３頁以下

注３）星野『概論Ⅳ』72頁

注４）平井『契約総論』85頁

注５）平井・同上84頁

Q47

フランチャイジーの中途解約

フランチャイジーは、契約期間中であっても、自己の都合で、一定の予告期間を置き、一定額の解約金を支払うことにより、フランチャイズ契約を中途解約することができる旨の条項が設けられている場合において、フランチャイジーは当該条項に基づき契約を中途解約することができますか。

A 1（結論）

判例・通説では、フランチャイザーの中途解約については、契約条項でフランチャイザーは自己の都合で契約を中途解約することができる旨が規定されていても、当事者間の信頼関係が破壊されるような事情がない限り、中途解約権の行使は許されないことになると理解されます。他方、フランチャイジーの中途解約については、信義則はフランチャイジーの権利を制約する方向では働かないため、フランチャイジーが自己の都合で契約を中途解約することができる旨が規定されている場合は、当事者間の信頼関係が破壊されるような事情がなくても、中途解約権の行使は許されることになると理解されます。

しかし、私的自治が支配する契約法の分野では、可能な限り契約の解釈（当事者の意思の解釈）に基づき、解約権行使の効力が認められる範囲を定めるのが適切であると考えられます。この立場では、具体的事例を離れて、その結論を示すことはできませんが、多くの場合、自己の都合で契約を中途解約することができる旨が規定されているのは、当該契約の解釈により、当事者の意思は、「フランチャイズ契約の期間中フランチャイジーの事業経営が著しく不振となり回復の見込みが立たないことなど、当事者間で契約を存続させるのが有害無益となる事由が発生した場合」か、「フランチャイジーがフランチャイズ契約による営業活動の指定・義務づけからの離脱を望んだ場合」に、フランチャイジーは中途解約権を行使することができる（相当な予告期間が設けられ、相当額の解約金が支払われることを前提とする）というものであると解釈されるところ、後者（契約からの離脱）にあっては、離脱を望む意思以外の理由は要求されないと解されるため、広く、フランチャイジーの自己都合による中途解約権の行使は効力が認められると考えられます。

A2（背景）

1 フランチャイジーの中途解約条項

(1) 中途解約条項

フランチャイズ契約では、フランチャイジーは、契約期間中であっても、自己の都合で、契約を中途解約できる旨の条項が設けられることがあります。この場合、その文言上は、フランチャイジーは自己の都合によって自由に中途解約を行うことができます。

(2) 本問の趣旨

しかし、フランチャイジーによる中途解約はフランチャイザーの権益を一気に消滅させるものであり、当該条項が設けられていても、フランチャイジーの中途解約権の行使は制限を受けるのではないかとの問題を生じます。

本問は、この問題を取り扱うものですが、以下においては、議論の前提として、まず、**A2**の**2**で、フランチャイジーの中途解約を定める条項の内容を整理のうえ、本問の対象となる条項の内容を特定し、次いで、**A3**の**1**で継続的契約説による結論と同説の前提について述べ、**A3**の**2**(1)(2)で、フランチャイザーの中途解約を定める条項についても、契約の解釈の余地があり、実務的には、本問は、信義則よりも契約の解釈を優先すべきである旨を述べた後に、**A3**の**2**(3)で、契約の解釈に基づくフランチャイジーの中途解約の制限について検討したいと思います。

2　中途解約条項の整理

(1)　類　型

フランチャイジーの中途解約を定めた条項には、次頁の**図表33**のとおり、①の解約事由として、㋐のフランチャイジーの経営不振、疾病、やむを得ない事由などが存在する場合など、解約事由が限定されているものと、㋑の特段の事由は規定されておらず、文字どおり解すると、フランチャイジーは自己の都合で中途解約できる規定となっているものとがあります。

また、②の予告期間として、㋒の一定の期間が規定されているものと、㋓の規定されていないものとがあります（予告期間は規定されていることが多いと思われる）。

③の解約金について、㋔の支払を要すると規定されているものと、㋕の支払を不要とするものがあります（解約金も規定されていることが多いと思われる）。

④の中途解約の可能な期間として、㋖の契約開始後一定年数が経過した後に限る旨が規定されているものと、㋗の特段の期間が規定されていないものとがあります。

以上の組合わせだけで、16通りの規定があり得ることになり、実際のフランチャイズ契約における中途解約条項の内容は一様ではありません。

なお、③の解約金の金額については、定額とするもの、ロイヤルティの何倍かの金額とするもの、契約の経過年数に応じて変動するものなどの規定の仕方があり、その金額も高額なものから低額なものまでがあります。

【図表32】中途解約条項の分類（Q46の【図表32】を再掲）

①　解約事由（の限定）	②　予告期間の定め	③　解約金の定め	④　可能期間（の限定）
㋐　有…フランチャイジーの経営不振、疾病、やむを得ない事由など	㋒　有	㋔　要	㋖　有
			㋗　無
		㋕　不要	㋖　有
			㋗　無
	㋓　無	㋔　要	㋖　有
			㋗　無
		㋕　不要	㋖　有
			㋗　無
㋑　無…自己都合による中途解約可	㋒　有	㋔　要	㋖　有
			㋗　無
		㋕　不要	㋖　有
			㋗　無
	㋓　無	㋔　要	㋖　有
			㋗　無
		㋕　不要	㋖　有
			㋗　無

⑵ 本問の対象となる中途解約条項の特定

本問においては、⑴で述べた組合せのうち、㋑㋒㋔㋗の条項（フランチャイジーは、契約期間中であっても、自己の都合で、一定の予告期間を置き、一定額の解約金を支払うことにより、フランチャイズ契約を中途解約することができる旨の条項）を念頭に、フランチャイジーはいかなる場合に契約を中途解約できるかを検討したいと思います。

A３（解説）

❶ 継続的契約を理由とする中途解約の制限

⑴ 継続的契約を理由とする中途解約の制限

判例・通説は、契約違反が契約の解除事由として規定されている場合ですら、フランチャイズ契約がいわゆる継続的契約であるとの理由で、「当事者間の信頼関係が破壊されるような事情がない限り、解除権の行使は許されない」と解除権を制限しています［以下「継続的契約説」という（**Q45のA３の❷**）］。[注1)]

継続的契約説を機械的に適用すれば、契約条項でいくらフランチャイジーは自己の都合で契約を中途解約することができる旨が規定されていても、当事者間の信頼関係が破壊されるような事情がない限り、中途解約権の行使は許されないことになります。

しかし、継続的契約説は、単に、フランチャイズ契約の継続的契約性を理由としてフランチャイザーの中途解約を制限するのではなく、当事者の経済力・情報力などの格差や、当該契約への依存度・期待度、契約終了によって受ける打撃の強弱などの事情に基づくフランチャイジー保護の要請を実質的な理由として、信義則によりフランチャイザーの中途解約を制限する見解だと思われます。

そうだとすると、フランチャイジーの場合は、契約条項で自己の都合で契約を中途解約することができる旨が規定されているなら、「当事者間の信頼関係が破壊されるような事情」の有無を問わず、契約の中途解約は許容されることになると理解されます。

(2) 前　提

継続的契約に関する学説は複雑多岐にわたっており、[注2] その検討は時間的・能力的限界を超えますので、本問でも、継続的契約説は、「解除は、契約の廃棄であり、相手方にとって深刻な結果を生ずることがあるので、特に継続的契約においては、要件を制限的に解するのが妥当」[注3] との価値判断に基づくものであり、契約終了の制限の規範性の実体法上の根拠を信義則に求め、「信頼関係破壊」の有無は信義則によって判断するとの理論であると理解することを前提に、議論を進めたいと思います。

2　契約の解釈

(1) 契約の解釈の余地があること

本問では、契約条項によって、フランチャイジーの中途解約が定められていますが、この場合でも、当該契約条項の「合意の意味が明確ではない」(文意に拘泥せず、共通の意思または真意を探究することを前提に、当該条項の文言だけでは、合意の意味が明確ではないことをいうものとする)[注4] ときは、契約の解釈によって、当事者の合意の意味を明確にする余地があります。

ここに「契約の解釈」とは、当事者の意思（契約において合致した内心の効果意思）[注5] の意味を解釈することをいうものとします。

そして、ⓐ同じ中途解約であっても、中途解約が行われる理由は、単なるフランチャイジーの都合の場合から、フランチャイジーの事業の不振まで、経緯・事情を異にしており、ⓑ当然のことながら、契約（取引）には固有の背景・実情・慣行があり、その交渉・成立・履行の各過程における当事者による説明・言動なども異なっており、また、ⓒ当該条項以外にも、契約全体の趣旨、他の条項と当該条項の関係などの考慮すべき事由が存在しており、これらの事実に照らせば、当該契約条項は、「合意の意味が明確ではない」として、契約の解釈を加える余地が少なからず存在していると考えられます。

(2)　契約の解釈による解決を優先すべきこと

本問（フランチャイジーの解約権行使の制限）を解決する論拠としては、前記の信義則（継続的契約説）によることもでき、むしろ、信義則に依拠する立場の方が多数なのではないかと思われます。

しかし、契約の解釈と信義則のいずれを優先すべきかといえば、信義則の前に、可能な限り契約の解釈による解決を探ることが適切であると考えられます［**Q45**の**A 3**の**3**(2)］。

(3)　契約の解釈によりフランチャイジーの中途解約権行使が制限されないこと

ア　中途解約権を認める条項を設けた当事者の意思

契約の解釈では、フランチャイジーの中途解約権行使が許容される範囲は、当事者の意思により定められるべきであり、当事者の意思は、当該中途解約を定めた条項の文言を中心に、取引の背景・実情・慣行、当事者の説明・言動などの付帯的事情や、契約全体の趣旨、他の条項と当該条項の関係などを総合的に勘案し、個別・具体的に解釈されるべきことになります。

したがって、具体的事例を離れて、その結論を示すことはできませんが、多くの場合は、自己都合による中途解約を認める条項を設けた当事者の意思は、次の1）か2）のいずれかであると考えられます。

1）フランチャイズ契約は一般に期間が長く、その間には、フランチャイジーの事業経営が著しく不振となり回復の見込みが立たないことなど、当事者間で契約を存続させるのが有害無益となる事由が発生する可能性があるので、その場合は、フランチャイジーは中途解約権を行使することができる。「契約を存続させることが当事者双方にとって有害無益となる事由」としては、下記のものが考えられる。

- フランチャイジーの事業経営が著しく不振となり、回復の見込みが立たないとき
- フランチャイザーの責めに帰すべき事由により、フランチャイザーとの間に感情的なしこりが強くなり、コミュニケーションをとることが著しく困難となったとき
- フランチャイジーの家族環境の変化・加齢・遊興などにより事業経営の意欲・能力が著しく低下したとき
- フランチャイジーの健康が著しく悪化したとき
- フランチャイジーが他に経営する事業が失敗し、巨額の借金苦に陥り、店舗運営が困難となったとき

2）フランチャイズ契約は、フランチャイジーが独立の事業者として、有償でフランチャイズ・システムの提供・利用許諾を受け、これを利用して対象事業を経営する契約でありながら、チェーン・イメージの統一性、フランチャイズ・パッケージの統一性・

効率性・協同性などの目的のため、その営業活動の相当部分が指定・義務づけられており（**Q28**）、当該指定・義務づけからの離脱を望むフランチャイジーの意思は尊重されるべきである。

イ　中途解約権行使は制限されないこと

そして、上記２）にあっては、離脱を望む意思以外の理由は要求されないと解されるため、広くフランチャイジーの自由な判断（自己都合）による中途解約権の行使は効力が認められると考えられます（相当な予告期間が設けられ、相当額の解約金が支払われることを前提とする）。

注

注１）加藤編『裁判 Check 継続的契約』310頁（松本明敏執筆）
注２）中田『継続的取引』３頁以下
注３）星野『概論Ⅳ』72頁
注４）平井『契約総論』85頁
注５）平井・同上84頁

Q48

更新拒絶のやむを得ない事由

フランチャイザーは、契約期間が満了した場合、自由な判断で、契約を更新するか否かを決定することができる旨を規定した条項が設けられている場合、フランチャイジーから契約の更新を求められたときは、フランチャイザーは、これを自由な判断で拒絶することができますか、それとも、更新の拒絶にはやむを得ない事由の存在を必要としますか。

A 1（結論）

本問に関しては、フランチャイズ契約がいわゆる継続的契約であることを理由に、更新拒絶にはやむを得ない事由が必要であるとの見解と、契約自由（契約をするとしないとの自由）の見地から、フランチャイザーに更新拒絶の自由を認める見解とがあります。

しかし、私的自治が支配する契約法の分野では、可能な限り契約の解釈（当事者の意思）に基づき、更新拒絶が制限される範囲を定めるのが適切であると考えられます。この立場では、具体的事例を離れてその結論を示すことはできませんが、例えば、「当該事業に固有の取引上・経済上の要素に照らし相当と考えられる契約期間が設定され、自動更新条項が設けられず（期間は確定的であり）、過去に更新が繰り返されておらず、仮に更新がなされたことがあっても、当事者によって真摯な更新の交渉がなされ、その際には、例えば、更新後の期間に応じ、店舗建物の賃借期間が再設定され、設置された造作、内外装・設備などが改築・改装されているような場合」は、当該契約の解釈により、当事者の意思は、期間満了により契約を終了させるというものであり、フランチャイザーは自由な判断で更新拒絶をすることができると解釈されます。

他方、例えば、「当該事業に固有の取引上・契約上の要素に照らし、不相当に短期と考えられる契約期間が設定され、自動更新条項が設けられている場合であって、契約時のフランチャイザーの言動によれば、特に、当事者に事業遂行上の不都合がなければ自動更新条項が発動され、契約は継続される旨が説明され、過去にさしたる交渉や、店舗建物の賃借期間の再設定、造作、内外装・設備などの改築・改装などがなされることなく、更新が漫然と繰り返されているような場合」は、当該契約の解釈により、当事者の意思は、期間満了の際に、特に、当事者に事業遂行上の不都合が発生するなどのやむを得ない事由がない限り、更新を拒絶して契約を終了させることはできないと解釈されます。

A 3（解説）

1 更　新

フランチャイズ契約では、通常、一定の契約期間が設定されます（**Q44**）。契約は、期間満了により終了しますが、期間満了の際に、契約の同一性を保持しつつ存続期間が延長され、あるいは、旧契約と同旨の内容の新契約が締結されることがあります。本問では、両者をあわせて「更新」というものとします。

本問は、フランチャイザーは、自由な判断で契約を更新するか否かを決定することができる旨を規定した条項が設けられている場合であっても、更新を拒絶するにはやむを得ない事由が必要かを問うものです。

2　継続的契約を理由とする更新拒絶の制限

(1)　継続的契約を理由とする更新拒絶の制限

本問に関しては、判例・学説上、次の①②の見解があります。[注1)]

ア　①継続的契約を理由として更新拒絶を制限する見解

フランチャイズ契約がいわゆる継続的契約であることを理由とする解除権制限の法理（当事者間の信頼関係が破壊されるような事情がない限り、解除権の行使は許されないとの法理）を更新拒絶の場合に及ぼし、更新拒絶にはやむを得ない事由が必要であるとする見解（以下「継続的契約説」という）。

イ　②契約自由の見地から更新拒絶の自由を認める見解

契約自由には積極・消極の二面があり、消極的意味における契約自由には、契約の成立に関する自由（契約をするとしないとの自由、契約をするに際して相手方を選択する自由）と、契約の内容に関する自由があるとされていますが、[注2)] 本問に関連するのは、契約をするとしないとの自由であり、②の見解は、フランチャイザーに契約を更新するとしないとの自由を認める見解です（以下「更新拒絶自由説」という）。

(2)　経　緯

上記の議論が生じる経緯については、概要、次のような説明がなされています。[注3)]

㋐　（フランチャイズ契約のような）継続的契約の場合は期間の定めのない契約であることが多いところ、期間の定めのない契約は、解約申入れによって解消されうるのが原則とされているが、解消者は予告を求められることが多く、さらに、解約申入れが権利濫用と評価される場合もある。

㋑ そこで、将来、解消しうる可能性を保持したい当事者が、ⓐ当初の契約を比較的短い期間とし、必要に応じて更新拒絶による解消を可能な状態にするか、ⓑこれに加え、更新に関する条項（特に自動更新条項）を設け、更新条項に基づいて更新が反復継続された後に、同条項の手続を遵守した更新拒絶がなされた場合、相手方が解消を争うことがある。

(3) 前 提

継続的契約に関連する学説は複数多岐にわたり、[注4] その検討は時間的・能力的限界を超えますので、本問でも、継続的契約説は、「解除は、契約の廃棄であり、相手方にとって深刻な結果を生ずることがあるので、特に継続的契約においては、要件を制限的に解するのが妥当」[注5] との価値判断に基づくものであり、契約終了の制限の規範性の実体法上の根拠を信義則に求め、「やむを得ない事由」の有無は、信義則によって判断するとの理論であると理解することを前提に、議論を進めたいと思います。

以下においては、まず、フランチャイザーの自由な更新拒絶を認める条項についても、契約の解釈の余地があり、実務的には、本問は、信義則よりも契約の解釈を優先すべきである旨を述べた後に、契約の解釈に基づく更新拒絶の制限について、具体例を含め検討したいと思います。

3 契約の解釈

(1) 契約の解釈の余地があること

本問では、契約条項によって、フランチャイザーの自由な更新拒絶が定められていますが、この場合でも、当該契約条項の「合意の意味が明確ではない」(文意に拘泥せず、共通の意思または真意を探究することを前提に、当該条項の文言だけでは、合意の意味が明確ではないことをいうものとする)[注6] ときは、契約の解釈によって、当事者の合意の意味を明確にする余地があります。

ここに「契約の解釈」とは、当事者の意思(契約において合致した内心の効果意思)[注7] の意味を解釈することをいうものとします。

そして、1)同じ更新拒絶であっても、基となる契約期間が当該事業に固有の取引上・経済上の要素に照らし適切に設定されているか否か、自動更新条項が設けられているか否か、過去に更新が繰り返されているか否か、過去の更新の際には、真摯な交渉がなされているか否か、店舗建物の賃借期間の再設定、造作、内外装・設備などの改築・改装がなされているか否かなど、経緯・事情を異にしており、2)当然のことながら、契約(取引)には固有の背景・実情・慣行があり、その交渉・成立・履行の各過程における当事者による説明・言動なども異なっており、また、3)当該条項以外にも、契約全体の趣旨、他の条項と当該条項の関係などの考慮すべき事由が存在しており、これらの事実に照らせば、当該契約条項は、「合意の意味が明確ではない」として、契約の解釈を加える余地が少なからず存在していると考えられます。

(2) 契約の解釈による解決を優先すべきこと

本問(フランチャイザーの更新拒絶の制限)を解決する論拠としては、前記の信義則(継続的契約説)によることもでき、むしろ、信義則に依拠する立場の方が多数なのではないかと思われます。

しかし、契約の解釈と信義則のいずれを優先すべきかといえば、信義則の前に、可能な限り契約の解釈による解決を探ることが適切であると考えられます[**Q45**の**A 3**の**3**(2)]。

(3) 契約の解釈によるフランチャイザーの更新拒絶の制限

ア　更新拒絶が制限される範囲（規範）

契約の解釈では、フランチャイザーの更新拒絶が許容される範囲は、当事者の意思により定められるべきであり、当事者の意思は、当該中途解約を定めた条項の文言を中心に、取引の背景・実情・慣行、当事者の説明・言動などの付帯的事情や、契約全体の趣旨、他の条項と当該条項の関係などを総合的に勘案し、個別・具体的に解釈されるべきことになります。

したがって、具体的事例を離れて、その結論を示すことはできませんが、当事者の意思は、次の**イ**、**ウ**のいずれかであると考えられます。

イ　自由な判断で更新拒絶できる場合

当該事業に固有の取引上・経済上の要素（**Q44**）に照らし、相当と考えられる契約期間が設定され、自動更新条項が設けられず（期間は確定的であり）、過去に更新が繰り返されておらず、仮に更新がなされたことがあっても、当事者によって真摯な更新の交渉がなされ、その際には、例えば、更新後の期間に応じ、店舗建物の賃借期間が再設定され、設置された造作、内外装・設備などが改築・改装されているような場合

…当事者の意思は、期間満了により契約を終了させるものであり、フランチャイザーは自由な判断で更新拒絶をすることができると解釈される。

ウ　やむを得ない事由を必要とする場合

当該事業に固有の取引上・経済上の要素に照らし、不相当に短期と考えられる契約期間が設定され、自動更新条項が設けられている場合であって、契約時のフランチャイザーの言動によれば、特に、

当事者に事業遂行上の不都合がなければ自動更新条項が発動され、契約は継続される旨が説明され、過去にさしたる交渉や、店舗建物の賃借期間の再設定、造作、内外装・設備などの改築・改装などがなされることなく、更新が漫然と繰り返されているような場合
…当事者の意思は、期間満了の際に、特に、当事者に事業遂行上の不都合が発生するなどの「やむを得ない事由」がない限り、更新を拒絶して契約を終了させることはできないと解釈される。

エ　結　語

以上に述べたとおり、「継続的契約だからやむを得ない事由が必要である」とか、「契約自由の見地から自由に更新拒絶できる」との一般的な法理がアプリオリに存在するわけではないと考えられます。

4　裁判例

(1)　裁判例

本問は、一般的には、いわゆる継続的契約とされているフランチャイズ契約で、契約期間が満了した場合に、フランチャイジーが契約の更新を求めたとき、フランチャイザーがこれを拒絶するについて、「やむを得ない事由」を必要とするか否かという形で議論されています。

そして、裁判例にはこれを肯定したものと（名古屋地判平2.8.31）、これを否定したもの（名古屋地判平元.10.31）（いずれも判時1377.90）があるといわれています。

⑵　契約の解釈

しかし、❸⑶で述べたように、本問は契約の解釈（当事者の意思）によって、その結論を異にすると考えられ、「やむを得ない事由」が必要かどうかは、事例によって異なるものと考えられます。

⑶　裁判例の分析

契約の解釈の立場から、上述の二件の裁判例を分析するに、まず、その事例が同一の当事者間の「エリア・フランチャイズ契約」（＊）（**Q20**）か、これに類似する契約を対象とするものであり、「フランチャイズ契約」を対象とするものではないことに留意する必要があります。

そして、エリア・フランチャイズ契約では、特定の店舗を対象にフランチャイズ・パッケージの利用許諾がなされるフランチャイズ契約とは異なり、エリア・フランチャイザーは一定の許諾地域において、中央本部から提供・利用許諾されたフランチャイズ・パッケージに基づき、長期間にわたり、ヒト、モノ、カネを投下しながら、地域に適合したフランチャイズ・パッケージを開発・構築し、地域のフランチャイジーを開拓し、フランチャイジーとの間でフランチャイズ契約を締結し、フランチャイジーに当該フランチャイズ・パッケージを利用許諾する事業（エリア・フランチャイズ事業）を経営しています。

＊エリア・フランチャイズ契約

中央本部であるフランチャイザー（A）が地域本部であるエリア・フランチャイザー（B）にフランチャイズ・パッケージなどを提供し、エリア・フランチャイザー（B）が許諾地域において、フランチャイザー（A）から提供を受けたフランチャイズ・パッケージを利用して、フランチャイズ事業（当該地域のフランチャイジー

に有償でフランチャイズ・パッケージを提供・利用許諾する事業）を営む契約

(4) エリア・フランチャイズ契約の特質

上述のエリア・フランチャイズ契約に特有の取引上・経済上の要素に照らすと、その契約期間は相当長期間（通常は10年間以上）とならざるを得ず、それにもかかわらず、契約で短期（上述の裁判例では５年間）の契約期間と自動更新条項が規定された場合、当事者の意思は、例えば、「５年毎にエリア・フランチャイズ事業の進捗状況を検証し、フランチャイジーの開拓が進まず、当該事業の先行きの見通しがつかないなど、やむを得ない事由があれば、契約を終了し、そうではなく、先行きの見通しがつく（としてエリア・フランチャイザーが事業の継続を望む）のであれば、自動更新条項に基づき契約を継続し、エリア・フランチャイズ事業を継続する」意思であったと解釈されることが多いのではないかと考えられます。

また、そうでも解さなければ、上述の例では、エリア・フランチャイザーは、５年間、地域においてヒト、モノ、カネを投下し、地域のフランチャイズ・パッケージを開発・構築し、フランチャイジーを開拓し、エリア・フランチャイズ事業を営んできたところ、５年後に、更新拒絶によってエリア・フランチャイズ契約が終了すれば、それまでの努力が水泡に帰すばかりでなく、フランチャイジーとのフランチャイズ契約は中央本部（A）に継承される（上述の裁判例の事例ではフランチャイズ契約の継承が約定されているようである）こととなり、まさに「踏んだり蹴ったり」の状況に追い込まれることとなりますが、真実、かかる合意をする中央本部（A）とエリア・フランチャイザー（B）の存在は想定することができません。[注8）]

したがって、契約の更新拒絶にはやむを得ない事由を必要とすると判断した名古屋地判2.8.31の方が正しいのではないかと思われますが、その結論は、あくまで、フランチャイズ契約とは契約類型を異にするエリア・フランチャイズ契約の特質に基づく契約の解釈により導かれるべきものであると考えられます。

注

注1）加藤編『判例Check継続的契約』230頁、326頁以下（松本明敏執筆）。ただし、230頁では、本文①の継続的契約を理由とする更新拒絶の制限については触れておらず、「当事者の意思や信義則・権利濫用等を理由に更新拒絶の自由を必ずしも認めない立場」が紹介されている。

注2）星野『概論Ⅳ』7頁以下

注3）中田裕康「契約における更新」／編集委員能見善久、瀬川信久、佐藤岩昭、森田修『民法学における法と政策』（有斐閣/2007）327頁

注4）中田『継続的取引』3頁以下

注5）星野・同上72頁

注6）平井『契約総論』85頁

注7）平井・同上84頁

注8）札幌高決昭62.9.30判時1258.76は、特約店のエリア展開の契約において許諾者（農機具メーカー）が自ら販売を行うため、被許諾者に対し契約更新拒絶の通知をした事例で、やむを得ない事由がないとして、契約の終了を否定したものであるが、同契約はエリア・フランチャイズ契約と実質を同じくするものであり、本文に述べた契約の解釈（当事者の意思）により更新拒絶を認めなかったものと理解される。

第4章

フランチャイズ契約の締結過程における情報提供義務

序　節

情報提供義務

1　概　要

(1)　問題の整理

第４章では、フランチャイズ契約の締結過程における情報提供義務を取り扱います。この問題は、一口に、情報提供義務といわれていますが、情報の種類と提供の態様によって、次の**図表33**のとおり、①〜③の問題に分けて考える必要があります。

【図表33】情報提供義務の分類

	情報が提供された場合	情報が提供されなかった場合
売上予測に関する情報（※１）	①　提供された情報の的確性、情報提供義務の法的根拠（※３）	②　情報提供すべき積極的義務の有無（※4）
契約（フランチャイズ・パッケージ）の内容に関する情報（※２）	—	③　情報提供すべき積極的義務の有無（※5）

※１　売上予測に関する情報
　特定の候補店舗でフランチャイズ・パッケージを利用して対象事業（商品を販売し、サービスを提供する事業）を経営することを想定した場合に、いくらの売上が予測されるかに関する情報

※２　契約（フランチャイズ・パッケージ）の内容に関する情報

契約の内容に関する情報。その中心は、いかなる内容のフランチャイズ・パッケージ（標識、ノウハウ、支援）が、いかなる条件のもとに提供・利用許諾されるかにある。

※３　①提供された情報の的確性、情報提供義務の法的根拠

売上予測に関する情報が提供された場合に、当該情報はどの程度の的確性を具備した情報でなければならないかと、その法的根拠は何かについての問題。情報提供義務といいながら、「情報提供をなすべきか否か」が問われるのではなく、「提供された」情報の的確性が問われることに留意する必要がある。

※４　②情報提供すべき積極的義務の有無

売上予測に関する情報が提供されなかった場合に、売上予測に関する情報を提供すべき積極的な義務を負うかについての問題

※５　③契約内容に関する情報を提供すべき積極的義務の有無

契約内容に関する情報が提供されなかった場合に、契約内容に関する情報を提供すべき積極的な義務を負うかについての問題

⑵　概　要

第４章は、主として訴訟実務の観点から、フランチャイズ契約の締結過程において、フランチャイザーはいかなる情報の提供が義務づけられるかについて、次のとおり、解説・検討を試みるものです。

◆売上予測に関する情報…第１節
- フランチャイズ・ガイドラインとの関係における①②の問題…**Q49**
- 裁判例との関係における①の問題
  提供された情報が具備すべき的確性の程度…**Q50**
  （上述の的確性の程度が要求される）情報提供義務の法的根拠…**Q51**
- 裁判例との関係における②の問題。売上予測を提示しない場合におけるセールス・トークのリスク…**Q52**

- （①②の関連問題として）売上予測の実務における予測手法の解説と、予測手法の合理性…**Q53**
- （①の関連問題として）売上予測の限界とその提示方法…**Q54**

◆契約（フランチャイズ・パッケージ）の内容に関する情報…第2節
- 小振法、フランチャイズ・ガイドラインなどとの関係における③の問題…**Q55**

2 企図（売上予測に関する情報が提供された場合の①提供された情報の的確性、情報提供義務の法的根拠について）

情報提供義務が争点となった訴訟では、実際に提供された売上予測に関する情報につき、いかなる程度の的確性が要求されるかや、その要求の法的根拠が問われています。訴訟実務を処理するためには、売上予測の実務の理解を前提に、訴訟に通用する、簡潔で明確な判断の基準と、法的根拠の提示が要請されますが、従前の議論では、売上予測の実務については立ち入った解説はなされず、また、情報提供義務の法的根拠については、信義則説や契約説が主張されてきたものの、その内容は抽象的であり、売上予測が提示された契約の締結過程の実務の状況に即した具体的で簡明な判断基準が提示されてこなかったため、訴訟対応に苦労する場面も少なくなかったと思われます。

そこで、第4章では、売上予測の実務を解説し、裁判上要求される情報の的確性を整理のうえ、情報提供義務の法的根拠を契約の締結過程における当事者の合意に求め（情報提供契約説）、従前の信義則説、契約説よりも具体的で簡明な判断基準を提示しました。訴訟実務において、主張・立証の方針を定める一助となることができるのではないかと考えています。

3　ポイント

(1)　売上予測に関する情報が提供された場合の①提供された情報の的確性、情報提供義務の法的根拠について

- 要求される情報の的確性につき、裁判例は、概要、正確な事実に基づき合理的な方法による予測を行い、的確な売上予測に関する情報を提供すべき義務を課していると整理されるが、委細にみると、要求されている的確性の水準には低いものと高いものがあり、また、水準は高いが加盟希望者の自己責任や売上予測の限界を理由に責任を限定するものがあるなど、その判断は分かれていること
- 情報提供義務の法的根拠（提供された情報が的確性を備えなければならない根拠）につき、裁判例は信義則説に立っているようにみえ、学説は信義則説と契約説に分かれているが、情報提供義務の法的根拠は、契約の締結過程における情報提供に関する当事者の合意に求められるべきであり（情報提供契約説）、実は、裁判例も契約説ないし情報提供契約説に近い立場に立っていると理解されること
- 売上予測には限界があり、その提示にあたっては、限界の明示が必要であること

(2)　売上予測に関する情報が提供されなかった場合の②情報提供すべき積極的提供義務について

- フランチャイザーは売上予測に関する情報を積極的に提供する義務を負わないこと
- 上記結論は、信義則説で説明することは困難であるが、情報提供契約説では明確に説明し得ること

第1節

売上予測に関する情報の提供義務

Q49

フランチャイズ・ガイドライン

フランチャイザーが売上予測を提示する場合、フランチャイズ・ガイドラインではどのようなことが要求されていますか。フランチャイザーが売上予測を提示しないでフランチャイズ契約を締結することは、フランチャイズ・ガイドラインに違反しますか。

A1（結論）

フランチャイズ・ガイドラインでは、フランチャイザーが売上予測を提示する場合、「類似した環境にある既存店舗の実績等根拠ある事実、合理的な算定方法等に基づくこと」と、「根拠ある事実、算定方法等を示す」必要があると定められています。

フランチャイザーが売上予測を提示しないでフランチャイズ契約を締結することは、フランチャイズ・ガイドラインには違反しません。

フランチャイザーの中には、売上予測を提示するフランチャイザーと、提示しないフランチャイザーがありますが、売上予測を提示する場合は、根拠ある事実、合理的な算定方法等に基づく売上予測を提示しないと情報提供義務違反、ぎまん的顧客誘引を問われるおそれがあり、売上予測を提示しない場合は、提示しないことがフランチャイズ・ガイドラインに違反することはありませんが、契約担当者による違法なセールストークを誘発するおそれがあるため、いずれの方法を選択するかは、慎重な考慮を必要とすると考えられます。

A3（解説）

1 売上予測を提示する場合

(1) 根拠事実、合理的算定方法等の要求

フランチャイズ・ガイドラインでは、2(2)イで、「加盟者募集に際して、予想売上げ又は予想収益を提示する本部もあるが、これらの額を提示する場合には、類似した環境にある既存店舗の実績等根拠ある事実、合理的な算定方法等に基づくことが必要であり、また、本部は、加盟希望者に、これらの根拠となる事実、算定方法等を示す必要がある」と定められています（当該ガイドラインの要求を、以下「根拠事実、合理的算定方法等の要求」という）。

(2) ぎまん的顧客誘引

フランチャイズ・ガイドラインの2(3)では、次のとおり定められています。

> 本部が、加盟者の募集に当たり、上記(2)に掲げるような重要な事項について、十分な開示を行わず、又は虚偽若しくは誇大な開示を行

い、これらにより、実際のフランチャイズ・システムの内容よりも著しく優良又は有利であると誤認させ、競争者の顧客を自己と取引するように不当に誘引する場合には、不公正な取引方法の一般指定の第八項（ぎまん的顧客誘引）に該当する。一般指定の第八項（ぎまん的顧客誘引）に該当するかどうかは、例えば、次のような事項を総合勘案して、加盟者募集に係る本部の取引方法が、実際のものよりも著しく優良又は有利であると誤認させ、競争者の顧客を不当に誘引するものであるかどうかによって判断される。

① 予測売上げ又は予想収益の額を提示する場合、その額の算定根拠又は算定方法が合理性を欠くものでないか。また、実際には達成できない額又は達成困難である額を予想額として示していないか。

2 売上予測を提示しない場合

(1) 売上予測の提示が要求されないこと

フランチャイズ・ガイドラインは、売上予測を提示しない場合について、直接、言及していませんが、売上予測の提示は要求されないと解されており、当局者の説明によれば、「予想売上げ又は予想収益について、本部が根拠ある事実や合理的な算定方法等を示すことができない場合には、書面又は口頭を問わず、開示すべきではないと考えられる」とされています。[注1)]

(2) 経　緯

昭和58年に制定された当時のフランチャイズ・ガイドラインでは、加盟者募集の際に、開示が望ましい事項として「予想売上げ、予想収益に関する事項」が挙げられていました。その趣旨としては、フランチャイジーにとって、契約の締結を決定する際に、候補店舗の売上予測が最も重要な判断資料の一つとなっていること、フランチャイザーは多くの場合、売上予測を実施していると思われるところ、その開示により、フランチャイジーとの情報力格差の解消が可能となることなど、売上予測の提示のプラス面が考慮されたのではないかと思われます。

しかし、平成14年改正のフランチャイズ・ガイドラインでは、開示が望ましい事項から、「予想売上げ、予想収益に関する事項」が削除されたうえで、上述の「2(2)イ」の定めが置かれました。

その趣旨としては、第一に、架空ないし誇張された売上予測の提示により不当・違法な加盟者募集がなされる場合もあり得ることや、企業・事業の規模が小さく、実績が乏しいため、根拠事実、合理的算定方法等の要求を充足する売上予測を実施できないフランチャイザーも存在することなど、売上予測の提示のマイナス面や、提示が無理強いとなることが考慮されたのではないかと思われます。

また、第二に、根拠事実、合理的算定方法等の要求を充足する売上予測を実施しているフランチャイザーであっても、その売上予測は、売上予測の限界［どんなに信頼性が高いといわれている予測手法を採っても、その予測が必ず実績と合致する保証はなく、場合によっては、予測と実績の間に大きなかい離を生じることもあり、その不確実性を排除し得る確立した予測手法は存在しないこと（**Q54**）］を免れることはできず、フランチャイザーが慎重を期して、売上予測を提示しない方法を選択することにも理由がある、と考えられたのではないかと思われます。

3　フランチャイザーの採り得る方法

(1)　二つの選択肢

そこで、フランチャイザーとしては、加盟者募集（フランチャイズ契約の締結過程）の方法を策定する場合、①根拠事実、合理的算定方法等の要求を充足する売上予測を実施し、これを提示するか、②売上予測を提示しないか、いずれかの方法を選択しなければならないこととなり、実際にも、売上予測を提示しているフランチャイザーと、提示していないフランチャイザーが存在しています。

⑵　①の売上予測を提示する場合の予測手法、提示方法

ア　予測方法

売上予測を提示する場合、フランチャイズ・ガイドラインでは、根拠事実、合理的算定方法等の要求を充足する予測手法に基づき、売上予測を実施し、これを提示しなければなりません。売上予測には数多くの手法がありますが、そのうち根拠事実、合理的算定方法等の要求を充足する予測手法として最も適切な手法は、統計解析法であると考えられます（**Q53**）。

なお、本書では、後述のとおり、情報提供義務の根拠について情報提供契約説を採っています（**Q51**）。情報提供契約説では、提示すべき情報の的確性の程度（内容）は、売上予測の提示に関するフランチャイザーとフランチャイジーの合意（情報提供契約）によることとなります。しかし、フランチャイズ・ガイドライン（強行法たる独禁法）との関係においては、提示される売上予測は、根拠事実、合理的算定方法等の要求を充足する必要があることになりますので、留意を要します。

イ　提示方法

また、最も合理性が高いと考えられる統計解析法であっても、売上予測の限界を免れることはできません。フランチャイズ・ガイドラインでは、本部は、加盟希望者に、（提示した売上予測の）「根拠となる事実、算定方法等を示す必要がある」と定めており、「算定

方法等」の中には、売上予測の手法の説明のほかに、売上予測の手法と表裏一体をなす売上予測の限界の説明も含まれると考えられます（**Q54**）。

ウ 結 語

以上を要約すると、フランチャイザーは、売上予測を提示する場合、その予測手法としては統計解析法を採用するのが相当であり、その提示にあたっては、売上予測の手法（統計解析法）の説明と、合理的な予測手法（統計解析法）によっても、売上予測の限界を免れることができない旨を明示すべきこととなります。

(3) ②の売上予測を提示しない場合のリスク

売上予測を提示しない場合、フランチャイザーは、(2)で述べた事項の検討、特に売上予測が根拠事実、合理的算定方法等の要求を充足するか否かの検討は不要となります。

売上予測を提示しない場合、フランチャイザーは、既存店の標準的な損益表などを使って、一般的・仮定的な形で「この程度の売上の場合はこのような損益の状況となる」ことを説明していると思われます。この説明は候補店舗の売上予測ではなく、一定の売上高を仮定し、契約条件に従って計算した場合の、ロイヤルティや平均的な販管費（営業費）・営業利益などの損益の状況の説明にすぎず、予測の要素は含まれません。

ただし、売上予測を提示しない場合には、次の二点のリスクに留意すべきであると考えられます（**Q52**）。

㋐　売上予測を提示しないと、契約担当者がいわゆるセールス・トーク的に希望的・楽観的な予測を伝えたり、フランチャイザーが実施した売上予測の一部を断片的に漏洩する弊害を招くおそれがあること

④ 売上予測を提示しないと、売上予測を実施しているフランチャイザーと加盟希望者の情報力格差が解消されずに契約が締結されることとなり、信義則上、問題視されるおそれがあり得ること

注

注1）向井康二、玉木史「フランチャイズ・システムに関する独占禁止法上の考え方について」公正取引620.46

Q50

売上予測を提示した場合の情報提供義務(1) 裁判例

フランチャイザーがフランチャイジーに売上予測を提示した場合、裁判例では、当該売上予測につき、いかなる水準の的確性がないと、損害賠償義務を負うことになりますか。

A 1（結論）

裁判例の多くは、フランチャイザーは、信義則に基づき、正確な事実に基づき合理的な方法による予測を行い、的確な売上予測に関する情報を提供すべき情報提供義務を負う旨を判示し、実際にも、何件かの裁判では、フランチャイザーに提供情報義務の違反を認め、損害賠償を命じています。

しかし、裁判例を委細に検討すると、フランチャイザーの売上予測に求められる的確性の水準については、水準が比較的低いものと相当に高いものとがあり、また、水準は相当に高いが加盟希望者の自己責任や売上予測の限界を理由に、フランチャイザーの責任を限定するものもあるなど、その判断は微妙に分かれており、必ずしも一様ではないと考えられます。

A2（背景）

1 係争の実情

(1) 情報提供義務違反による損害賠償請求訴訟の提起

本問と次の設問は、フランチャイザーがフランチャイジーに「売上予測を提示した」場合を前提とするものです。

平成に入って以降、フランチャイジーがフランチャイザーから提示された売上予測について、信義則に基づく情報提供義務違反を理由に、フランチャイザーに対し損害賠償請求を行う事件が多発するようになり、一時期は、フランチャイズ訴訟の中心的な論点を占めていました。

(2) 係争の実情

その実情をみるに、フランチャイジーは、店舗の売上が売上予測どおりに上がらず、営業損失が続き、債務超過となった場合、廃業するか（フランチャイズ契約は合意解約、中途解約などによって終了させることになる）、追加出資して対象事業を続けるか、二つの選択肢しか有していません（**Q6**）。

しかし、フランチャイジーによっては、次のような対抗手段をとることがあります。

① フランチャイザーの債務不履行（例：経営指導義務違反）を理由に契約を解除する。
② 事実上、一方的にフランチャイズ店の営業を終了する。
③ ロイヤルティの支払をせず、（コンビニ・フランチャイズ契約の場合に支払が義務づけられている）売上送金をしない。

③のロイヤルティ・売上送金の不履行に対しては、フランチャイザーも契約違反を理由に契約解除を行い、店舗の営業を終了させるなどの対抗手段をとることもあり、事態は混迷状態に陥ることとなります。

(3) 裁判例での争点

裁判例の多くは、上述のような経緯を経た後、次のような形で売上予測に関する情報提供義務違反が争点となったものです。

㋐ フランチャイジーが情報提供義務違反を理由にフランチャイザーに損害賠償請求訴訟を提起する場合

㋑ フランチャイザーがフランチャイジーに未払ロイヤルティや、(コンビニ・フランチャイズ契約の場合に発生する）契約終了による清算金の請求訴訟を提起したときに

ⓐ 反訴として、フランチャイジーが情報提供義務違反を理由とする損害賠償請求訴訟を提起する場合

ⓑ またはフランチャイジーが情報提供義務違反を理由とする損害賠償請求権による相殺の抗弁を提出する場合

2 裁判例の大勢

(1) 裁判例の大勢

裁判例の多くは、信義則に基づき、フランチャイザーは正確な事実に基づき合理的な方法による予測を行い、的確な情報を提供する義務を負う旨を判示したうえ、フランチャイザーが提示した売上予測について、相当、具体的かつ詳細な検討を加え、(その数はそう多くはないものの）フランチャイザーに情報提供義務の違反が認められる場合は、損害賠償を命じています。

これらの裁判例は、「契約締結上の過失」(契約成立過程における一方当事者の故意・過失によって相手方が損害を被った場合には、一定の要件を充たせば、何らかの責任を肯定すべきであるという法理)の「不当表示型」として整理されています。[注1)]

(2) 本問の趣旨

本問では、フランチャイザーは、どの程度、的確な売上予測を提示しないと、損害賠償義務を課せられるかとの実務上の観点から、裁判例が要求する情報の的確性の水準の検討を試みたいと思います。

なお、上述の情報提供義務については、その法的根拠も大きな問題点となっていますが、これについては、**Q51**で検討を試みたいと思います。

A 3 (解説)

1 裁判例の概要

提示された売上予測の的確性につき、裁判例がいかなる水準を要求しているかは、概要、第1節末尾の裁判例一覧表(1)に掲載した各裁判例の②の「情報提供義務の根拠・的確性の水準」の箇所に記載のとおりです。

裁判例は、当該裁判例一覧表(1)のⅠ～Ⅲに記載のとおり、次の三つのグループに分かれています。

1) **Ⅰの低い水準**…不正確な知識型［提示された売上予測が比較的低い的確性の水準(不正確な知識を与え契約締結の判断を誤らせないこと)を充たせば、フランチャイザーの情報提供義務違反を否定す

るもの]

2）Ⅱの高い水準…正確性・客観性型［相当に高い的確性の水準（正確・客観的な情報）を充たす売上予測を提示しないと、フランチャイザーの情報提供義務違反を肯定するもの］

3）Ⅲの高い水準…責任限定型［相当に高い的確性の水準（正確・客観的な情報）を充たす売上予測の提示を要求しつつ、それだけでは情報提供義務違反の有無を判断せず、加盟希望者の自己責任や売上予測の限界などを理由として、フランチャイザーの情報提供義務違反を否定したり、情報に要求される水準を「虚偽の情報」でないことや、「予測の手法自体が明白に不合理であり、基礎数値が客観的根拠を欠いている場合」でないことに下げたりすることにより、情報提供義務違反が肯定される場合を限定するもの］

2　裁判例が要求する情報の的確性の水準

以下、Ⅰ～Ⅲのグループ別に、各裁判例が要求する情報の的確性の水準について述べます。なお、A、B、Cなどのアルファベットの表示は、裁判例一覧表(1)における各裁判例の識別記号です。

ア）Ⅰの低い水準…不正確な知識型

A…「不正確な知識を与えること等により契約締結の判断を誤らせるような情報」であるか否か。

イ）Ⅱの高い水準…正確性、客観性型

B…「契約締結に当たっての客観的な判断材料になる正確な情報」「適正な情報」「市場調査の内容が客観性を欠き、加盟に関する判断を誤らせるおそれの大きいものである場合」であるか否か。

C…（加盟の意思決定に際しての）「客観的な判断材料になる適正な情報」「説明や資料が十分な調査に基づかず、フランチャイジーの判断を誤らせる虞のある内容である場合」であるか否か。

D…「できるだけ適正かつ正確な情報」であるか否か。

E…「客観的かつ的確な情報」であるか否か。

F…「当該事業の経営について有する知識及び経験に基づいた合理性のある情報」であるか否か。

G…「できる限り客観的かつ正確な情報」であるか否か。

ウ）Ⅲの高い水準…責任限定型

H…「できる限り客観的かつ正確な情報」であるか否か。

ただし、フランチャイザーとフランチャイジーは独立した事業体であり、フランチャイジーは独自の計算により経営を行うべきものであるから、フランチャイザーが提供する調査結果に基づく情報についても、加盟希望者において自主的に検討した上でフランチャイズ契約を締結するかどうかを決定すべきであるとする。

→「加盟希望者の自己責任」がフランチャイザーの責任を限定する方向に働いている。

I…（当該立地条件における出店の可能性や売上予測等に関する）「できる限り客観的かつ正確な情報」であるか否か。

ただし、フランチャイザーとフランチャイジーは独立した事業体であり、フランチャイジーは自己の責任により経営を行うものだから、フランチャイザーが提供した情報についても加盟希望者において検討の上で自らの判断と責任において契約を締結しているものと解するのが相当であり、「情報が虚偽である等、フランチャイジーになろうとする者にとってフランチャイズ契約締結に関する判断を誤らせるおそれが大きいものである場合」に限って、信義則上の義務違反となるとする。

→「加盟希望者の自己責任」が「情報に要求される水準を下げることにより」フランチャイザーの責任を限定する方向に働いている。

J…「客観的かつ的確な売上予測及び総事業費予測」であるか否か。

ただし、将来の事業活動の結果を事前に予測するのは、事業活動の成果は、その時々の経済情勢やその他の諸要因により容易に変化するから、これを正確かつ確実に予測することは極めて困難であり、予測の手法も確立した一定の方法が存在するとは認められないので、予測と実績がかい離しても直ちに上記注意義務違反になるものではなく、「予測の手法自体が明白に相当性を欠いた不合理なものであったり、これに用いられた基礎数値が客観的根拠を欠いている場合など、売上予測及び総事業費予測が全く合理性を欠き、フランチャイジーに契約締結に関する判断を誤らせるおそれが著しく大きいものである場合に限って」注意義務の違反となるとする。
→「売上予測の限界」が「情報に要求される水準を下げることにより」フランチャイザーの責任を限定する方向に働いている。

3 裁判例の検討

Ⅰ～Ⅲのグループ別に、裁判例を検討すると、次のとおりとなります。

(1) Ⅰの低い水準…不正確な知識型

Ａの裁判例は、情報提供義務が争われた初期のころのものであり、情報の的確性の水準を示したものとはいえないほどに、概括的・抽象的な内容となっており、現在では参考にならないと考えられます。

(2) Ⅱの高い水準…正確性、客観性型

Ｂ、Ｃの裁判例は、Ａの裁判例に比較的近接する時期のもので、Ａの概括的・抽象的水準の残滓を残す内容となっていますが、情報の「正確性」「適正」「客観性」の要求が加わり、Ａよりも水準が高くなっています。

その後のD、E、F、GやⅢのH、I、Jでは、的確性の水準が「できる限り適正かつ正確な情報」(D)、「客観的かつ的確な情報」(E)、「合理性のある情報」(F)、「できる限り客観的かつ正確な情報」(G)、「できる限り客観的かつ正確な情報」(H)、「できる限り客観的かつ正確な情報」(I)、「客観的かつ的確な売上予測」(J)と、高い水準に固まる傾向を示しています。

以上のことから、裁判例の要求する的確性の水準を要約すると、フランチャイザーは、正確な事実に基づき合理的な方法による予測を行い、的確な売上予測に関する情報を提供すべき情報提供義務を負う、と整理することができると考えられます。

そして、この的確性の水準は、フランチャイズ・ビジネスにおける事業活動の実態や、フランチャイズ・ガイドラインの要求［根拠事実、合理的算定方法等の要求（**Q49**)］と合致するもので、相当であると考えられます。

(3) Ⅲの高い水準…責任限定型

ア 要 旨

H～Jの裁判例は、加盟希望者の自己責任（H、I）や、売上予測の限界（J）を理由に、フランチャイザーの責任を限定的にとらえています。

イ 自己責任により情報提供義務違反を限定すること

Hの裁判例では、売上予測の客観性・正確性を要求しつつ、加盟希望者の自己責任（加盟希望者が自主的に候補店舗での営業が事業として成り立つと判断したこと）も加味して、情報提供義務違反が否定されています。なお、Aの裁判例でも、同様な考え方が垣間見えます。

情報提供義務の基礎となる信義則は、「人は当該具体的事情のもとにおいて相手方（契約その他特別関係に立つ者）から一般に期待される信頼を裏切ることのないように、誠意をもって行動すべきである、という原則」[注2)] をいうのであるから、加盟希望者の側の意思・判断が考慮されることは当然のことであると考えられます。

また、加盟希望者の自己責任を加味すべきことは、フランチャイズ・ガイドラインの２(2)イの次の定めにも合致すると考えられます。

> 加盟希望者側においても、フランチャイズ・システムに加盟するには、相当額の投資を必要とする上
> ①　今後、当該事業を継続して行うことを前提に加盟交渉が行われていること
> ②　加盟後の事業活動は、一般的な経済動向、市場環境等に大きく依存するが、これらのことは、事業活動を行おうとする者によって相当程度考慮されるべきものであること
> に留意する必要がある。

ウ　自己責任により要求される的確性の水準を下げること

しかし、Ｉの裁判例のように、加盟希望者の自己責任を理由に、「情報に要求される的確性の水準」を下げ、「情報が虚偽である等フランチャイジーになろうとする者にとってフランチャイズ契約締結に関する判断を誤らせるおそれが大きいものである場合」に限って、情報提供義務違反を肯定するのには、疑問があります。

なぜなら、自己責任は、的確性を具備した売上予測に関する情報をもとに、加盟希望者が自主的に判断した場合において発生するものと解され、的確性の水準を下げる方向には働かないのではないかと考えられるからです。

エ　売上予測の限界により要求される的確性の水準を下げること

Ｊの裁判例は、売上予測の限界（**Q54**）を理由に、「情報に要求

される的確性の水準」を下げ、「予測の手法自体が明白に相当性を欠いた不合理なものであったり、これに用いられた基礎数値が客観的根拠を欠いている場合など、売上予測及び総事業費予測が全く合理性を欠き、フランチャイジーに契約締結に関する判断を誤らせるおそれが著しく大きいものである場合に限って」（不法行為の）注意義務違反を肯定しています。

しかし、売上予測の限界は、合理的な売上予測であることを前提に、いくら合理的な売上予測であっても、さまざまな要因により、予測が実績と大きくかい離する可能性を排除できないことを意味する、いわば内在的な限界であり（**Q54**）、合理性の水準を下げる方向には働かないのではないかと考えられます。

したがって、（実質的には同じことかもしれませんが）売上予測の限界を理由に「情報に要求される的確性の水準」を下げるのではなく、「情報に要求される的確性の水準」の合理性そのものに売上予測の限界に基づく内在的な限界が存在しているため、提供された情報が的確なものである限り、実績との間に大きなかい離が生じても、情報提供義務違反とはならない、と理解すべきではないかと考えられます。

注

注１）加藤編『判例 Check 契約締結上の過失』２頁、７頁（加藤新太郎執筆）

注２）四宮『総則』30頁

Q51

売上予測を提示した場合の情報提供義務⑵ 法的根拠

フランチャイザーは、フランチャイジーに提示した売上予測につき、いかなる法的根拠に基づき、的確性を備えた情報の提供義務を負うのですか。

A 1（結論）

情報提供義務の法的根拠については、概要、信義則説（情報提供義務を何らかの意味で信義則を根拠として説明する見解）と契約説（情報提供義務を何らかの意味でフランチャイズ契約を根拠として説明する見解）の二説が対立している状況にあります。

しかし、売上予測が提示された契約締結過程の実務の状況に照らすと、多くの場合、当事者間において一種の「契約準備段階における合意」として、売上予測の情報の提供に関する合意（情報提供契約）がなされ、当該合意に基づき売上予測が提示されているとみるのが相当であると考えられます（以下この考え方を「情報提供契約説」という）。

多くの裁判例［第1節末尾の裁判例一覧表⑴のＡ～Ｉ］も、判決の文言上、情報提供義務の根拠として、信義則を援用していますので、一見、信義則説に立つようにみえますが、その委細を眺めれば、実は、信義則説ではなく、契約説ないしは情報提供契約説に近い立場に立っていると理解されます。

なお、情報提供契約説では、情報提供義務の法的根拠は情報提供契約に求められ、いかなる的確性を備えた情報を提供すべきかは、当該契約の解釈により定まることになります。

A 2（背景）

フランチャイザーによって売上予測が提示された場合、裁判例では、多くの場合、当該情報は、正確な事実に基づき合理的な方法による予測を行って得られた、的確な情報でなければならないとされています（**Q50**）。本問は、その法的根拠（提供された情報が上記の的確性を備えなければならない根拠）を問うものです。

情報提供義務の法的根拠は、信義則、債務不履行と不法行為が複雑に絡み合う契約法上の難問の一つであり、時間的・能力的制約により、本書で詳細にわたる分析・整理を行うことはできませんが、以下においては、訴訟実務に必要な範囲に限定して、信義則説、契約説を整理し、情報提供契約説についてその概略を述べた後に、裁判例を検討し、実は、裁判例は契約説ないしは情報提供契約説に近い立場に立っており、訴訟実務においては、可能な限り契約説ないしは情報提供契約説に依拠して主張・立証の方針を定めるのが簡明かつ相当であることを指摘したいと思います。

A 3（解説）

1 学　説

(1) 信義則説

ここで、信義則説とは、情報提供義務の法的根拠を何らかの意味で信義則に求める見解をいうものとします。

以下、信義則説の整理を試みますと、信義則とは、「人は当該具体的事情のもとにおいて相手方（契約その他特別関係に立つ者）から一般に期待される信頼を裏切ることのないように、誠意をもって行動すべきである」との原則をいいます。[注1)] 契約を締結しようとする者の場合では、信義則に基づき「本来の給付義務以外」の義務を負う場合があり、[注2] 本問の情報提供義務（売上予測を提示する者は的確な情報を提供しなければならないとの義務）はその一例と理解することができます。[注3]

信義則説には、①信義則からストレートに情報提供義務を導く考え方と［第１節末尾の裁判例一覧表⑴⑵のＣ、Ｄ、Ｇ、Ｈ、Ｉ、Ｋ、Ｍの裁判例］、②ストレートには情報提供義務を導かず、保護義務（債権者・債務者間において相互に、相手方の生命・身体・所有権その他財産的利益を侵害しないように配慮すべき注意義務）[注4] を媒介させ、情報提供義務を導く考え方があります（同Ａ、Ｂ、Ｅ、Ｆ、Ｌの裁判例）。

また、信義則に基づく情報提供義務・保護義務の法的性質については、裁判例上は、契約締結上の過失（契約締結過程における一方当事者の故意・過失によって相手方が損害を被った場合には、一定の要件を充たせば、何らかの責任を肯定すべきであるという法理）[注5] が多数存在しますが（裁判例Ａ、Ｂ、Ｃ、Ｄ、Ｋ、Ｌ）、契約責任（裁判例Ｇ、Ｉの原告主張）、不法行為責任（裁判例Ｊ、Ｍ）によるものも存在し、そのほかにも、信義則違反（裁判例Ｇ、Ｈ、Ｉ）や、保護義務違反（裁判例Ｅ、Ｆ）を独立の責任原因（訴訟物）とするものも存在しています。

⑵　契約説

契約説とは、情報提供義務を何らかの意味でフランチャイズ契約を根拠として説明する見解をいうものとします。[注6]

契約説では、情報提供義務の根拠はフランチャイズ契約に求められますが、提供された情報が具備すべき的確性の程度は、円谷峻教授によれば、「締結された契約を前提としつつ、当事者の意思や契約の趣旨あるいは契約慣行を考慮して決定される」こととなり、高田淳教授によれば、「契約関係にある当事者が一定の給付をするとき」に求められる「相当の注意（善管注意）」[注7]によって定められることとなると解されます。なお、契約説に基づく情報提供義務違反の法的性質は、契約責任となります。

(3) 情報提供契約説

ア 情報提供契約説

情報提供契約説とは、上述の円谷峻教授の契約説を一歩進め、情報提供に関する当事者の明示もしくは黙示の合意（情報提供契約）に情報提供義務の根拠を求める考え方をいいます。売上予測は、フランチャイズ・パッケージを候補店舗で実際に利用した場合の予測情報（資料）であり（契約の目的物の品質保証における「使途の適性に関する保証」に類似。ただし、予測情報であるが故にその達成は保証されないのが一般的である）、フランチャイザーは、事前に加盟希望者と売上予測に関する情報提供契約を締結し、当該情報（資料）を提供し、フランチャイジーはその内容を確認したうえ、フランチャイズ契約を締結していると理解されます。提供された情報が具備すべき的確性の程度は、情報提供契約の解釈により定まります。情報提供契約は、フランチャイズの本契約に先立つ合意であり、「契約準備段階における合意（いわゆる中間的合意）」[注8]の一種に該当するものと考えられ、契約実務では決して珍しい存在ではありません。なお、情報提供義務違反の法的性質は、契約責任となります。

イ 情報提供契約の存在

情報提供契約とは、耳馴れない用語かもしれませんが、**2**(3)で述べるとおり、売上予測に関する情報の提供に関し、明示的な合意（情報提供契約）がなされる事例があることは、裁判例をみても明らかであり［第１節末尾の裁判例一覧表⑴のＧ、Ｈの裁判例］、黙示的な合意（情報提供契約）が想定し得る事例にまで範囲を広げれば、その数は相当多数に達します（同Ａ、Ｂ、Ｄ、Ｅ、Ｆの裁判例）。実際にも、明示的な情報提供契約を締結したうえ、売上予測を提示しているフランチャイザーが存在します。[注9)]

売上予測の提示は、偶然の事件、事故としてなされることは決してあり得ず、裁判例（後述）の表現を借りれば、㋐フランチャイザーと加盟希望者の間に売上予測に関する情報格差があること（情報格差）、㋑加盟希望者にとって売上予測に関する情報が最大の関心事であること（最大の関心事）、㋒加盟を判断するについて売上予測に関する情報が重要な参考資料であること（重要な判断資料）を背景・動機として、当事者の明示的・黙示的合意に基づきなされるのが通常であり、実際に売上予測が提示された場合は、売上予測の提示につき、当事者間で少なくとも黙示的な合意がなされ、これに基づき売上予測が提示されたと理解するのが、むしろ自然のことであると考えられます。

ウ　契約説との相違点

情報提供契約は、後で締結されるフランチャイズ契約に前置され、後にフランチャイズ契約が締結された場合は、同契約に承継されるものと解されますが（当該予測の瑕疵はフランチャイズ契約の瑕疵となる。ただし、前述のとおり、予測情報であるから、その達成は保証されない）、フランチャイズ契約によって基礎づけられるのではなく、フランチャイズ契約とは別の、情報提供に関する合意によって基礎づけられると解するのが最も自然で、かつ実務に即した理解であると考えられます。

エ　信義則説は採り得ないこと

㋐　信義則は情報提供義務の根拠たり得ないこと

信義則説は、多くの裁判例（後述）によれば、㋐の情報格差、㋑の最大の関心事、㋒の重要な判断資料を実質的な理由として、（ストレートに、あるいは保護義務を媒介として）信義則に基づく情報提供義務を課すものと理解されますが、上記㋐㋑㋒の理由は、情報提供がなされた理由ないし背景にすぎず、フランチャイザーが提供した情報がいかなる程度の的確性を具備すべきか（規範）を導く根拠とはなり得ないのではないかと考えられます。

㋑　情報提供契約が存在する以上、信義則を援用する必要はないこと

明示的にせよ、黙示的にせよ、情報提供に関し当事者の合意が認められる場合、「合意優先の原則」[注10)]に従い、そこに、あえて信義則を持ち出す必要はないと考えられます。

従前の裁判実務では、情報提供に関する合意が存在するにもかかわらず、原告によってその事実が見逃され、信義則に基づく情報提供義務が主張された結果、契約法としてはいびつな形で、本来、合意に基づく情報提供義務が、信義則に基づく情報提供義務として構成され、「契約締結上の過失の不当表示型」[注11)]の法理として形成されてきたのではないかと思われる節があります。しかし、事は契約締結過程において発生したとはいえ、合意（契約）にかかる問題であることを忘れてはならないと考えられます。

オ　信義則説よりも情報提供契約説の方が適切なこと

信義則は、それ自体、抽象的な法理であることは否めず、提供された情報に要求される的確性の水準を具体的で簡明な形で提示することができず、訴訟実務において、主張・立証の方針を定めるのに適した学説ではないと考えられます。

また、信義則の判断は論者の主観的な価値観によって左右されがちであり、現に、売上予測に関する情報の積極的な提供義務の有無

については、同じ信義則説に立ちながら、当該義務を肯定する考え方と、否定する考えに結論が分かれています（**Q52**）。

情報提供契約説では、かかる不都合は生ぜず、当事者の意思に即した、具体的で簡明な判断基準を提示することができると考えられます。

2 裁判例

(1) 信義則の援用

第1節末尾の裁判例一覧表(1)のＡ～Ｉ、同(2)のＫ～Ｍの裁判例は、情報提供義務の根拠として信義則を援用しています。

信義則とは、前述のとおり、「人は当該具体的事情のもとにおいて相手方（契約その他特別関係に立つ者）から一般に期待される信頼を裏切ることのないように、誠意をもって行動すべきである」との原則をいいますが、判決文の表現では、㋐の情報格差、㋑の最大の関心事、㋒の重要な判断資料が前面に出ており、「当事者の信頼の保護」というよりも、契約自由（自己責任）の基礎をなす、契約当事者の知識・情報の対等性の要請[注12)]を重視しているように見受けられます。

(2) 訴訟物（法的構成）

裁判例を訴訟物（法的構成）の観点から分類すると、**1**(1)で述べたとおり、ⓐ契約締結上の過失とするもの（Ａ、Ｂ、Ｃ、Ｄ、Ｋ、Ｌ）、ⓑ契約責任とするもの（Ｇ、Ｉの原告主張）、ⓒ不法行為責任とするもの（Ｊ、Ｍ）、ⓓ信義則違反とするもの（Ｇ、Ｈ、Ｉ）、ⓔ保護義務違反とするもの（Ｅ、Ｆ）となっています。

これらの訴訟物は、原則として、原告が選択したものであり、裁判所としては、原告が選択した訴訟物を基礎として審理・判決をしても、特段の支障がないと判断される場合、原告の選択に従って審理しているものと推察されます。[注13)]

原告としては、「フランチャイズ契約締結前」の段階における問題ですので、情報提供義務違反を債務不履行（契約違反）とは構成しづらく、信義則に基づく情報提供義務違反を主張することとなりますが、これを契約締結上の過失や、保護義務違反と構成したとしても、その法的性質は、債務不履行（契約責任）とも不法行為とも解されることから、議論が錯綜し、上述のように訴訟物の選択が多種多様に分かれているのではないかと思われます。

(3) 検　討

ア　裁判例の契約説ないし情報提供契約説的理解

裁判例は、情報提供義務の根拠として信義則を援用していますが、判決文の委細を検討すると、そもそも、フランチャイザーと加盟希望者の間に明示的な情報提供契約が成立している旨が認定された事例があります（G、H）。なお、業界では、実際にも、明示的な情報提供契約を締結したうえ、売上予測を提示しているフランチャイザーが存在しています。[注14)]

また、明示的な情報提供契約はなくとも、フランチャイザーが契約締結の判断に必要な専門知識を「与えるべき立場」にある（A）旨が認定されたり、フランチャイザーによる指導や援助を期待して契約を締結することが「予定されている」（B）、知識、経験、資金力が乏しい加盟希望者にフランチャイザーが指導、援助することが「予定されている」（E）、加盟希望者は知識、経験を有していないことが「予定されている」（F）旨が認定されたり、フランチャイザーの「指導・援助を期待できる点が重要な要素となっており、フランチャイジーは自らに欠缺するノウハウや専門的知識を補おうとしている」（D）旨が認定された事例もあります。

これらの裁判例では、フランチャイズ契約の締結過程における取引の背景・実情・慣行、当事者の説明・言動などに基づき、フランチャイザーが情報提供すべき規範的立場にあることや、情報提供がなされるべき規範的状況にあることなどの、黙示の契約に近似する、多分に契約的色彩の強い事実の存在が認定されています。このような事例では、原告が契約説ないし情報提供契約説に沿った主張をすれば、契約説的な解釈が示され、あるいは黙示の情報提供契約が認められ、これに沿った解釈が示される可能性があるのではないかと考えられます。

また、上述のような規範的表現を用いない裁判例でも、契約交渉の経緯、交渉中に提出された書類、当事者の説明（発言）・言動、売上予測が提示された経緯、趣旨・目的、予測の内容などの事実が詳細に認定されています。そして、これらの事実から推認される当事者の規範的意識・言動が、実質的に、信義則違反の有無の判断の中核をなしている（少なくとも相当大きな影響を与えている）のではないかと推測されます。

以上に述べたような点を考慮すると、裁判例は、むしろ、契約説ないし情報提供契約説に近い立場にあると理解するのが相当ではないかと考えられます。[注15)]

イ　提供すべき情報の水準の解釈

情報提供契約説では、提供すべき情報の的確性の水準は、情報提供契約の解釈により定まることになります。

実際に売上予測が提示される状況を想起すると、どのような予測手法を採用して売上予測を行うかや、どの程度の的確性を具備した売上予測を行うかは、情報提供契約の条項中か売上予測の結果を記載した書面中に明示的に規定されているか、明示的に規定されていなくても、契約交渉の経緯、交渉中に提出された書類、当事者の説明（発言）・言動、売上予測が提示された経緯、趣旨・目的などの解釈から、的確性の水準を推認し得る場合が多いと考えられます。

ウ　主張・立証の方針

情報提供契約説によれば、情報提供義務違反による損害賠償請求訴訟における原被告の主張・立証の方針は、漠然とした信義則ではなく、情報提供契約により「当事者がいかなる予測手法により、いかなる水準の的確性を具備した売上予測を提示することを約束したか」の観点から定められることとなります。訴訟手続においては、当該約束と約束違反の有無に関する主張がなされ、関連する書証、人証が提出され、証拠調が進行し、情報提供契約の違反が認定されれば、債務不履行責任が課せられることとなります。

以上に述べたことは、当該訴訟における主張・立証の具体化・明確化に資するものであり、実は、前述のとおり、訴訟における実際の主張・立証や、審理の状況にも符合しているのではないかと思われます。

エ　フランチャイズ契約の債務不履行となり得ること

情報提供契約説では、情報提供契約は後に成立するフランチャイズ契約に承継されると考えられますので、情報提供義務違反はフランチャイズ契約の債務不履行となり得ることになります。

注

注1）四宮『総則』30頁
注2）四宮・同上32頁の注(1)の(ii)
注3）信義則説を採る学説として、例えば、内田貴「現代契約法の新たな展開と一般条項(3)」NBL516.25、横山美夏「契約締結過程における情報提供義務」ジュリ1094.130、川越『法理論』299頁以下（情報提供義務の根拠を契約締結上の過失ないし保護義務に求めておられるが、信義則説として理解される）、金井『理論分析』

30頁

注４）奥田昌道『債権総論（増補版）』（悠々社／1993）18頁

注５）加藤編『判例 Check 契約締結上の過失』２頁（加藤新太郎執筆）

注６）契約説を採る学説として、例えば、円谷峻『新・契約の成立と責任』（成文堂／2004）267頁、高田淳「民事判例研究⑴フランチャイズ契約締結過程におけるフランチャイザーの売上予測をめぐる責任」新報111.1・2.481

注７）高田・同上484頁

注８）平井『契約総論』135頁

注９）川越『法理論』296頁。「予測をすることが、フランチャイザーの契約上の義務になっているケースがある」と述べておられる。

注10）平井・同上135頁

注11）加藤編・同上７頁（同上執筆）

注12）平井・同上133頁

注13）加藤編・同上11頁（同上執筆）

注14）川越・同上296頁

注15）小塚荘一郎「フランチャイズ一号店の開設にかかるフランチャイザーの義務－売上げおよび総事業費の予測とシステム・ノウハウの提供義務」ジュリ1282.205。「裁判例の考え方は、フランチャイズ契約上のフランチャイザーの債務（本部機能を適正に果たす義務）がいわば時間的に延長され、契約締結前にまで及ぼされていると考えると理解しやすい」と指摘しておられる。

Q52

売上予測を提示すべき積極的な義務

フランチャイザーは、売上予測を積極的に提示する義務を負いますか。売上予測を提示しない方法によりフランチャイズ契約を締結した場合、信義則に基づく情報提供義務違反を理由に損害賠償義務を負うことがありますか。

A 1（結論）

フランチャイザーは、フランチャイズ・ガイドラインや、信義則に基づき、フランチャイジーに対し売上予測を積極的に提示する義務を負わず、売上予測を提示せずにフランチャイズ契約を締結しても、情報提供義務違反を理由に損害賠償義務を負うことはないと考えられます。

しかし、判例、学説の中には、信義則に基づき、売上予測を積極的に提示すべき義務を負うとする反対説もありますので、一定の配慮を払うことも必要ではないかと考えられます。

なお、本書では、情報提供義務の根拠について情報提供契約説を採っていますが、情報提供契約説では、情報提供契約で売上予測の提示が義務づけられない限り、フランチャイザーが積極的に売上予測を提示する義務を負うことはありません。

A 2（背景）

1 売上予測の重要性・必要性

フランチャイズ契約の締結過程において、加盟希望者は、多くの場合、契約（フランチャイズ・パッケージ）の内容について情報提供（説明）を受けています（**Q21～Q24**）。しかし、契約の内容もさることながら、加盟希望者にとっては、候補店舗においてフランチャイズ・パッケージを利用して対象事業を経営した場合の売上予測が最大の関心事であり、加盟の判断の最も重要な参考資料になっているといわれています。

加えて、加盟希望者が一定規模以上の企業である場合は、フランチャイズ契約締結の社内決裁手続において、候補店舗の収支予測や、これに基づく投資回収の見込みに関する資料が必要となり、また、加盟希望者が開業資金を銀行借入れする場合は、その融資手続において、同様の資料が必要になると思われます。

フランチャイザーは、多くの場合、社内で候補店舗の売上予測を実施していると思われますので、これを提示することは、加盟希望者との情報力格差を解消する意味でも、必要・有益であるように思われます（特に、フランチャイザーが合理性の高い売上予測を実施している場合）。

以上に述べたとおり、フランチャイザーによる売上予測の提示には望ましい面もあり、昭和58年のフランチャイズ・ガイドラインが「予想売上げ、予想収益に関する事項」を開示が望まれる事項と定めていたことや、判例、学説の一部が信義則に基づき、積極的な売上予測の提示を義務づけるのにも、一定の理由があると考えられます。

2　売上予測の危険性

他方、フランチャイザーの中には、架空ないし誇張された売上予測により加盟希望者を募集し、さしたる価値もないフランチャイズ・パッケージを売りつける悪徳業者も存在しないわけではありません。

また、悪徳業者といわずとも、その企業・事業の規模や出店実績などから、合理的な売上予測の実施・提示ができないフランチャイザーも存在します。また、一定の企業規模・出店実績などに達したフランチャイザーの多くは、合理的な売上予測を実施していると思われますが、その場合でも、売上予測には限界があり、どんなに信頼性が高い予測手法を採っても、その予測が必ず実績と合致する保証はなく、場合によっては、予測と実績の間に大きなかい離を生じることもあり、その不確実性を排除し得る確立した予測手法は存在しないと考えられています（**Q54**）。

かかる状況のもとでは、売上予測の提示は、かえって、加盟希望者に誤った情報を提供し、契約を不当に誘引する危険性を孕んでいます。また、フランチャイザーが売上予測を提示した場合、フランチャイズ・ガイドラインにより根拠事実、合理的算定方法等の要求を充足する必要があり（**Q49**）、裁判例でも、信義則に基づき、正確な事実に基づき合理的な方法による予測を行い、的確な売上予測に関する情報を提示することを要求され（**Q50**）、これに違反した場合には損害賠償を課せられるおそれがありますので、売上予測の提示にはリスクを伴います。特に、上記の売上予測の限界を考慮し、慎重を期し、売上予測を提示しない方法を選択するとの方針を採るのも、一定の理由があると考えられます。

3 売上予測のジレンマ

以上に述べたことは、売上予測の提示に関するジレンマとでもいうべき問題ですが、平成14年改正のフランチャイズ・ガイドラインは、「予想売上げ、予想収益に関する事項」を開示が望まれる事項から削除し、売上予測を提示しないとしても、独禁法上は問題視されないことを明らかにしました（**Q49**）。

これに対し、裁判例の多くは、フランチャイザーと加盟希望者との間に情報格差があること、加盟希望者にとって売上予測に関する情報が最大の関心事であること、加盟を判断するについて売上予測が重要な参考資料であることを理由に、少なくとも、一般論としては、フランチャイザーは、信義則上、売上予測に関する情報を積極的に提供する義務を負うかの如き判示を行っており、実際にも、（数は多くありませんが）売上予測を提示しなかったフランチャイザーに対し、信義則に基づく情報提供義務違反を理由に、損害賠償を命じた裁判例も存在します。

そこで、フランチャイザーとしては、契約の締結手順として、売上予測に関する情報を提供するか否かを定める際に、当該情報の積極的な提供義務を負うか否か、ないしは当該情報を提供しないで契約を締結した場合に、情報提供義務違反を理由に損害賠償義務を負うか否かの検討を迫られることとなります。本問は、この点に関する検討を試みるものです。

4 セールス・トーク

なお、売上予測を提示しない場合、フランチャイザーは、多くの場合、既存店のモデル損益表などの資料を使って、一般的・仮定的な形で、「この程度の売上の場合はこのような損益の状況となる」ことを説明していると思われます。この説明は候補店舗の売上予測ではなく、一定の売上高を仮定し、契約条件に従って計算した場合のロイヤルティや平均的な営業費・営業利益などの損益の状況の説明にすぎません。

そのため、契約の交渉中、加盟希望者が「最大の関心事」である売上予測につきフランチャイザーの担当者に質問することが予想され、担当者が契約を進めるため、これに応じ希望的・楽観的な予測を述べたり、断片的な形でフランチャイザーの行った売上予測の一部を漏洩するおそれがあります。契約実務上、売上予測らしきものが何ら提示されず、フランチャイズ契約が締結される事態は想定しづらく、担当者により希望的・楽観的な予測の提示や断片的な予測の漏洩がなされる可能性を軽視することはできないと思われます。

担当者の希望的・楽観的な予測の提示や断片的な予測の漏洩が、いわゆるセールス・トークの域を超えて違法な勧誘行為であると認定される場合には、フランチャイザーは不法行為責任を負うこととなります。また、当該希望的・楽観的な予測の提示や断片的な予測の漏洩が売上予測の提示であると解される場合は、当該行為がぎまん的顧客誘引であるとの指摘を受け、また、的確性を欠く情報を提供したとして情報提供義務違反を理由に損害賠償義務を負うおそれがあります。売上予測を提示しない場合、フランチャイザーとしては、かかる事態を防止するために、適切な措置を講ずる必要があると考えられます。

本問は、このような売上予測の提示のあり方を左右する、重要な問題である、ということができます。

A3（解説）

1 積極的な情報提供義務

(1) フランチャイズ・ガイドライン／学説

売上予測については、フランチャイズ・ガイドラインでは積極的な提供義務は課せられていませんが（**Q49**）、学説は、売上予測の積極的提供義務を肯定するものと、否定するものに分かれています。[注1)]

(2) 裁判例

売上予測が提示されなかった事例において、情報を提供しなかったことが信義則上の情報提供義務に違反するか否かを判示した主要な裁判例は、第1節末尾の裁判例一覧表(2)に記載のとおりです。以下、①Ⅰの積極的な情報提供義務を否定したものと、②Ⅱの積極的な情報提供義務を肯定したものの、二つのグループに分け、その内容について述べます。

① Ⅰの積極的な情報提供義務の否定例［同裁判例一覧表(2)のK］

K…信義則上、積極的な情報提供義務を負うか否かは、「勧誘交渉の経緯、営業種目の性質や科学的調査の難易度、その正確性等を総合して判断すべきである」とする。当事者間で収益予測を行うことが話題になったことがなく、立地条件を加盟者にチェックさせる方式をとっていたことなどの勧誘交渉の経緯や、美容院のサービスは人の能力等により左右され、科学的方法により正確な収益予測を立てるのは相当困難なことから、信義則上の積極的な情報提供義務を否定する。

② Ⅱの積極的な情報提供義務の肯定例［同裁判例一覧表(2)のＬ、Ｍ］

Ｌ…加盟希望者の最大の関心事、契約締結決断の重要な資料、加盟希望者がノウハウ及び専門知識を有するフランチャイザーの資料、説明に大きな影響を受けることから信義則上の保護義務として積極的な情報提供義務を肯定する。

Ｍ…フランチャイジーの意図はフランチャイザーの傘下に入り確実な収益を得ることにあること、売上予測の提供はフランチャイザーがフランチャイジーに提供する指導・援助の不可欠の要素であること、加盟希望者がノウハウや専門的知識の欠缺を補うこともフランチャイズ契約の目的の一つであることから、信義則上の積極的な情報提供義務を肯定する。

(3) 裁判例の検討

Ｋ～Ｍの裁判例は、フランチャイズ・ガイドラインで「予想売上げ、予想収益に関する事項」が開示が望ましい事項から削除された平成14年以前の時期のもので、その数も、未だ十分な集積をみておらず、信義則に基づき、売上予測を積極的に提供する義務があるか否かについて、裁判例は一定の方向での定着をみていないと考えられます。

しかし、前述のとおり、架空ないし誇張された売上予測を提示したり、合理的な売上予測を実施することができないフランチャイザーが存在することや、売上予測には限界があることを考慮すると、売上予測に関する情報を積極的に提供する義務を否定することにも相応の理由があり、今後、裁判所が売上予測の提示がなされなかった事例において、信義則上の情報提供義務違反を肯定する可能性は相当に低いのではないかと推測されます。

なお、上述の裁判例は情報提供義務の根拠を信義則に求めており、一見、信義則説に立つもののようにみえますが、他方で、Ｋの裁判例が「勧誘交渉の経緯」「営業種目の性質」を総合して判断すべき旨を判示していることや、Ｍの裁判例が「加盟希望者の意図」「ノウハウや専門的知識の欠缺を補うことはフランチャイズ契約の目的の一つ」と判示していることをみてもわかるとおり、多分に情報契約説的な傾向を示しています。

(4) 信義則説の貫徹

売上予測が提示された事例に関するものですが、裁判例の多くは、一般論としては、情報格差の解消、最大の関心事、加盟判断の重要な参考資料を理由に、信義則に基づき、売上予測に関する情報を積極的に提供する義務を負うかに読める判示を行っています［第１節末尾の裁判例一覧表(1)のＢ、Ｆ、Ｈ、Ｉ、Ｊ］。

上記の情報格差の解消、最大の関心事、加盟判断の重要な参考資料の理由は、契約自由（自己責任）の基礎をなす、契約当事者の知識、情報の対等性の要請と密接不可分の関係を有するものであり、この点を重視して信義則説を純粋に貫く立場を採るならば、少なくとも、フランチャイザーが参考となり得る程度の売上予測を保有している場合は、これを提供する積極的な義務を負うと解するのも一つの立場なのではないかと考えられます。

(5) 情報提供契約説

なお、本書が採っている情報提供契約説では、情報提供契約で売上予測の提示が義務づけられない限り、フランチャイザーが売上予測を提示する積極的な義務を負うことはありません。

⑹　望ましい売上予測の提示のあり方

以上の議論を踏まえ、望ましい売上予測の提示のあり方を探ると、一定の企業・事業規模と出店実績を有し、合理的な売上予測を行っているフランチャイザーに限っては、情報格差解消のため、当該売上予測の手法を説明し、売上予測の限界（当該予測が実績と合致する保証はなく、実績との間に大きなかい離が生じる可能性があること）を明示し、売上予測を保証しない形で売上予測を提示することが望ましく、そのことにより、セールス・トークの弊害も防止し得るのではないかと考えられます。

2　セールス・トーク

⑴　セールス・トーク

前述のように、売上予測が提示されずにフランチャイズ契約が締結される場合には、売上予測が契約締結の重要な参考資料であり、加盟希望者の最大の関心事であることから、フランチャイジーがフランチャイザーの担当者に対し売上予測につき質問し、担当者がこれに応じ、いわゆるセールス・トーク的に、希望的・楽観的な予測を述べたり、断片的な形でフランチャイザーが社内で行っている売上予測の一部を漏らすおそれがあります。

この希望的・楽観的な予測の提示や断片的な予測の漏洩が、許容されるセールス・トークの範囲を超えて、㋐加盟希望者に対し具体的な金額を示したり（例：根拠も示さず「月収50万円はいく」と発言する）、㋑契約に心が傾くような評価を示す（例：フランチャイザーの規模の大きさを誇示した後に「社内でも有望な案件という位置づけがなされています」と発言する）ことにより、加盟希望者の意思決定に実質的な影響を与えた場合は、違法な勧誘行為として、フランチャイザーは不法行為責任を負うことがあり得ます。また、担当者の言動が売上予測の提示と認定される場合には、根拠事実、合理的算定方法等の要求を充足しないとして、ぎまん的顧客誘引の指摘を受け、または合理的ではない売上予測を提示したとして、損害賠償義務を負うことがあり得ます。

(2) 不法行為などの裁判例

フランチャイザーによりセールス・トーク的言動（売上予測ともいえない程度の断片的な予測）がなされたことを理由に、不法行為などによる損害賠償が請求された裁判例を概観すれば、裁判例は、当該言動を営業上許容される駆け引きなどと解して、不法行為などの成立を否定するものと、[注2)] 厳格に当該言動の違法性を認定し、不法行為などの成立を肯定するものが存在しています。[注3)]

注

注1）積極的な情報提供義務を肯定する学説として、例えば、近藤充代「コンビニ・FC 契約をめぐる判例の新たな動向」／編集代表飯島紀昭、島田和夫、広瀬清吾『市民法学の課題と展望―清水誠先生古希記念論集―』（日本評論社／2000）545頁。否定する学説として、例えば、三島徹也「フランチャイズ契約の締結過程における情報提供義務」法時72.4.72

注2）例えば、大阪地判平 2.11.28判時1389.105、東京地判平 3.4.23判タ769.195、浦和地判平 5.11.30判時1522.126、大阪地判平 8.2.19判タ915.131

注3）例えば、東京地判平 5.11.29判時1516.92、福岡地判平 6.2.18判時1525.128、水戸地判平 7.2.21判タ876.217、千葉地判平13.7.5判時1778.98

Q53

売上予測の実務

小売業における売上予測の実務では、どのような予測手法が採られていますか。各予測手法の中では、どの手法が合理的と考えられますか。

A 1（結論）

小売業における売上予測には、概要、次のような手法がありますが、③の統計解析法（または客数につき統計解析を行った①の積算法）が最も合理的な予測手法であると考えられます。

① 「売上＝客数×客単価」の計算式から予測値を求める算出法（積算法）
② 「商圏の購買力の分配」の考え方から予測値を求める算出法（購買力分配法）
③ 売上と売上に影響を与える要因の関係式から数字的に予測値を求める算出法（統計解析法）

A 2（背景）

1 売上予測

(1) 売上予測の実施

一定規模以上のフランチャイザーでは、多くの場合、候補店舗の出店の可否を決定する際に、売上予測を実施し、当該予測に基づく将来の収支計画、投資回収の可能性などを検討していると思われます。

ここで、売上予測とは、特定の候補店舗における将来の売上について、売上に影響を及ぼすと考えられる諸要因と関連づけて予想を立てることをいうものとします。

売上予測は、フランチャイジーが店舗建物を所有・賃借する契約類型の場合は、当該フランチャイジーとの間でフランチャイズ契約を締結する際に実施され、また、フランチャイザーが店舗建物を所有・賃借し、フランチャイジーに貸与する契約類型の場合は、自らが店舗建物の売買契約・賃貸借契約を締結する際に実施されることになります。

(2) 売上予測の提示

フランチャイザーは、自社のためだけではなく、契約の締結過程において、売上予測の結果をフランチャイジーとなろうとする者（以下「加盟希望者」という）に提示する場合があります。

2 売上予測の合理性

小売業は立地産業と呼ばれることがあるように、立地選定が重要な役割を占めている業種です。小売業を対象とするフランチャイズ事業において、売上予測の内容が合理的で信頼性が高くないと、出店が失敗に終わり、フランチャイザーの業績悪化を招くおそれがあります。

また、売上予測を加盟者に提示する場合は、フランチャイズ・ガイドラインや裁判例によって、正確な事実に基づく合理的な方法による予測を行い、的確な売上予測に関する情報を提示することが要求されており、この要求を充足しないと、ぎまん的顧客誘引に該当し、あるいは情報提供義務違反として損害賠償義務を課されるおそれがあります。

売上予測を提示するか否か、提示するとして、それがフランチャイズ・ガイドラインや裁判例の要求する情報の的確性の水準を充足するか否かなどを判断する際には、売上予測の手法に関する一通りの知識が必要となってきます。また、売上予測に関する情報提供義務違反を理由とする損害賠償請求訴訟に対応するために、当該知識が必要であることはいうまでもありません。

以下においては、かかる観点から、売上予測の手法の概要とその合理性について、訴訟実務に必要な限度で解説したいと思います。

A3（解説）

1 売上予測の手法

売上予測の手法については、さまざまな視点から、さまざまな手法が提示されています。フランチャイズ契約の主たる対象事業である小売業を念頭に、商業実務書・統計解析の理論書や、[注1)] 第1節末尾の裁判例一覧表(1)に掲載の裁判例において認定された売上予測の実例などを参考にすると、実際に行われている売上予測の手法は、概要、次の三つに分類することができるのではないかと考えられます。

① 「売上＝客数×客単価」の計算式から予測値を求める算出法（以下「積算法」という）
② 「商圏の購買力の分配」の考え方から予測値を求める算出法（以下「購買力分配法」という）
③ 売上と売上に影響を与える要因の関係式から数学的に予測値を求める算出法（以下「統計解析法」という）

なお、統計解析法には、売上に影響を与える要因を単数とするものと、複数とするものとがありますが、以下においては、要因を複数とする統計解析法を前提とします。また、統計解析は、積算法の客数を対象として行うこともできます（後述）。

2　①の積算法

(1)　①の積算法

①の積算法は、「売上＝客数×客単価」の関係式により、売上予測を行う手法ですが、「客数」「客単価」として、どのような数値を採用するかにより、次のようなものがあるといわれています。

㋐　客数、客単価につき業界の平均値を採用するもの
例：売上＝業界の平均的客数×業界の平均的客単価
㋑　客数、客単価につき当該フランチャイザーの既存店の平均値を採用するもの
例：売上＝当該フランチャイザーの平均的客数×当該フランチャイザーの平均的客単価
㋒　客数につき、当該フランチャイザーの既存店の入店者数と商圏内の人口数との比率（来店率）を求め、これに候補店舗の商圏の実際の人口数を乗じた客数を採用し、客単価として当該フランチャイザーの既存店の平均値を採用するもの
例：売上＝当該フランチャイザーの平均的来店率に基づく客数×当該フランチャイザーの平均的客単価
㋓　客数につき、当該フランチャイザーの既存店の入店者数と、店前の通行量との比率（入店率）を求め、これに候補店舗の実際の通行量を乗じた客数を採用し、客単価として当該フランチャイザーの既存店の平均値を採用するもの
例：売上＝当該フランチャイザーの平均的入店率に基づく客数×当該フランチャイザーの平均的客単価

㋔　客数につき、既存のサンプル店の客数と客数に影響を与えていると考えられる複数の要因（データ）につき重回帰分析を加えて関係式（下記※）を求め、この関係式に候補店舗の実際の要因（データ）を当てはめて求めた客数を採用し、客単価としてサンプル店の平均値を採用するもの（客数につき、統計解析を加えるもの）

例：売上＝当該フランチャイザーのサンプル店の統計解析によって得られた関係式に基づく客数×当該サンプル店の平均的客単価

※客数の関係式は、例えば次の式となる。

$y = k + aX1 + bX2 + cX3 + dX4 + eX5$

y：客数

k：定数

a～e；X１～X５の要因が客数に影響を与えていると考えられる係数ないし評価点

X１～X５：客数に影響を与えていると考えられる要因

（例えば）

X１：商圏内の人口数

X２：店前の徒歩・自転車、自動車の24時間通行量

X３：競合店の数・競合度合

X４：売場坪数、間口・整形性への評価

X５：駐車可能台数、進入性・転回性への評価

(2) ハフモデル

なお、大規模小売店舗の売上予測に使用される手法として、周辺住民の店舗での購入確率が、店舗の売場面積の規模に比例し、店舗に到達する時間距離に反比例するとの仮説（ハフモデル）に基づき、これを実際の地域に当てはめて来店（吸引）見込数を算出し、「来店客見込数×１名当たりの購買力」を予測値とする手法もあります。この手法も、①の積算法と考え方が類似するのではないかと考えられます。

3　②の購買力分配法

②の購買力分配法は、スーパーなどの売上予測に用いられる手法で、商圏の購買力（＝商圏人口×１名当たりの購買力）を想定して、それを分配したものを売上と考えます。分配の比率として何を採用するかにより、㋕平均市場占有率（業態別の平均占有率または類似自社店舗の平均占有率）によるもの、㋖売場面積比率によるものなどがあります。

㋖の売場面積比率による分配率を採用した購買力分配法

計算式例：

$$\text{売上}＝\text{商圏の購買力}\times\frac{\text{候補店舗の売場面積}}{\text{商圏の同業態の小売店舗の売場面積}}$$

4　③の統計解析法

③の統計解析法は、既存のサンプル店の売上と売上に影響を与えていると考えられる複数の要因（データ）につき重回帰分析を加えて関係式（下記※）を求め、この関係式に候補店舗の実際の要因（データ）を当てはめて売上の予測値を求めるものです。

※売上の関係式は、例えば次の式となる。

$y = k + aX1 + bX2 + cX3 + dX4 + eX5$

y：売上

k：定数

a～e；X１～X５の要因が売上に影響を与えていると考えられる係数ないし評価点

X１～X５：売上に影響を与えていると考えられる要因

（例えば）

X１：商圏内の人口数

X２：店前の徒歩・自転車、自動車の24時間通行量
X３：競合店の数・競合度合
X４：売場坪数、間口・整形性への評価
X５：駐車可能台数、進入性・転回性への評価

5 各売上予測の合理性

(1) ①㋐の積算法

積算法の「売上＝客数×客単価」の関係式そのものは、絶対に正しいといえますが、①㋐においては、候補店舗の客数、客単価が業界の平均値に近似する根拠に乏しいため、特に業界の平均値によることに信頼性が認められる場合以外は、合理的とはならないと考えられます。

(2) ①㋑の積算法

候補店舗の客数、客単価が当該フランチャイザーの平均値に近似するか否かは、候補店舗のマーケット環境や、施設与件がどの程度、既存店と類似しているかによると考えられますので、その点の十分な検証を経ていないと、売上予測は合理的とはならないと考えられます。

(3) ①㋒の積算法、㋓の積算法

候補店舗の来店率、入店率が当該フランチャイザーの平均値に近似するか否かは、候補店舗のマーケット環境や、施設与件がどの程度、既存店と類似しているかによると考えられますので、その点の十分な検証を経ていないと、売上予測は合理的とはならないと考え

られます。

⑷ ①㋔の積算法

候補店舗の客数につき、統計解析が加えられた結果、候補店舗とマーケット環境や、施設与件が類似するサンプル店の関係式により、客数が予測されることとなり、これにサンプル店の平均的客単価を乗ずることは、合理的であると考えられます。

⑸ ②の購買力分配法

候補店舗への商圏の購買力の分配率が㋕の平均市場占有率、㋖の売場面積比率に近似するか否かは、候補店舗のマーケット環境や、施設与件などによって左右されると考えられますので、その点の十分な検証を経ていないと、売上予測は合理的とはならないと考えられます。

⑹ ③の統計解析法

候補店舗の売上につき、統計解析が加えられた結果、候補店舗とマーケット環境や、施設与件が類似するサンプル店の関係式により、売上が予測されることとなり、合理的であると考えられます。

⑺ 結　語

以上の結果、①㋔の積算法、③の統計解析法は合理的であるということができますが（既存のサンプル店との類似性を数学的に検討していることとなる）、その他の予測手法では、業界ないし既存店と候補店舗との類似性や、候補店舗への分配率の妥当性につき、十分な検証を必要とする、との結論となると考えられます。

注

注１）市原実『すぐ応用できる　商圏と売上高予測』（同友館／1996）、清水功次『やさしいマーケティングのための多変量解析』（産能大学出版部／1998）、菅民郎『統計百科多変量解析／改訂版』（社会情報サービス／1991）、板倉勇『大型店出店影響度の読み方　通産ハフモデルの手引き』（中央経済社／1988）

Q54

売上予測の限界と提示方法

売上予測にはどのような限界がありますか。また、売上予測の限界は、売上予測の提示方法にいかなる影響を与えますか。

A 1（結論）

売上予測には、どんなに信頼性が高いといわれている予測手法を採っても、その予測が必ず実績と合致する保証はなく、場合によっては、予測と実績の間に大きなかい離を生じることもあり、その不確実性を排除し得る確立した予測手法は存在しないとの限界があります。

売上予測に限界（予測が実績とかい離する可能性）のあることは、売上予測の提示の際に明示されることが必要であり、これを怠ると、いくら信頼性の高い予測手法を採ったとしても、情報提供義務違反またはぎまん的顧客誘引の指摘を受けるおそれがあります。

また、売上予測には限界があるにもかかわらず、予測が実績と一致する旨を保証する言動は、それ自体が不法行為となり、ぎまん的顧客誘引の指摘を受けるおそれがあるほか、保証違反につき債務不履行責任が課せられる場合があり得ると考えられます。

なお、信頼性の高い予測手法を採り、売上予測の限界を明示して売上予測を提示した場合、予測と実績にかい離が生じても、フランチャイザーは結果責任を負うことはないと考えられます。

A 3（解説）

1 売上予測の限界

(1) 売上予測の限界

ア 売上予測の限界

売上予測は、将来の売上を事前に予測するものであり、元来、不確実な性質を帯びるものです。特に、売上に影響を与える要因は多岐にわたっており、各要因の影響度・相互の関連性も複雑に入り組んでおり、かつ時の経過とともに変動が生じるため、事前に、完璧な売上予測を行うことは著しく困難ないしは不可能であるといわざるを得ません。

また、売上予測の手法の内容は、多分に実践的でハウ・ツー的要素を含むものとなっており（**Q53**）、必ずしも体系的・学術的な成果があるとは思われない面があり、商業実務でも、売上予測には確立した決定版というべき手法は存在しないことが共通の認識となっています。

そのため、どんなに信頼性が高いといわれている予測手法を採っても、その予測が必ず実績と合致する保証はなく、場合によっては、予測と実績の間に大きなかい離を生じることもあり、その不確実性を排除し得る確立した予測手法は存在しないとされています（このことを以下「売上予測の限界」という）。

イ 最も信頼性が高い統計解析法でも、売上予測の限界を免れないこと

売上予測の限界を、最も信頼性が高いと考えられる統計解析法［既存のサンプル店の売上と売上に影響を与えていると考えられる複数の要因（データ）につき重回帰分析を加えて関係式（下記※）

を求め、この関係式に候補店舗の実際の要因（データ）を当てはめて売上の予測値を求めるもの］を例にとって説明したいと思います。

※売上の関係式は、例えば次の式となる。
　y＝k＋aX１＋bX２＋cX３＋dX４＋eX５
　y：売上
　k：定数
　a～e；X１～X５の要因が売上に影響を与えていると考えられる係数ないし評価点
　X１～X５：売上に影響を与えていると考えられる要因
　（例えば）
　X１：商圏内の人口数
　X２：店前の徒歩・自転車、自動車の24時間通行量
　X３：競合店の数・競合度合
　X４：売場坪数、間口・整形性への評価
　X５：駐車可能台数、進入性・転回性への評価

統計解析法では、候補店舗とサンプル店のマーケット環境、施設与件（X１の商圏内の人口数～X５の駐車可能台数、進入性・転回性への評価の要因）の類似性は数学的に担保されており、その意味で、高い客観性・合理性を有します（**Q53**）。

しかし、実際の店舗の売上では、上述のX１～X５の要因が、重回帰分析によって得られたa～eの係数どおりに影響を与えるとは限らず（例：X５の駐車場の与件が地域特性や競合店との優劣上、eの係数よりもずっと大きな影響を与える場合）、また、X１～X５以外の要因によって大きく左右されること（例：店前道路の形状や信号・歩道の設置状況により来店者・入店者数が想定よりも伸びない場合）もあり得ます。

さらに、統計解析法では、売上に影響を及ぼすと考えられる要因であっても、マクロの経営環境、候補店舗の運営与件などの定量化が困難な要因は考慮されません。当該マクロの経営環境としては、

社会（生活スタイル、消費行動など）、経済（景気、所得、消費など）の動向から天候（晴雨、寒暖など）の状況に至るまでありとあらゆる要因が想定され、候補店舗の運営与件としては、フランチャイジー、店長、副店長その他の店舗スタッフの資質・能力から、商品の品揃え、販促活動、接客サービス、清掃などの店舗運営の状況に至るまで、ありとあらゆる要因が想定されます。

そのため、統計解析法を採用した売上予測は、数学的に高い客観性・合理性を有するとはいえ、それは、統計的に、平均的な予測値を示すものにすぎないとの性質も有していることとなります。予測と実績の対応関係からみると、統計学的には一定の高い確率で予測は実績に合致しますが、中程度の確率で予測は実績と中程度にかい離し、低い確率ではあっても、予測は実績と大きくかい離することがあり得ることとなります（いわゆる正規分布）。

このようにして、最も合理的であると考えられる統計解析法でも、売上予測の限界は免れません。

(2) フランチャイズ・ガイドライン／裁判例

ア フランチャイズ・ガイドライン

フランチャイズ・ガイドラインでは、2(2)イで、以下のように定められています。

> 加盟希望者側においても、フランチャイズ・システムに加盟するには、相当額の投資を必要とする上
> ① 今後、当該事業を継続して行うことを前提に加盟交渉が行われていること
> ② 加盟後の事業活動は、一般的な経済動向、市場環境等に大きく依存するが、これらのことは、事業活動を行おうとする者によって相当程度考慮されるべきものであること
> に留意する必要がある。

②は上述の売上予測の限界を前提に、加盟希望者に留意を求めているものと理解されます。

イ　裁判例

東京地判平14.1.25判時1794.70は、「将来の事業活動の結果を事前に予想するのは、事業活動の成果は、その時々の経済情勢やその他の諸要因により容易に変化するから、これを正確かつ確実に予測することは極めて困難であり、予測の手法も確立した一定の方式が存在するとは認められない」と売上予測の限界について判示し、売上予測の限界を考慮して、売上予測に要求される的確性の水準を下げることにより、フランチャイザーの責任を限定しています（**Q50**。第1節末尾の裁判例J）。

2　売上予測の提示方法

(1)　売上予測の提示方法

ア　売上予測の提示方法

売上予測を提示する場合、その予測手法は、「正確な事実に基づく合理的な方法」であること（信義則説）、フランチャイズ契約ないし情報提供契約で合意した内容に合致する方法であること（契約説ないし情報提供契約説）、あるいは根拠事実、合理的算定方法等の要求を充足する方法であること（フランチャイズ・ガイドライン）を必要としますが、そのほかに、その提示方法についても、次の点が問題となります。

㋐　当該予測手法の説明は必要か。
㋑　売上予測の限界（予測が実績とかい離する可能性）の明示は必要か。
㋒　予測が実績と一致することは保証されないことの明示は必要か。

売上予測の提示方法について、フランチャイズ・ガイドラインでは、その2(2)イで、「本部は、加盟希望者に、これらの根拠となる事実、算定方法等を示す必要がある」と定められており、この定めとの関連で、㋐～㋒の問題が検討されることになります。

イ　㋐の予測手法の説明

㋐の予測手法の説明については、売上予測を提示する場合、単にその結果（数値）のみの提示では意味をなさないため、いかなる予測手法を採ったかの説明は売上予測の提示の中に当然含まれることとなり、フランチャイズ・ガイドラインの「算定方法等」に該当するものとして、その説明が必要となります。

ウ　㋑の売上予測の限界の明示

㋑の売上予測の限界については、やや疑問もありますが、売上予測に限界があること（予測が実績とかい離する可能性があること）も、予測手法の説明と表裏一体の関係をなすため、フランチャイズ・ガイドラインの「算定方法等」に該当し、その説明が必要になると解するのが相当であると考えられます。

エ　㋒の予測と実績が一致することは保証されないことの明示

㋒の予測と実績が一致することは保証されないことについても、やや疑問がありますが、予測が実績と一致することが保証されないことは、㋑の売上予測の限界、ひいては予測手法の説明と表裏一体の関係をなすため、フランチャイズ・ガイドラインの「算定方法等」に該当し、その説明が必要になると解するのが相当であると考えられます。

オ　提示方法に不備がある場合のフランチャイザーの責任

以上の㋐の予測手法の説明、㋑の売上予測の限界の明示、㋒の予測が実績と一致することは保証されないことの明示を欠く場合、当該売上予測は提示方法に不備があることとなり、いくら信頼性の高い予測手法を採ったとしても、予測と実績に大きなかい離が生じた場合、フランチャイジーは情報提供義務違反として損害賠償義務を課せられ、あるいは、ぎまん的顧客誘引の指摘を受けるおそれがあることとなります。したがって、売上予測を提示する場合は、その内容の的確性ばかりではなく、提示方法にも相応の注意を払うことが必要となります。

なお、㋒に関連し、予測が実績と一致する旨を保証する言動は、売上予測の限界に照らすと、それは不可能な保証であり、それ自体が不法行為となり、ぎまん的顧客誘引に該当するおそれがあります。また、仮に当該保証がなされたと認定される場合は、その保証違反について債務不履行責任が課されることになると考えられます。

カ　提示方法に不備がない場合のフランチャイザーの責任

信頼性の高い予測手法を採り、㋐～㋒の提示方法に不備がない場合、結果的に予測が実績と大きくかい離しても、フランチャイザーは情報提供義務違反の責任を負わず、ぎまん的顧客誘引の指摘を受けることもありません。フランチャイザーの責任は、結果責任ではありません。このように考えないと、望ましい売上予測のあり方（**Q52**の**A３**の**❶**）を実践したフランチャイザーに結果責任を負わせることとなり、これをおそれるフランチャイザーが過度に情報提供に及び腰となり、情報格差の解消が阻害される事態を招きかねません。

⑵　予測が実績とかい離した場合の免責条項

フランチャイザーによっては、売上予測の提示に関し、予測が実績とかい離した場合であっても、フランチャイザーは損害賠償責任を負わない旨を約定する場合もあるかと思われます。

かかる約定は、⑴カの場合（信頼性の高い予測手法を採り、㋐〜㋒の提示方法に不備がない場合）は、当然のことを念のため規定したものであり、特にフランチャイザーを免責する趣旨のものではないことになります。

しかし、信頼性の高い予測手法を採らなかった場合、または、㋐〜㋒の提示方法に不備がある場合は、フランチャイザーを免責する趣旨の規定となりますが、かかる一方的な免責は、信義則によりその適用が相当程度絞り込まれることになると考えられます。

■裁判例一覧表(1)

【　】内は訴訟物（判決の法律構成）／肯定・否定の別
判決中の、①売上予測の手法、②情報提供義務の根拠・的確性の水準、③結論の各部分を本書の視点から要約して記載（一部の用語は本書の用語に言い換えている）

Ⅰ　低い水準…不正確な知識型

A　東京地判平元11.6判時1363.92
【契約締結上の過失（信義則上の保護義務違反）／否定】

①　売上予測の手法
…統計資料等に基づき付近の人口（男女比、年齢構成等）、最寄駅の乗車人員、近隣学校・企業、競合店等の立地調査を行い、これに基づき候補店舗に比較的類似した環境にある既存店舗の営業実績を考慮して予測売上を設定

②　情報提供義務の根拠・的確性の水準
…契約交渉に入った当事者間において、「一方が他方に対し契約締結の判断に必要な専門的知識を与えるべき立場にあるなどの場合には、契約締結前であっても、相手方に不正確な知識を与えること等により契約締結に関する判断を誤らせることのないよう注意すべき保護義務が信義則上要求される場合もあり得る」。本件の契約では、フランチャイザーがノウハウを独占的に有していたこと、フランチャイジーがフランチャイザーの指示に従うべきものとされていたこと、契約締結の判断に本件チェーンに関する適正な情報を得ることが不可欠であったことから、上記の保護義務を認める余地がある。

③　結　論

…フランチャイザーと加盟希望者が協同で契約締結の準備を進めたこと、候補店舗が保証金額、立地等を総合するときわめて好条件であると判断が一致し、加盟希望者は契約の意思を固めたこと、フランチャイザーは上記の立地調査に基づき類似の既存店舗の営業実績を考慮して予測売上を設定・提示したことなどから、立地調査及びこれに基づく売上予測に関し信義則上要求される相当の注意義務を尽くしているとし、信義則上の保護義務違反を否定する。

Ⅱ　高い水準…正確性・客観性型

B　京都地判平3.10.1判時1413.102

【契約締結上の過失（信義則上の保護義務違反）／肯定】

①　売上予測の手法

…店前の通行量調査、付近の競合店調査を行い、下記㋐の商圏内人口、世帯数に基づく売上予測と、㋑の店前通行量からの売上予測を行う。㋐の潜在的需要額が高いことや、㋑の売上予測の結果などに基づき出店可能と判断

㋐　商圏を半径500mに設定

「潜在需要額（一世帯当たりパン消費推定額×世帯数）－競合店推定売上高＝潜在的購買力」により予測。競合店推定売上高が潜在的需要額を上回り、予測（潜在的購買力）はマイナス月138万9,280円

㋑「予想入店者数（通行量×推定入店率）×客一人当たり推定購入価格＝一日の売上高（日商）」により予測。

推定入店率として6.3％を採用（類似の既存店舗の入店率を参考）

②　情報提供義務の根拠・的確性の水準

…知識、経験に乏しく、資金力が十分でない個人が、「本部による指導や援助を期待してフランチャイズ契約を締結す

ることが予定されていること」から、「契約締結に当たっての客観的な判断材料になる正確な情報を提供する信義則上の義務」を負う。加盟後にどの程度の収益を得ることができるか（売上予測）は加盟希望者の「最大の関心事」「契約締結の可否を判断するための極めて重要な資料」であり、フランチャイザーはノウハウ及び専門的知識を用いて市場調査を行っており、加盟希望者がこれを分析することは容易ではないので、フランチャイザーは「適正な情報を提供する信義則上の義務」を負い、「市場調査の内容が客観性を欠き」加盟店となろうとする個人等に「契約への加入に関する判断を誤らせるおそれの大きいものである場合」には信義則上の保護義務違反となる。

③　結　論

…㋑の予測において入店率が参考とした店舗の需要予測調査における入店率よりも合理的な理由なく高く見積もられていること、㋐の予測において競合店と認識すべき店舗の影響が考慮されていないこと、競合店推定売上高が潜在需要額を上回っているにもかかわらず、出店可能と判断していることなどから、客観性、正確性に疑問があり、「契約加入の可否についての適切な判断を困難にするおそれの強い情報」を提供したとし、信義則上の保護義務違反を肯定する。

C　大阪地判平7.8.25判タ902.123

【契約締結上の過失（信義則上の義務違反）／否定】

①　売上予測の手法

…候補店舗が所在する市の外食支出（統計）、１㎞圏内の人口、周辺の競合店、店前の集客施設（スーパーマーケット）の調査から出店可能と判断し、類似の既存の直営店の実績も参考に、「客単価（顧客の通常の単価、直営店実績の単価に基づく）×平均客数（客席数×回転率；回転率は関西地方での間食の習慣、直営店実績に基づく）」を基礎に売上予測し、直営店として出店。その後、同店をフランチャイズ化するに際し、当初の売上予測を直営店時代の実績に基づき修正

② 情報提供義務の根拠・的確性の水準

…加盟希望者（個人）は知識、経験に乏しく、専門家のフランチャイザーの資料、説明に「大きな影響を受けるのが通常である」ことから、「フランチャイジーの意思決定に際しての客観的な判断材料になる適正な情報を提供する信義則上の義務（情報提供義務）」を負うとし、とりわけ売上予測は契約締結の意思決定において「重要な要素」となるから「説明や資料が十分な調査に基づかず、フランチャイジーの判断を誤らせる虞のある内容である場合」には情報提供義務違反となる。

③ 結　論

…上記のフランチャイザーの資料や説明は十分な調査と合理的な根拠に基づくものであるとし、情報提供義務違反を否定する。

D　名古屋地判平10.3.18判タ976.182

【契約締結上の過失（信義則上の義務違反）／肯定】

① 売上予測の手法

…候補店舗の所在市について人口数、世帯数、事業所数、事業所内人数、通行車両数（以上は統計値）、競合店に関する調査などを行い、下記のとおり売上予測

日売上額＝{〔㋐人口指数算出日売上額＋㋑世帯指数算出日売上額〕÷２＋㋒事業所指数算出日売上額＋

㊣通過車輌指数算出日売上額｝×経験指数

㋐人口数（半径500m内の人口数＋半径1,000m内の人口数×0.75）×人口指数×客単価

㋑世帯数（半径500m内の世帯数＋半径1,000m内の世帯数×0.75）×世帯指数×客単価

㋒事業所内人数×事業所指数×客単価

㋓通過車輌数×通過車輌指数×客単価

経験指数：候補店舗の周囲の状況を考慮して0.5～0.8の範囲で設定

② 情報提供義務の根拠・的確性の水準

…フランチャイズ契約では、フランチャイザーの指導・援助を期待できる点が重要な要素となっており、売上予測に関する情報提供は、フランチャイザーがフランチャイジーに提供する指導・援助の不可欠な要素であり、フランチャイザーはノウハウ、専門的知識を有し、これを持っていないフランチャイジーはフランチャイズ契約を締結して、その欠缺を補おうとしていることから、「できるだけ適正かつ正確な情報を提供する信義則上の義務（情報提供義務）」を負う。

③ 結　論

…売上予測の方法は、統計学的根拠を有するものとはいえないが、合理性が認められる部分も少なからず存在する。しかし、調査が候補店舗の周囲を車で回ったり統計資料を収集する程度のものであること、㋐㋑において半径1,000m内の人口数及び世帯数を半径500m以内の人口数及び世帯数より多く見積もっていること、㋒の事業所に遠隔地の事業所が含まれていること、㋓の通行車輌から大型車両を除かず、中央分離帯より店舗側の車両数だけを数えたのか疑わしいこと、以上の疑問点は各種指数、経験指数を掛け合

わせることによっては払拭されないこと、㋒の計算で明白な誤謬を犯していることなどから、フランチャイザーは自己に関する適正な情報を与えようとせず、十分な市場調査をせず、不十分な調査に基づく売上予測を漫然と提示し「不正確かつ不適正な情報を提供した」として、情報提供義務違反を肯定する。

E　東京高判平11.10.28判時1704.65

【信義則上の保護義務違反／肯定】

①　売上予測の手法

…（原審の東京地判平10.10.30判タ1023.209によれば）立地調査の結果と統計資料等をもとに、候補店舗の所在県の一世帯当たりの年間クリーニング代支出金額、周辺１㎞の商圏の世帯数等を考慮し、年間売上目標額を定め、それを達成するための来店客数を割り出し、商圏内競業店による影響を考慮したうえ、売上目標の達成可能と判断。最終的に、オーナー給与月40万円の場合として、損益分岐点売上月251万9,000円、必要客数日平均53人、経常利益月平均38万8,000円と試算し、月40万円程度の収益は見込めると説明。競合店につき、周辺１㎞の第１次商圏内の11店舗（実際には12店舗あった）のうち、取次店は実質的に競合店ではなく、実質上の競合店は数店舗として、商圏内の１万3,436世帯のうち2,100世帯を固定客にできると判断

②　情報提供義務の根拠・的確性の水準

…フランチャイズ・システムでは知識、経験、資金力が乏しい者がフランチャイジーとなることが多く、専門的知識を有するフランチャイザーが「指導、援助することが予定されている」ことから、「客観的かつ的確な情報を提供すべき信義則上の保護義務」を負う。

③　結　論

…上記競合店の判断は、取次店を競合店から除外した点で誤っているとし、情報が客観的かつ的確でないとして、信義則上の保護義務違反を肯定する。

F　福岡高判平13.4.10判時1773.52

【信義則上の保護義務違反／肯定】

①　売上予測の手法

…統計資料からサンドウィッチのマーケットサイズ（年間の一人当たりの消費支出額）を推定し、第一次商圏（候補店舗に来店する可能性のある地域）を半径１㎞に設定し、行政人口数を算出し、シェア（候補店舗を出店した場合の推定市場占拠率）を地域トップシェア（26％）とし、「（マーケットサイズ×第１次商圏人口×シェア）×1.1」の計算式で売上予測

②　情報提供義務の根拠・的確性の水準

…加盟希望者は知識、経験を有していないことが予定され、当該事業を行うことによりどの程度の収益を得ることができるか（売上予測）は最大の関心事であり、候補店舗での収益性の情報は加盟判断の重要な資料となることが多いことから、「当該事業の経営について有する知識及び経験に基づいた合理性のある情報を提供すべき信義則上の保護義務」を負う（フランチャイザーが故意または過失により上記義務を怠ったことを要件に加えているためⅢの「高い基準…責任限定型」の裁判例のようにも解されるが、合理性を欠くとの判断が過失ありの判断に直結しているように理解されるので、Ⅱの高い基準…正確性・客観性とする）。

③　結　論

…マーケットサイズの推定は、総務庁統計局の家計調査報告

の調理食品に対する消費支出額の25％の6,200円と設定したが、当該推定は過大であり、第１次商圏人口の算定は他の地域の既存店での調査結果を地域性等の違いを考慮することなく採用し、地図上の商圏範囲内の行政人口を算出したにすぎず、その正確性、安全性（保守性）は低く、候補店舗はトップシェア（26％）の定義に該当せず、競合店の影響を考慮していないので、売上予測には合理性が欠けるとして、合理性のある情報を提供すべき信義則上の義務違反を肯定する。

G　大阪地判14.3.28判タ1126.167

【信義則上の義務違反（原告は債務不履行と構成）／肯定】

①　売上予測の手法

…市場調査方式による候補店舗の開店後12か月後の月商売上予測

㋐　「(立地＋通行＋機能の各評価点)×営業時間の評価割合×免許品の評価割合－競合の評価点」＝総得点を求める。

立地の評価点：道路、道路特性、駅の乗降客数等の評価点
通行の評価点：車両通行量、夜間通行比率、車両特性等の評価点
機能の評価点：建物間口、敷地間口、駐車台数等の評価点
営業時間の評価割合：営業時間の長短による評価割合
免許品の評価割合：酒・たばこ販売の有無による評価割合
競合の評価点：競合店との距離、位置関係、競合店の推定売上等の評価点

㋑　総得点の点数に応じ、評価をSABCとランクづけする。

㋒　SABCのランクに応じ設定された月商売上高により売上予測

本件の総得点は400.5点で、Aランク（400点～500点）に該当。Aランクに設定された月商売上高は1,200万円～1,500万円であるが、売上予測の金額は1,400万円（日商46万円。酒類売上を除く）と最終決定。フランチャイジーには、日商45万円と告知。その他に、開店1年後の予測売上高を月商1,350万円とする書面、月商1,650万円（酒類売上を含む）とする書面を交付

② 情報提供義務の根拠・的確性の水準

…売上予測等に関する情報は、加盟希望者が契約を締結するか否かの意思決定に重要な影響を与え得るものだから、フランチャイザーは「できる限り客観的かつ正確な情報を提供すべき信義則上の義務を負っている」とし、本件のフランチャイザーは立地調査（売上予測にかかる調査を含む）を目的とする覚書を締結し金員を受領しているので、かかる覚書の締結、金員の受領がない場合に比し、情報の客観性、正確性につきより一層高度なものが要求される。

③ 結　論

…自動車等の来店手段を想定した場合に競合店たり得るとも考えられるコンビニエンスストアを競合店から除外したことにつき合理性、客観性に疑問が残ること、総得点400.5点はAランク（400点～500点）の最底辺に属し、1点3万円の月商売上高で算定すれば、1,201万5,000円となるにもかかわらず、フランチャイザーは月商売上高の予測を1,400万円（日商で46万円）と最終決定していること、本件では損益分岐点売上が月商1,200万円と予測されているので、「売上予測が月商1,350万円を超え、月商1,400万円さらには1,650万円に達するかあるいは月商1,200万円程度にとどま

るか」はフランチャイズ契約締結の上で極めて重要な要素であるにもかかわらず、十分な根拠、資料に基づいて売上予測（1,400万円）を最終決定したと認めるに足りる証拠がないことから、売上予測は裁量の範囲を逸脱し、正確性を欠くとして、信義則上の義務違反を肯定する。

Ⅲ　高い水準…責任限定型

H　千葉地判平6.12.12判タ877.229

【信義則上の義務違反（原告は契約締結段階における保護義務違反と構成）／否定】

①　売上予測の手法

…市場調査により基礎的データ（店舗前通行車両数、店舗前通行歩行者数、最寄駅乗降客数、第１次商圏内の世帯数・人口・事業所数・昼夜流入出率・推定市場占拠率）を収集し、立地条件を検討し、「㋐来店客数×㋑平均購入額」で売上予測

㋐　来店客数＝(ⓐ＋ⓑ＋ⓒ)×0.9(間口が狭いことを考慮)

ⓐ　１時間通行車両×営業時間×0.6（調査時間帯修正）×0.005(独自指数)×0.9（商圏内住民の車来店の重複回避）

ⓑ　[世帯数×推定市場占拠率×0.038(独自指数)＋人口数×推定市場占拠率]÷２(世帯数と人口数の重複回避)

ⓒ　事業所数×平均的従業員数（10)×0.02（独自指数）

独自指数；既存店売上実績、出店時予測数値、来店客へのアンケート調査等をもとに立地環境ごとに設定

㋑　平均購入額＝同一県内の既存店実績×0.9（開店初年であることを考慮）

②　情報提供義務の根拠・的確性の水準

…契約書で市場環境、立地条件等を調査し、その結果に基づ

く情報を提供することを定めていること、出店の成否は出地条件に左右されることが多く、加盟希望者にとって、加盟後にどの程度の収益を得ることができるか否か（売上予測）が最大の関心事であり、契約締結の判断の重要な資料であること、フランチャイザーはノウハウ及び専門的知識を有し、加盟希望者はこれを有しないことが多いから、フランチャイザーは「できる限り客観的かつ正確な情報を提供する信義則上の義務」を負うとしたが、他方で、フランチャイザーとフランチャイジーは独立した事業体であり、フランチャイジーは独自の計算により経営を行うべきものであるから、フランチャイザーが提供する調査結果に基づく情報についても、加盟希望者において自主的に検討した上で、フランチャイズ契約を締結するかどうかを決定すべきものと解されるとした。

③　結　論

…基礎的データの客観性、第１次商圏設定の妥当性、予想来店客数の算出の客観性、平均購入額の客観性を認め、フランチャイジーも「独立の事業体として自主的に本件店舗での営業が事業として成り立つと判断した」とし、信義則上の義務違反を否定する。

Ｉ　大阪地判平8.2.19判タ915.131

【信義則上の義務違反（原告は債務不履行と構成）／否定】

＊本裁判例は、①の売上予測の手法に関しては参考とならないが、②の情報提供義務の根拠・的確性の水準におけるフランチャイジーの自己責任を理由とする情報提供義務違反の限定に関する参考判例として掲載する。

①　売上予測の手法

…売上予測の手法は不明だが、フランチャイザーは、当初、

１年目～３年目の月売上高1,000万円～1,500万円、月店利益78万9,000円～147万9,000円が期待できると説明したが、後に、月売上高が600万円程度であって、特別経費分担制度が適用される可能性が高いとして、月額収入112万5,000円（年間収入1,350万円）となる旨、説明を変更

② 情報提供義務の根拠・的確性の水準

…加盟希望者にとって、加盟後にどの程度の収益を得ることができるか（売上予測）は「最大の関心事」であり、契約を締結するか否かの判断の「重要な資料」であること、フランチャイザーはノウハウ及び専門的知識を有するが、加盟希望者は専門的知識、フランチャイズ・システムの知識が乏しいことから、（当該立地条件における出店の可能性や売上予測等に関する）「できる限り客観的かつ正確な情報を提供する信義則上の義務」を負うとしたが、他方において、フランチャイザーとフランチャイジーは独立した事業体であり、フランチャイジーは自己の責任により経営を行うものだから、フランチャイザーが提供した情報についても加盟希望者において検討の上で自らの判断と責任において契約を締結しているものと解するのが相当であるとして、「情報が虚偽である等、フランチャイジーになろうとする者にとってフランチャイズ契約締結に関する判断を誤らせるおそれが大きいものである場合」に限って、信義則上の義務違反となるとする。

③ 結　論

…本件店舗は売上低調で特別経費分担制度の対象となったこともあるが、同制度の適用が予測され、フランチャイザー社内ではフランチャイズ契約不可の結論となったことが伝えられたことから、フランチャイザーが加盟希望者に「根拠のない虚偽の売上予想を告げた等のフランチャイズ契約

締結に関する判断を誤らせるおそれが大きい情報を提供した」とはいえないとして、信義則上の義務違反を否定する。

J　東京地判平14.1.25判時1794.70

【不法行為／否定】

①　売上予測の手法

…候補店舗の新居ビルが斬新性・話題性に富み、店舗は道路から奥まってはいるが視認は可能であると判断し、店舗所在地の事務所数、就業人口、最寄地下鉄駅の候補店舗寄りの出入口の利用者数、店前通行量、来店者比率〔店前通行量×３％（他の既存店舗の来店者比率5.48％を参考に視認性の悪さを考慮）〕を調査ないし判断し、候補店舗のうち、㋐ベーカリーカフェ部分は「店前通行量×来店者比率×客単価（他の既存店舗の平均値を参考に店舗与件の違いを考慮）」で売上予測し、㋑パブレストラン部分は「時間帯別の来店客数（候補店舗所在地区の立地条件、コンセプトの訴求力、出資各社による営業活動、話題性効果等を勘案）×客単価（メニューに基づく）」で売上予測

②　情報提供義務の根拠・的確性の水準

…フランチャイザーとフランチャイジーの間には経験、知識、情報量及び資金力につき圧倒的格差があり、専門的知識、豊富な情報量・資金力を有するフランチャイザーの売上予測等は加盟判断の重要な要素となり得るとして、「客観的かつ的確な売上予測及び総事業費予測等を提供すべき注意義務」を負うとしたが、他方において、将来の事業活動の結果を事前に予想するのは、事業活動の成果は、その時々の経済情勢やその他の諸要因により容易に変化するから、これを正確かつ確実に予測することは極めて困難であ

り、予測の手法も確立した一定の方式が存在するとは認められないとして、予測と実績がかい離しても直ちに上記注意義務違反になるものではなく、「予測の手法自体が明白に相当性を欠いた不合理なものであったり、これに用いられた基礎数値が客観的根拠を欠いている場合など、売上予測及び総事業費予測が全く合理性を欠き、フランチャイジーに契約締結に関する判断を誤らせるおそれが著しく大きいものである場合に限って」注意義務の違反となるとする。

③ 結　論

…本件の売上予測は客観的な根拠事実に基づき、候補店舗の有利な部分も不利な部分もともに評価して行われたと認められるから、予測の手法が明白に相当性を欠いたものとはいえず、これに用いた基礎数値も客観的根拠を有するとし、合理的な手法による予測であると認め、注意義務違反を否定する。

上記以外にも裁判例は存在するが、骨子は変わらないので、掲載は省略している。

■裁判例一覧表(2)

【　】内は訴訟物（判決の法律構成）／肯定・否定の別
①事案の概要、②結論の要旨を記載（一部の用語は本書の用語に言い換えている）

Ⅰ　積極的な情報提供義務を否定

K　東京地判平5.11.30判時1521.91
【(契約締結上の過失（信義則上の義務）／否定】
①　概　要
…契約の勧誘交渉において、フランチャイザーと加盟希望者との間で、立地条件や収益予測を科学的方法により調査、予測することや、その結果が話題となったことはなく、フランチャイザーは、立地条件につきチェック項目を設け加盟希望者にチェックさせる方式を採り、収益予測につき美容業界の平均的損益等を基礎に平均的規模の加盟店のため予測した数値（平均的損益計算書）を提示し、当該数値を美容室経営に精通した者が候補地を見分して受ける勘や直感、候補店舗の規模等により修正する方法を採っていた。フランチャイジーは、フランチャイザーは「立地条件や収益予測を科学的方法により正確に調査してその結果を開示すべき信義則上の義務」を負うと主張
②　結　論
…フランチャイザーが加盟希望者に契約を締結するかどうかを判断するための「正確な情報」を提供することが望ましいとしつつ、フランチャイザーが「店舗候補地の立地条件及び収益予測を科学的方法により積極的に調査しその結果を開示すべき信義則上の義務を負担」し、これをしなかっ

たことが契約締結上の過失となるか否かは、「勧誘交渉の経緯、営業種目の性質や科学的調査の難易度、その正確性等を総合して判断すべきである」とし、上記の勧誘交渉の経緯や、美容室の提供するサービスがこれに携わる人の能力等により左右されることは否定できず、科学的方法により正確な収益予測を立てるのは相当困難が伴うことなどから、フランチャイザーは信義則上の義務を負わないとし、契約締結上の過失を否定する。

Ⅱ　積極的な情報提供義務を肯定

L　名古屋地判平13.5.18判時1774.108

【契約締結上の過失（信義則上の保護義務）／肯定】

①　概　要

…フランチャイザーは、同一県内の同一チェーンの既存店の平均日商（50万円）のみを説明。なお、フランチャイザーは立地調査に基づく売上予測（日商32万5,000円）を行っていたが、その結果は提示せず。また、フランチャイザーは上記平均日商50万円の場合と、最低保証の適用の対象となる日商20万円の場合に分けて、人件費や廃棄処分費等の経費額の数値を示し、フランチャイジーの月手取収入を説明した。フランチャイジーは、フランチャイザーは「客観的かつ的確な情報を提供すべき信義則上の保護義務」を負うところ、本件で、フランチャイザーは立地調査に関し、基礎データを記入せず判断を誤る等杜撰な調査しかせず、売上予測に関しても、近隣店舗の日商25万円を考慮せず、他のチェーン店舗に日商売上を口止めするなど、信義則上の保護義務に違反したと主張

②　結　論

…加盟後にどの程度の収益を得ることができるか（売上予

測）は加盟希望者の「最大の関心事」「契約を締結するか否かの決断の重要な資料」であり、フランチャイザーはノウハウ及び専門的知識を前提に独自のフランチャイズ・システムを構築しているのに対し、加盟希望者はノウハウや、専門的知識は有せず、フランチャイズ・システムの知識も乏しいことが多く、フランチャイザー提供の資料、説明に大きな影響を受けるのが通常なので、「できるだけ客観的かつ的確な情報」を提供する信義則上の保護義務を負い、加盟希望者が契約を締結するか否かを判断するにあたって重要な資料を提供しなかった場合、情報提供義務違反となる。

本件で、フランチャイザーは、同一県内の同一チェーンの既存店の平均日商（50万円）を説明したが、加盟希望者がフランチャイザーと契約を締結するか否かを決断するにあたり重要な資料となる社内の売上予測値（日商32万5,000円）を開示しなかったので、情報提供義務違反になる（日商32万5,000円の予測値を開示せず、平均日商50万円を説明するのは、50万円に近い売上を達成できると期待させることになる）とし、契約締結上の過失を肯定する。

なお、フランチャイザーの売上予測は、概ね、「候補店舗のポイント数（オーナー・店舗条件・商圏市場に関する11項目に配点されたポイントの合計数）×地域格差指数」＝最終点数とし、「｛9,000万円＋（最終点数×1,000万円)｝÷365」を予測日商額とするものであるが、同判決は、この売上予測に関しても、通行量（車)、店舗側視界性のポイントづけ、駐車場への進入性、店舗建物の月額賃料と日商の関係性、実際の予測と実績のかい離を理由に、フランチャイザーの売上予測は「楽観的ないし強気」で「杜撰」であったとしている。

M　名古屋地判平13.9.11LEX／DBインターネットTKC法律情報データベース文献番号28071164

【不法行為（信義則上の情報提供義務違反）／肯定。なお、同判決の法律構成は控訴審の名古屋高判平14.6.27（LEX／DBインターネットTKC法律情報データベース文献番号28072395）に従い不法行為とした】

① 事　案

…フランチャイザーは、既存加盟店の売上状況と利益率のみを説明

② 結　論

…フランチャイジーの意図は、フランチャイザーの傘下に入ることによって、より確実に収益を得るためである以上、フランチャイザーがフランチャイジーに提供する指導・援助において、「競業他社の存在、市場の需要予測、出店後の売上予測等、出店後の収益に関する情報の提供は不可欠の要素」になっており、加盟希望者はフランチャイザーが有しているノウハウや専門的知識は持ち合わせていないので、このような知識の欠缺を補うこともフランチャイズ契約の目的の一つであるとして、フランチャイザーは「できるだけ適正かつ正確な情報を提供する信義則上の義務（情報提供義務）」を負い、本件で、フランチャイザーは、「加盟店全体の平均的な売上高や、フランチャイジーが出店を予定している地域の競業他社の存在及び需要の予測等、市場状況についての個別具体的な情報」を提供すべき義務があるところ、数店の既存加盟店の売上状況を示したにとどまったとし、過失による情報提供義務違反を肯定する。

第2節

契約（フランチャイズ・パッケージ）の内容に関する情報の提供義務

Q55

契約（フランチャイズ・パッケージ）の内容に関する情報の提供義務

フランチャイザーは、フランチャイズ契約（フランチャイズ・パッケージ）の内容に関し、情報提供義務を負いますか。

A1（結論）

フランチャイザーは、小振法により開示（説明）が義務づけられている事項、フランチャイズ・ガイドラインにより開示が望ましいと定められている事項、フランチャイジーに開示を約束した事項、および信義則により開示が義務づけられる事項について、情報提供義務を負います。

A 3（解説）

1 原　則

契約は、私的自治の原則上、各当事者がその責任と判断においてその内容を確認し、締結すべきものと考えられています。[注1)] したがって、契約内容について、法律の規定、当事者の合意（契約）、または信義則によって開示（説明）が義務づけられる事項以外は、当事者は開示の義務を負わず、このことは、フランチャイズ契約の場合も同様であると考えられます。

2 小振法による開示規制

小振法の適用を受ける小売業、飲食業のフランチャイザーは、同法が定める開示事項について開示の義務を負っています（**Q22**）。

3 フランチャイズ・ガイドライン（独禁法）

フランチャイズ・ガイドラインの2⑵アで開示が望ましいと定められている事項（**Q24**）については、これを開示しないと、ぎまん的顧客誘引の指摘を受けるおそれがありますので、契約実務上は、保守的にみて、開示が義務づけられるとして取り扱うのが相当であると考えられます。

なお、小振法の適用を受けないサービス業のフランチャイザーも、独禁法の適用は免れませんので、フランチャイズ・ガイドラインで開示が望ましいと定められている事項については、開示が義務づけられるとして取り扱うのが相当であると考えられます。

4　当事者の合意（契約）

フランチャイズ契約では、契約（フランチャイズ・パッケージ）の内容が複雑・多岐にわたっており、フランチャイジーは、対象事業の知識・経験のない個人や比較的小規模の企業であることが多く、加盟希望者がこれを独力で理解することは困難であることが想定され、かつ、フランチャイジーは独立の事業者として、対象事業の経営によるすべての損益が帰属すべき立場にあります。

そのため、契約（フランチャイズ・パッケージ）の内容につき、事前に確認・合意を行う必要性が高く、上述の法律による開示規制とは別に、（多くの場合、フランチャイザーのイニシアティブによって）加盟希望者との明示的または黙示的な合意（契約）により、各種の資料、契約書のひな型などに基づき、開示（説明）がなされていることが多いと思われます。

フランチャイザーが加盟希望者との合意（契約）によって、開示を約束した事項については、フランチャイザーは、当該合意（契約）に基づく開示義務を負うことになります。

5　信義則

(1)　信義則に基づく開示義務

フランチャイズ契約（フランチャイズ・パッケージ）の主要な内容については、2ないし4で述べた開示義務の対象事項となっていますので、信義則に基づき情報提供義務の範囲を拡大する実益は少ないのではないかと思われます。

しかし、理論上は、フランチャイズ契約では、フランチャイジーは個人か、中小規模の企業であることが多く、フランチャイザーとの間に情報力・交渉力格差がありますので、特に、フランチャイジーが加盟の判断をするのに必要な重要な事項であって、これに関する開示（説明）がないと、加盟希望者が適正に加盟の可否を判断することができず、加盟希望者に著しい不利益を与えると認められる重要な事項については、信義則上、開示義務を負う場合があると解するのが相当であると考えられます。

この場合の信義則の実質は、「相手方から一般に期待される信頼を裏切ることのないように、誠意をもって行動すべき」原則というよりも、契約自由（自己責任）の基礎をなす、契約当事者の知識、情報の対等性の要請にあると考えられます。[注2)]

(2) 裁判例

裁判例は、売上予測に関する情報の提供義務についてですが、少なくとも、一般論としては、情報格差、最大の関心事、重要な参考資料を理由に、（上述の知識、情報の対等性の要請に基づく）信義則上の情報提供義務を認めており（**Q52**）、その論旨は、契約（フランチャイズ・パッケージ）の内容にも当てはまると考えられます。

(3) 契約の内容以外の情報

契約（フランチャイズ・パッケージ）の内容以外の情報は、原則として、信義則上、開示が義務づけられる事項にはならないと考えられます。ただし、小振法では、契約内容以外の会社・事業の状況が開示の対象となっています。

注

注１）横山美夏「契約締結過程における情報提供義務」ジュリ1094.129。「私的自治の原則からは、契約を締結するか否かを決断するために必要な情報収集は各人が自己の責任において行うべきこと

が求められる」と述べておられる。

注2）平井『契約総論』133頁

※ 第5章 ※

コンビニ・フランチャイズ契約

序　節

コンビニ・フランチャイズ契約

1 概　要

第5章は、コンビニエンスストアの経営を対象事業（フランチャイズ・パッケージを利用して商品を販売し、サービスを提供する事業）とするフランチャイズ契約（以下「コンビニ・フランチャイズ契約」という）に関し、契約実務（契約書の作成）、訴訟実務の観点から、次の事項について解説・検討を試みるものです。

◆**コンビニ・フランチャイズ契約の概要と特徴**…第1節（**Q56**、**Q57**）

◆**コンビニ・フランチャイズ契約に特有の仕組み・法律問題**
- ロイヤルティ（売上原価）の計算関連…第2節（**Q58～Q62**）
- 商品・仕入先の推奨関連…第2節（**Q63～Q66**）
- オープン・アカウント関連…第2節（**Q67**、**Q68**）
- その他（24時間営業、フランチャイズ・パッケージに関する契約責任、収納代行サービス）…第2節（**Q69～Q72**）

2 企　図

日本フランチャイズチェーン協会の統計調査によれば、2014年度のコンビニエンスストアの店舗数は5万5,774店、売上高は10兆1,323億1,200万円に上っており、コンビニ・フランチャイズ契約は、最も普及したフランチャイズ契約ということができます。

コンビニ・フランチャイズ契約は、商品の受発注・納品、販売に関する情報・物流システムの高度化によりEDI、ECRなどが導入・実践され、他の類型の契約でも参考となり得る特有の契約上・会計上の仕組み（ロイヤルティの算定方法、商品・仕入先の推奨、仕入代金の代行支払、オープン・アカウント、収納代行など）が用いられ、数多くの民事訴訟、公取委による排除措置命令、地労委による団交命令などで俎上に載せられ、法律問題が提起され続けている、良きにせよ、悪しきにせよ、注目を浴びている契約分野です。

従前の議論でも、裁判や排除措置命令の対象となった事案については、詳細な解説・検討がなされていますが、問題が生じた背景については実務的な解説が不足していると思われる箇所があり、また、契約の概要（全体像）や商業的特徴の解説、上記の特有の契約上・会計上の仕組みの詳細の解説や、これらを踏まえた法的問題の検討は十分ではない点があったように思われます。

そこで、第1節では法律上、商業上の観点から、コンビニ・フランチャイズ契約の概要と特徴を解説し、第2節では、上記の特有の契約上・会計上の仕組みの詳細について実務的な解説を加え、これらに関連する法的問題については、取引の実情・慣行や、契約の背景・趣旨・目的などに遡って解説・検討しました。コンビニ・フランチャイズ契約の仕組みを批判する立場を含め、議論の整理には役に立つことができるのではないかと考えています。

3　ポイント

- コンビニ・フランチャイズ契約では、ビジネス・フォーマット化が顕著に進展し、フランチャイジーの営業活動に対し数多くの指定・義務づけ、推奨、助言・指導がなされていること
- フランチャイジーに提供される商品の受発注・納品、販売に関す

る情報・物流システムが高度化し、EDR、ECR や、ロジスティクス、サプライ・チェーン・マネジメントが導入・実践されていること

- ロイヤルティの計算につき、売上原価に廃棄ロス原価高、棚卸ロス原価高を含めない計算方法が採られているが、当該計算方法は明確な規定・説明があれば有効と解されること
- 当該計算方法のもとでは、廃棄ロスが増加してもロイヤルティは影響を受けないので、増量発注の強要、見切り販売の制限などがなされるおそれがあり、不当な強要、制限がなされた場合は、法適合性が否定されること
- 商品・仕入先の推奨、仕入代金の代行支払はフランチャイジーの営業活動を支援するフランチャイズ契約上の仕組みであり、仕入先との間の独特の契約関係を前提としていること
- 商品の仕入取引（売買契約）の主体はフランチャイジーであり、フランチャイジーは一定の要件のもとで、仕入代金の代行支払の報告請求権が認められ、仕入取引に基づくリベートを取得できること
- オープン・アカウントは、フランチャイザーとフランチャイジーとの間の金銭上の貸借関係（両者間で支払われた金銭、両者間の債権債務）を決済する独特の契約・会計上の仕組みであり、フランチャイジーに対する運転資金の自動融資の機能を有すること
- 24時間営業、収納代行サービスなどは、コンビニエンスストア業態の特性（顧客の生活に最大限の利便性を与えること）に応えるものであり、その義務づけは有効と解されること
- 収納代行サービスは為替取引に該当しないこと

第1節

コンビニ・フランチャイズ契約の概要と特徴

Q56

コンビニ・フランチャイズ契約の概要

コンビニ・フランチャイズ契約は、概要、どのような内容の契約となっていますか。

A1（結論）

1 契約類型

コンビニ・フランチャイズ契約は、店舗建物をフランチャイジーが所有・賃借する契約類型と、フランチャイザーが所有・賃借し、フランチャイジーに貸与する契約類型に分かれます。

2 店舗の設備・運営

いずれの類型の契約でも、フランチャイザーは、看板、商品販売用の什器・機器などの店舗の設備をフランチャイジーに貸与し、フランチャイジーは自らの名義と計算で店舗を経営し、商品の仕入・販売を中心とする営業活動を行います。

営業活動に対しては、フランチャイザー指定の標識の使用、研修の受講、年中無休・24時間営業などが義務づけられ、また、商品・仕入先の推奨と仕入代金の代行支払がなされ、商品の仕入・販売・陳列・接客・清掃などに関してはマニュアルが提供され、巡回指導員による個別の助言・指導がなされます。

商品の受発注・納品、販売については、情報・物流システム、POSレジスターが提供され、業務のシステム化がはかられ、商品の仕入・販売などの取引の記録、会計帳票の作成がデータ処理されます。

3 店舗会計上の損益計算

フランチャイジーは、自己の計算においてコンビニエンスストア事業を経営しますが、その損益計算は、「売上高から売上原価を差し引いて売上総利益を求め、売上総利益からロイヤルティを差し引き、奨励金を加え、販管費（営業費）を差し引いて営業利益を求め、営業利益から事業者収入を差し引いて営業利益残高を求める」という仕組みになっています。

4 ロイヤルティの支払・事業者収入の取得

フランチャイジーはフランチャイザーに対し、店舗の売上総利益に一定割合を乗じたロイヤルティを支払い、営業利益の中から事業者収入を取得します。

5 金銭管理とオープン・アカウント

店舗の売上金はフランチャイザーに送金され、オープン・アカウントに入金され、売上金から商品の仕入代金、ロイヤルティが支払われ、フランチャイジーが事業者収入を取得する仕組みが採られます。

6 会計代行

フランチャイザーは、商品の受発注・納品、販売に関する情報システム、POSレジスターにより、商品の仕入・売上などの取引をデータ処理し、フランチャイジーに代わり、店舗の取引記録、損益計算書、貸借対照表などの会計帳票を作成し、フランチャイジーに提出します。

A3（解説）

以下、本章における議論の前提として、コンビニ・フランチャイズ契約の概要について、次の六つの観点から解説したいと思います。[注1)]

① 契約類型・店舗建物（躯体／造作、内外装・設備工事部分）
② 店舗の設備（看板、商品販売用の什器・機器などの設備）・運営（商品の仕入・販売を中心とする営業活動、従業員の雇用）
③ 店舗会計上の損益計算
④ ロイヤルティの支払・事業者収入の取得
⑤ 金銭管理とオープン・アカウントによる金銭・債権債務の決済
⑥ 会計代行

1　契約類型・店舗建物

(1)　契約類型

ア　契約類型

コンビニ・フランチャイズ契約では、フランチャイザーによって、いくつかの契約類型が採用されていますが、基本的には、次の二つの契約類型に分けられます。

㋐　**フランチャイジー所有・賃借型**

　フランチャイジーが自らの負担で店舗として使用される建物（躯体）（以下「店舗建物」という）を所有・賃借し、店舗建物に設置されるコンビニエンスストア用の造作、内外装・設備工事部分（以下「造作、内外装・設備工事部分」という）を施工する契約類型（以下「フランチャイジー所有・賃借型」という）

㋑　**フランチャイザー所有・賃借型**

　フランチャイザーが自らの負担で店舗建物を所有・賃借し、造作、内外装・設備工事部分を施工したうえ、これをフランチャイジーに貸与する契約類型（以下「フランチャイザー所有・賃借型」という）

イ　契約類型の違い

フランチャイジー所有・賃借型は、酒販店、煙草店などの店主がコンビニエンスストアに業態変更する場合などに用いられる契約類型であり、フランチャイザー所有・賃借型は脱サラ、起業などの希望者がコンビニエンスストアを経営する場合などに用いられる契約類型です。

なお、ロイヤルティは、フランチャイジー所有・賃借型の方がフランチャイザー所有・賃借型よりも低額となっています。

⑵ 造作、内外装・設備工事部分の施工

フランチャイジー所有・賃借型では、フランチャイジーが造作、内外装・設備工事部分を設計・施工業者に施工させますが、フランチャイザーから、その設計（店舗のレイアウト）・施工方法、使用すべき建材・設備などの規格・仕様や、設計・施工業者が推奨・指定されます。

フランチャイザー所有・賃借型では、フランチャイザーが設計・施工業者に施工させ、フランチャイジーに施工済みの店舗建物が引き渡されます。

契約類型を問わず、造作、内外装・設備工事部分などには、フランチャイザー指定の標章（マーク）が使用されます。

2 店舗の設備・運営

⑴ 店舗の設備（看板、商品販売用の什器・機器などの設備）

店舗の看板、商品の陳列・販売に使用される什器（例：カウンター什器、ゴンドラ什器、冷凍冷蔵ショーケース、おでん什器）・機器（例：情報端末を搭載したインターネット商材販売用の機器）、商品の販売代金の精算に使用されるPOSレジスター、商品の発注・検品に使用されるコンピュータ・情報端末などは、契約類型を問わず、フランチャイザーから貸与され、コピー・ファクシミリ機、ＡＴＭ機などは当該サービス商材の仕入先（取引先）により設置されます。

当該看板、什器・機器などには、フランチャイザーの標章（マーク）が使用され、店内の什器・機器などの配置は、フランチャイザーが推奨・指定する店舗レイアウトに従ってなされます。

⑵　店舗の運営（商品の仕入・販売を中心とする営業活動、従業員の雇用）

ア　店舗運営

フランチャイジーは、自らの名義と計算で店舗を経営し、店舗の仕入・販売を中心とする営業活動を行います。

イ　運営体制

店舗は、店長・副店長（名称は各フランチャイザーにより異なる）役の責任者と、アルバイト（パートタイム）の店舗スタッフにより運営されます。フランチャイジーは、店長・副店長を選任し、従業員を雇用・教育することにより、店舗の運営体制を整備しますが、店長・副店長には、フランチャイジーや家族が店長・副店長となる場合と、第三者を雇用し、店長・副店長として選任する場合があります。

ウ　研修、マニュアル、助言・指導

店長・副店長役の責任者には、研修が義務づけられます。研修では、商品の発注・検品・陳列・販売、レジ精算、接客、清掃などを中心に、店舗での営業活動上必要となる知識、技術の習得がはかられます。また、フランチャイザーは、店舗の経営や営業活動に必要な知識・業務手順などを記載したマニュアル（手引書）をフランチャイジーに提供し、巡回指導員（名称はフランチャイザーにより異なる）により、個別の営業活動につき助言・指導をします。

⑶　営業時間

店舗は、原則、年中無休・24時間営業です。店舗の営業活動は、商品の仕入・販売が中心となります。

⑷　商品仕入

ア　商品・仕入先の推奨

商品は、いわゆるNB商品とPB商品とから成り、当該商品とその仕入先をフランチャイジーに推奨します。フランチャイジーは多くの場合、推奨された仕入先から推奨商品を仕入れますが、推奨外の仕入先から商品を仕入れることもできます。

コンビニエンスストアでは、狭い売場面積の中で、約3,000アイテムといわれる多品目の商品を、顧客の需要に応じ、効率的に陳列・販売することにより、売上の向上と在庫の削減がはかられます。商品は訴求力・販売力を高めるため、常時、更新（新商品の導入と旧商品の排除）がなされており、多品目・少量・多頻度の発注・納品に応じる供給体制が提供されます。一般の小売店では、当該商品開発、供給体制に応じる仕入先を見つけることはまず不可能ですので、フランチャイジーにとって、フランチャイザーから商品とその仕入先の推奨を受けることが、フランチャイズ・チェーンに加入する大きな動機づけとなります。

イ　発注指導

フランチャイジーは自らの判断と責任で、商品の発注を行い、フランチャイザーは、フランチャイジーに対し発注の参考として、当該店舗の仕入・販売・廃棄などの情報や、新商品・販促商品などの案内、売筋商品・死筋商品の情報などを提供し、また、巡回指導員により、これらの情報に当該店舗の立地・客層などを加味した、個別の発注（商品の品目・数量）を助言・指導します。

ウ　仕入契約（売買契約）

商品の仕入に関する契約（売買契約）は、フランチャイジーと仕入先との間に成立します。フランチャイジ－は、仕入先に対し商品の仕入代金の支払債務を負いますが、推奨商品の仕入代金については、フランチャイザーがフランチャイジーに代わって、仕入先に支払います（以下「代行支払」という）。

(5) 商品の受発注・納品の情報・物流システム

商品の受発注は、フランチャイザーから貸与されたコンピュータ・情報端末によりオンラインでなされ、発注データは、フランチャイザーが開発・構築した情報システムにより、フランチャイザー、仕入先、製造工場、物流センター（後述）などに送信され、これらの者の間で共有され、迅速かつ効率的に、商品が製造・納入される体制が組まれます。

多品目・少量・多頻度の発注・納品に対応するため、多くの商品につき、フランチャイザーの関与のもとに開発・構築された物流システムにより、仕入先、製造工場から専用の物流センターへ商品が搬入され、物流センターで小分けされ、専用車両により各店舗への配送が行われており（いわゆるセンター物流）、主力のデイリー商品（弁当、おにぎり、サンドウィッチ、惣菜などの中食と呼ばれる商品）などについては、一日複数回の配送体制が組まれます。

フランチャイジーは、店舗に納入された商品を、フランチャイザーから貸与されたコンピュータ・情報端末を使用して検品し、当該検品データ（仕入データ）は、上述の情報システムによりフランチャイザー、仕入先に送信され、後述の商品の仕入代金の代行支払や店舗会計の処理などの業務に使用されます。

(6) 商品の販売

ア 販 売

フランチャイジーは、納入された商品を陳列し、顧客に対し商品を販売します。商品の販売に関する契約（売買契約）は、フランチャイジーと顧客との間に成立します。

イ　販売代金の精算・処理

商品の販売代金の精算は、フランチャイザーから貸与されたPOSレジスターへの入力と現金の授受（またはクレジットカード、プリペイドカードなどによる決済）によってなされますが、入力と同時に、当該商品につき、会計上、売上処理がなされ、売上データが上述の情報システムによりフランチャイザーに送信され、後述の店舗会計の処理などの業務に使用されます。

ウ　販売価格、陳列方法などの推奨、助言・指導

商品の販売価格はフランチャイジーが決定しますが、フランチャイザーは推奨販売価格を提示します。また、フランチャイザーは、商品の陳列方法、販売方法（サービス商材の取扱方法）、販売代金の精算方法（POSレジスターの操作方法）などや、商品の販売に伴う接客方法、店舗内外の清掃方法などを記載したマニュアル（手引書）を提供します。また、巡回指導員により、商品の陳列、販売時の接客、店舗内外の清掃などについて、個別の助言・指導をします。

エ　売上送金

売上金は、毎日、フランチャイジーからフランチャイザーに銀行送金されます。また、売上金の中から従業員給料、通信費・水光費などの販売費および一般管理費（営業費）に該当する金銭が支払われます（支払われた金額の分、フランチャイザーへの送金額は減少する）。

3　店舗会計上の損益計算

(1)　損益計算の仕組み

フランチャイジーは自己の計算において、コンビニエンスストア事業を経営しますが、その損益計算は、概要、次の**図表34**の仕組みとなります（会計用語はフランチャイザーにより異なっている）。

【図表34】コンビニ・フランチャイズ契約のフランチャイジーの損益計算

売上高（ⓐ）	←顧客への商品販売
▲売上原価（ⓑ）	←商品の仕入金額・原価率などにより計算。廃棄ロス、棚卸ロスは売上原価に含まれない。
売上総利益（ⓒ）	
▲ロイヤルティ（ⓓ）	←フランチャイザーに支払うロイヤルティ。売上総利益×一定割合で計算される（売上総利益にロイヤルティがかかる）。
奨励金（ⓔ）	←フランチャイザーから支払われる各種の奨励金
▲販売費および一般管理費（営業費）（ⓕ）	←フランチャイジーが売上金から支払う従業員給料、通信費・水光費など。廃棄ロス、棚卸ロスは販管費（営業費）となる。
営業利益（ⓖ）	
▲事業者収入（ⓗ）	←フランチャイジーが取得する事業者収入
営業利益残高（ⓘ）	→留保利益として貸借対照表上の純資産の部に計上される。

(2) 損益計算の概略

上述の損益計算を説明すると、フランチャイジーが顧客に商品を販売すると、ⓐの売上高が立ちます。ⓐの売上高からⓑの売上原価が差し引かれ、ⓒの売上総利益が求められます。

ⓒの売上総利益から、フランチャイジーがフランチャイザーに支払うⓓのロイヤルティが差し引かれます。

「ⓒ－ⓓ」には、フランチャイザーがフランチャイジーに支払うⓔの奨励金が加えられます。「ⓒ－ⓓ＋ⓔ」からは、フランチャイジーが支出するⓕの販管費（従業員給料、通信費・水光費など）が差し引かれ、ⓖの営業利益が求められます。

ⓖの営業利益からは、フランチャイジーが経営者として取得するⓗの事業者収入が差し引かれ、ⓘの営業利益残高が求められ、営業利益残高は留保利益として、貸借対照表の純資産の部に計上されます。

4 ロイヤルティの支払・事業者収入の取得

(1) ロイヤルティ

フランチャイジーは、フランチャイザーに対し、売上総利益（売上高－売上原価）に一定割合を乗じた金額のロイヤルティ（その名称はフランチャイザーによって異なる）を支払います。ロイヤルティは、売上金ではなく、売上総利益にかかる仕組みが採られています。売上総利益の用語もフランチャイザーによって異なります。上述の売上原価は、「期首商品棚卸高＋期中商品仕入高－期末商品棚卸高」－「廃棄ロス原価高＋棚卸ロス原価高」の計算式により求める仕組みとなっており、廃棄ロス、棚卸ロスは売上原価とならず、販管費（営業費）となります。

⑵　事業者収入

フランチャイジーは、損益計算上の営業利益の中から、事業者収入を取得します（フランチャイジーは、独立の事業者であり、営業利益がなければ事業者収入を取得できない）。

5　金銭管理とオープン・アカウントによる金銭・債権債務の決済

⑴　金銭管理

フランチャイジーは、契約の開始時に、コンビニエンスストア経営にかかる資本金（出資金）相当額をフランチャイザーに支払い、また、開店後、毎日の売上金をフランチャイザーに送金します。当該資本金、売上金はフランチャイザーの収入とはならず、預かり金として処理され、次に述べるオープン・アカウントに入金され、商品の仕入代金、ロイヤルティの支払や、フランチャイジーによる事業者収入の取得に充てられます。これら金銭の出入りは次に述べるオープン・アカウントにより管理されます。

⑵　オープン・アカウントへの計上

ア　オープン・アカウント

フランチャイザーは、店舗ごとに、フランチャイジーとの間の金銭上の貸借を決済するため、独特の勘定（フランチャイザーにより名称は異なるが、以下「オープン・アカウント」と呼ぶ）を開設・管理します。

イ　オープン・アカウントへの金銭、債権債務の計上

オープン・アカウントでは、1）貸方に、（フランチャイザーからみて）ア）フランチャイジーから支払われた金銭、イ）フランチャイジーに対する債務が計上され、2）借方に、（フランチャイザーからみて）ウ）フランチャイジーに支払った金銭、エ）フランチャイジーに対する債権が計上されます。

ウ　金銭、債権・債務の具体例

ア）の金銭の例としては、フランチャイジーから送金された売上金があり、イ）の債務の例としては、フランチャイジーに対する各種の奨励金があり、ウ）の金銭の例としては、フランチャイジーに支払った事業者収入があり、エ）の債権の例としては、フランチャイジーに対する商品の仕入代金の代行支払による立替金やロイヤルティがあります。

以上を図示すると、次の**図表35**のとおりとなります。

【図表35】オープン・アカウントに計上される金銭、債権債務

1）貸方
- ア）フランチャイジーから支払われた金銭…売上金
- イ）フランチャイジーに対する債務…各種の奨励金

2）借方
- ウ）フランチャイジーに支払った金銭…事業者収入
- エ）フランチャイジーに対する債権…商品の仕入代金の代行支払による立替金、ロイヤルティ

(3)　オープン・アカウントによる決済

オープン・アカウントの貸方と借方は、毎月、総額において差引計算されます。この差引計算は、ア）の売上金（金銭）、イ）の奨

励金（債務）と、ウ）の事業者収入（金銭)、エ）の仕入代金の立替金、ロイヤルティ（債権）が一括して決済されたことを意味します。

ごく単純化していうと、貸方と借方の一括差引計算により、フランチャイジーは、売上金や奨励金から商品の仕入代金、ロイヤルティを支払い、事業者収入を取得したことになります。

(4) オープン・アカウントによる自動融資

ア　自動融資

差引計算後の貸方残高はフランチャイジーのフランチャイザーに対する貸付金債権として、また、借方残高はフランチャイザーのフランチャイジーに対する貸付金債権として、翌月のオープン・アカウントに自動的に繰り越され、(2)(3)で述べた金銭、債権債務の計上と差引計算、貸方または借方の残高の繰越しは契約の終了まで継続されます。借方残高（フランチャイジーに対する貸付金債権）の繰越しの継続は、フランチャイザーのフランチャイジーに対する運転資金の自動融資の機能を有します。

イ　最終精算

契約終了時において、貸方残高があればフランチャイザーはこれをフランチャイジーに支払い、借方残高があればフランチャイジーはこれをフランチャイザーに支払うことにより、最終的に両者の間の金銭上の貸借が精算されます。それまでの間（契約存続中）は、原則として、フランチャイジーからフランチャイザーに売上金の送金がなされ、フランチャイザーからフランチャイジーに事業者収入の支払がなされるだけで、それ以外、両者間に金銭のやりとりはなされません。

6 会計代行

フランチャイザーは、商品の受発注・納品、販売に関する情報システム、POSレジスターにより、商品の仕入・売上などの取引をデータ処理し、フランチャイジーに代わり、店舗の取引記録、損益計算書、貸借対照表などの会計帳票を作成し、フランチャイジーに提出します。

注

注１）木下安司『コンビニエンスストアの知識／第２版』（日本経済新聞出版社／2011）、笠井清志『ビジュアル図解コンビニのしくみ』（同文舘出版／2015）、セブン－イレブン・ジャパン社、株式会社ローソン、株式会社ファミリーマート、株式会社サークルKサンクス（両者は平成28年９月１日経営統合）、株式会社スリーエフの「フランチャイズ契約の要点と概説」日本フランチャイズチェーン協会のHPに掲載
(http://fc-g.jfa-fc.or.jp/article/article_36.html)

Q57

コンビニ・フランチャイズ契約の特徴

コンビニ・フランチャイズ契約は、他のフランチャイズ契約と比較し、どのような特徴を有していますか。

A 1（結論）

コンビニ・フランチャイズ契約は、他のフランチャイズ契約と比較し、次のような特徴を有しています。

- フランチャイザーの専業化
- 顕著なビジネス・フォーマット化の進展
- 情報・物流システムの高度化
- 独特のロイヤルティの算定方法
- 独特の金銭、債権債務の決済方法（オープン・アカウント）
- 取扱商品・サービスの多様性

A 3（解説）

1　フランチャイザーの専業化

コンビニ・フランチャイズ契約のフランチャイザーは、専業のフランチャイザー（原則としてフランチャイズ事業のみを経営し、商品の販売、サービスの提供などの対象事業を経営しないフランチャイザー。**Q 7**の**A 3**の**2**）に該当します。

直営店によるコンビニエンスストア事業の経営は、新業態を試す実験店、教育・訓練用の研修店、フランチャイザーが不在の場合の応急措置など、例外的な場合に限って行われているにすぎず、フランチャイザー各社の損益計算書を見ても、フランチャイズ事業の収益（加盟金・ロイヤルティ）の比重は、直営店によるコンビニエンスストア事業の収益（売上総利益）と対比し、圧倒的に高くなっています。

2　顕著なビジネス・フォーマット化の進展

コンビニ・フランチャイズ契約では、ビジネス・フォーマット化が顕著に進展しており、次のとおり広範な事項にわたり詳細かつ具体的な形でフランチャイズ・パッケージ（事業経営の仕組み）が提供されています。

- 店舗建物の造作、内外装・設備工事部分の設計（店舗のレイアウト）・施工方法や使用すべき建材・設備などの仕様・規格、設計・施工業者の推奨・指定
- 店舗の看板、商品の陳列・販売用の什器・機器、販売代金精算用のPOSレジスター、商品の受発注・納品用のコンピュータ・情報端末などの貸与
- 店舗の経営・運営に必要な知識・業務の研修、マニュアル（手引書）の提供、巡回指導員による助言・指導
- 商品とその仕入先の推奨、商品の仕入代金の代行支払、商品の受発注・納品用の情報・物流システムの提供、商品の発注に関する情報提供、助言・指導
- 商品の販売価格、商品の陳列・販売、販売代金の精算、接客・清掃などの個別の営業活動の推奨、助言・指導、マニュアル（手引書）の提供
- 資本金（出資金）・売上金の金銭管理、オープン・アカウントによるフランチャイザーとの間の金銭・債権債務の決済、運転資金の自動融資
- 会計代行（取引の記録、損益計算書・貸借対照表の作成）

3 情報・物流システムの高度化

(1) 情報・物流システムとEDI、ECR

コンビニ・フランチャイズ契約では、顧客の需要・利便性に応え、狭い売場面積の効率化をはかるため、多品目・少量・多頻度の発注・納品を可能とする、商品の受発注・納品用の高度な情報・物流システムが構築・提供されています。店舗のコンピュータ・情報端末、POSレジスターへの入力を起点として、店舗、フランチャイザー、仕入先、製造工場、物流施設の間で、商品の発注、検品、販売などのデータが共有されており、フランチャイズ・パッケージの関係者の枠内ではあるものの、EDI（通信回線による関連企業間の電子データの交換）ないしECR（効率的な消費者対応）により、商品取引の効率化、低コスト化、高付加価値化などがはかられています。

(2) ロジスティクス、サプライ・チェーン・マネジメント

上述の情報・物流システムは、商学で物流効率化のための概念として提示されているロジスティクス（＊）や、サプライ・チェーン・マネジメント（＊＊）を導入、実践するものです。

＊ロジスティクス

「原材料、商品、部品、完成品在庫の動きと、戦略的な在庫を企業の利潤拡大と適合するように管理するための企画管理システムが、経営上の責任をどの程度果たしているかを明確にするための包括的用語」であり、「調達、生産、販売に関するモノやサービスの組織的移動（付加価値在庫流）と、それを維持する情報流通（需要情報流）により構成される」[注1）]

＊＊サプライ・チェーン・マネジメント

「ロジスティクス体系を調達市場から販売市場に至るまでの流れを一つのチェーンとし、その中で在庫配分、移動を費用とサービスを基準として、情報によって、経営レベルで高度に管理するもの」であり、「供給業者、顧客、関連業者が必要な情報を共有し、生産、販売、配送、在庫、情報処理などの計画を調整し、一貫したモノの流れを作り出すことを目的としている」注2）

4　独特のロイヤルティの計算方法

(1)　売上総利益にロイヤルティをかけること

コンビニ・フランチャイズ契約では、下記のとおり、売上高に対してではなく、売上総利益に対し一定の割合を乗じた金額のロイヤルティがかけられています。

ロイヤルティ＝売上総利益×一定割合
売上総利益＝売上高−売上原価

(2)　売上原価の計算方法

また、売上原価の計算は、下記の計算式によりなされており、廃棄ロス（商品を廃棄することにより発生する損失）原価高、棚卸ロス（棚卸時に商品の実在高が帳簿在高に不足することにより発生する損失）原価高は売上原価には含まれず、販管費（営業費）として処理されています。

一般の税務会計では、廃棄ロス原価高、棚卸ロス原価高を売上原価に含める会計処理が多く行われているといわれていますので、この売上原価の計算方法は、コンビニ・フランチャイズ契約に独特の方法ということができます。

売上原価＝「期初商品棚卸高＋期中商品仕入高－期末商品棚卸高」－
「廃棄ロス原価高＋棚卸ロス原価高」

(3) 廃棄ロス、棚卸ロスを売上原価に含めない理由

廃棄ロス、棚卸ロスを売上原価に含めない理由は、期中に廃棄された商品（廃棄ロスを発生させた商品）、消失した商品（棚卸ロスを発生させた商品）には、販売された商品（の売上高）に対する原価性を認めず、実際に販売された商品の原価のみを売上原価とするのが相当であること、廃棄ロスはフランチャイジーによる発注精度の高低に左右され、棚卸ロスはフランチャイジーによる在庫管理の巧拙に左右されるため、これらを売上原価に含めると、発注精度が低く、在庫管理が拙いフランチャイジーのロイヤルティが、発注精度が高く、在庫管理が巧みなフランチャイジーのロイヤルティよりも低額となり、フランチャイジー間に不公平が生じることなどにあります。

5 独特の金銭、債権債務の決済方法（オープン・アカウント）

コンビニ・フランチャイズ契約では、オープン・アカウント（**Q67**）により、フランチャイザーとフランチャイジーとの間で支払われた金銭と、両者の間の債権債務が決済される仕組みが導入されています。

6 取扱商品・サービスの多様性

(1) 要　旨

コンビニエンスストアでは、顧客に対する利便性を最大化するため、一般の小売店では取り扱われていない多種多様な商品・サービスが販売・提供されています。以下、その代表例を解説します。

(2) 収納代行

収納代行とは、電気、ガスなどの公共料金や、ネット通販の販売代金などを、本来の債権者（電気料金の場合では電力会社。ネット通販の場合では通販業者）に代わってフランチャイジーが債務者（電力利用者、ネット通販の買主）から収納し、その収納金をフランチャイザーを通じ債権者に引き渡し、債権者から手数料収入を得る取引です。

公共料金では、債権者が発行した代行収納票に基づき、レジスターで料金を精算する方法が採られていますが、ネット通販の販売代金では、顧客が当該取引で付与された識別番号を店内に設置されたインターネット商材用の情報端末に入力して収納票を作成し、これに基づき、レジカウンターで代金を精算する方法が採られています。

(3) 引渡し代行

引渡し代行とは、ネット通販で販売された商品などの引渡しを、本来の売主（通販業者）に代わってフランチャイジーが買主に行い、売主から手数料収入を得る取引です。

ネット通販で買主によりコンビニでの引渡しが選択されると、通販業者から識別番号が付与され、顧客がこれを店内に設置されたインターネット商材用の情報端末に入力して引渡票を作成し、これに基づき、レジカウンターで商品を引き渡す方法が採られています。

(4) チケット発券

チケット発券は、(2)の収納代行、(3)の引渡し代行を組み合わせた取引であり、ネット通販で販売されたチケットの購入代金をチケットの販売業者に代わってフランチャイジーが購入者から収納し、その収納金をフランチャイザーを通じ販売業者に引き渡し、また、チケットの発券、引渡しを販売業者に代わってフランチャイジーが行い、販売業者から手数料収入を得る取引です。

チケットのネット通販で購入者によりコンビニでの支払、引渡しが選択されると、チケット販売業者から識別番号が付与され、購入者がこれを店内に設置されたインターネット商材用の情報端末に入力して取扱票を作成し、これに基づき、レジカウンターで代金を精算し、チケットの発券、引渡しを行う方法が採られています。

(5) 電子マネー・プリペイドカード販売

電子マネーは、店内に設置されたインターネット用の情報端末において、顧客が電子マネーの発行者から電子マネー（数字列、文字列などの識別番号により発行者、利用可能取引、金額などが特定される）を購入し、レジスターで代金を支払った後、インターネット上の商品・デジタルコンテンツの購入、ゲームの遊興などに際し、当該識別番号を入力し、利用するものです。

プリペイドカードは、その発行者が発行したカードを店舗で購入し（レジスターで代金を支払った後）、上記と同様のインターネット上の商品・サービスの購入などに際し、当該カードに表示された識別番号を入力し、利用するものです。

注

注１）石川『基礎』82頁以下

注２）石川・同上86頁以下

第2節

コンビニ・フランチャイズ契約に特有の仕組みと、これに関連する法的問題

Q58

ロイヤルティ（売上原価）の計算方法

コンビニ・フランチャイズ契約では、ロイヤルティはどのように計算されていますか。また、ロイヤルティの計算において、売上原価は廃棄ロス、棚卸ロスを含まない形で計算されるといわれていますが、それはどのようなことを意味するのですか。

A 1（結論）

コンビニ・フランチャイズ契約では、ロイヤルティは、売上高ではなく、売上総利益に対し一定割合を乗じた金額がかけられています。売上総利益は、「売上高－売上原価」の計算式により求められますが、売上原価は、「(期初商品棚卸高＋期中商品仕入高－期末商品棚卸高)－(廃棄ロス原価高＋棚卸ロス原価高)」の計算式により求められ、廃棄ロス原価高、棚卸ロス原価高は売上原価には含まれません。

廃棄ロス原価高、棚卸ロス原価高が売上原価に含まれない結果、

これらが売上原価に含められる場合と比較し、売上原価は減額となり、その分、売上総利益は増額となり、ロイヤルティも増額となります。

廃棄ロス原価高、棚卸ロス原価高が売上原価に含まれない理由は、売上原価は、現に売り上げた商品に対する原価をいい、売り上げずに廃棄された商品（廃棄ロスを発生させた商品）、消失となった商品（棚卸ロスを発生させた商品）は売り上げた商品に対し原価性を有しないとの考えと、廃棄ロスは発注精度が低く、売残りの多い場合に多く発生し、棚卸ロスは在庫管理が拙く、消失した商品が多い場合に多く発生するため、これらが売上原価に含まれると、発注精度が低く、在庫管理が拙いフランチャイジーの方が発注精度が高く、在庫管理が巧みなフランチャイザーよりもロイヤルティが低くなり、フランチャイジー間に不公平が生じることにあります。

A3（解説）

1 ロイヤルティの計算方法

(1) 売上総利益に対しロイヤルティをかけていること

一般のフランチャイズ契約（ライセンス契約）では、フランチャイジーの「売上高」に対し、ロイヤルティをかけることが多いかと思われますが、コンビニ・フランチャイズ契約では、次のように、「売上総利益」に対し、ロイヤルティがかけられています。

ロイヤルティ＝売上総利益×一定割合
売上総利益＝売上高－売上原価

(2) 荒利分配方式

上述の売上総利益にロイヤルティをかける計算方法は、荒利分配方式と呼ばれています。売上総利益は、一般に、荒利と呼ばれており、当該計算方法では、荒利の一部がフランチャイザーによってロイヤルティとして取得され、残部がフランチャイジーによって取得されるため、荒利がフランチャイザーとフランチャイジーに分配されるとみて、荒利分配方式と呼ばれているものです。
しかし、フランチャイズ契約はライセンス契約（賃貸借類似）の法的性質を有しており（**Q10**）、フランチャイザーとフランチャイジーの関係には法的な意味での共同事業関係はありませんので（**Q12**）、フランチャイザーとフランチャイジーが荒利（売上総利益）を分け合う（分配する）という説明は、法的には不適切ではないかと思われます。

2 売上原価の計算方法

(1) 二つの計算方法

ア 二つの計算方法

売上原価の計算については、次頁の**図表36**のとおり、二つの計算方法がありますが、注1) コンビニ・フランチャイズ契約では、②の計算方法が採られています。

①売上原価＝㋐期初商品棚卸高＋㋑期中商品仕入高－㋒期末商品棚卸高
②売上原価＝(㋐期初商品棚卸高＋㋑期中商品仕入高－㋒期末商品棚卸高)－(㋓廃棄ロス原価高＋㋔棚卸ロス原価高)

【図表36】売上原価の計算方法

①の売上原価の計算方法

借方	貸方
㋐ 期初商品棚卸高	① 売上原価
㋑ 期中商品仕入高	㋒ 期末商品棚卸高

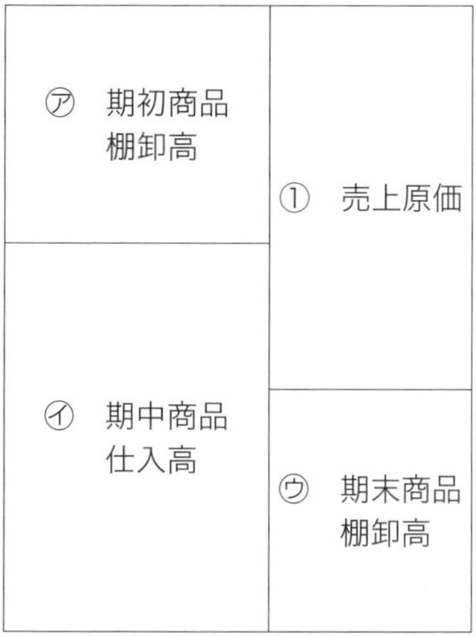

②の売上原価の計算方法

借方	貸方
㋐ 期初商品棚卸高	② 売上原価
㋑ 期中商品仕入高	※1
	※2
	㋒ 期末商品棚卸高

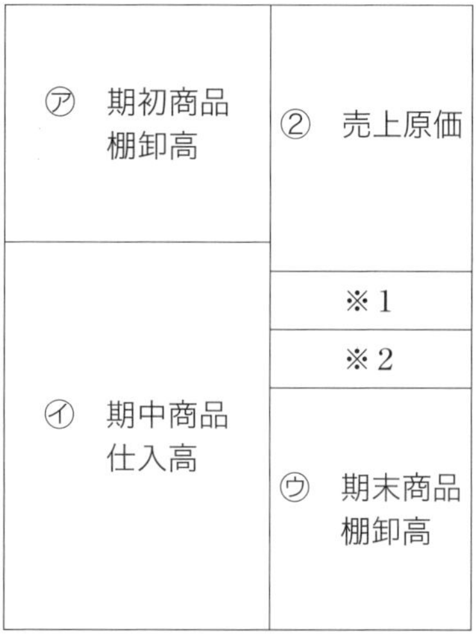

※1　㋓廃棄ロス原価高
※2　㋔棚卸ロス原価高

イ　計算方法の説明

㋐の期初商品棚卸高は期初の帳簿上、どれだけの商品が存在したかを示し、㋑の期中商品仕入高は期中において帳簿上、どれだけの商品が仕入れられたかを示し、㋒の期末商品棚卸高は期末の帳簿上、どれだけの商品が存在したかを示しています。

㋓の廃棄ロス原価高は、品質低下、陳腐化などにより販売できなくなった商品を廃棄したことにより、発生する損失（ロス）の原価高をいいます。

㋔の棚卸ロス原価高は、実地棚卸の結果、帳簿上存在すべき商品が実在しない（棚不足の）場合に発生する損失（ロス）の原価高をいいます。商品が実在しない理由は、商品が店舗で保管・陳列されている間に、販売、廃棄以外の原因で消失したこと意味し、従業員による窃盗（内引き）、来店客による窃盗（万引き）、商品の紛失、売上の未計上などがその主な原因とされています。

(2) 売上原価の計算方法の違い

ア ①の売上原価の計算方法

①の売上原価の計算方法の「㋐＋㋑－㋒」の計算式は、棚卸資産としての商品が、当期においてどれだけ減少したかを示しており、①の売上原価の計算方法は、この「商品の減少額」を売上原価とみるものです。商品が減少した理由は、販売されたか、廃棄されたか、それ以外の原因で消失したかのいずれかですから、①の売上原価の計算方法は、これらの事由を問わず、減少した商品のすべてが販売された商品に対し原価性を有するとみる考え方ということができます。

イ ②の売上原価の計算方法

これに対し、②の計算方法は、㋓の廃棄ロス原価高（廃棄された商品の原価高）、㋔の棚卸ロス原価額（棚卸時に消失が判明した商品の原価高）を売上原価に含めない（「㋐＋㋑－㋒」から「㋓＋㋔」を差し引く）ため、売上原価を「実際に販売された商品」の原価のみとし、販売以外の廃棄、消失となった商品は販売された商品に対し原価性を有しないとみる考え方ということができます。

ウ コンビニ・フランチャイズ契約の売上原価の計算方法

一般の小売店の税務会計では、①の計算方法が採られていることが多いといわれていますが（**Q59**の東京高判平17.2.24の判示）、コンビニ・フランチャイズ契約では、②の計算方法が採られています。

②の計算方法が採られるのは、上述の販売以外の廃棄、消失と

なった商品は原価性を有しないとの考え方に加え、廃棄ロスはフランチャイジーによる発注精度が低い場合に多くの売残り・廃棄が発生し、棚卸ロスはフランチャイジーによる在庫管理が拙い場合に多くの消失が発生するため、これらを売上原価に含めると、発注精度が低く、在庫管理が拙いフランチャイジーの方が、発注精度が高く、在庫管理が巧みなフランチャイジーよりもロイヤルティが低くなり、フランチャイジー間に不公平が生じるからであるとされています。

また、これら以外に、コンビニ・フランチャイズ契約では、商品の発注、在庫管理を含む店舗の運営は、フランチャイジーの責任に委ねられており、その責任の範囲内に生じた発注精度の低さに起因する廃棄ロスや、在庫管理の拙さに起因する棚卸ロスは、フランチャイジーが費用（営業費）として負担すべきである、との考え方もあるのではないかと思われます。

(3) 廃棄ロスに関するコンビニエンスストア特有の事情

なお、廃棄ロスに関しては、コンビニエンスストアでは、主力の弁当、おにぎり、サンドウィッチ、惣菜などの中食と呼ばれる商品が日持ちしないため、商品の廃棄量が多くなりがちであり、加えて、商品の品質管理を厳格に行い、商品を購入した顧客に十分な消費期間を与えるため、メーカーが定めた賞味期限、消費期限よりも早い時期に販売期限を設け、販売期限が切れた商品は廃棄するよう指示ないし助言・指導しているため、賞味期限、消費期限が切れるまで商品を販売する場合と比較し、廃棄量が多くなりがちである、という特有の事情があります。

3　②の売上原価の計算方法の有効性

売上原価の計算方法につき、①、②いずれの計算方法を採るかは、当事者の合意（契約自由）に委ねられる事項であり、②の計算方法は、公序良俗に反し、無効となるものではありません［**Q59**の東京高判平17.2.24、最(二小)判平19.6.11も、このことを前提に、当該計算方法の合意の成否を判断したものと理解される］。

4　開示・説明義務

フランチャイザーは、小振法第11条第１項第６号、同法施行規則第11条の表の事項７により、「加盟者から定期的に徴収する金銭に関する事項」の内容イとして、「徴収する金銭の額又は算定に用いる売上、費用等の根拠を明らかにした算定方法」につき書面交付の義務・説明義務を負っています。この「徴収する金銭の算定に用いる売上、費用等の根拠を明らかにした算定方法」には、ロイヤルティの計算方法のほか、売上原価の算定方法も含まれると考えられます。

また、フランチャイズ・ガイドラインの２⑵ア④では、加盟者の募集にあたり、「加盟後、本部の商標、商号等の使用、経営指導等の対価として加盟者が本部に定期的に支払う金銭（以下「ロイヤルティ」という。）の額、算定方法、徴収の時期、徴収の方法」について、開示が的確に実施されることが望ましいとされており、この「ロイヤルティの算定方法」にも、売上原価の算定方法が含まれると考えられます。

フランチャイズ契約（特に、顕著にビジネス・フォーマット化が進展したコンビニ・フランチャイズ契約）では、コンビニエンスストア事業の知識・経験に乏しい個人か小規模の企業がフランチャイジーとなる可能性があり、また、コンビニ・フランチャイズ契約の場合、②の売上原価の計算方法は、一般の税務会計とは異なっていますので、上述の公法上の開示・説明義務を規定する条項は、一種の強行法規として、私法上の開示・説明義務を課した条項と理解すべきではないかと考えられます。

注

注１）東京高判平17.2.24金商1250.33

Q59

ロス・チャージ訴訟

ロス・チャージ訴訟とは、どのような訴訟のことをいうのですか。どのような内容の判決が出されていますか。

A 1（結論）

コンビニ・フランチャイズ契約では、ロイヤルティは、「売上総利益（売上高－売上原価）×一定割合」の計算式で求められ、売上原価は廃棄ロス原価高、棚卸ロス原価高を含めない計算式で求められています。ロス・チャージ訴訟とは、「上述の計算方法を採ることが当事者間で合意されていない」か「合意されているが、公序良俗違反により無効である」との理由により、「上述の計算方法により計算され、徴収されたロイヤルティの金額」と「廃棄ロス原価高、棚卸ロス原価高を含めて（差し引かずに）売上原価を計算し、これをもとに計算された売上総利益に対するロイヤルティの金額」との差額を不当利得として返還請求する訴訟をいいます。

ロス・チャージ訴訟の成否は、契約において、上記のロイヤルティの計算方法が合意されているか否かの解釈と、合意されている場合の当該合意の公序良俗違反の有無にかかります。

前者（計算方法の合意）については、契約の解釈の問題ですので、一概にその結論を示すことはできませんが、裁判例では、同一の事案に関し、フランチャイズ契約において上述の計算方法を採ることが合意されていないと解釈して不当利益返還請求を認容したものと、上述の計算方法を採ることが合意されていると解釈して認容判決を破棄差し戻ししたものが存在しています。

後者（合意されている場合の当該合意の公序良俗違反の有無）については、当該計算方法は、裁判例において企業会計原則上も正当であると認められており、暴利行為などにも該当しないため、公序良俗違反とはならないと考えられます。

A 3（解説）

1 ロイヤルティの計算方法

(1) 計算方法

ロス・チャージ訴訟の前に、ロイヤルティの計算方法について説明します。

コンビニ・フランチャイズ契約においては、ロイヤルティは、次の計算方法によって求められます（**Q58**）。廃棄ロス原価高、棚卸ロス原価高は売上原価に含まれず、フランチャイジー負担の販管費（営業費）に含まれます。

①ロイヤルティ＝売上総利益×一定割合
②売上総利益＝売上高－売上原価
③売上原価＝(㋐期初商品棚卸高＋㋑期中商品仕入高－㋒期末商品棚卸高)－(㋓廃棄ロス原価高＋㋔棚卸ロス原価高)

(2) 批判的立場

これに対し、一部のフランチャイジーは、売上原価は「期初商品棚卸高＋期中商品仕入高－期末商品棚卸高」の計算式によって求めるべき（廃棄ロス原価高、棚卸ロス原価高を売上原価に含めるべき）であり、ロイヤルティは、当該売上原価をもとに計算された売上総利益に対する金額であるべきであるとの立場を採っています。

2 ロス・チャージ訴訟

ロス・チャージ訴訟とは、1(2)の批判的立場に基づく次のような訴訟をいいます。

ⓐ 「1(1)の計算方法を採ることが当事者間で合意されていない」か「合意されているが、公序良俗違反により無効である」との理由により、当該計算方法により計算され、徴収されたロイヤルティの金額と「廃棄ロス原価高、棚卸ロス原価高を含めて（差し引かずに）売上原価を計算し、これをもとに計算されたロイヤルティの金額」との差額を、不当利得として返還請求する訴訟（フランチャイザーの清算金請求に対し、当該不当利得返還請求権との相殺権を行使する訴訟を含む）

ⓑ 「売上原価の計算方法の開示・説明義務の違反」を理由に、上述の差額を、損害賠償として請求する訴訟（フランチャイザーの清算金請求に対し、当該損害賠償請求権との相殺権を行使する訴訟を含む）

3 ロス・チャージ訴訟の成否

ロス・チャージ訴訟の成否は、契約において、1(1)で述べたロイヤルティの計算方法が合意されているか否かの解釈と、合意されている場合の当該合意の公序良俗違反の有無にかかります。

前者（計算方法の合意）については、契約の解釈の問題ですので、一概にその結論を示すことはできませんが、裁判例では、同一の事案に関し、フランチャイズ契約において上述の計算方法を採ることが合意されていないと解釈して不当利益返還請求を認容したものと、上述の計算方法を採ることが合意されていると解釈して認容判決を破棄差し戻ししたものが存在しています。

後者（合意されている場合の当該合意の公序良俗違反の有無）については、当該計算方法は、裁判例において企業会計原則上も正当であると認められており、暴利行為などにも該当しませんので、公序良俗違反とはならないと考えられます。

4 裁判例

(1) 概　要

ア　ⓐのロス・チャージ訴訟のうち、ロイヤルティの計算方法の合意の成否が争点となったもの

東京高判平17.2.24金商1250.33では、売上原価につき、廃棄ロス原価高、棚卸ロス原価高を含めない（差し引く）計算方法を採ることにつき合意が成立していないとして、フランチャイジー勝訴の判決が出されましたが、上告審の最(二小)判平19.6.11判タ1250.76では、当該合意の成立が認められ、フランチャイザー勝訴の判決が出されています（後述）。これらの裁判例は、当該計算方法の合意の有効性（公序良俗違反により無効とならないこと）を前提に、その合意の成否が争点となったものと理解されます。

イ　ⓑのロス・チャージ訴訟

当該訴訟も散見されますが、売上原価の計算方法に関する開示・説明義務違反を本格的に論じた公刊の判例集に掲載の裁判例は見当たらないようです。

⑵　東京高判平17.2.24、最(二小)判平19.6.11の詳細

ア　事　案

事案は、セブン－イレブン・ジャパン社のフランチャイズ契約では、次の計算方法により、チャージ（ロイヤルティ）の計算がなされていたが、契約書には、2）の計算として、「売上総利益（売上高から売上商品原価を差し引いたもの）」との記載はあるが、当該売上商品原価（下記純売上原価）を明示的に定義する条項は設けられていなかったというものです。

1）チャージ（ロイヤルティ）＝売上総利益×一定割合
2）売上総利益＝売上高－純売上原価
3）純売上原価＝総売上原価（月初商品棚卸高＋当月商品仕入高－月末商品棚卸高）－（商品廃棄等＋棚卸増減＋仕入値引）（※）

※　月を単位にしているので、「月初」「当月」「月末」の用語が使用されている。「商品廃棄等」が「廃棄ロス原価高」に相当し、「棚卸増減」中の「棚卸減」が「棚卸ロス原価高」に相当する。

イ　東京高判平17.2.24

フランチャイジー勝訴…3）の計算式（商品廃棄等、棚卸増減を純売上原価に含めない計算式）を採るとの合意は成立していないとの理由で、不当利得返還請求を認容

要旨：

ア）「売上総利益」「売上商品原価」については、契約書中に定義がなければ、フランチャイジーとなろうとする者が「通常理解する意味内容（一般用語、専門用語として通常理解される意味内容）」のものとして客観的に解釈される。そうだとすると；

「売上総利益」は企業会計原則でいう「売上総利益」（売上高－

売上原価）と解するのが自然であるから、「売上商品原価」は企業会計原則でいう「売上原価」（期首商品棚卸高＋当期商品仕入高－期末商品棚卸高）をいうことになる。

イ）企業会計原則上は、廃棄ロス原価及び棚卸ロス原価は売上原価とする方式（原価方式）、販売費（営業費）とする方式（本件）のいずれの会計処理も正当であるが、財務会計・税務会計の実務では原価方式が慣習として定着しており、売上原価には廃棄ロス原価や棚卸ロス原価を含むと理解するのが一般であるから、売上商品原価には廃棄ロス原価及び棚卸ロス原価を含まないと契約書に明記されていない以上、「売上商品原価」には「廃棄ロス原価及び棚卸ロス原価を含む」と解するのが相当である。

ウ）廃棄ロス原価及び棚卸ロス原価は売上原価と営業費の二重計上が許されず、これらは契約書上は営業費として明記されているので、廃棄ロス原価及び棚卸ロス原価は、「売上商品原価」には含まれないとの解釈（本訴でセブン－イレブン・ジャパン社が主張）は、迂遠で、技巧的、技術的に過ぎる解釈で、フランチャイジーとなろうとする者に当該解釈を期待するのは無理である。フランチャイズ・ガイドラインもロイヤルティの算定方法を十分説明することが望ましいとしている。廃棄ロス原価及び棚卸ロス原価は（営業費として）加盟者の負担であると説明しても、「売上商品原価に廃棄ロス原価及び棚卸ロス原価が含まれない」と説明したことにはならない。

エ）本件の経営委託説明会、面接等における説明・資料、加盟希望者に配布された「契約の要旨の概説」と題する資料、研修及びその教材には「売上総利益」についての具体的な説明・記載はなく、経営委託期間中の店舗に備えつけられていたシステムマニュアルの損益計算書の項目には「純売上原価」は総売上原価から仕入値引高、商品廃棄等及び棚卸増減を差し引いて計算されるとの記載はあったが、フランチャイジーには読む機会はなく、フランチャイジーが受領した損益計算書には売上原価の欄に、「(1)月初商品棚卸高　(2)当月商品仕入高、合計、(3)月末商品棚卸高、総売上原価、(4)仕入値引高、(5)商品廃棄等、(6)棚卸増減、純売上原価」の記載があり、営業費の欄に、「(3)棚卸増減、(11)不良品」の記載があったが、フランチャイジーはその内容を検討・認識していない。

セブン－イレブン・ジャパン社の担当者は、損益計算書に即したチャージの具体的算定方法は説明せず、フランチャイジーはこれを理解していなかったので、フランチャイジーがセブン－イレブン・ジャパン社の会計方式を理解して契約を締結したとは認められないし、事後、これを理解して承認したとも認められない。損益計算書は会計処理になじみのない者には理解が容易でなく、セブン－イレブン・ジャパン社の損益計算書の用語はまぎらわしく不統一であり、セブン－イレブン・ジャパン社の担当者も十分な説明をしたとはいえないので、フランチャイジーが理解できなかったのは無理からぬところである。

ウ　最(二小)判平19.6.11

セブン－イレブン・ジャパン社勝訴（原判決破棄差戻）…商品廃棄等、棚卸増減を商品売上原価（純売上原価）に含めないとの合意の成立が認められる（余地がある）との理由で、原判決破棄差戻

要旨：

a)「売上商品原価（純売上原価)」の文言は「実際に売上げた商品の原価」を意味すると解される余地が十分にあり、企業会計原則でいう「売上原価」を意味するとは即断できない。

b) 契約書において廃棄ロス原価及び棚卸ロス原価が営業費として定められ、セブン－イレブン・ジャパン社の担当者は加盟者の負担となることを説明しており、当該定めや説明はセブン－イレブン・ジャパン社の会計処理（営業費方式）と整合する。

c) 経営委託期間中のシステムマニュアルの損益計算書についての項目に、売上総利益は売上高から純売上原価を差し引いたものであること、純売上原価は総売上原価から仕入値引高、商品廃棄等及び棚卸増減を差し引いて計算されるとの記載がある。

d) 契約書の条項の解釈は、文言の文理、他の条項との整合性、契

約締結に至る経緯等を総合的に考慮して判断すべきところ、a）〜c）からは、「売上商品原価」は実際に売り上げた商品の原価を意味し、廃棄ロス原価及び棚卸ロス原価を含まないと解するのが相当である。

Q60

廃棄ロス、棚卸ロスにロイヤルティをかけているか

コンビニ・フランチャイズ契約では、フランチャイザーは、廃棄ロスにロイヤルティをかけていることになりますか。

A 1（結論）

コンビニ・フランチャイズ契約では、ロイヤルティは「売上総利益×一定割合」で求められ、売上総利益は「売上高－売上原価」で求められますが、売上原価には廃棄ロス原価高、棚卸ロス原価高は含まれていません。その結果、廃棄ロス原価高を売上原価に含める場合よりもロイヤルティの金額は高くなりますが、それは、売上原価に廃棄ロス原価高を含めない結果生じたものであり、廃棄ロス原価高を売上総利益の一部とみてロイヤルティをかけているのではないと考えられます。

A 3（解説）

1　ロイヤルティの計算方法

(1)　ロイヤルティの計算方法

コンビニ・フランチャイズ契約において、ロイヤルティは次の計算式により計算されています。

ロイヤルティ＝売上総利益×一定割合…①
売上総利益＝売上高－売上原価…②
売上原価＝（期初商品棚卸高＋期中商品仕入高－期末商品棚卸高）－
　　　　（廃棄ロス原価高＋棚卸ロス原価高）…③

その特徴は、③の売上原価の計算において、廃棄ロス原価高、棚卸ロス原価高を差し引き、これを売上原価に含めない方式を採っていることです。

(2) 廃棄ロス原価高、棚卸ロス原価高を売上原価に含めない理由

廃棄ロス原価高、棚卸ロス原価高を売上原価に含めない理由は、主として、次の三点にあります。

㋐ 現に販売した（売上高を立てた）商品のみに原価性を認め、販売以外の廃棄、消失となった商品には原価性を認めないとの考え方に立つのが相当であること
㋑ 廃棄ロスは発注精度の高低により左右され、棚卸ロスは在庫管理の巧拙によって左右されるところ、廃棄ロス原価高、棚卸ロス原価高を売上原価に含めると、発注精度の低い、在庫管理の拙いフランチャイジーの方が、発注精度の高い、在庫管理の巧いフランチャイジーよりもロイヤルティが低くなり、フランチャイジー間に不公平が生じること
㋒ 商品の発注、在庫管理はフランチャイジーの責任に委ねられており、その責任範囲内に生じた発注精度の低さ・在庫管理の拙さに起因する廃棄ロス原価高、棚卸ロス原価高は、フランチャイジーが費用（営業費）として負担すべきこと

2　フランチャイズ・ガイドライン

(1)　ガイドラインの定め

フランチャイズ・ガイドラインは、その3(1)アの「(見切り販売の制限)」の「(注4)」において、「コンビニエンスストアのフランチャイズ契約においては、売上総利益をロイヤルティの算定の基準としていることが多く、その大半は、廃棄ロス原価を売上原価に算入せず、その結果、廃棄ロス原価が売上総利益に含まれる方式を採用している。この方式の下では、加盟者が商品を廃棄する場合には、加盟者は、廃棄ロス原価を負担するほか、廃棄ロス原価を含む売上総利益に基づくロイヤルティも負担することとなり、廃棄ロス原価が売上原価に算入され、売上総利益に含まれない方式に比べて、不利益が大きくなりやすい」と定めています。

(2)　廃棄ロス原価高にロイヤルティをかけていないこと

ア　廃棄ロス原価高にロイヤルティをかけていないこと

上記フランチャイズ・ガイドラインの記述中、「廃棄ロス原価が売上総利益に含まれる」「加盟者は…（中略）…廃棄ロス原価を含む売上総利益に基づくロイヤルティも負担する」の部分については以下の疑問があり、廃棄ロス原価高にはロイヤルティをかけていないと解するのが相当であると考えられます。

イ　廃棄ロス原価高が売上総利益に含まれるとみえるのは計算の見かけ上のことであり、廃棄ロス原価高が売上総利益の一部とみて、ロイヤルティをかけているのではないこと

③の売上原価の計算式を②の「売上原価」に代入すると、次の④の計算式となります。

売上総利益＝売上高－期初商品棚卸高－期中商品仕入高＋期末商品棚卸高＋廃棄ロス原価高＋棚卸ロス原価高…④

④の計算式だけをみると、売上総利益の計算において、廃棄ロス原価高、棚卸ロス原価高はプラスされていますので、一見、廃棄ロス原価高は売上総利益に含まれ、これに対しロイヤルティがかけられているように思われます。

しかし、③の計算式は売上高から差し引かれるべき売上原価の計算において、「期初商品棚卸高＋期中商品仕入高－期末商品棚卸高」（＝当期の商品棚卸高の減少額）から廃棄ロス原価高、棚卸ロス原価高を差し引いたことを意味するものであり、実際に販売した商品に対応する売上原価を計算したものにすぎません。

すなわち、④の計算式では、廃棄ロス原価高、棚卸ロス原価高は売上総利益にプラスされていますが、それは、売上総利益の計算式において差し引かれるべき売上原価について、「首初商品棚卸高＋期中商品仕入高－期末商品棚卸高」から、「廃棄ロス原価高＋棚卸ロス原価高」を差し引いたため、計算の見かけ上、廃棄ロス原価高はマイナスのマイナスとしてプラスとなっただけのことであり、廃棄ロス原価高を売上総利益の一部とみて、これにロイヤルティをかけているのではありません。

ウ　廃棄ロス原価高を売上原価に含めなかったので、ロイヤルティが高額となったのであり、廃棄ロス原価高にロイヤルティをかけたのではないこと

廃棄ロス原価高、棚卸ロス原価高を含めないで売上原価を計算した場合（③の計算式）の方が廃棄ロス原価高、棚卸ロス原価高を含めて売上原価を計算した場合（次の⑤の計算式）よりも売上原価は低額となり、売上総利益、ロイヤルティが高額となるのは事実ですが、それは、廃棄ロス原価高、棚卸ロス原価高にロイヤルティをか

けたからではなく、⑤の計算式のように「当期の商品棚卸高の減少額」を売上原価と考え、これに基づき売上総利益を計算しロイヤルティをかけた場合と比較し、その金額が高額となったからにすぎません。

売上原価＝期初商品棚卸高＋期中商品仕入高－期末商品棚卸高・・・⑤

言葉を換えると、③の売上原価の計算式は、「当期の商品棚卸高の減少額」（これには、廃棄ロス原価高、棚卸ロス原価高が含まれている）から、廃棄ロス原価高、棚卸ロス原価高を差し引いたものにすぎず、売上総利益に廃棄ロス原価高、棚卸ロス原価高を加え、ロイヤルティをかけたものではない、と表現することも可能です。[注1)]

エ　排除措置命令

なお、セブン－イレブン・ジャパン社に対する見切り販売の制限の排除措置命令（**Q62**）では、「加盟店で廃棄された商品の原価相当額については、加盟店基本契約に基づき、その全額を加盟者が負担することとされているところ、セブン－イレブン・ジャパンは、…（中略）…加盟者から収受している…（中略）…ロイヤルティ（以下「ロイヤルティ」という。）の額について、…（中略）…加盟店で販売された商品の売上額から当該商品の原価相当額を差し引いた額（以下「売上総利益」という。）に一定の率を乗じて算定することとし、ロイヤルティの額が加盟店で廃棄された商品の原価相当額の多寡に左右されない方式を採用している」と摘示されており、コンビニ・フランチャイズ契約のロイヤルティの計算方法の説明としては、この摘示が正確なのではないかと考えられます。

なお、ロイヤルティの金額が廃棄ロス原価高の多寡に左右されず、廃棄ロス原価高がフランチャイジーの負担（営業費）となる会計の仕組みでは、フランチャイザーが売上増を重視し、フランチャイジーの利益を軽視して、増量発注を強要するおそれがあることが指摘されています（**Q61**）。

注

注１）神田『実務と書式』184頁

Q61

廃棄ロスを売上原価に含めず、販管費（営業費）とする会計処理と増量発注の強要のおそれ

コンビニ・フランチャイズ契約において、フランチャイザーのフランチャイジーに対する商品の仕入（発注）の助言・指導に関し、増量発注を強要するおそれが強いといわれる理由はどのようなものですか。また、フランチャイザーが発注（発注する商品の品目・数量）の指定を行うとしたら、その法適合性はどのように判断されると考えられますか。

A 1（結論）

コンビニ・フランチャイズ契約では、ロイヤルティは、「売上総利益（売上高－売上原価）×一定割合」の計算式で求められ、売上原価は「（期初商品棚卸高＋期中商品仕入高－期末商品棚卸高）－（廃棄ロス原価高＋棚卸ロス原価高）」の計算式で求められており、売上原価には廃棄ロス原価高が含められません。廃棄ロス原価高はフランチャイジー負担の販管費（営業費）となります。

ロイヤルティの金額は廃棄ロス原価高の多寡に左右されず、フランチャイジーの負担となるだけですので、フランチャイザーとしては、売上の増加を重視し、廃棄ロス原価高（販管費）の負担による営業利益の減少を軽視し、商品仕入の助言・指導に関し、増量発注を強要するおそれが強いことになります。

なお、フランチャイザーが発注数量を指定した場合、その法適合性の要件は「目的の正当性＋指定・義務づけの必要性＋相当性＋有益性」となりますが、その相当性・有責性には疑問があり、法適合性は否定される可能性があると考えられます。コンビニ・フランチャイズ契約では、商品の発注について、発注数量の指定制度は採

られていません。

A 3（解説）

1　発注の判断・責任と助言・指導

(1)　発注の判断・責任

コンビニ・フランチャイズ契約では、商品の発注（発注する商品の品目・数量の決定）はフランチャイジーの判断と責任で行うとの原則が採られています。

(2)　発注の助言・指導

ア　発注の助言・指導

フランチャイザーはフランチャイジーに対し、商品の発注に関し、次のとおり、関連する情報の提供と、個別の発注の助言・指導などをしています。

① 当該店舗の仕入・販売・廃棄などの情報や、新商品・販促商品などの案内、売筋商品・死筋商品の情報などを提供すること
② 巡回指導員により、上記の情報に当該店舗の立地・客層などを加味した、個別の発注（発注する商品の品目・数量）を助言・指導すること

イ　個別の発注の助言・指導の目的

個別の発注を助言・指導する目的は、主に、次の二点にあると思われます。

㋐　顧客に対する販売機会の喪失（*）の防止と廃棄ロス（**）の適正化を両立させた、適切な品目・数量の発注を行うこと
㋑　チェーン共通のイメージが確保される発注を行うこと（店舗で標準的・統一的な品目・数量の商品が陳列・販売されないと、顧客に対するチェーン共通のイメージが害される）

＊販売機会の喪失

来店客が買いたい商品が売場に陳列・販売されていない（売場欠品の）ため、販売する機会を失うこと。販売機会の喪失は売上を失うだけでなく、顧客の期待を裏切り、店舗の評判を落とすとされている。

＊＊廃棄ロス

売れ残った商品を廃棄することにより発生する損失のこと。店舗で仕入れた商品が売れ残り、廃棄された場合、店舗経営者には廃棄ロスが発生する。コンビニ・フランチャイズ契約のように、廃棄ロスを売上原価に含めない会計処理では、廃棄ロスが増えると、その分、販管費（営業費）が増額となり、フランチャイジーの営業利益は、廃棄ロスの分、減額となる（**Q56**の**A３**の**❸**）。

他方、廃棄ロスを免れるため、発注（する商品の品目・数量）を絞り込むと、販売機会の喪失を招来し、売上が低下するおそれがあるため、その適正化をはかり、売上と販管費のバランスをとり、営業利益を最大化させることが重要とされている。

(3)　助言・指導にとどめていること

発注する商品の品目・数量を「指定」せず、「助言・指導」にとどめているのは、フランチャイジーは独立の事業者として、店舗のすべての利益・損失が帰属する立場にあり、営業利益を最大化する

ため、店舗の立地特性、地域の消費動向、来店客の客層・売筋、嗜好、天候・季節・曜日・時刻別の販売状況などを反映した商品の発注を行い、廃棄ロスの適正化をはかり、売上と販管費のバランスをとり、営業利益の最大化をはかる権利を有するとの原則を考慮したからであると思われます。

2 増量発注の強要のおそれ

(1) 売上原価の計算方法と増量発注のおそれ

廃棄ロス原価高を売上原価に含めず、販管費（営業費）とする会計処理のもとでは、いくら廃棄ロス原価高が増えても、フランチャイザーのロイヤルティ（売上総利益×一定割合）は影響を受けず、フランチャイジーの負担する販管費のみが増えることとなります（**Q60**）。

そのため、フランチャイザーがフランチャイジーの負担を軽視し、増量発注（適切な範囲を上回る品目・数量の商品の発注）を強要するおそれがあり、この点に関しては、「機会ロスを少なくし顧客を大事にするという信用重視の建前のもとに過剰な商品供給を行う動機がフランチャイザー側にある」[注1)]との指摘がなされています。

(2) 発注の不当強要が許されないこと

しかし、1で述べたとおり、コンビニ・フランチャイズ契約では、商品の発注はフランチャイジーの判断と責任で行うものとされていますので、フランチャイジーは、個別の発注に関するフランチャイザーの推奨、助言・指導を採用するか否かの最終的な決定権・判断権を有していると解され（推奨、助言・指導の任意性）（**Q32**）、フランチャイザーは、フランチャイジーの任意の決定・判断

第5章 コンビニ・フランチャイズ契約

への働きかけの程度・範囲を逸脱して、商品発注の助言・指導を不当に強要することは、許容されないと考えられます（**Q33**、**Q39**）。

なお、強要の例としては、フランチャイザー（巡回指導員）が執拗な言動を繰り返したり、推奨、助言・指導に従わないと、損害賠償、契約解除、再契約（契約更新）の拒絶などの契約上の不利益を課すことを示唆することにより、助言・指導どおりの発注を強要する行為が想定されます。

3　発注する商品の品目・数量の指定

(1)　発注の指定の法適合性

フランチャイザーが、例えば、チェーン・イメージの統一性を保ち、店舗での標準的・統一的な品目・数量の商品の陳列・販売を行うため、個別の発注を「指定」する旨の条項を設けた場合（当該条項を設けずとも、運用上、個別の発注の「指定」を行った場合）、その法適合性はどのように判断されるでしょうか。

(2)　法適合性の判断

ア　法適合性の要件

この点については、当該条項（発注の指定行為）は、フランチャイジーの営業活動の指定・義務づけに該当し、その法適合性の要件は、「目的の正当性＋指定・義務づけの必要性＋相当性＋有益性」となります（**Q30**）。

イ　法適合性の判断

法適合性の判断については、店舗における標準的・統一的な品目・数量の商品の陳列・販売を行い、顧客に欠品の失望感を与えない（チェーン・イメージの統一性）との目的には一応の正当性が認められ、その目的を達成するためフランチャイジーに商品の発注を指定することには必要性が認められます。

しかし、発注の指定はフランチャイジーの営業の自由を制限するものであり、フランチャイジーから店舗の売上・利益を最大化するための発注権を奪うため、その相当性には疑問があります。また、有益性についても、標準的・統一的な品目・数量の商品の陳列・販売により顧客に売場欠品の失望感を与えないことは、フランチャイジーにとって有益な面があることは否定し難いものの、他方で、地域市場や店舗の実情などを無視して標準的・統一的発注を強いることがフランチャイジーの究極的利益に繋がり得るかどうか（有益性）には疑問があります。このように、商品の発注を指定する条項は法適合性が否定される可能性があると考えられます。コンビニ・フランチャイズ契約では、商品の発注について発注数量の指定制度は採られていません。

(3) 代償措置

フランチャイザーが発注を指定（ないしフランチャイジーの決定・判断を制約）する代償として、一定割合の廃棄ロスを負担し、フランチャイジーの販管費の負担を軽減するなら、(2)で述べた相当性、有益性が補填され、法適合性が肯定される場合もあるのではないかと考えられます。なお、発注を指定しているかどうかは別として、廃棄ロスの一部を負担するフランチャイザーも存在しています。注2)

(4) フランチャイズ・ガイドラインなど

フランチャイズ・ガイドラインは、その3(1)のアで、仕入数量の強制（「本部が加盟者に対して、加盟者の販売する商品又は使用する原材料について、返品が認められないにもかかわらず、実際の販売に必要な範囲を超えて、本部が仕入数量を指示し、当該数量を仕入れることを余儀なくさせること」）を優越的地位の濫用に該当し得る行為として挙げています。

公取委事務総局「フランチャイズ・チェーン本部との取引に関する調査報告書―加盟店に対する実態調査―」（平成23年７月）は、第３の４(3)のイで、「商品の仕入数量」について、強要がなされている事例がある旨を報告しています（**Q39**の**A3**の**5**）。

注

注１）判時2209.11記載のコメント

注２）小塚『契約論』64頁。「ある程度多く発注するインセンティヴをフランチャイジーに与えたいとフランチャイザーが考えるならば、廃棄ロスの一定割合をフランチャイザーの負担とすることが考えられるであろう」と述べておられる。

Q62

見切り販売の制限

コンビニ・フランチャイズ契約において、フランチャイザーが推奨した商品の販売価格を強要し、フランチャイジーによる見切り販売を制限する行為について、その法適合性はいかに判断されますか。

A 1（結論）

見切り販売の制限とは、フランチャイジーが販売期限が迫り、売残りのおそれがある商品について、推奨販売価格を下回る価格に値下げし、売り切ろうとすること（見切り販売）に対し、フランチャイザーがこれを制限し、推奨販売価格での販売を不当に強要することです。

フランチャイジーが自らの自由な判断・決定により商品の販売価格を設定することを前提に、フランチャイザーが商品の販売価格を推奨する旨が規定されていると解釈される場合は、推奨価格を採用するか否かはフランチャイジーの意思・判断に委ねられることとなります（任意性の原則）。

その場合、フランチャイザーによる見切り販売の制限の法適合性の要件は、「フランチャイジーの任意の決定・判断への働きかけの程度・範囲を逸脱して、不当にその意思・行動が抑圧されたものでないこと」であり、フランチャイジーの意思・行動を不当に抑圧する強要が認められる場合は、法適合性は否定されることとなります。

不当な強要行為としては、フランチャイジーに対し、執拗な言動の繰り返しや、損害賠償、契約解除、再契約（契約更新）の拒絶などの契約上の不利益を課すことを示唆することにより、見切り販売の取りやめ（推奨価格での販売）を強要する行為が想定されます。

また、当該強要行為は、独禁法上、優越的地位の濫用に該当する場合があり、公取委によって排除措置命令が出されたことがあります。

A 2（背景）

1　見切り販売の定義

見切り販売とは、公取委のセブン－イレブン・ジャパン社に対する平成21年6月22日排除措置命令（以下「見切り販売排除措置命令」という）によれば、（セブン－イレブン・ジャパン社の加盟者がデイリー商品に関し）「株式会社セブン－イレブン・ジャパンが独自の基準により定める販売期限が迫ってる商品について、それまでの販売価格から値引きした価格で消費者に販売する行為」と定義されています。

以下においては、**A 2**で見切り販売の背景をなす「推奨価格」「販売期限」「廃棄ロス」と見切り販売の関係や、フランチャイザーによる推奨価格での販売の助言・指導、見切り販売の実施と見切り販売の制限の状況について解説したうえ、**A 3**で、その法適合性と見切り販売排除措置命令の検討を試みたいと思います。

2　推奨価格

コンビニ・フランチャイズ契約では、フランチャイザーは、フランチャイジーに商品とその仕入先を推奨し、推奨商品については、その販売価格を推奨しています。

その主な理由は、次のようなものであると思われます。

① 当該商品の仕入原価、顧客の価格志向、同一類似の商品を販売する他店・他業態との価格競争などを勘案した適正妥当な販売価格を教示すること
② 同一の商品について各店舗で異なる価格が設定されると、顧客に対し、商品の品質・価格などに不信感を与えるおそれがあること

3 販売期限

コンビニエンスストアでは、デイリー商品［品質が劣化しやすい食品および飲料であって、原則として毎日店舗に納品されるものをいう。見切り販売排除措置命令の理由の第1の1(3)ウ］を主力商品としています。具体的には、弁当、おにぎり、サンドウィッチ、惣菜などの中食と呼ばれている商品です。

フランチャイザーは、デイリー商品に販売期限を定めています。販売期限とは、「メーカー等が定める消費期限又は賞味期限より前に、独自の基準により販売期限を定める」ことをいい［見切り販売排除措置命令の理由の第1の1(3)ウ］、フランチャイザーは、販売期限が到来した商品の廃棄を指示・推奨しています。その主な理由としては、次のようなものがあると考えられます。

㋐ 販売期限を設け、顧客がデイリー商品を購入してから実際に飲食するまでの間に十分な期間を置かないと、すぐに商品の消費期限・賞味期限が到来してしまい、顧客サービスを低下させること
㋑ 顧客が万一、消費期限・賞味期限切れの商品を飲食すると、食の安全・安心上、重大な問題が生じかねないこと

❹ 廃棄ロス

販売期限が到来したデイリー商品を廃棄すると、廃棄ロスが発生します。コンビニ・フランチャイズ契約では、廃棄ロス原価高は、店舗の損益計算上、売上原価には含まれず、販管費（営業費）の一部となり、フランチャイジーが負担しますので、廃棄量が増えた分、フランチャイジーの営業利益が減少します（**Q56**の**A3**の❸）。

特に、デイリー商品は主力商品であり、その取扱数量も多いため、その廃棄ロス原価高は相当額に上ります。

見切り販売とは、フランチャイジーが、販売期限が迫った商品について、それまでの販売価格（推奨価格）から値引きした価格で顧客に販売し、当該商品の売れ残りを防止し、廃棄ロスを回避しようとする行為である、ということができます。

❺ フランチャイザーによる推奨価格での販売の助言・指導

フランチャイザーは、一般に、❷の①②の理由や、見切り販売により販売された商品の差益（売上高－売上原価）が低下すること、コンビニエンスストアは低価格を訴求する業態ではないこと、（多頻度配送がなされている）次便以降に納品される商品の販売に悪影響が生じるおそれがあることなどのコンビニエンスストアの業態特性を理由に、推奨価格での販売が望ましく、見切り販売は望ましくないとして、推奨価格での販売を助言・指導していると思われます。

6　見切り販売の実施と制限

フランチャイザーから推奨価格での販売の助言・指導を受けた場合、多くのフランチャイジーは、推奨価格での販売に相応の理由があると考え、推奨価格での販売を行っていると思われますが、一部のフランチャイジーは見切り販売を実施しています。

見切り販売の制限は、フランチャイジーが販売期限が迫り、売れ残りのおそれがある商品について、推奨販売価格を下回る価格に値下げし、売り切ろうとすること（見切り販売）に対し、フランチャイザーがこれを制限し、推奨販売価格での販売を不当に強要することです。

A 3（解説）

1　法適合性

(1)　法適合性の要件

フランチャイジーが自らの自由な判断・決定により商品の販売価格を設定することを前提に、フランチャイザーが商品の販売価格を推奨する旨が規定されていると解釈される場合は、推奨販売価格を採用するか否かはフランチャイジーの意思・判断に委ねられることとなります（任意性の原則）（**Q32**）。

フランチャイザーによる見切り販売の制限の法適合性の要件は、「フランチャイジーの任意の決定・判断への働きかけの程度・範囲を逸脱して、不当にその意思・行動が抑圧されたものでないこと」であり（**Q33**）、フランチャイジーの意思・行動を不当に抑圧する強要が認められる場合は、法適合性は否定されることとなります。不当な強要行為としては、フランチャイジーに対し、執拗な言動の繰り返しや、損害賠償、契約解除、再契約（契約更新）の拒絶などの契約上の不利益を課すことを示唆することにより、見切り販売の取りやめ（推奨価格での販売）を強要する行為が想定されます。

(2) 法適合性の判断

不当な強要行為があるか否かは、事実認定の問題ですので、一概にその結論を示すことはできませんが、後述の見切り販売排除措置命令や裁判例をみると、セブン－イレブン・ジャパン社は、推奨価格での販売に従わないフランチャイジーに対し、長期間にわたり執拗な言動を繰り返したり、損害賠償、契約解除、再契約（契約更新）の拒絶などの契約上の不利益を示唆したりして、その意思・行動を抑圧した旨の事実が認定されており、この事実を前提とすれば、法適合性は否定されると考えられます。

2 優越的地位の濫用

(1) 概　要

見切り販売を不当に制限する行為（不当強要）は、独禁法上、優越的地位の濫用に該当する場合があり、公取委により、見切り販売排除措置命令が出されました。以下、その検討を試みたいと思います。

(2) 優越的地位の濫用

ア フランチャイズ・ガイドライン

フランチャイズ・ガイドラインは、3の柱書で、本部による販売価格の制限に関し、一定の要件を充足した場合、独占禁止法第二条第九項第五号（優越的地位の濫用）に該当することがある旨を指摘し、3(1)の柱書で優越的地位の濫用に該当する要件について述べたうえ、アで優越的地位の濫用行為の例として、見切り販売の制限（「廃棄ロス原価を含む売上総利益がロイヤルティの算定の基準となる場合において、本部が加盟者に対して、正当な理由がないのに、品質が急速に低下する商品等の見切り販売を制限し、売れ残りとして廃棄することを余儀なくさせること」）を挙げています。

特に、コンビニ・フランチャイズ契約については、（注４）を設け、「（中略）…売上総利益をロイヤルティの算定の基準としていることが多く、その大半は、廃棄ロス原価を売上原価に算入せず、その結果、廃棄ロス原価が売上総利益に含まれる方式を採用している。この方式の下では、加盟者が商品を廃棄する場合には、加盟者は、廃棄ロス原価を負担するほか、廃棄ロス原価を含む売上総利益に基づくロイヤルティも負担することとなり、廃棄ロス原価が売上原価に算入され、売上総利益に含まれない方式に比べて、不利益が大きくなりやすい」と指摘しています。

イ　優越的地位の濫用の成立要件

優越的地位の濫用の公正競争阻害性は、各取引主体がそれぞれ自由かつ主体的に取引上の判断を行うという「自由競争基盤の侵害」にあり、その成立には、次の四要件が必要とされています［**Q27**の**A３**の**2**(2)］。

ⓐ　優越的地位（一方が他方を抑圧し得る関係にあること）
ⓑ　法定の行為要件を充足し、公正競争阻害性を有する濫用行為（通常では受け容れ難い不利益を一方的に課すような抑圧的な行為）
ⓒ　その行為の広がり（対象となる相手方の数、組織的・制度的なものかどうか、行為の波及性・伝播性の有無）を考慮し、公正な競争秩序にかかわると認められること

ⓓ　正当化事由の不存在。当該正当化事由には、競争秩序に直接的に関わらない事業経営上の合理性・必要性などの事由が含まれる。**1**で述べた法適合性の判断は、事業経営上の合理性・必要性などに関連する事由として、ⓓの正当化事由の存否の判断において考慮されるものと解される。

ウ　優越的地位の濫用の該当性

以下、**イ**で述べた優越的地位の濫用の成立要件のうち、ⓑの濫用行為の要件と、ⓓの正当化事由の不存在について見切り販売排除措置命令を検討するものとし、契約法に関連しないⓐの優越的地位、ⓒの行為の広がりの検討は除外するものとします。

㋐　ⓑの濫用行為

法定の行為要件は、見切り販売排除措置命令当時の独禁法第2条第9項第5号の「自己の取引上の地位を不当に利用して相手方と取引すること」、一般指定第14項第4号（優越的地位を利用して、正常な商慣習に照らして不当に）「取引の条件又は実施について相手方に不利益を与えること」です。

見切り販売排除措置命令は、概要、次の事実により、濫用行為を認めています。

1）見切り販売を制限していること
　ア）OFC（加盟店が所在する地区に配置されたオペレーション・フィールド・カウンセラーと称する経営相談員のこと）は、加盟者が見切り販売を行おうとしていることを知ったときは、当該加盟者に対し、見切り販売を行わないようにさせること
　イ）OFCは、加盟者が見切り販売を行ったことを知ったときは、当該加盟者に対し、見切り販売を再び行わないようにさせること

ウ）　加盟者が見切り販売を取りやめないときは、OFCの上司に当たるディストリクト・マネージャーと称する従業員らは、当該加盟者に対し、加盟店基本契約の解除等の不利益な取扱いをする旨を示唆するなどして、見切り販売を行わないよう又は再び行わないようにさせること

2）廃棄ロスの負担を軽減する機会を失わせていること

1）の行為によって、セブン－イレブン・ジャパン社は、加盟者が自らの合理的な経営判断に基づいて廃棄に係るデイリー商品の原価相当額の負担を軽減する機会を失わせていること

ⓑの濫用行為の存否については、事実認定の問題ですので、深入りは差し控えますが、裁判例においては、見切り販売をしようとした加盟者や、見切り販売をした加盟者に対し、OFCやその上司などにより、見切り販売は契約上できない、見切り販売すると契約の更新ができないなどの言動や、見切り販売の中止の要求、中止しなければ契約を解除する、契約の更新はできないなどの言動が長期間にわたり執拗に繰り返されていた旨の事実が認定されており、[注1] かかる事実を前提とすれば、ⓑの濫用行為の要件は充足されると考えられます。

㈠　ⓓの正当化事由の不存在

イⓓで述べたとおり、ⓓの正当化事由の不存在の要件の「正当化事由」には、競争秩序に直接的に関わらない事業経営上の合理性・必要性などの事由が含まれ、❶で述べた法適合性の判断は、事業経営上の合理性・必要性に関連する事由として、ⓓの正当化事由の不存在の判断において考慮される（法適合性が否定される場合は事業経営上の合理性・必要性も否定される）と解されます。

そして、本件では、❶⑵で述べたとおり法適合性は否定されますので、当該見切り販売の制限につき事業経営上の合理性・必要性は認められず、ⓓの正当化事由の不存在の要件は充足されると

考えられます。

注

注１）東京高判平25.8.30判時2209.12など

Q63

商品・仕入先の推奨

コンビニ・フランチャイズ契約では、商品はどのような仕組みにより、フランチャイジーに供給されていますか。

A 1（結論）

コンビニ・フランチャイズ契約では、フランチャイザーは、仕入先（卸売業者）を選定し、当該仕入先との間で商品を企画・開発し、その商品と仕入先をフランチャイジーに推奨しています。

フランチャイザーは、商品・仕入先の推奨に先立ち、仕入先の間で、フランチャイジーから商品の仕入の発注があった場合は、これに応じ、一定の売買条件のもとで商品を供給する（売り渡す）ことを義務づける契約を締結します。

フランチャイジーへの商品・仕入先の推奨は、フランチャイズ契約でなされますが、この推奨の法的性質については、小振法は、第４条第５項の「連鎖化事業」の定義中で、（商品の）「販売をあっせん」と表現しており、「あっせん」とは、「ある人とその相手方との間の交渉が円滑に行われるよう第三者が世話（卸売等との交渉、加盟店に対する推奨する卸売等の指定）をすること」である旨、説明されています。この意味の「あっせん」は、商法上の指示仲主（取引の相手方たるべき者を探し、または指示して、取引の成立に機会を与えること）に該当すると考えられ、媒介（他人の間に立って、他人を当事者とする法律行為の成立に尽力すること）には該当しないと解されます。

フランチャイジーと仕入先との間には商品の売買契約が成立します。フランチャイジーは、フランチャイザーから貸与された商品の受発注・納品用のコンピュータ・情報端末を利用して、仕入先に商品を発注し、仕入先から納品を受けています。

A 3（解説）

1 商品供給の方法

(1) フランチャイズ契約における商品供給の方法

フランチャイズ契約では、フランチャイジーに対する商品の供給の方法として、次の二通りの方法があります（**Q 4**）。

① フランチャイザーが自らフランチャイジーに商品を供給する方法
② フランチャイジーにフランチャイザーとは別の商品の仕入先を指定・推奨し、当該仕入先がフランチャイジーに商品を供給する方法

(2) コンビニ・フランチャイズ契約における商品供給の方法

ア ②の方法が採られていること

コンビニ・フランチャイズ契約では、②の方法が採られ、フランチャイザーは、仕入先（卸売業者）を選定し、当該仕入先との間で商品を企画・開発し、その商品と仕入先をフランチャイジーに推奨しています。商品とその仕入先の推奨は、フランチャイズ・パッケージの重要な一部をなしています。

イ ②の方法が採られる理由

コンビニエンスストアは、特定のブランド商品を販売する店舗で

はなく、顧客の日常生活に必要な食品・飲料・菓子、タバコ・酒、生活用品、事務用品などを販売する店舗ですが、社会・経済情勢の変動や、消費者の意識・行動、ライフスタイルの変化などに応じ、取扱商品につき不断の刷新がはかられ、常時、商品の更新（新商品の開発）が行われています。

また、コンビニエンスストアでは、顧客の需要に即応し、売場効率を高めるため、多品目・少量・多頻度の発注・納品に応じることのできる供給体制が組まれています。

そのため、フランチャイザーは商品の供給を仕入先に委ね、商品の企画・開発能力、供給能力を有し、多品目・少量・多頻度の発注・納品に応じることのできる仕入先を選定し、仕入先との間で商品を企画・開発し、情報・物流システムを整備し、商品の仕入体制を構築のうえ、商品・仕入先をフランチャイジーに推奨する仕組みを採っています。

2 商品の供給に関する契約関係

(1) フランチャイザーと仕入先の間の商品供給義務づけ契約

フランチャイザーは、フランチャイジーに商品・仕入先を推奨するに先立ち、490頁の**図表37**のとおり、仕入先との間で、㋐の商品供給義務づけ契約［フランチャイジーから商品の仕入の発注があった場合は、これに応じ、一定の売買条件のもとで商品を供給する（売り渡す）ことを義務づける契約］を締結します。

(2) フランチャイザーとフランチャイジーの間のフランチャイズ契約

ア　商品・仕入先の推奨

商品供給義務づけ契約を前提に、フランチャイザーは㋑のフランチャイズ契約において、フランチャイジーに商品・仕入先を推奨しています。

イ　あっせんに該当すること

この推奨の法的性質については、小振法は、第4条第5項の「連鎖化事業」の定義中で、(商品の)「販売をあっせん」と表現しており、「あっせん」とは、「ある人とその相手方との間の交渉が円滑に行われるよう第三者が世話（卸売等との交渉、加盟店に対する推奨する卸売等の指定）をすること」である旨、説明されています。[注1)] この意味の「あっせん」は、商法上の指示仲主（取引の相手方たるべき者を探し、または指示して、取引の成立に機会を与えること）[注2)] に該当すると解されます。

ウ　媒介には該当しないこと

なお、フランチャイザーは、「他人（本問ではフランチャイジーと仕入先。筆者注記）の間にたって、他人を当事者とする法的行為(本問では商品の売買契約。同上）の成立に尽力すること」、[注3)] すなわち媒介まではしていないと解されますので、[注4)] 商法第543条の仲立人には該当しないと考えられます。ただし、商品・仕入先の推奨の結果、フランチャイジーは多くの場合、当該仕入先に商品を発注しており、両者の間には、実際には、多数の売買契約が成立していますので、事実上は、「媒介」よりも効果の高いあっせん行為をしていることになります。

エ　代理・取次はしていないこと

また、フランチャイザーはフランチャイジーを代理［本人と一定の関係にある他人（代理人）が、本人のために意思表示をなしまたはこれを受けることによって、その法律効果が全面的に本人に帰属すること］[注5]して、仕入先から商品を仕入れ（買い受け）ているのではありません。フランチャイザーは、フランチャイジーの商品仕入につき取次（自己の名をもって他人のために法律行為をなすこと）[注6]をしているのでもありません。

(3)　フランチャイジーと仕入先の間の商品売買契約

ア　商品の売買契約

フランチャイジーと仕入先との間には、㋒の商品の仕入契約（売買契約）が成立します。

イ　発注・納品

フランチャイジーは、フランチャイザーから貸与された商品の受発注・納品用のコンピュータ・情報端末を利用して、仕入先に商品を発注し、仕入先から納品を受けています。

以上に述べた商品の供給に関する契約関係を整理すると、次頁の**図表37**のとおりとなります。

【図表37】コンビニ・フランチャイズ契約における商品の供給に関する契約関係

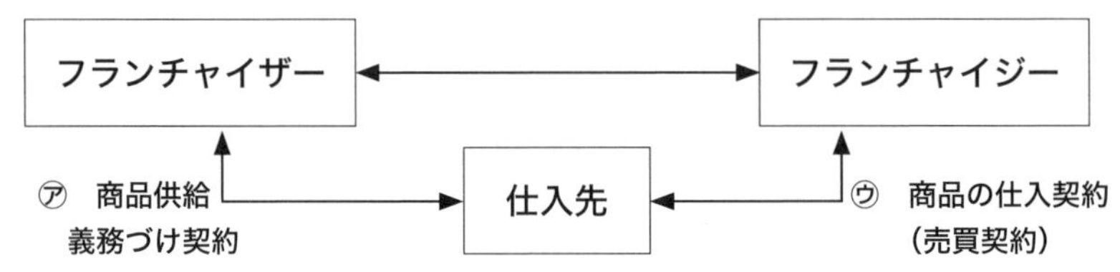

注

注１）中小企業庁編『小振法解説』61頁
注２）平出『商行為法』182頁
注３）平出・同上182頁
注４）中小企業庁編・同上61頁
注５）四宮『総則』224頁
注６）平出・同上196頁

Q64

商品の仕入代金の代行支払の仕組み

フランチャイザーは、どのような仕組みによって、フランチャイジーの仕入先に対する商品の仕入代金の支払債務を代行支払し、その立替金債権の支払を受けているのですか。

A 1 （結論）

コンビニ・フランチャイズ契約では、フランチャイザーは商品とその仕入先をフランチャイジーに推奨し、フランチャイジーが仕入先から商品を仕入れています。商品の仕入にかかる売買契約はフランチャイジーと仕入先との間に成立し、フランチャイジーは仕入先に対し商品の仕入代金を支払う債務を負っています。

フランチャイザーは、フランチャイズ契約に基づき、フランチャイジーの仕入先に対する商品の仕入代金（売買代金）の支払債務を、フランチャイジーに代わって、仕入先に支払っています（以下「代行支払」という）。代行支払の法的性質は、フランチャイジーが商品の仕入代金の決済事務をフランチャイザーに委託する（準）委任契約であり、仕入先への支払は、履行引受［引受人（フランチャイザー）が原債務者（フランチャイジー）との関係で債務を弁済する旨約束するもので、直接債権者（仕入先）に対しては債務を負わず、第三者として弁済する］の形でなされるのが一般的かと思われます。

フランチャイザーは、商品の仕入代金の代行支払により、フランチャイジーに対し立替金債権（民法第650条の受任者の立替費用等償還請求権の性質を有する）を有することになります。コンビニ・

フランチャイズ契約では、立替金債権はオープン・アカウントの借方に計上され、毎月、貸方に計上される売上金（フランチャイジーによって送金された店舗の売上金）と差引計算されることにより、実質的に売上金から決済される仕組みが採られています。

A3（解説）

1 商品の仕入代金の代行支払

(1) 代行支払

ア　フランチャイジーの仕入先に対する仕入代金債務

コンビニ・フランチャイズ契約では、フランチャイザーは商品とその仕入先をフランチャイジーに推奨し、フランチャイジーが仕入先から商品を仕入れています。商品の仕入にかかる売買契約はフランチャイジーと仕入先との間に成立し、フランチャイジーは仕入先に対し商品の仕入代金を支払う債務を負っています（**Q63**）。

イ　仕入代金債務の代行支払

フランチャイザーは、フランチャイズ契約に基づき、フランチャイジーの仕入先に対する商品の仕入代金（売買代金）の支払債務を、フランチャイジーに代わって、仕入先に支払っています（代行支払）。代行支払の法的性質は、フランチャイジーが商品の仕入代金の決済事務をフランチャイザーに委託する（準）委任契約であると考えられます（**Q65**）。

(2) 仕入先への支払の法律関係

ア 一般論

仕入先への支払の法律関係としては、一般論として、次の三つが考えられます。注1)

① 履行引受
…引受人（フランチャイザー）が原債務者（フランチャイジー）との関係で債務を弁済する旨約束するのみで、債権者（仕入先）に対しては債務を負わず、第三者として弁済する。

② 併存的債務引受
…引受人（フランチャイザー）が債権者（仕入先）に対して債務を負うが、原債務者（フランチャイジー）も引き続き債務者としてとどまっているもの。債権者（仕入先）に対しては債務者として弁済する。

③ 免責的債務引受
…引受人（フランチャイザー）が債権者（仕入先）に対して債務を負うが、原債務者（フランチャイジー）は債務を免れるもの。債権者（仕入先）に対しては債務者として弁済する。

イ 商品供給義務づけ契約で履行引受が合意されていること

フランチャイザーは、フランチャイジーとのフランチャイズ契約、仕入先との間の商品供給義務づけ契約（**Q63**）において、①の履行引受を合意し、②③の債務引受は合意していないのが一般的かと思われます。

ウ いきなり請求しないこと

履行引受の場合、引受人（フランチャイザー）と債権者（仕入先）との間には何らの法律関係も発生せず、債権者（仕入先）は、原債務者（フランチャイジー）に対して従来どおり履行を請求でき、引受人（フランチャイザー）に対して請求することはできな

い、とされています。[注2)]

しかし、コンビニ・フランチャイズ契約の場合、債権者（仕入先）は、引受人（フランチャイザー）による代行支払を前提に商品供給義務づけ契約を締結していますので、引受人（フランチャイザー）が代行支払しなかった場合は別として、商品の仕入代金をいきなり原債務者（フランチャイジー）に請求することはありません。

2 立替金債権の決済

(1) 立替金債権

フランチャイザーは、商品の仕入代金の代行支払により、フランチャイジーに対し立替金債権（民法第650条の受任者の立替費用等償還請求権の性質を有する）を有することになります。

(2) 立替金債権の決済

コンビニ・フランチャイズ契約では、立替金債権はオープン・アカウントの借方に計上され、毎月、貸方に計上される売上金（フランチャイジーによって送金された店舗の売上金）と差引計算されることにより、実質的に売上金から決済される仕組みが採られています（**Q67**）。

注

注1）星野『概論Ⅲ』224頁以下
注2）星野・同上224頁

Q65

商品の仕入代金の代行支払と報告訴訟、請求書訴訟

フランチャイジーは、フランチャイザーに対し、フランチャイザーが仕入先に代行支払した仕入代金の明細の報告を求めることができますか。また、支払代行した際に仕入先からフランチャイジーに宛て発行された請求書、領収書の引渡しを求めることができますか。

A 1（結論）

1 報告訴訟

コンビニ・フランチャイズ契約では、フランチャイザーはフランチャイジーの商品の仕入代金を代行支払していますが、フランチャイジーがフランチャイザーに対し、代行支払した支払先・支払日・支払金額・単価・個数（以下「代行支払の明細」という）の報告を訴訟で請求することがあり、かかる訴訟は報告訴訟と呼ばれています。

フランチャイザーがいかなる内容・方法の報告義務を負うかは、フランチャイズ契約中の代行支払を定めた条項の解釈により定まりますが、当該解釈は、フランチャイズ契約がフランチャイズ・パッケージ全体の利用許諾契約と、当該パッケージを構成する個々の部分（本問では代行支払部分）にかかる個別の契約とから成ること（契約の二重構造）を前提に、フランチャイズ契約全体の趣旨や関連条項と調和を保つ形でなされる必要があると考えられます。

そして、代行支払は代金支払事務の委託として準委任の性質を有

しますが、代行支払を定めた条項に代行支払の明細に関する報告義務について定めがなくても、直ちに、民法の補充規定（第656条、第645条）により報告義務を負うとは解されず、例えば、関連条項でフランチャイザーは店舗の取引記録、会計帳票を作成・提出する旨の規定が設けられ、当該取引記録、会計帳票中には、個々の代行支払の明細の記載はないが、一定期間中の各支払先に対する商品別の支払総額の記載があるような場合は、「当該取引記録、会計帳票の作成・提出で足りるか、それ以上に、民法の規定に基づき代行支払の明細を報告すべき義務を負うか」という形で問いが立てられ、その問いは、フランチャイズ契約全体の趣旨との関係で調和的に解釈されるべきであると考えられます。

したがって、一概にその結論を提示することはできませんが、一般論としては、フランチャイジーには独立の事業者性が認められ、事業者として商品の仕入状況を把握する必要があり、その事業者性は尊重されねばならないため、特段の事由がない限り、民法第645条により要求されるのと同種同等の代行支払の明細の報告義務を負う（上記取引記録、会計帳票の記載が民法第645条の要求を充たすものであれば、それ以上の報告義務を負わず、要求を充たさないものであれば、要求を充たすまでの報告義務を負う）と解するのが相当であると考えられます。

2 請求書訴訟

フランチャイジーは、フランチャイザーが商品の仕入代金を代行支払した際に、仕入先から受領しているはずの請求書、領収書の引渡しを訴訟で請求することがあり、かかる訴訟は請求書訴訟と呼ばれています。

請求書訴訟については、フランチャイザーが仕入先から請求書、領収書を受領していない場合（仕入代金の代行支払が情報システム上のデータに基づき、銀行振込により行われる場合には、請求書、領収書の交付が省略されることがあり得る）は、目的物がありませんので、棄却されることになります。

しかし、請求書、領収書を受領している場合、フランチャイザーが引渡し義務を負うか否かについては、報告訴訟の場合と同様の解釈によるべきであると考えられ、一概にその結論を提示することはできませんが、一般論としては、フランチャイジーは独立の事業者として仕入代金の支払状況を把握する必要があり、その事業者性は尊重されねばならないため、特段の事由がない限り、民法第646条第１項により要求されるのと同種同等の請求書、領収書の引渡義務を負うと解するのが相当であると考えられます。

A２（背景）

1 「ピンハネ」訴訟

コンビニ・フランチャイズ契約では、フランチャイザーはフランチャイジーによる商品の仕入代金を代行支払していますが（**Q64**）、フランチャイジーの一部は、フランチャイザーが仕入先に支払った仕入代金に関し「ピンハネ」している（実際に仕入先に支払った金額よりも多額の金額を支払ったと偽り、オープン・アカウントに当該虚偽の金額を立替金債権として計上し、その決済を受けることにより、実支払額との差額を「ピンハネ」している）と主張し、当該差額につき不当利得返還請求訴訟を提起し、あるいは、フランチャイザーからの契約終了による清算金請求訴訟において、当該不当利得返還請求権との相殺を主張しています（以下これらの訴訟を「ピンハネ訴訟」という）。

ピンハネ訴訟については、公刊の判例集への掲載はなく、当該請求を認容した裁判例も見当たらないようです。

2　報告訴訟、請求書訴訟

一部のフランチャイジーは、ピンハネ訴訟に関連し、ピンハネの有無を確認するためとして、フランチャイザーに対し、代行支払の明細の報告や、代行支払した際に仕入先がフランチャイジーに宛て発行し、フランチャイザーが受領しているはずの請求書、領収書の引渡しを請求する訴訟を提起しています。前者は報告訴訟と呼ばれ、後者は請求書訴訟と呼ばれています。本問は、この報告訴訟、請求書訴訟の成否を問うものです。

1　報告訴訟

(1)　代行支払の明細の報告義務

ア　代行支払を定めた条項の解釈によって定まること

フランチャイザーがフランチャイジーに対し、代行支払した仕入代金につき、いかなる内容・方法の報告義務を負うかは、フランチャイズ契約中の代行支払を定めた条項の解釈により定まると考えられます。

イ　当該解釈の方法

当該解釈は、フランチャイズ契約がフランチャイズ・パッケージ全体の利用許諾契約と、当該パッケージを構成する個々の部分（本問では代行支払の部分）にかかる個別の契約とから成ること（契約の二重構造）を前提に、フランチャイズ契約全体の趣旨や関連条項との関係で調和を保つ形でなされる必要があると考えられます（**Q10**）。そして、代行支払は代金支払事務の委託として準委任の性質を有しますが、代行支払を定めた条項に代行支払の明細に関する報告義務について定めがなくても、直ちに、民法の補充規定（第656条、第645条）により報告義務を負うとは解されず、例えば、関連条項でフランチャイザーは店舗の取引記録、会計帳票を作成・提出する旨の規定が設けられ、当該取引記録、会計帳票中には、個々の代行支払の明細の記載はないが、一定期間中の各仕入先に対する商品別の支払総額の記載があるような場合は、「当該取引記録、会計帳票の作成・提出で足りるか、それ以上に、代行支払の明細を報告すべき義務を負うか」、という形で問いが立てられ、その問いは、フランチャイズ契約全体の趣旨との関係で調和的に解釈されるべきであると考えられます。

したがって、一概にその結論を提示することはできませんが、一般論としては、フランチャイジーには独立の事業者性が認められ、事業者として商品の仕入状況を把握する必要があり、その事業者性は尊重されねばならないため、特段の事由がない限り、民法第645条により要求されるのと同種同等の支払代行の明細の報告義務を負う（上記取引記録、会計帳票の記載が民法第645条の要求を充たすものであれば、それ以上の報告義務を負わず、要求を充たさないものであれば、要求を充たすまでの報告義務を負う）と解するのが相当であると考えられます。

⑵　裁判例

ア　最(二小)判平20.7.4判時2028.32

㋐　事　案

本件は、セブン－イレブン・ジャパン社の加盟店経営者がセブン－イレブン・ジャパン社に対し、商品代金の代行支払に関し、支払先、支払日、支払金額、商品名とその単価・個数、値引きの有無等、具体的な支払内容について報告（本件報告）を求めた事案であり、第一審（東京地判平19.1.12)、第二審（東京高判平19.5.31）ともに加盟店経営者の請求は棄却されました。

上記判決は、その上告審判決ですが、原審の認定によれば、セブン－イレブン・ジャパン社のフランチャイズ契約（加盟店基本契約）には、次の①②の定め（本件資料等提供条項）があるが、仕入代金の支払に関するセブン－イレブン・ジャパン社から加盟店経営者への報告については何らの定めはなく、本件資料等提供条項によって提供される資料等からは、仕入代金の支払に関し、加盟店経営者が報告を求めている具体的支払内容は明らかにならない、というものでした。

① セブン－イレブン・ジャパン社は加盟店の計数管理情報を保持するために作成､保管している経営記録､会計帳簿（オープン・アカウントが記帳されている）等に反映される範囲で加盟店経営者の経営に係る税の申告のため加盟店経営者に資料を提供する旨の定め

② セブン－イレブン・ジャパン社は加盟店の各月、各年ごとの損益計算書、賃貸借対照表及び各月ごとの商品報告書を作成して加盟店経営者に提供する旨の定め

(イ) 概 要

同判決の内容は、概要、次のようなものです。

③ 仕入代金の代行支払の法的性質は、商品の仕入代金の支払事務を委託する（本件委託）準委任であると解される。

④ 本件委託が一部を成すところのフランチャイズ契約には、仕入代金（代行支払による立替金債権）がオープン・アカウントで決済されることから、次のような事実が認められ、本件委託には通常の準委任とは異なる点（本件特性）がある。セブン－イレブン・ジャパン社は：

㋐ 仕入代金相当額の費用の前払を受けることなく支払事務を処理すること

㋑　支出した費用について、支出の日以降オープン・アカウントによる決済の時までの利息の償還を請求し得ないこと

㋒　仕入代金の支払（事務処理）について報酬請求権を有しないこと

⑤　本件委託の性質（準委任）を踏まえて、仕入代金等の具体的な支払内容等につき報告義務を負うか検討すると、フランチャイズ契約には仕入代金の支払に関する加盟店経営者への報告については定めはないが、次の理由からは、当該定めがないからといって、民法の規定する受任者の報告義務（民法656条、645条）が認められない理由はなく、フランチャイズ契約の合理的解釈としては、本件特性があるために本件報告義務を負わないと解されない限り、セブン－イレブン・ジャパン社は本件報告をする義務を免れないと解するのが相当である。

㋓　加盟店経営者が仕入代金の支払の具体的内容を知りたいと考えるのは当然であること

㋔　セブン－イレブン・ジャパン社に集約された情報の範囲内で、本件資料等提供条項によって提供される資料等からは明らかにならない具体的な支払内容を報告することに大きな困難があるとは考えられないこと

⑥　本件特性は、通常の準委任と比較し、セブン－イレブン・ジャパン社に不利益であり、加盟店経営者に対する一方的な援助にもみえるが、このことは、仕入代金がオープン・アカウントにより決済されることに伴う結果であり、セブン－イレブン・ジャパン社には、仕入代金の資金を準備できない者とフランチャイズ契約を締結して加盟店を増やすことができ、仕入商品を増やせば売上も増え、売上利益に応じたロイヤルティを取得する利益につながるので、本件特性のために報告義務を負わないと解することはできず、本件報告をする

義務を負う。

イ　東京高判平21.8.25（上記最判の差戻審判決）D1-Law.com 第一法規法情報総合データベース判例ＩＤ28224148

同判決は、加盟店経営者の請求を認容し、セブン－イレブン・ジャパン社に対し、加盟店経営者の費用負担において、代行支払した商品名ごとに、支払先・支払日・支払金額・単価・個数を明示した書面で報告すべきことを命じています。

ウ　最判の趣旨

上記最判は、代行支払を定めた条項には報告義務に関する定めがなく、フランチャイズ契約の関連条項（本件資料等提供条項）として⒜（税申告のための資料提供）、⒝（損益計算書～商品報告書の作成・提供）の規定が設けられているが、本件資料等提供条項により提供される資料等からは具体的支払内容は明らかにならないとの事案で、代行支払の法的性質を準委任と解しつつ、直ちには、民法第656条、第645条による報告義務を負うとせず、「関連条項（本件資料等提供条項）の履行で足りるか、それ以上に、民法の規定に基づき代行支払の明細を報告すべき義務を負うか」との問いを立て、その問いについて、フランチャイズ契約全体の趣旨（本件の場合は、オープン・アカウントでの決済に伴う本件特性と、セブン－イレブン・ジャパン社にとっての利益や、加盟店経営者が事業者として代行支払の明細を知りたいと考えるのは当然で、セブン－イレブン・ジャパン社が報告をすることにつき大きな困難はないこと）との関係で調和的に解釈し、民法第656条、第645条に基づく代行支払の明細の報告義務を肯定したものであり、概ね、❶で述べた論旨と同様の立場に立って、報告義務の有無を解釈したと理解されます。

2 請求書訴訟

(1) 請求書、領収書がない場合

請求書訴訟については、公刊の判例集に掲載された裁判例はないようですが、フランチャイザーが仕入先発行の請求書、領収書を受領していない場合（仕入代金の代行支払が情報システム上のデータに基づき、銀行振込により行われる場合には、請求書、領収書の交付が省略されることがあり得る）は、目的物がないので、当該請求は棄却されることになります。

(2) 請求書、領収書が存在する場合

請求書、領収書が存在する場合、フランチャイザーがその引渡し義務を負うか否かについては、報告訴訟の場合と同様の解釈によるべきであると考えられ、一概にその結論を提示することはできませんが、一般論としては、フランチャイジーは独立の事業者として、仕入代金の支払状況を把握する必要があり、その事業者性は尊重されねばならないため、特段の事由がない限り、民法第646条第１項により要求されるのと同種同等の請求書、領収書の引渡義務を負うと解するのが相当であると考えられます。

Q66

リベートの帰属

フランチャイザーが仕入先との間で、チェーン全店の仕入実績に応じ、仕入先からリベートの支払を受ける旨の約束を交わし、仕入先からリベートを受領した場合、そのリベートはフランチャイザー、フランチャイジーいずれの収入となりますか。

A 1（結論）

リベートとは、チェーン全店の商品の仕入実績に応じ、一定の条件が充足された場合に、仕入先からフランチャイザーに支払われる割戻金をいいます。

フランチャイザーが仕入先から受領したリベートがフランチャイザー、フランチャイジーいずれの収入になるかは、フランチャイズ契約中のリベートの取扱いに関する条項や、フランチャイザーと仕入先の間のリベート支払に関する契約の解釈によると考えられます。

当該解釈は、契約の文言を中心に、取引の背景・実情・慣行、当事者の説明・言動などの付帯的事情や、実際に支払われたリベートの趣旨・目的・金額、リベートが支払われたことについてフランチャイザーが果たした役割・業務などの事実を総合的に勘案し、個別・具体的になされることとなります。

したがって、具体的事例を離れて、その結論を示すことはできませんが、フランチャイズ契約では、フランチャイジーは独立の事業者として店舗を経営し、商品の仕入・販売を行う者であり、リベートの対象となるチェーン全体の商品の仕入実績は、個々のフランチャイジーによる商品仕入が集積されたものですので、フランチャイザーが果たした特別の役割・業務に対しリベートが支払われる場合などの、特段の事由がある場合を除き、商品取引に基づくリベートはフランチャイジーに帰属すると解釈するのが相当ではないかと考えられます。

A2（背景）

1 リベート

リベートとは、チェーン全店の商品の仕入実績に応じ、一定の条件が充足された場合に、仕入先からフランチャイザーに支払われる割戻金をいいます（割戻金のほか、協賛金、販促協力金などと呼ばれることもある）。

一般に、商品納入業者（卸売業者）と大手の小売業者の間の商品仕入取引（商品売買契約）では、商品の仕入実績に応じ納入業者から小売業者にリベートが支払われることがあるといわれています。リベートには、①仕切価格の修正、②販売促進、③取引条件（現金支払、返品率）の誘導（①と②③は混在し得る）などの様々な目的のために支払われるものとされています。注1）

その支払条件としては、㋐単純に仕入金額、仕入数量に比例するもの、㋑目標の仕入数量、仕入金額の達成度に応じるもの、㋒特定の製造業者（メーカー）の商品、販促商品の仕入実績に応じるものなどがあります。

2 コンビニ・フランチャイズ契約におけるリベートの帰属の問題

(1) リベート

コンビニ・フランチャイズ契約では、商品の仕入体制を構築するため、フランチャイザーは仕入先との間で商品供給義務づけ契約（**Q63**）を締結し、仕入先のフランチャイジーに対する商品の売買条件を取り決めていますが、その際、フランチャイザーは、チェーン全体の仕入が相当額・相当数に達することから、その仕入実績に応じ、一定の条件が充足された場合に、仕入先からリベートが支払われる旨を合意することがあり、当該条件が充足された場合は、実際にリベートを受領することがあります。

(2) リベートの帰属

フランチャイザーが仕入先から受領したリベートは、フランチャイザーに帰属し、その収入となるのでしょうか、それともフランチャイジーに帰属し、その収入となるのでしょうか。この問題が生じるのは、次の考え方の対立があるからです。

ⓐ リベートがフランチャイジーの仕入を基礎として合意されることは否めないものの、個々のフランチャイジーの取引ではリベートが約定されるほどの数量・金額とはならないため、チェーン全体の仕入体制を構築したフランチャイザーにリベートが帰属することがあってもよいのではないかとの考え方

ⓑ 個々のフランチャイジーの取引数量・金額は少ないものの、その集積に対しリベートが支払われるため、仕入の主体であるフランチャイジーにリベートが帰属するとの考え方

A3（解説）

1　リベートの帰属

(1)　契約の解釈

本問は、フランチャイズ契約中のリベートの取扱いに関する条項や、フランチャイザーと仕入先との間のリベート支払に関する契約の解釈によると考えられます。

当該解釈は、契約の文言を中心に、取引の背景・実情・慣行、当事者の説明・言動などの付帯的事情や、実際に支払われたリベートの趣旨・目的・金額、リベートが支払われたことについてフランチャイザーが果たした役割・業務などの事実を総合的に勘案し、個別・具体的になされることとなります。

(2)　結　論

したがって、具体的事例を離れて、その結論を示すことはできませんが、フランチャイズ契約では、フランチャイジーは独立の事業者として店舗を経営し、商品の仕入・販売を行っている者であり、リベートの対象となるチェーン全体の商品の取引実績は、個々のフランチャイジーによる商品仕入が集積されたものであるため、フランチャイザーが果たした特別の役割・業務に対しリベートが支払われる場合などの、特段の事由がある場合を除き、商品取引に基づくリベートはフランチャイジーに帰属すると解釈するのが相当ではないかと考えられます。

(3) 裁判例

裁判例でも、「仕入報奨金（リベート）が被控訴人（セブン－イレブン・ジャパン社。筆者付記）と推薦仕入先との個別の交渉・契約により推薦仕入先から被控訴人に対して被控訴人を権利者として支払われるものであるとしても、仕入報奨金（リベート）はあくまでも仕入れを行ったことに対する報奨金であって、そして、仕入れを行った者はあくまでも加盟店（の総体）であり支払受託者である被控訴人ではない」との理由により、仕入報奨金（リベート）は加盟店（の総体）に帰属する旨が判示されています。[注2)]

なお、商流（チェーン全店の商品の仕入実績）に応じて支払われるリベートではなく、物流（仕入先が商品を店舗まで配送し、フランチャイジーに引き渡すこと）に関連して、フランチャイザーが業務を受託し、その手数料を受領することもあり得ますが、商流のリベートとは異なり、当該手数料はフランチャイジー（の総体）に帰属するものではありません。[注3)]

(4) リベートの会計処理

フランチャイジーがリベートを収入として取得した場合、会計処理としては、仕入原価を減額するか、商品の仕入・販売による差益とは別の収益として取り扱うかの二通りの方法が考えられます。仕入原価を減額した場合には売上原価が減額となり、売上総利益が増額となります。差益とは別の収益とした場合も、その分、売上総利益が増額となります。

これらの売上総利益の増額分には、ロイヤルティがかけられますが、この点に関し、「フランチャイザーは、…（中略）…商品供給業者から大量仕入れによる割引利益…（中略）…を得ることができる。フランチャイジーは具体的商品仕入れに関して多少の割引利益を受け…（中略）…るが、商品仕入れにかかる割引利益の大半はチャージとしてフランチャイザーに吸い取られ」るとの批判的な指摘がなされています。[注4)]

しかし、リベートの取得による売上総利益の増加分に対しロイヤルティをかけることは、リベートを含まない通常の商品の仕入・販売の差益による売上総利益にロイヤリティをかけることと同価同等であり、特に不当視されることはないと考えられます。

⑸ 分　配

リベートがフランチャイジーに帰属すると解釈される場合、フランチャイザーはリベートをフランチャイジーに分配する必要が生じますが、その分配の基準・方法については、フランチャイズ契約に明文の規定があればそれに従うとして、明文の規定がない場合は、原則的には個々のフランチャイジーの取引実績を基準としつつ、リベートの趣旨・目的、計算の難易度などを考慮し、フランチャイザーがある程度の裁量をもって定め得ると解するのが相当であると考えられます。

2 報告訴訟、文書提出命令

⑴ 報告訴訟

1⑶で述べた裁判例（東京高判平21.8.25）は、セブン－イレブン・ジャパン社が「商品に関して仕入報奨金（リベート）を推薦仕入先から受領している場合にはその受領内容」（個々の商品ごとに支払者・受領日・受領金額・一個当たりの受領金額が明示されたもの）を加盟店経営者に対し報告する義務を負う旨判示しています。

(2) 文書提出命令

フランチャイジーにリベートが分配されていた事例で、フランチャイザーがリベートを分配せずピンハネしていると主張し、フランチャイジーがピンハネ分につき不当利得返還請求を行い、仕入先から受領したリベートの額、配分基準・計算方法などが記載された文書の提出命令を求めた事例がありますが、裁判所は、一部の文書につき提出命令を出しています。[注5)]

注

注1）山田昭雄、大熊まさよ、楢崎憲安編著『流通・取引慣行に関する独占禁止法ガイドライン』（商事法務研究会／1992）190頁以下

注2）東京高判平21.8.25 D1-Law.com 第一法規法情報総合データベース判例 ID28224148（**Q65**の最判平20.7.4 判時2028.32の差戻審判決）

注3）東京地判平25.11.12判タ1417.215

注4）判時2209.11記載のコメント

注5）仙台高決平21.3.24、西口編『判例ハンドブック』492頁（若松亮執筆）

Q67

オープン・アカウントの仕組み

オープン・アカウントは、どのような仕組みの勘定ですか。

A 1（結論）

フランチャイザーは、店舗ごとに、フランチャイジーとの間の金銭上の貸借を決済するため、オープン・アカウントと呼ばれる独特の勘定を開設・管理しています。

オープン・アカウントは、フランチャイジーがフランチャイザーに資本金（出資金）、売上金を送金し、フランチャイザーはこれらの金銭を自らの収入とせず、預かり金として処理し、オープン・アカウントに入金し、商品の仕入代金、ロイヤルティの支払や、フランチャイジーによる事業者収入の取得に充てることにより、フランチャイジーの金銭の出入りを管理するとの考えに基づき設けられた会計上の仕組みです。

オープン・アカウントでは、①貸方に、（フランチャイザーからみて）㋐フランチャイジーから支払われた金銭（例：売上金）、㋑フランチャイジーに対する債務（例：奨励金）が計上され、②借方に、（フランチャイザーからみて）㋒フランチャイジーに支払った金銭（例：事業者収入）、㋓フランチャイジーに対する債権（例：商品の仕入代金の立替金、ロイヤルティ）が計上されます。

オープン・アカウントの貸方と借方は、毎月、いったん、総額において差引計算されます。この差引計算は、貸方の㋐の売上金、㋑

の奨励金と、借方の㋒の事業者収入、㋓の商品の仕入代金の立替金、ロイヤルティが一括して決済されたことを意味しています。

差引計算後において貸方残高があるときは、フランチャイジーのフランチャイザーに対する貸付金債権となり、また、借方残高があるときは、フランチャイザーのフランチャイジーに対する貸付金債権となり、それぞれ、自動的に、翌月のオープン・アカウントに繰り越されます。

以上に述べた金銭・債権債務の計上と毎月の差引計算による決済、貸方または借方の残高（貸付金）の翌月への自動繰越しは契約の終了まで継続されます。

契約終了時において、貸方残高があればフランチャイザーはこれをフランチャイジーに清算金として支払い、借方残高があればフランチャイジーはこれをフランチャイザーに清算金として支払うことにより、最終的に両者の間の金銭上の貸借が清算されます。

A3（解説）

1　フランチャイザーによる金銭管理

オープン・アカウントの前に、フランチャイザーによるフランチャイジーの金銭の管理について説明したいと思います。

コンビニ・フランチャイズ契約では、フランチャイジーは、契約の開始時に、コンビニエンスストア経営にかかる資本金（出資金）をフランチャイザーに送金し、契約後、毎日の売上金をフランチャイザーに送金しています（売上送金）。

フランチャイザーは、これらの金銭を自らの収入として取得するのではなく、フランチャイジーのための預かり金として処理し、2で述べるオープン・アカウントに入金し、商品の仕入代金、ロイヤルティの支払や、フランチャイジーによる事業者収入の取得に充てることにより、フランチャイジーの金銭の出入りを管理しています。

2 オープン・アカウントの仕組み

(1) オープン・アカウント

フランチャイザーは、店舗ごとに、フランチャイジーとの間の金銭上の貸借を決済するため、独特の勘定（フランチャイザーにより名称は異なるが、以下「オープン・アカウント」という）を開設・管理しています。

オープン・アカウントでは、簡略にいうと、①貸方に、（フランチャイザーからみて）㋐フランチャイジーから支払われた金銭、㋑フランチャイジーに対する債務が計上され、②借方に、（フランチャイザーからみて）㋒フランチャイジーに支払った金銭、㋓フランチャイジーに対する債権が計上されます（＊）。

＊金銭、債権・債務の計上

コンビニ・フランチャイザー各社の「フランチャイズ契約の要点と概説」[注1] によれば、オープン・アカウントに計上され、決済されるのは、フランチャイザーとフランチャイジーの間の債権債務である旨の記載があるが、正確にいうと、㋐のフランチャイジーから支払われた金銭、㋒のフランチャイジーに支払った金銭は、オープン・アカウントにより決済（債権債務として相殺）されるのではなく、オープン・アカウント外で実際に金銭が支払われ、支払われた金銭がオープン・アカウントに計上（記録）され、後述の差引計算の対象となっている、と理解するのが正確ではないかと考えられる。

⑵　金銭、債権債務の具体例

㋐の例としては、フランチャイジーから支払われた売上金（の金銭）があり、㋑の例としては、フランチャイジーに対する各種の奨励金（の債務）があります（フランチャイザーが店舗営業に関し、フランチャイジーに各種の奨励金を支払う旨を約束している場合）。

また、㋒の例としては、フランチャイジーに支払った事業者収入（の金銭）があり（フランチャイザーは店舗の損益計算上の営業利益から、毎月、所定の事業者収入をフランチャイジーに支払っている）、㋓の例としては、フランチャイジーに対する、商品の仕入代金の代行支払による立替金（の債権）（フランチャイザーはフランチャイジーの商品の仕入代金を代行支払している）や、ロイヤルティ（の債権）（フランチャイザーは、毎月、店舗の損益計算上の売上総利益に一定割合を乗じたロイヤルティをフランチャイジーから徴収する旨約定している）があります。

㋐の売上金は、オープン・アカウント外でフランチャイジーから支払われた売上金を、オープン・アカウントへの入金として計上し、㋒の事業者収入は、オープン・アカウント外でフランチャイジーに支払った事業者収入を、オープン・アカウントからの出金として計上するものです。

㋑の奨励金は、フランチャイジーに対する債務を、また、㋓の仕入代金の立替金、ロイヤルティは、フランチャイジーに対する債権を、それぞれ、オープン・アカウントに債権債務として計上するものです。

以上を整理すると、次頁の**図表35**のとおりとなります。

【図表35】オープン・アカウントに計上される金銭、債権債務（Q56のＡ３の❺の［図表35］を微修正）

①貸方
- ㋐フランチャイジーから支払われた金銭…売上金
- ㋑フランチャイジーに対する債務…各種の奨励金

②借方
- ㋒フランチャイジーに支払った金銭…事業者収入
- ㋓フランチャイジーに対する債権…商品の仕入代金の代行支払による立替金、ロイヤルティ

⑶　オープン・アカウントによる決済

ア　差引計算による決済

オープン・アカウントの貸方と借方は、毎月、いったん、総額において差引計算されます。この差引計算は、貸方の㋐の売上金（支払を受けた金銭）、㋑の奨励金（支払うべき債務）と、借方の㋒の事業者収入（支払った金銭）、㋓の仕入代金の立替金、ロイヤルティ（支払を受けるべき債権）が一括して決済されたことを意味しています。

イ　差引計算が有する三つの意味

厳密にいうと、差引計算には517頁の**図表38**のとおり、三つの意味がありますが、オープン・アカウントの差引計算では、計上された個々の金銭、債権債務の性質を捨象し、その総額において差引計算がなされるため、三つの意味が個別に顕在化することはありません。

ⓐ　金銭と金銭の差引計算（例：㋐の売上金と㋒の事業者収入の差引計算）

オープン・アカウントへの入金として計上された売上金と、オープン・アカウントからの出金として計上された事業者収入の差引計算は、入金（売上金）と出金（事業者収入）の収支尻の計

算がなされること（実質的には売上金から事業者収入が取得されたこと）を意味します。

ⓑ　債権債務の差引計算（例：㋑の奨励金と㋓の仕入代金の立替金、ロイヤルティの差引計算）

オープン・アカウントに債務として計上された奨励金と、債権として計上された仕入代金の立替金、ロイヤルティの差引計算は、オープン・アカウントで債権（奨励金）と債務（仕入代金の立替金、ロイヤルティ）の相殺がなされること（実質的には奨励金から仕入代金、ロイヤルティが支払われたこと）を意味します。

ⓒ　金銭と債権債務の差引計算（例：㋐の売上金と㋓の仕入代金の立替金、ロイヤルティの差引計算、㋑の奨励金と㋒の事業者収入の差引計算）

オープン・アカウントへの入金として計上された売上金と、オープン・アカウントに債権として計上された仕入代金の立替金、ロイヤルティの差引計算は、金銭（売上金）と債権（仕入代金の立替金、ロイヤルティ）につき、独特の差引計算がなされること（実質的には売上金から仕入代金、ロイヤルティが支払われたこと）を意味します。

同様に、オープン・アカウントに債務として計上された奨励金と、オープン・アカウントからの出金として計上された事業者収入の差引計算は、債務（奨励金）と金銭（事業者収入）につき、独特の差引計算がなされたこと（実質的には奨励金から事業者収入が取得されたこと）を意味します。

【図表38】差引計算の意味

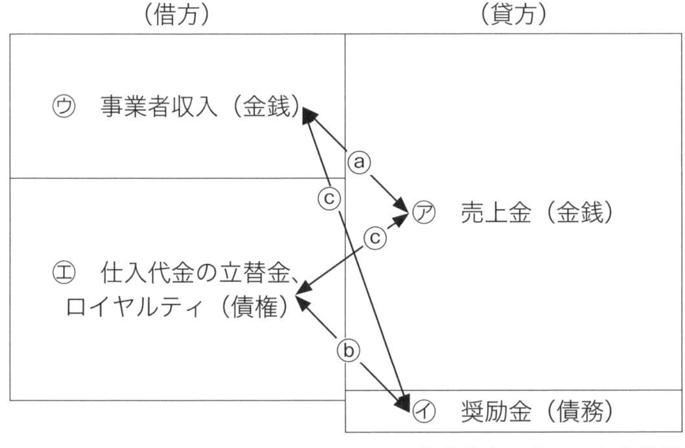

ⓐ収支尻の計算
ⓑ相殺
ⓒオープン・アカウント独特の差引計算

ウ　フランチャイズ契約の要点と概説

なお、前述のとおり、コンビニ・フランチャイザー各社の「フランチャイズ契約の要点と概説」によれば、オープン・アカウントに計上され、決済されるのは、フランチャイザーとフランチャイジーの間の債権債務（のみ）であり、差引計算は相殺の意味（のみ）を有する旨の記載があります。

しかし、厳密には、上述のとおり、ⓑは相殺の意味を有しますが、ⓐⓒは相殺の意味を有するものではないと理解するのが正確ではないかと考えられます。

エ　フランチャイジーからみたオープン・アカウントの機能

オープン・アカウントの機能をフランチャイジーの視点から、単純化していうと、フランチャイジーは、自己のために設けられたオープン・アカウントにおいて、売上金、奨励金から商品の仕入代金、ロイヤルティを支払い、事業者収入を取得していることになります。

(4) 貸方または借方残高を貸付金として翌月に繰り越すこと

差引計算後において貸方残高があるときは、フランチャイジーのフランチャイザーに対する貸付金債権となり、また、借方残高があるときは、フランチャイザーのフランチャイジーに対する貸付金債権となり、それぞれ、自動的に、翌月のオープン・アカウントに繰り越されます。借方残高（フランチャイジーに対する貸付金債権）の繰越しは、フランチャイザーのフランチャイジーに対する与信（運転資金の自動融資）の機能を有しています。

以上に述べた金銭・債権債務の計上と差引計算による決済、貸方または借方の残高（貸付金）の翌月への自動繰越しは、契約の終了まで継続されます。

(5) 清算金

契約終了時において、貸方残高があればフランチャイザーはこれをフランチャイジーに清算金として支払い、借方残高があればフランチャイジーはこれをフランチャイザーに清算金として支払うことにより、最終的に両者の間の金銭上の貸借が清算されます。それまでの間（契約存続中）は、原則として、フランチャイジーからフランチャイザーへの売上金の支払、フランチャイザーからフランチャイジーへの事業者収入の支払があるだけで、両者間に実際に金銭のやり取りが行われることはありません。

これをフランチャイジーの立場からいうと、フランチャイジーは契約期間中は、毎日、売上送金を行い、その中から、毎月、事業者収入を取得し、契約終了時に（貸方が借方を上回る場合）清算金を取得することとなります。

3　オープン・アカウントの性質

(1)　現金出納帳の性質

2(3)イのⓐの収支尻の計算の部分では、オープン・アカウントは、現金出納帳（＊）に類似した性質を有していると考えられます。

＊現金出納帳

現金の収入および支出を詳細に記録し、（その差引計算後の）手許有高を把握することによって現金の管理を行うための帳簿[注2)]

(2)　交互計算の性質

2(3)イのⓑの相殺の部分では、オープン・アカウントは、交互計算（＊＊）の性質を有していると考えられます。

＊＊交互計算

商人間または商人と非商人間に平常取引をなす場合において、一定の期間内の取引から生ずる債権債務の総額につき相殺をなし、その残額の支払をなすべきことを約する契約（商法第529条）

(3) 交互計算類似の性質

オープン・アカウントは、債権債務のほか、金銭が計上・差引計算される点で、純粋な交互計算ではありませんが、当該金銭は、フランチャイジーの店舗経営に関するフランチャイズ契約上の収入・支出であり、実質的には債権債務と異なるところはないため、全体としては、交互計算に類似する性質を有していると考えることができます。フランチャイズ契約中でも、その旨の確認がなされ、商法の交互計算に関する規定が準用される旨が規定されていると思われます。

注

注１）セブン－イレブン・ジャパン社、株式会社ローソン、株式会社ファミリーマート、株式会社サークルＫサンクス（両社は平成28年９月１日経営統合）、株式会社スリーエフの「フランチャイズ契約の要点と概説」日本フランチャイズチェーン協会のHPに掲載（http://fc-g.jfa-fc.or.jp/article/article_36.html）

注２）安藤英義、新田忠誓、伊藤邦雄、廣本敏郎編集代表『会計学大辞典／第五版』（中央経済社／2007）421頁（泉宏之執筆）

Q68

オープン・アカウントと債権差押えの関係

フランチャイジーの債権者は、フランチャイジーのフランチャイザーに対する次の債権を差し押えることができますか。

① 事業者収入（フランチャイジーのフランチャイザーに対する事業者収入の支払請求権）

② 奨励金（フランチャイジーのフランチャイザーに対する奨励金の支払請求権）

③ 貸付金（フランチャイジーのフランチャイザーに対する毎月の差引計算後の貸方残高の貸付金の支払請求権）

④ 清算金（フランチャイジーのフランチャイザーに対するフランチャイズ契約の終了による清算金の支払請求権）

A 1（結論）

①の事業者収入の支払請求権は差押えができると考えられます。
②の奨励金の支払請求権は差押えができないと考えられます。
③の貸付金の支払請求権は差押えができないと考えられます。
④の清算金の支払請求権は差押えができると考えられます。

A 3（解説）

1 差押えと交互計算不可分の原則

フランチャイジーの債権者は、民事執行・租税滞納処分として、フランチャイジーのフランチャイザーに対する①～④の債権を差し押えようとすることがあります。

しかし、オープン・アカウントには商法の交互計算に関する規定が準用される結果（**Q67**）、交互計算不可分の原則（＊）が適用され、当該原則により、オープン・アカウントに組み入れられ、オープン・アカウントにおいて相殺されるフランチャイジーの債権については差押えが禁止されることになります。

本問は、交互計算不可分の原則との関係で、①～④の債権の差押えができるか否かを問うものです。

＊交互計算不可分の原則

商法第529条以下の交互計算に関し、古典的交互計算理論に基づき認められる原則で、「計算期間中に生ずる個別の債権について、相互にその支払を猶予して信用を授与するとともに、その独立性を否定し拘束状態におき、個別的な行使・処分を禁じ、さらに債権者による差押を否定することにより、個々の債権について個別的に債権質を設定することを要せずにこれと同様の結果を生じ、相互に反対債権を自己の債権の担保となしうること」注1）

2　A 1（結論）の理由

(1)　①の事業者収入

①の事業者収入は、フランチャイズ契約に基づき、毎月一定の日に、オープン・アカウント外で、店舗の損益計算上の営業利益の中から、一定の金額がフランチャイザーからフランチャイジーに実際に支払われるものです（その名称はフランチャイザーによって異なっている）。

事業者収入は、その支払がなされるまでの間は、フランチャイジーのフランチャイザーに対する通常の金銭債権ですので、フランチャイジーの債権者はこれを差し押えることができると考えられます。

フランチャイザーからフランチャイジーに事業者収入が支払われた後は、当該金額はオープン・アカウントの借方に計上され、差引計算に供されることになりますが、計上されるのは、フランチャイザーがフランチャイジーに「支払った」事業者収入であり、「支払われるべき債権」ではありません（**Q67**）。

このように、事業者収入は債権としてオープン・アカウントに組み入れられ、オープン・アカウントにおいて相殺されるものではありませんので、交互計算不可分の原則により、その債権の差押えが妨げられることはないと考えられます。

(2) ②の奨励金

②の奨励金は、フランチャイズ契約に基づき、一定の要件が充足された場合に、フランチャイザーからフランチャイジーに支払われるものですが（いかなる奨励金がいかなる要件のもとに支払われるかはフランチャイザーによって異なっている）、債権としてオープン・アカウントに組み入れられ、オープン・アカウントにおいて差引計算に供されることになります。当該債権は、交互計算に組み入れられる債権として、交互計算不可分の原則により、第三者の善意・悪意を問わず差し押えることはできないと考えられます。[注2)]

(3) ③のフランチャイザーに対する貸付金

③のフランチャイザーに対する貸付金は、毎月、オープン・アカウントの貸方と借方を差引計算した後に、貸方残高がある場合、当該金額につき、自動的にフランチャイジーのフランチャイザーに対

する貸付金として取り扱われ、翌月のオープン・アカウントに繰り越されるものです。

この貸付金は、債権として発生すると、自動的に翌月のオープン・アカウントに債権として組み入れられます。

オープン・アカウントの期間は、フランチャイズ契約と同一の期間であり、オープン・アカウントは毎月、いったん差引計算されるものの、それは最終的な差引計算ではなく、期間途中の暫定的な差引計算にすぎず、その結果発生する貸方残高の貸付金は、契約の終了まで、翌月のオープン・アカウントに繰り越され続け、オープン・アカウントへの組入れが継続されています。

したがって、フランチャイザーに対する貸付金は、交互計算に組み入れられる債権として、交互計算不可分の原則により、第三者の善意・悪意を問わず差し押えることはできないと考えられます。

(4) ④の清算金

④の清算金は、オープン・アカウントが期間満了により閉鎖された後に、貸方残高がある場合、当該金額につき、フランチャイジーのフランチャイザーに対する清算金債権として発生するものです。清算金債権は、オープン・アカウント外でフランチャイザーからフランチャイジーに支払われるものであり、フランチャイジーの債権者はこれを差し押えることができると考えられます。

注

注1）平出『商行為法』150頁

注2）平出・同上155頁、大(三民)判昭11.3.11民集15.4.320

Q69

24時間営業（営業時間の制限）

コンビニ・フランチャイズ契約において、24時間営業を義務づける条項がある場合、フランチャイジーは、優越的地位の濫用を理由に、24時間営業を拒むことができますか。

A 1（結論）

24時間営業を義務づける条項は、フランチャイジーの営業活動を指定・義務づける条項に該当し、その法適合性の要件は、「目的の正当性＋指定・義務づけの必要性＋相当性＋有益性」となります。

法適合性の判断としては、24時間営業により、コンビニエンスストアの業種・業態の内在的要請に応じるとの目的には正当性が認められ、その目的を達成するために、24時間営業を義務づけることには必要性が認められます。

相当性の判断は、個別・具体的になされますので、一概にその結論を述べることはできませんが、24時間営業の義務づけによりフランチャイジーの営業の自由は制限を受けますが、フランチャイジーがコンビニエンスストアとしての業種・業態に適合する営業を行うことは当然のことであり、フランチャイジーは深夜営業により深夜に活動する顧客に利便性を提供し、地域住民に安心感・夜間の防犯拠点を提供することができ、昼間よりも劣るかもしれませんが、相応の売上を得ることができ、夜間に納品された商品の検品・陳列、店内清掃などを行い、早朝から効率的な店舗営業を行うことができるため、相当性は一般的に認められると考えられます。

有益性についても、当該店舗の立地特性（例：オフィス街）や、店舗与件（例：大型事務所ビル・商業施設内への出店）などにより、深夜営業が著しく困難・非効率で、売上がほとんど見込めない場合や、フランチャイジーの家族労働を含め、夜間の店舗スタッフの確保が著しく困難な場合などを除き、24時間営業は究極的にフランチャイジーの利益に繋がり得るとして有益性が認められるため、その法適合性は肯定されると考えられます。

優越的地位の濫用の成立要件は、優越的地位、濫用行為、行為の広がり、正当化事由の不存在ですが、24時間営業の義務づけの法適合性が肯定される以上、正当化事由としての事業上の合理性・必要性は存在することになり、「正当化事由の不存在」の要件は充足しないため、優越的地位の濫用は成立せず、フランチャイジーは優越的地位の濫用を理由に、24時間営業を拒むことはできないと考えられます。

A2（背景）

1 24時間営業

コンビニ・フランチャイズ契約では、フランチャイジーは、原則として24時間営業または16時間営業（７時から23時までの営業）を義務づけられています。

その理由は、コンビニエンスストアは、顧客の生活に最大限の利便性を提供する業種・業態の店舗であり、「何時でも近くで手軽に生活必需品を購入できる」ことを最大の売り物としているからです。

コンビニエンスストア業界では、当初は16時間営業の義務づけにとどまるフランチャイザーもありましたが、近年の顧客のライフスタイルの変化に応じ、24時間営業を義務づけるフランチャイザーが多くなりました。

24時間営業では、23時から7時までの、深夜営業が義務づけられますが、そのメリットとしては、顧客に最大限の利便性を提供することに加え、深夜に納品された商品の検品・陳列や、店内の清掃などの業務を終え、早朝から効率的に営業を開始できること、深夜営業は、顧客・地域社会に安心感を与え、地域における夜間の防犯拠点となっており、これが顧客の支持・信頼に繋がることなどが挙げられています。

2 深夜営業の問題点

多くのフランチャイジーは、上述のコンビニエンスストアの業態特性を理解し、深夜営業を行っていると思われます。

他方、深夜営業には、従業員給料が余分にかかる割には売上が少ないこと、強盗などの被害を誘発しやすいこと、電力を消費することなどの問題点も存在しています。

そこで、一部のフランチャイジーは深夜営業に反対の姿勢をとり、深夜営業の強要が優越的地位の濫用に該当するとして、独禁法第24条に基づく差止請求として、深夜営業の強要の禁止を求める訴訟を提起するフランチャイジーも現れましたが、当該請求は棄却されています（後述）。

以下においては、24時間営業の義務づけの法適合性（優越的地位の濫用該当性）について検討したいと思います。

A 3（解説）

1　法適合性

(1)　法適合性の要件

24時間営業を義務づける条項は、フランチャイジーの営業活動を指定・義務づける条項に該当し、その法適合性の要件は、「目的の正当性＋指定・義務づけの必要性＋相当性＋有益性」となります（**Q30**）。

(2)　法適合性の判断

法適合性の判断としては、コンビニエンスストアの業種・業態の内在的要請に応じる（コンビニエンスストアに要請される役割・機能に応じる）との目的には正当性が認められ、その目的を達成するために、24時間営業を義務づけることには必要性が認められます。

相当性の判断は、個別・具体的になされますので、一概にその結論を述べることはできませんが、24時間営業の義務づけによりフランチャイジーの営業の自由は制限を受けますが、フランチャイジーがコンビニエンスストアとしての業種・業態に適合する営業を行うことは当然のことであり（営業の自由は内在的要請に劣後する）、フランチャイジーは深夜営業により深夜に活動する顧客に利便性を提供し、また、地域住民に安心感・夜間の防犯拠点を提供することができ、昼間よりも劣るかもしれませんが、相応の売上を得ることができ、夜間に納品された商品の検品・陳列、店内清掃などを行い、早朝から効率的な店舗営業を行うことができるため、相当性は一般的に認められると考えられます。

有益性についても、当該店舗の立地特性（例：オフィス街）や、店舗与件（例：大型事務所ビル・商業施設内への出店）などにより、深夜営業が著しく困難・非効率で、売上がほとんど見込めない場合や、フランチャイジーの家族労働を含め、夜間の店舗スタッフの確保が著しく困難な場合などを除き、24時間営業は究極的にフランチャイジーの利益に繋がり得るとして有益性が認められ、その法適合性は肯定されるのが一般的ではないかと考えられます。

2 優越的地位の濫用

(1) 優越的地位の濫用の成立要件

優越的地位の濫用の公正競争阻害性は、各取引主体がそれぞれ自由かつ主体的に取引上の判断を行うという「自由競争基盤の侵害」にあり、その成立には、次の四要件が必要とされています［**Q27**の**A 3**の**2**(2)］。

① 優越的地位（一方が他方を抑圧し得る関係にあること）
② 法定の行為要件を充足し、公正競争阻害性を有する濫用行為（通常では受け容れ難い不利益を一方的に課すような抑圧的な行為）
③ その行為の広がり（対象となる相手方の数、組織的・制度的なものかどうか、行為の波及性・伝播性の有無）を考慮し、公正な競争秩序にかかわると認められること
④ 正当化事由の不存在。当該正当化事由には、競争秩序に直接的に関わらない事業経営上の合理性・必要性などの事由が含まれる。**1**で述べた法適合性の判断は、事業経営上の合理性・必要性などに関連する事由として、④の正当化事由の存否の判断において考慮されるものと解される。

本問では、**1**で述べたとおり、24時間営業の義務づけの法適合性が肯定される以上、④の正当化事由としての事業上の合理性・必要

性は存在することになり、④の「正当化事由の不存在」の要件は充足しないため、優越的地位の濫用は成立せず、フランチャイジーは優越的地位の濫用を理由に、24時間営業を拒むことはできないと考えられます。

(2) 裁判例

東京地判平23.12.22判時2148.130も、概要、次の理由により、24時間営業（深夜営業）の義務づけは優越的地位の濫用には該当しないとしています。㋐㋑は24時間営業義務の合意の成立を認めたものであり、㋒～㋕は事業上の合理性・必要性を認めたものであると考えられます。

㋐　フランチャイズ契約の付属契約に24時間営業（深夜営業）を行う義務が定められていること
㋑　加盟時にはフランチャイザーの加盟店は24時間営業の店舗であるという認識が一般に広まっており、加盟資料等にも24時間営業が明記されていたこと
㋒　深夜営業中は売上額は減少するが、従業員は手待ち時間を利用して、商品の発注、店舗の清掃・点検、早朝向けの商品の発注、納品、検品、陳列を行っていること
㋓　深夜の強盗事件は、軽視し得ないが、フランチャイザーにおける発生率が他社よりも高いという状況ではなく、契約書の締結時から現在まで、重大な事情変更があったとはうかがわれないこと
㋔　強盗被害の発生を防止するため、侵入防止扉・防護盾の設置、警備委託、現金盗難被害保険への加入などの対策を講じていること
㋕　コンビニエンスストア業界で24時間営業が広く普及しており、フランチャイザーの加盟店では、深夜営業が行われないことも珍しくないという状況が生じた場合、フランチャイズ・チェーンの利便性にかかわるイメージが損なわれること

Q70

フランチャイズ・パッケージに関する契約責任

コンビニ・フランチャイズ契約において、フランチャイジーに提供されたフランチャイズ・パッケージの一部に関し、次のような事態が発生した場合、フランチャイザーはフランチャイジーに対し、どのような責任を負いますか。

① 推奨した仕入先が納品した商品の品質不良
② 推奨した仕入先による商品の納品時間（店着時間）の遅れ
③ 提供した商品の受発注用の情報システムの不具合

A1（結論）

1 商品の品質不良

フランチャイザーは、仕入先推奨者として、仕入先推奨に関する条項の解釈として、一般的に、フランチャイジーがコンビニエンスストア事業を支障なく円滑に経営することができるよう、仕入先の企業規模、実績、製造・供給体制の整備状況、品質管理の状況などを確認し、取引通念上、商品の売買契約で要求される品質、性能、商品性などや安全性を備えた商品の製造・供給能力を有すると認められる仕入先を選定し、推奨する責任を負うと考えられます。

しかし、フランチャイザーはそれ以上に、仕入先の個々の行為について責任を負うことはなく、仕入先によって納品された商品の品質不良につき、直接、責任を負うことはないと考えられます。

2　商品の納品時間の遅れ

フランチャイザーは、仕入先推奨者として、仕入先推奨に関する条項の解釈として、一般的に、フランチャイジーがコンビニエンスストア事業を支障なく円滑に経営することができるよう、仕入先の企業規模、実績、物流体制（物流施設、施設内の作業員、配送車両、ドライバーなど）の整備状況、業務管理の状況などを確認し、取引通念上、商品の売買契約で要求される商品の引渡し（時期・場所・方法）を履行することができる物流能力を有すると認められる仕入先を選定し、推奨する責任を負うと考えられます。

しかし、フランチャイザーはそれ以上に、仕入先の個々の行為の全般について責任を負うことはなく、商品の納品時間（店着時間）の遅れにつき、直接、責任を負うことはないと考えられます。

3　商品の受発注用の情報システムの不具合

フランチャイザーは、情報システムの提供者として、情報システムの提供に関する条項の解釈として、一般的に、フランチャイジーがコンビニエンスストア事業を支障なく円滑に経営することができるよう、フランチャイジーの操作に従って発注が実行される情報システムを提供すべき責任を負い、情報システムの不具合により、発注どおりの商品が納品されなかった場合、当該不具合の内容、損害発生との因果関係、不具合発生時の対応、過失（軽過失が免責されている場合は重過失）、不可抗力の有無などによっては、損害を賠償する責任を負うことがあり得ると考えられます。

A 3（解説）

1 本問の趣旨

コンビニ・フランチャイズ契約では、フランチャイズ・パッケージ（の一部）の提供として、フランチャイザーによって、商品とその仕入先の推奨がなされ、また、商品の受発注用の情報システムが提供され、その使用が義務づけられています［**Q56**の**A 3**の**2**(4)(5)］。

ところが、営業の現場では、時に、仕入先からフランチャイジーに納品された商品につき、異物混入、原産地表示の誤り、その他の品質不良が発生したり、フランチャイジーへの納品につき豪雨、積雪、交通渋滞などにより店着時間が遅れ、ピークの時間に間に合わなかったり、フランチャイザーが提供した情報システムに不具合が発生し、商品の受発注に支障が生じたりするなどの不測の事態が発生することがあります。

本問は、その場合のフランチャイザーの商品・仕入先の推奨者としての責任を問い、また、情報システムの提供者としての責任を問うものです。

2 ①の推奨仕入先が納品した商品の品質不良（仕入先推奨者の責任）

(1) 契約関係

仕入先の推奨については、フランチャイザーとフランチャイジーの間に商品・仕入先のあっせん（ある人とその相手方との間の交渉が円滑に行われるよう、第三者が世話をすること）ないし指示仲立(取引の相手方たるべき者を探し、または指示して、取引の成立に機会を与えること）の契約関係が成立し、フランチャイジーと仕入先との間に商品の売買契約が成立しています（**Q63**）。

(2) 商品の品質不良に関する責任

フランチャイザーがフランチャイジーに対し、仕入先が納品した商品の品質不良に関しいかなる責任を負うかは、フランチャイズ契約中の仕入先の推奨を規定した条項の解釈によることになります。

そのため、個別・具体的事実を離れ、一概にその結論を示すことはできませんが、一般的には、フランチャイザーは、フランチャイジーがコンビニエンスストア事業を支障なく円滑に経営することができるよう、仕入先の企業規模、実績、製造・供給体制、品質管理の状況などを確認し、取引通念上、商品の売買契約で要求される品質、性能、商品性などや安全性を備えた商品の製造・供給能力を有すると認められる仕入先を選定し、推奨する責任を負うと考えられます。

しかし、フランチャイザーは、それ以上に仕入先の個々の行為について責任を負うことはなく、仕入先によって納品された商品の品質不良につき、直接、責任を負うことはないと考えられます。

3 ②の商品の納品時間（店着時間）の遅れ（仕入先推奨者の責任）

②の商品の納品時間（店着時間）の遅れについても、フランチャイザーがフランチャイジーに対しいかなる責任を負うかは、フランチャイズ契約中の仕入先の推奨を規定した条項の解釈によることになります。

そのため、②の場合も、個別・具体的事実を離れ、一概にその結論を示すことはできませんが、一般的には、フランチャイザーは、フランチャイジーがコンビニエンスストア事業を支障なく円滑に経営することができるよう、仕入先の企業規模、実績、物流体制（物流施設、施設内の作業員、配送車両、ドライバーなど）の整備状況、業務管理の状況などを確認し、取引通念上、商品の売買契約で要求される商品の引渡し（時期・場所・方法）を履行することができる物流能力を有すると認められる仕入先を選定し、推奨する責任を負うと考えられます。

しかし、フランチャイザーはそれ以上に、仕入先の個々の行為について責任を負うことはなく、商品の納品時間（店着時間）の遅れにつき、直接、責任を負うことはないと考えられます。

4　③の商品の受発注用の情報システムの不具合（情報システム提供者の責任）

③の情報システムの不具合についても、フランチャイザーがフランチャイジーに対しいかなる責任を負うかは、フランチャイズ契約中の情報システムの提供、使用の義務づけを規定した条項の解釈によることになります。

そのため、③の場合も、個別・具体的事実を離れ、一概にその結論を示すことはできませんが、一般的には、フランチャイザーは、フランチャイジーがコンビニエンスストア事業を支障なく円滑に経営することができるよう、フランチャイジーの操作に従って発注が実行される情報システムを提供すべき責任を負い、情報システムの不具合により、発注どおりの商品が納品されなかった場合、当該不具合の内容、損害発生との因果関係、不具合発生時の対応、過失（軽過失が免責されている場合は重過失）、不可抗力の有無などによっては、損害を賠償する責任を負うことがあり得ると考えられます。

Q71

収納代行サービスの仕組みと為替取引への該当性

コンビニエンスストアで取り扱われている電気料金、電話料金などの公共料金の収納代行サービスは、どのような仕組みで行われていますか。収納代行サービスは為替取引に該当しますか。

A 1（結論）

電気料金、電話料金などの公共料金の収納代行の契約関係は、フランチャイザーが事業者（例：電力会社）から、その直営店または加盟店において、料金（例：電気料金）の収納代行業務を行うことを受託し、その対価として手数料の支払を受ける旨の委託契約を締結し、直営店の場合、自社で収納代行サービスを提供し、加盟店の場合、フランチャイジーに対し収納代行業務を再委託し、加盟店で収納代行サービスを提供する仕組みとなっています。

顧客は、店舗で収納票に基づき、料金を支払い、当該料金は店舗から銀行振込によりフランチャイザーに送金され、フランチャイザーから銀行振込により事業者に送金されます。

収納代行が為替取引に該当するか否かについては、収納代行時点では弁済の効果が生じておらず、単に料金（金銭）が受領され、事業者に引き渡されることが約束されただけであり、当該約束の履行として、当該料金がフランチャイザーを介し銀行振込により事業者に送金され、事業者によって当該料金が受領された時に、弁済の効果が生じると解する立場では、収納代行は資金移動サービスとして、ある種の為替取引に該当することになります。

しかし、収納代行時点で弁済の効果が生じており、その後、当該料金が店舗からフランチャイザーを介し銀行振込により事業者に送金されるのは、収納代行された料金が委託者である事業者に引き渡される行為であると解する立場では、収納代行は為替取引に該当しないことになります。

収納代行が為替取引に該当するか否かは、委託契約の解釈によるため、一概にその結論を提示することはできず、為替取引該当説も有力に主張されていますが、一般的には、フランチャイザーと事業者の契約形態は資金移動の委託契約ではなく、収納業務の委託契約であること、事業者は自己の営業所の代わりに店舗での料金の支払を認めていると解するのが自然なこと、店舗は収納代行時点で顧客に事業者が受取人であると解される領収書を発行していることから、収納代行時点で弁済の効果が生じており、その後の事業者への料金の送金は委託者への料金の引渡しであるとし、収納代行は為替取引には該当しないと解するのが相当ではないかと考えられます。

A2（背景）

1 収納代行サービス

コンビニエンスストアで収納代行サービスが開始されたのは、昭和62年のことだといわれていますが、その後、収納代行の取扱件数・金額は急速に増加し、収納代行の対象となる金銭（債権）も、当初は電気、電話、水道、ガスなどの公共料金が中心でしたが、次第に取扱いの範囲が拡大され、今日では、ネット通販の売買代金の支払・消費者金融に対する借入金の返済や、各種の税金・社会保険料等の収納についても収納代行サービスの取扱いが可能となっています。

2 税金の取扱いに関する法律構成

なお、同じ税金でも、地方税は地方公共団体はその収納事務を受託者に委託することができる旨が規定されており（地方自治法施行令第158条の２）、店舗経営者（フランチャイザーまたはフランチャイジー）は地方自治体から地方税の収納を受託し、地方自治体に代わって税金を収納するとの構成が採られています。

しかし、国税では、国税を納付しようとする者が納付を納付受託者に委託することができる旨が規定されており（国税通則法第34条の３）、店舗経営者が納付しようとする者から国税の納付を受託し、納付しようとする者に代わって国に納付するとの、「納付代行」とでもいうべき構成が採られています。

A３（解説）

1 契約関係

以下、電気料金の収納代行を例に、その契約関係の概要について説明すると、フランチャイザーは、電力会社との間で、電力会社がフランチャイザーに対し、その直営店または加盟店において、電気料金の収納代行業務を行うことを委託し、これに対し、その対価として手数料を支払う旨の委託契約を締結します。直営店の場合、フランチャイザーは自社で収納代行業務を行い、加盟店の場合、フランチャイジーに対し収納代行業務を再委託し、加盟店で収納代行業務を行います。

なお、多くの場合、収納代行を委託する会社とフランチャイザーの間に、収納代行の委託を取り次ぐ会社が介在しています。

2 収納代行手続

(1) 収納票による収納代行

電気料金の収納代行の手続は、概要、次のようになっています。

① 電力会社が顧客にコンビニエンスストア用の収納票を発行し、顧客が収納票を店舗に持参する。
② 収納票にはバーコードが付されており、店舗では、POS レジスターの付属端末でこれをスキャンし、顧客から料金（金銭）を受領し、電力会社が受取人であると解される領収書に領収印を押し、顧客控えを顧客に交付する。
③ 店舗では、収納代行を完了した旨を POS レジスターに入力し、当該データはオンラインにより電力会社に送信され、収納代行した旨が報告される。
④ 店舗は、収納代行した料金を、毎日、銀行振込によりフランチャイザーに送金し、フランチャイザーはこれを委託契約で定められた期日に銀行振込により電力会社に送金することにより、料金の引渡しを行う。

(2) 識別番号による収納代行

なお、収納代行手続では、上述の例のように、電力会社から紙媒体の収納票が顧客に交付され、これを利用した収納手続が行われる場合のほか、ネット通販のように、取引の識別番号が顧客に付与され、店舗に来店した顧客が店内に設置されているインターネット商材用の情報端末に識別番号を入力して収納票を作成し、これに基づき売買代金を支払う方法も行われています。

以上に述べた収納代行の契約関係と手続を整理すると、次の**図表**

39のとおりとなります。

【図表39】収納代行の契約関係と手続き

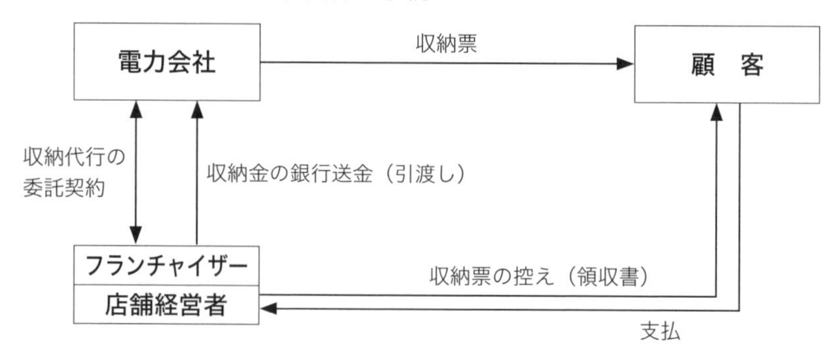

3　為替取引への該当性

(1)　座長メモ

金融庁の「決済に関する研究会」は、かつて、平成19年12月18日付の「決済に関する論点の中間的な整理について（座長メモ）」注1）において、収納代行サービスを代金引換サービス、口座振替代行サービスなどとともに、資金移動サービスとして位置づけ、「資金移動サービスは利用者間で資金を移動しようとするものであることから為替取引との関係が問題となる」注2）とし、これに対する法規制の適否などを論じたことがありました。

(2)　為替取引該当性

ア　為替取引

為替取引（銀行法第10条第1項第3号）とは、「顧客から、隔地者間で直接現金を輸送せずに資金を移動する仕組みを利用して資金を移動することを内容とする依頼を受けて、これを引き受けること、又はこれを引き受けて遂行すること」[最(三小)決平13.3.12判時1745.148][注3)]をいいます。

イ　為替取引該当説

収納代行では、店舗が顧客から料金を収納し、収納代行された料金は、店舗から銀行振込によりフランチャイザーに送金され、フランチャイザーから銀行振込により電力会社に送金されます。

この間の法律関係について、収納代行時点では、弁済の効果が生じておらず、単に料金（金銭）が受領され、電力会社に引き渡されることが約束されただけであり、当該約束の履行として、当該料金がフランチャイザーを介し銀行振込により電力会社に送金され、電力会社によって当該料金が受領された時に、弁済の効果が生じると解する立場では、店舗が銀行振込を利用した資金（料金）の移動サービス（ある種の為替取引）を行っていると理解されます（以下「為替取引該当説」という）。[注4)]

為替取引該当説に立てば、業務の受託者・店舗の経営者であるフランチャイザー・フランチャイジーの債務不履行により電力会社に料金が引き渡されないと、顧客は二重弁済の危険を負うことになるため、この危険の存在が収納代行を公法的に規制する立法事実となります。

(3)　為替取引に該当しないこと

ア　為替取引に該当しないこと

収納代行が為替取引に該当するか否かは、契約の解釈によりますので、一概に、その結論を提示することはできませんが、一般的には、上述の収納代行業務の委託契約や、収納代行手続によれば、(委託契約において弁済の効果の発生時期について明文の条項が設けられていなくても）次の理由により、収納代行時点で弁済の効果が生じており、その後、当該料金が店舗からフランチャイザーを介し銀行振込により電力会社に送金されるのは、収納代行された料金が委託者である電力会社に引き渡される行為であるとし、収納代行は為替取引には該当しないと解するのが相当ではないかと考えられます。

㋐　電力会社とフランチャイザーの契約の形態は資金移動サービスの委託契約ではなく、収納代行業務の委託契約であり、電力会社がフランチャイザー・フランチャイジーに手続料を支払っていること
㋑　電力会社は顧客に「店舗での電気料金の支払」を認めている（収納代行サービスは近くに電力会社の営業所がない顧客に対し便宜をはかるものであり、店舗は電力会社の営業所の代替施設である）と理解するのが自然であること
㋒　実際の収納代行の手続きにおいて、店舗は、収納代行の時点で、電力会社が受取人であると解される領収書を発行しており、電力会社は当該領収書とは別個の領収書を発行していないこと
㋓　前述の国税の場合には、収納業務の委託ではなく、納付代行とでもいうべき構成が採られており、納付受託者（店舗）が国税を受領した時点では、納付の効果は生ぜず、納付受託者が納付しようとする者に代わって国に納付することが約束されただけであり、当該約束の履行として、国税がフランチャイザーを介し銀行振込により国に送金され、国によって国税が受領された時に、納付の効果が生じると解する余地もあるが、国税通則法は、納付しようとする者から納付受託者に国税が交付された日に国税の納付があったものとみなす旨の規定（同法第34条の３第２項）を設けており、この場合は明らかに為替取引には該当しないこと

イ　フランチャイザーの債務不履行のリスク負担

以上のとおり、収納代行時点で弁済の効果が生じることを肯定すると、収納代行は為替取引には該当しないこととなります。[注5)] 収

納された料金が店舗からフランチャイザーを介し銀行振込により電力会社に送金されるのは、受託者が「委任事務を処理するに当たって受け取った金銭その他の物を委任者に引き渡」す債務（民法第646条第１項）の履行行為と解されることになり、その債務不履行のリスクは、電力会社が負うことになります。また、このように解すると、少なくとも、消費者保護の観点から、収納代行を公法的に規制する立法事実も存在しないこととなります。

注

注１）金融庁HPに掲載
（http://www.fsa.go.jp/frtc/kenkyu/20071218.html）

注２）同上に掲載の「決済に関する論点の中間的な整理について（座長メモ）」８頁

注３）小山嘉昭『詳解銀行法』（きんざい／2004）152頁以下

注４）岩原紳作『電子決済と法』（有斐閣／2004）562頁

注５）藤池智則「事業会社による決済サービスにかかる公法上の規制の検討」金法1631.19

Q72

収納代行サービスの法適合性

フランチャイザーが収納代行サービスの取扱いをフランチャイジーに義務づけた（強制した）場合、その法適合性は肯定されますか。

A 1（結論）

収納代行サービスを店舗の取扱商品として指定・義務づける条項は、フランチャイジーの営業活動を指定・義務づける条項に該当し、その法適合性の要件は、「目的の正当性＋指定・義務づけの必要性＋相当性＋有益性」となります。

法適合性の判断については、収納代行サービスの取扱いは、コンビニエンスストアの業種・業態の内在的要請（顧客に対し最大限の利便性を提供するコンビニエンスストアに要請される役割・機能）に応じようとするもので、その目的には正当性が認められ（収納代行取引の取扱高が急拡大している事実は目的の正当性を裏づけている）、その目的を達成するために、当該内在的要請に応じ、収納代行取引の取扱いを指定・義務づける必要性も認められます。

相当性は、個別・具体的な事実に基づく判断となるため、一概に、その結論を示すことはできませんが、収納代行取引の取扱いの指定・義務づけによりフランチャイジーの営業の自由は制限を受けますが、フランチャイジーがコンビニエンスストアの業種・業態に適合する商品を取り扱うことは当然のことであり（営業の自由は内在的要請に劣後する）、フランチャイジーは商品の選定能力・調達能力が補助され、収納代行サービスの取扱いによりコンビニエンスストアの役割・機能を果たすことができ、売上・集客力の向上（収納代行取引の取扱いにより手数料収入が得られるほか、収納代行のために来店した顧客の併買も見込まれる）などの利益も享受できるため、コンビニエンスストアの業種・業態に応じた適切な商品の指定・義務づけとして、一般的に、相当性も認められると考えられます。

有益性についても、フランチャイジーは、収納代行取引により来店客数の増加が見込まれ、手数料収入や併買による売上が見込まれるため、手数料収入や併買の金額が極端に少なく、収納代行業務を処理する従業員の給料と著しく均衡を失する場合、当該業務の処理が著しく複雑で、アルバイト従業員には習得が困難な場合、収納した金銭の保管に著しい負担がかかる場合、強盗対策に著しく高額の費用を要する場合などの例外的な場合を除き、一般的には、究極的にフランチャイジーの利益に繋がり得る商品の指定・義務づけとして有益性が認められ、その法適合性は肯定されると考えられます。

A3（解説）

1　法適合性の要件

収納代行サービスを店舗の取扱商品として指定・義務づける条項は、フランチャイジーの営業活動を指定・義務づける条項に該当し、その法適合性の要件は、「目的の正当性＋指定・義務づけの必要性＋相当性＋有益性」となります（**Q30**）。

2　法適合性の判断

法適合性の判断については、収納代行サービスの取扱いは、コンビニエンスストアの業種・業態の内在的要請（顧客に対し最大限の利便性を提供するコンビニエンスストアに要請される役割・機能）

に応じようとするもので、その目的には正当性が認められ（収納代行取引の取扱高が急拡大している事実は目的の正当性を裏づけている）、その目的を達成するために、当該内在的要請に応じ、収納代行取引の取扱いを指定・義務づける必要性も認められます。

相当性は、個別・具体的な事実に基づく判断となるため、一概に、その結論を示すことはできませんが、収納代行取引の取扱いの指定・義務づけによりフランチャイジーの営業の自由は制限を受けますが、フランチャイジーがコンビニエンスストアの業種・業態に適合する商品を取り扱うことは当然のことであり（営業の自由は内在的要請に劣後する）、フランチャイジーは商品の選定能力・調達能力が補助され、収納代行サービスの取扱いによりコンビニエンスストアの役割・機能を果たすことができ、売上・集客力の向上（収納代行取引の取扱いにより手数料収入が得られるほか、収納代行のために来店した顧客の併買も見込まれる）などの利益も享受できるため、コンビニエンスストアの業種・業態に応じた適切な商品の指定・義務づけとして、一般的に、相当性も認められると考えられます。

有益性についても、フランチャイジーは、収納代行取引により来店客数の増加が見込まれ、手数料収入や併買による売上が見込まれるため、手数料収入や併買の金額が極端に少なく、収納代行業務を処理する従業員の給料と著しく均衡を失する場合、当該業務の処理が著しく複雑で、アルバイト従業員には習得が困難な場合、収納した金銭の保管に著しい負担がかかる場合、強盗対策に著しく高額の費用を要する場合などの例外的な場合を除き、一般的には、究極的にフランチャイジーの利益に繋がり得る商品の指定・義務づけとして有益性が認められ、その法適合性は肯定されると考えられます。

3 裁判例

(1) 東京地判平23.12.22判時2148.130

同判決はセブン－イレブン・ジャパン社の加盟者が、優越的地位の濫用を理由に、収納代行サービス等に係る業務の強要の禁止を請求した事件において、加盟者の請求を棄却しました。

その理由として、概要、次の事実が挙げられています。

① 本件基本契約等には収納代行サービス等に関する規定はないが、加盟者は、本件基本契約等に基づき、本件フランチャイズ・チェーンの利便性にかかわるもので、本件イメージ（セブン－イレブン・ジャパン社のチェーンに加盟する加盟店に共通する独特の印象）の重要な要素を構成する商品やサービスについては、特段の事情のない限り、これを提供する義務を負っており、商品やサービスの内容、構成等が合理性の認められる限度で随時変更されることも了解していたこと

② （最も加盟時期の古い原告が加盟した）平成８年までには、収納代行サービスや宅配便受付サービスは本件フランチャイズ・チェーンの利便性にかかわるものとして、本件イメージの重要な要素を構成するに至っていたこと

③ 原告（加盟者）らは、収納代行サービス等が本件イメージの重要な要素を構成するサービスであり、加盟店において提供すべきサービスの一つであることを十分に認識し、これを了解した上で、本件基本契約等を締結したこと

④ 本件対象業務（本訴で強要の禁止が請求された業務）は、いずれも原告らの加盟時に既に導入されていたものか、又は既に導入されていた業務と基本的に性質を同じくするものであること

⑤ 本件対象業務によって原告らの被る負担がこれによって得られる利益に比して過重なものであるとまでいうことはできないこと

⑥ 被告（セブン－イレブン・ジャパン社）の加盟店において本件対象サービスが提供されないという状況が生じた場合には、本件フラ

ンチャイズ・チェーンの利便性にかかわる本件イメージが損なわれることは避け難いこと

(2) 同判決の趣旨

上述の理由のうち、①～④は収納代行サービス等の取扱いが契約により義務づけられており、新規事業（当初のフランチャイズ契約に規定されていない商品・サービス商材の導入にかかる事業）に該当しないことを裏づける理由であり、契約法上、その導入にはフランチャイザーの同意は不要ということになります。

⑤、⑥は、収納代行サービス等が指定・義務づけの形で導入された場合の法適合性の要件（**Q41**）のうちの、相当性、有益性を裏づける理由であり、当該指定・義務づけには事業経営上の合理性・必要性が認められ、優越的地位の濫用の要件の「正当化事由の不存在」が否定されることになるので、優越的地位の濫用とはならないとの結論に至ったと解されます。

❊ 第6章 ❊

フランチャイジーの労組法、労基法上の労働者性の問題

序　節

フランチャイジーの労働者性

1　概　要

第６章は、訴訟実務（不当労働行為の救済手続）の観点から、次のとおり、フランチャイジーの労組法上の労働者性について、岡山県労委命令を素材として、検討を試みるとともに、労基法上の労働者性についても検討を試みるものです。

◆労組法上の労働者該当性…第１節（Q73～ Q81）

◆労基法上の労働者該当性…第２節（Q82）

2　企図（労組法上の労働者性について）

(1)　岡山県労委命令による労働者性の肯定

フランチャイズ契約の伝統的な理解では、フランチャイジーは独立の事業者として位置づけられ、労働者ではないことが当然視されていましたが、岡山県労委命令は、セブン－イレブン・ジャパン社のフランチャイズ契約について、セブン－イレブン・チェーン事業において、加盟店主が労務供給者であることを認め、総合判断説に従い、事業組織への組入れ、契約内容の一方的決定、報酬の労務対償性、諾否の自由の不存在、指揮監督関係、時間的・場所的拘束等の存在を肯定し、また、独立の事業者としての実態を備えていると認めるべき特段の事情を否定し、労組法上の労働者性を肯定しました（都労委平成24年不第96号事件についての東京都労働委員会の平成27年３月17日命令でも、株式会社ファミリーマートのフランチャイズ契約について、同旨の結論が示されている）。

同命令は、やや不明確な点もありますが、フランチャイズ契約のライセンス契約性、非労務供給契約性や、事業の別個独立性、フランチャイジーの独立の事業者性を否定するものであり、商学ないし商業実務上のフランチャイズ・チェーン事業の概念を含め、フランチャイズ契約の基礎的概念の根本的な検討を迫るものです。

⑵　論点の検討

従前の議論では、そもそも、フランチャイズ契約の基礎的概念が十分には確立されておらず、岡山県労委命令が提示した論点を検討するための座標軸そのものが不明瞭な状態でした。岡山県労委命令は、かかる不明瞭な理論状況に、補助線を加えた感があります。

そこで、本書では、第１章においてビジネス・フォーマット型フランチャイズとしての理念型に基づき、フランチャイズ契約の本質、定義、事業の区別を明らかにし、その法的性質（ライセンス契約性、非労務供給契約性）、法的特徴（事業の別個独立性、利害対立性、フランチャイジーの独立の事業者性）を提示しましたが、第６章では、改めて、当該理念型と契約の実態に基づき、総合判断説の前提となるフランチャイジーの労務供給者性を中心に、総合判断説の事業組織への組入れ～独立の事業者としての実態の６つの要素について、検討を試みました。本書の結論に反対する立場を含め、議論の整理には役立つことができるのではないかと考えています。

3　ポイント

- ビジネス・フォーマット型フランチャイズとしての理念型、フランチャイジーの事業構造、契約の実態のいずれの観点においても、フランチャイジーは：

  非労務供給者であり、労組法の労働者性の前提となる労務供給者には該当しないこと

  自らの対象事業（フランチャイズ・システムを利用して商品を販売し、サービスを提供する事業）の経営に従事しており、フランチャイザーの事業組織に組み入れられていないこと

  フランチャイザーに労務を供給しておらず、フランチャイザーから何らの報酬を得ていないこと

  フランチャイザーから労務供給契約上の指揮監督や時間的・場所的拘束を受けておらず、独立の事業者として、対象事業を経営していること
- フランチャイズ契約の内容は、フランチャイザーにより一方的・定型的に決定されているが、それは、フランチャイズ・パッケージの専門性、共通性・統一性、フランチャイズ・パッケージに応じた対価（ロイヤルティ）を設定する必要性を理由とするものであり、交渉力格差を理由とするものではないこと

第1節

労組法

Q73

総合判断説

労組法第3条の労働者性の判断に用いられる総合判断説とは、どのような学説ですか。

A1（結論）

総合判断説とは、請負、委任などの労務供給契約の従業者（労務供給者）の労組法上の労働者性について、次の5（①～⑤）＋1（⑥）の要素の総合判断により、一定の従属性が認められる場合に、労働者性を肯定する学説です。

① 事業組織への組入れ
② 契約内容の一方的決定
③ 報酬の労務対償性
④ 諾否の自由
⑤ 指揮監督関係、時間的・場所的拘束等の有無および程度

⑥　独立した事業者としての実態を備えていると認めるべき特段の事情

A3（解説）

1　労組法上の労働者

フランチャイジーの労組法上の労働者該当性を検討する前提として、本問において、請負、委任などの労務供給契約の従業者（労務供給者）の労働者該当性に関する議論について概観したいと思います。

労組法は、第２条本文で、「労働組合」を「労働者が主体となって自主的に労働条件の維持改善その他経済的地位の向上を図ることを主たる目的として組織する団体又はその連合団体をいう」と規定し、「労働者」については、第３条で「職業の種類を問わず、賃金、給料その他これに準ずる収入によって生活する者をいう」と規定しています。

労契法第２条第１項の労働者（使用者に使用されて労働し、賃金を支払われる者）や、労基法第９条の労働者（職業の種類を問わず、事業又は事業所に使用される者で、賃金を支払われる者）は、当然のことながら、労組法上の労働者に含まれます。

2　請負人、受任者などの労務供給者の労働者該当性

これに対し、請負、委任などの労務供給契約により、他人に労務を提供する請負人、受任者などの従業者（労務供給者）に関しては、かねてから、不当労働行為（団体交渉拒否）の行政救済手続や、労働委員会による棄却命令・救済命令の取消訴訟などにおいて、労組法上の労働者に該当するか否かについて議論がなされてき

ました。

しかし、近年においては、労組法により、労働組合を結成し、使用者と団体交渉することが認められる労働者の範囲を、労契法、労基法上の労働者から、自宅で賃加工を行う家内労働者、個人事業者の契約形態下にある特殊技術者、業務委託契約者などの「労働契約下の労働関係に類似した労働関係（契約形態でいえば請負、委任その他の契約による労務供給関係)」にある労務供給者へと拡大する動きが顕著となっている旨が指摘されています。[注1)]

3　総合判断説

上述の家内労働者、特殊技術者、業務委託契約者などの類型に属する労務供給者について、その労組法上の労働者性を判断する際に、「使用従属性と連続的な労組法独自の判断要素による判断方法」[注2)] を提示するのが、総合判断説と呼ばれている学説です。

総合判断説とは、請負、委任などの労務供給契約に基づき、他人に労務を供給する請負人、受任者などの従業者（労務供給者）に、労契法・労基法上の労働者でなくても、次の「５＋１」の要素の総合判断により、一定の従属性が認められる場合には、労組法上の労働者性を肯定する学説です。

なお、次の「５＋１」の要素に関する用語については、鎌野真敬「最高裁判所判例解説【10】年間を通して多数のオペラ公演を主催する財団法人との間で期間を１年とする出演基本契約を締結した上、各公演ごとに個別公演出演契約を締結して公演に出演していた合唱団員が、上記法人との関係において労働組合法上の労働者に当たるとされた事例」[注3)] に従うものです。

① 事業組織への組入れ（その者が当該企業の事業遂行に不可欠な労働力として企業組織に組み込まれているか）

② 契約内容の一方的決定（契約の内容が一方的に決定されるか）
③ 報酬の労務対償性（報酬が労務の対償の性質を有するか）
④ 諾否の自由（業務の発注に対し諾否の自由がないか）
⑤ 指揮監督関係、時間的・場所的拘束等の有無及び程度（業務遂行の日時、場所、方法などにつき指揮監督を受けるか）
⑥ 独立の事業者としての実態を備えていると認めるべき特段の事情。⑥は労働者性を否定ないし阻却する方向の要素であるとされている。

4 裁判例

請負、委任などの労務供給契約の従業者（労務供給者）の労働者性は、近年、新国立劇場運営財団事件（オペラ公演に出演する合唱団員)、INAX メンテナンス事件（住宅設備機器の修理業務を受託する技術者)、ビクター事件（音響機器の修理業務を受託する個人代行者）において問題となりました。中労委はこれらの者の労働者性を肯定しましたが、当該命令に対する取消訴訟の一審、二審は労働者性を否定し、労働委員会と裁判所においてその判断が分かれたため、最高裁判所の判断に注目が集まっていました。

最高裁判所は、これらの三事件において、総合判断説に立ち、上述の①ないし⑤の要素を総合判断し、ビクター事件においては、⑥の独立の事業者としての実態を備えていると認めるべき特段の事情があれば、労働者性は否定される旨の判断基準を加えたうえで、上述の合唱団員、技術者の労働者性を肯定し、個人代行者の労働者性を否定した原判決を破棄・差し戻しました。[注4)]

5 労使関係法研究会報告書

また、労使関係法研究会により、平成23年７月「労使関係法研究会報告書（労働組合法上の労働者性の判断基準について)」が公表され、[注5]総合判断説に立ち、業務委託・独立自営業者といった就労形態にある者（労務供給者）に関し、次の「５＋１」の要素による労働者性の判断基準が提示されています。

① 事業組織への組み入れ（労務供給者が相手方の業務の遂行に不可欠ないし枢要な労働力として組織内に確保されているか）
② 契約内容の一方的・定型的決定（契約の締結の態様から、労働条件や提供する労務の内容を相手方が一方的・定型的に決定しているか）
③ 報酬の労務対価性（労務供給者の報酬が労務供給に対する対価又はこれに類するものとしての性格を有するか）
④ 業務の依頼に応ずべき関係（労務供給者が相手方からの個々の業務の依頼に対して、基本的に応ずべき関係にあるか）
⑤ 広い意味での指揮監督下の労務提供、一定の時間的場所的拘束（労務供給者が、相手方の指揮監督の下に労務の提供を行っていると広い意味で解することができるか、労務の提供にあたり日時や場所について一定の拘束を受けているか）
⑥ 顕著な事業者性（労務供給者が、恒常的に自己の才覚で利得する機会を有し自らリスクを引き受けて事業を行う者とみられるか）

①ないし③の要素は基本的判断要素、④⑤は補充的判断要素、⑥は消極的判断要素であるとされています。

注

注１）菅野『労働法』781頁以下
注２）菅野・同上786頁
注３）曹時65.1.202
注４）最(三小)判平23.4.12判時2114.3（新国立劇場運営財団事件）、
最(三小)判平23.4.12判時2117.139（INAX メンテナンス事件）、
最(三小)判平24.2.21判時2146.140（ビクター事件）
注５）厚生労働省 HP に掲載
（http://www.mhlw.go.jp/stf/houdou/2r9852000001juuf.html）

Q74

岡山県労委命令の概要

セブン－イレブン・ジャパン社の加盟店主を労組法上の労働者と認めた岡山県労委命令の内容はどのようなものですか。

A 1（結論）

岡山県労委命令とは、岡委平成22年（不）第２号不当労働行為救済申立事件について、岡山県労働委員会によって平成26年３月13日に発せられた命令であり、総合判断説に基づき、コンビニ・フランチャイズ契約のフランチャイジーの労組法上の労働者性を肯定したものです。

岡山県労委命令は、セブン－イレブン・ジャパン社のフランチャイズ契約に関し、セブン－イレブン・チェーン事業の存在を認め、同事業の内部において、概要、加盟店主はセブン－イレブン・ジャパン社との統括、管理監督の関係のもとに、強い統制を受けており、店舗の経営義務（労務供給義務）が課せられている旨の事実を認定し、加盟店主が労務供給者に該当することを肯定しました。

そのうえで、岡山県労委命令は、セブン－イレブン・ジャパン社と加盟店主の契約関係について総合判断説を適用し、①（事業組織への組入れ）～⑤（指揮監督関係など）の要素を肯定し、⑥（独立の事業者としての実態）を否定することにより、加盟店主が労組法上の労働者に該当することを肯定し、セブン－イレブン・ジャパン社に対し、団体交渉に応じることを命令しました。

A2（背景）

コンビニ・フランチャイズ契約においては、一部のフランチャイジーが、平成21年、コンビニ加盟店ユニオンを設立し、フランチャイズ法制定の推進、フランチャイズ本部との対話、加盟店の連携などの活動を行っています。注1）

コンビニ加盟店ユニオンは、平成22年、岡山県労働委員会にセブン－イレブン・ジャパン社を被申立人として、セブン－イレブン・ジャパン社がコンビニ加盟店ユニオンからの「団体交渉のルール作り他」を協議事項とする団体交渉申入れに応じなかったことが不当労働行為に当たるとして、岡委平成22年（不）第２号不当労働行為救済申立事件を申し立てました。

同事件では、コンビニ加盟店ユニオンの組合員であるセブン－イレブン・ジャパン社の加盟店主が労組法上の労働者に該当するか否かが争点となり、フランチャイズ契約のフランチャイジーの労働者性が肯定されるか、その帰趨が注目されていたところ、岡山県労働委員会は、平成26年３月13日、加盟店主の労務供給者性を肯定し、総合判断説を適用のうえ、セブン－イレブン・ジャパン社の加盟店主が労組法上の労働者に該当することを肯定し、セブン－イレブン・ジャパン社に対し、団体交渉に応じることを命令しました。注2）

なお、コンビニ・フランチャイズ契約のフランチャイジーの労働者性に関しては、都労委平成24年不第96号事件について、東京都労働委員会によって、平成27年３月17日に発せられた命令においても、株式会社ファミリーマートの加盟者の労働者性が肯定されていますが、主要な論点は共通ですので、本書においては、岡山県労委命令の解説・検討を行うものとします。

A3（解説）

1 岡山県労委命令の概要

(1) 概　要

岡山県労委命令は、主文と理由に分かれ、主文では、セブン－イレブン・ジャパン社に対し、同社の加盟店主が結成した労働組合（コンビニ加盟店ユニオン）からの「団体交渉のルール作り他」を協議事項とする団体交渉の申入れに応じなければならず、また、今後は誠実に団体交渉に応じることなどを誓約した文書を手交しなければならない旨を命じました。

理由は、次の構成となっています。

第1　事案の概要等
第2　前提事実（当事者間に争いのない事実及び証拠により明らかに認められる事実等）
第3　当事者の主張の要旨
第4　当委員会の判断
第5　救済方法及び法律上の根拠

(2) 叙　述

岡山県労委命令は、必ずしも用語や論旨が明確ではない部分や、契約内容を誤解していると思われる部分があり、これを正確に理解し、論評することは困難な面もあります。以下においては、この点を留保のうえ、理由中の判断を次の二つの部分に分け、その要旨を概観したいと思います。

㋐ 加盟店主が（総合判断説を適用する前提となる）労務供給者に該当する旨の結論を示した総論的部分
㋑ 加盟店主に総合判断説の「５＋１」の要素を適用し、労組法上の労働者に該当する旨の結論を示した各論的部分

なお、岡山県労委命令に対する論評については、㋐の総論的部分は**Q75**で、㋑の各論的部分は**Q76**～**Q81**で、それぞれ検討を試みるものとします。また、岡山県労委命令は、フランチャイズ契約について、セブン－イレブン・ジャパン社のフランチャイズ契約の実態に基づき、ビジネス・フォーマット型フランチャイズとしての理念型（第１章序節）とは異なる理解を示していますので、**Q75**～**Q81**では、ビジネス・フォーマット型フランチャイズとしての理念型と対比する形で、岡山県労委命令の結論を整理したうえで、当該結論そのものや、当該結論を導いた理由の当否を検討したいと思います。

2 労務供給者性

(1) 労務供給者性

総合判断説は、請負・委任などの労務供給契約の従業者（労務供給者）の労働者該当性を、「５＋１」の要素によって総合判断する学説です（**Q73**）。総合判断説によって、フランチャイジーの労働者該当性を判断する場合には、まず、フランチャイズ契約が労務供給契約であり、フランチャイジーが労務供給者に該当することが前提となります。

岡山県労委命令は、次に述べるとおり、セブン－イレブン・チェーン事業の存在を認め、同事業内部におけるセブン－イレブン・ジャパン社との統括、管理監督の関係のもとに、加盟店主に店

舗の経営義務（労務供給義務）が課せられている旨の事実を認定し、加盟店主が労務供給者に該当することを肯定しました。

(2) セブンーイレブン・チェーン事業

岡山県労委命令は、「フランチャイズ事業」に関し、「フランチャイザーが多数の各加盟者とのフランチャイズ契約を締結することにより事業は拡大・チェーン化し、フランチャイザーはそのフランチャイズ・チェーン本部となり、事業全体を統括する」としてフランチャイズ・チェーンの概念を認め、セブン－イレブン・ジャパン社の場合も「セブン－イレブン・チェーンとして事業を行い、同チェーン本部としてセブン－イレブン・チェーン全体を統括している」としてセブン－イレブン・ジャパン社のチェーン化されたフランチャイズ事業（以下「セブン－イレブン・チェーン事業」という）の存在を認めています（第２の２）。

(3) セブンーイレブン・チェーン事業内部における統括、管理監督の関係

岡山県労委命令は、セブン－イレブン・チェーン事業の内部におけるセブン－イレブン・ジャパン社と加盟店主の関係について、両者の間には統括、管理監督の関係が存在している旨を認定しています［第２の２、第４の１（３）イ］。

その根拠は、前記セブン－イレブン・チェーン事業内部においてセブン－イレブン・ジャパン社が本部としてセブン－イレブン・システム（情報システム、物流システム、オープン・アカウント、粗利分配方式を特徴とする同社のフランチャイズ・システムのこと）を統括しており、加盟店主の店舗経営・運営はセブン－イレブン・システムにより管理・監督されていること［第４の１（３）イ］、

商品の発注、陳列、販売などの店舗の運営業務をマニュアルに基づいて処理することが義務づけられていること［第4の1（6）ア（ア）］、会社から強力な新商品の導入の推奨、経営アドバイス等がなされ、加盟店主は従順にならざるを得ず、裁量的、自主的な判断や独自の営業活動の余地が狭いこと［第4の1（6）ア（ア）（ウ）、同（7）ア（エ）（オ）、同（8）ア（ウ）、イ］などであると理解されますが、これをフランチャイズ契約に特有の条項（**Q25**）の観点から言い換えると、加盟店主の営業活動に対し、数多くの指定・義務づけや、推奨、助言・指導がなされ、また、強力な推奨、助言・指導がなされ、加盟店主が事実上これに従っていることが根拠となっていると理解されます。

(4) 店舗経営義務

岡山県労委命令は、加盟店主は店舗の経営義務（労務供給義務）を課せられている旨の事実を認定し［第4の1（3）エ］、フランチャイジーが労務供給者に該当することを肯定していますが、その根拠は、加盟店主およびその家族従業員が相当時間、店舗の運営に従事せざるを得ないこと［第4の1（4）ア］、年中無休・24時間営業、特定の店舗の経営義務（時間的、場所的拘束）を課せられていること［第4の1（7）アイ］にあると理解されます。

3 総合判断説の適用

岡山県労委命令は、概要、フランチャイジーについて、次のとおり総合判断説の「5＋1」の要素を適用し、「5」の要素を肯定し、「＋1」の要素を否定し、その労働者性を肯定しています。

(1) 事業組織への組入れ

岡山県労委命令は、「加盟店主の店舗経営・運営は、会社が運用・統括するセブン－イレブン・システムにより会社の管理・監督のもとに置かれることが当初から予定されているのであり、多数の加盟店主によるセブン－イレブン店舗の経営・運営なしにセブン－イレブン・システムは機能しないし、セブン－イレブン・チェーンも成り立たず、会社が行うセブン－イレブン・チェーン事業はできないのであるから、加盟店主による店舗経営・運営は、会社の業務遂行に不可欠ないし枢要な部分として組織内に確保されている」「セブン－イレブン・システムを成り立たせるために、加盟店主の労働力が要請され、同労働力はセブン－イレブン・システムを使って、セブン－イレブン・チェーン全体の運用・統括を行っている会社の組織内に位置づけられているということができる」と述べ、事業組織への組入れを肯定しています［第４の１（３）イ、エ。下線は筆者付記。以下同じ］。

しかし、別の箇所では、「会社の事業組織と会社が運営するセブン－イレブン・チェーンとは別のものであるとはいえ、加盟店主が店舗を経営・運営することは、会社が運用・統括する同チェーンに密接不可分に組み込まれており、加盟店主の存在及び店舗経営・運営は、会社の『組織内』に確保されているとまではいえないものの、不可欠な存在として評価できる」とも述べています［第４の１（９）ア］。

このように、岡山県労委命令は加盟店主が会社の組織内に確保されているか否かにつき、微妙ながら相矛盾する結論を提示していますが、これは、加盟店主による店舗経営・運営は、セブンイレブン・チェーン（同じセブン－イレブンの標識を用い、同種の商品またはサービスを販売して事業を行う、セブン－イレブン・ジャパン社と加盟店主が構成する事実上の集団）の事業に密接不可分に組み込まれているが、フランチャイズ事業（セブン－イレブン・システムを開発・構築し、これを加盟店主に利用許諾し、加盟店主からその対価としてセブン－イレブン・チャージを受領する事業）を営む会社としてのセブン－イレブン・ジャパン社の組織には組み込まれていない（少なくとも、会社の組織内に確保されていると断ずるには躊躇がある）と理解していることを示すのではないかと考えられます。

(2) 契約内容の一方的決定

岡山県労委命令は、「営業時間など労働時間に関わる事項、会社と加盟店主との間の売上総利益の配分基準など報酬に関わる事項、業務内容など労働の種類・内容に関わる事項が、当事者間の交渉等によって変更されることはあり得ず、加盟店主になろうとする者の選択肢は、契約を締結するか否かしかない」と述べ、セブン－イレブン・ジャパン社のフランチャイズ契約の内容が一方的に決定されていることを肯定し、「このことは、会社と加盟店主との間の交渉力に大きな格差があることのあらわれであるといえる」と述べています［第4の1（4）イ］。

(3) 報酬の労務対償性

岡山県労委命令は、「加盟店主の取得する利益（オーナー総収入）」を報酬とみており、「オーナー総収入は、加盟店主のセブン－イレブン店の経営・運営の成果そのものであり、店舗経営・運営には加盟店主の労務は不可欠であるから、店舗経営・運営に携わった労務の対価であるというべきである。売上総利益額が多いということは、それだけ店舗経営・運営に対する労務の密度が高かったことの結果であり、この売上総利益を基準にオーナー総収入額が決まるということは、加盟店主の労務と収入の関連性が強いことを意味すると評価できる」「加盟店主が受け取る利益は、本件フランチャイズ契約に基づき、加盟店主が店舗経営・運営という業務を遂行したことによる対価である」と述べ、報酬の労務対償性を肯定しています[第4の1（5）ア、イ]。

なお、上述の利益（オーナー総収入）は、セブン－イレブン店の損益計算上は、売上総利益（売上高－純売上原価）から、ロイヤルティ（セブン－イレブン・チャージ）を徴収した後の金額をいいます［**Q78**の**A3**の**2**(3)ア(イ)］。

(4) 諾否の自由

岡山県労委命令は、「加盟店主が会社からの個々の業務の依頼に対して基本的に応じなければならないという関係」にあること（諾否の自由のないこと）を肯定しています［第4の1（6）ウ］。

なお、岡山県労委命令が、セブン－イレブン・ジャパン社が加盟店主に対しいかなる業務を発注（依頼）しているとみているか（会社から依頼される「個々の業務」とは何か）については、必ずしも明確ではありませんが、おそらくセブン－イレブン・ジャパン社が加盟店主に店舗の経営・運営の業務ないしは店舗の経営・運営にかかる商品の発注、陳列、販売などの個別の業務を依頼しているとみているのではないかと理解されます。

(5) 指揮監督関係、時間的・場所的拘束等の有無および程度

岡山県労委命令は、「加盟店主は、会社の指揮監督の下に労務を提供していると広い意味で解することができ、その労務の提供に当たり日時や場所について一定の拘束を受けているということができる」と述べ、指揮監督関係、時間的・場所的拘束等の存在を肯定し

ています［第4の1（7）イ］。

⑹　独立の事業者としての実態を備えていると認めるべき特段の事情

岡山県労委命令は、「加盟店主は、恒常的に自己の才覚で利得する機会を有しているとまではいえないし、自らリスクを引き受けて事業を行う側面はあるにせよ、それは限定的な部分に留まり、事業に係る全てのリスクを負担する状況及びリターンを得るような状況にある場合を意味する顕著な事業者性があるとまではいえない」と述べ［第4の1（8）エ］、独立の事業者としての実態を備えていると認めるべき特段の事情の存在を否定しています。

4　ライセンス契約的理解

なお、岡山県労委命令は、一方において、第4の1（1）で、会社と加盟店主の契約はフランチャイズ契約であるとし、「会社が加盟店主に対して、セブン－イレブン・システムによるコンビニエンスストア加盟店を経営・運営することを許諾するとともに経営指導、技術援助及び商品仕入援助、販売促進の援助等のサービスを継続的に提供することを約し、加盟店主は会社の許諾のもとにセブン－イレブン店の経営・運営を行い、会社に対して一定の対価（ロイヤリティー）を支払うことを約することがその趣旨とされている」と述べ、フランチャイズ契約につき、ライセンス契約説的な理解を示しています。

また、「フランチャイズ契約は、加盟店とフランチャイザーがそれぞれ独立した事業者として、各自の責任において締結するものであり、加盟店がフランチャイザーの社員として雇用されるものではなく、加盟店は自己の資本を投下して事業を行う『独立した事業者』である」と述べ、フランチャイザーとフランチャイジーの事業の別個独立性、フランチャイジーの独立の事業者性を肯定するかの理解も示しています。

注

注1）コンビニ加盟店ユニオン HP に掲載
（http://www.cvs-union.org/aboutus/aboutus1.html）

注2）岡山県 HP に掲載
（http://www.pref.okayama.jp/page/369678.html）

Q75

フランチャイジーの労務供給者該当性

フランチャイジーは、請負、委任などの労務供給契約の従業者と同様、労組法の労働者性の前提となる労務供給者に該当しますか。

A1（結論）

1 フランチャイジーの非労務供給者性

フランチャイジーは、ビジネス・フォーマット型フランチャイズとしての理念型、フランチャイジーの事業構造、契約の実態のいずれの観点においても、非労務供給者であり、請負、委任などの労務供給契約の従業者とは異なり、労組法上の労働者性の前提となる労務供給者には該当しないと考えられます。

2 岡山県労委命令

岡山県労委命令は、セブン－イレブン・チェーン事業の存在を認め、概要、同事業の内部におけるセブン－イレブン・ジャパン社との統括、管理監督の関係のもとに、加盟店主に店舗の経営義務（労務供給義務）が課せられている旨の事実を認定し、加盟店主が労務供給者に該当することを肯定しましたが、契約の実態によれば加盟店主は労務供給者ではなく、セブン－イレブン・チェーンは法的には存在せず、セブン－イレブン・ジャパン社と加盟店主の間には統括、管理監督の関係はなく、加盟店主は店舗の経営義務（労務供給義務）を課せられていないため、加盟店主は労務供給者には該当しないと考えられます。

A 3（解説）

1 フランチャイジーの非労務供給者性

(1) ビジネス・フォーマット型フランチャイズとしての理念型の観点

ア　理念型

ビジネス・フォーマット型フランチャイズとしての理念型（第1章序節）によれば、次頁の**図表6**のとおり、フランチャイズ契約は、ビジネス・フォーマット型フランチャイズを本質とし、フランチャイザーとフランチャイジーの間でビジネス・フォーマット（事業経営の仕組み）としてのフランチャイズ・パッケージが有償で取引される契約と定義され、フランチャイザーのフランチャイズ事業（*）とフランチャイジーの対象事業（**）は区別され、その法的性質としてライセンス契約性、非労務供給契約性が導かれ、その法的特徴として、事業の別個独立性（フランチャイザーとフランチャイジーの事業はその組織、活動、収支において別個独立であること）、利害対立性［フランチャイズ契約は、通常の契約と同様、両当事者の利害対立（フランチャイズ・パッケージの提供・利用許諾と加盟金・ロイヤルティの支払の対価関係）の構造を基礎とすること］、フランチャイジーの独立の事業者性（フランチャイジーに対象事業の損益のすべてが帰属し、フランチャイザーから指揮命令を受けないこと）が導かれます。

＊フランチャイズ事業

フランチャイズ・パッケージを開発・構築し、これをフランチャイジーに有償で提供・利用許諾する事業

＊＊対象事業

フランチャイザーに加盟金、ロイヤルティを支払い、フランチャイズ・パッケージの提供・利用許諾を受け、これを利用して商品を販売し、サービスを提供する事業

【図表6】ビジネス・フォーマット型フランチャイズとしての理念型における当事者の関係（Q8の［図表6］を再掲）

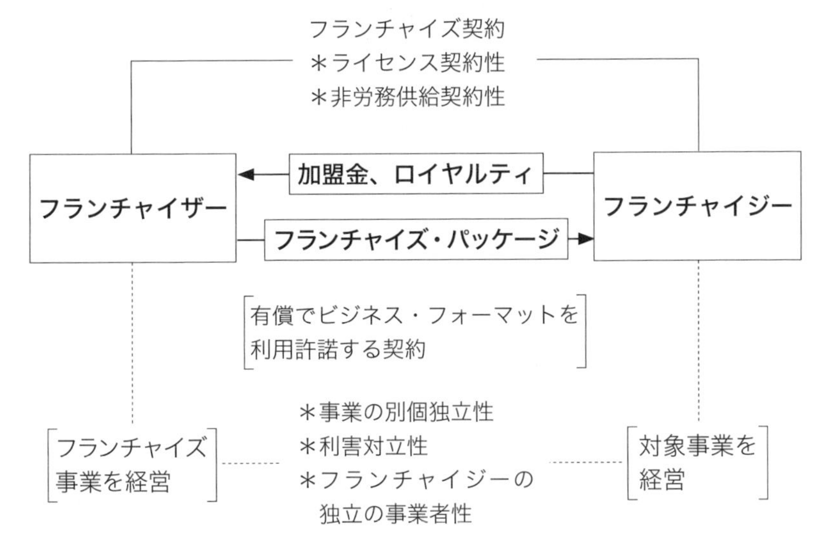

イ　非労務供給者性

ビジネス・フォーマット型フランチャイズとしての理念型によれば、フランチャイズ契約は、フランチャイジーがフランチャイザーに対価（加盟金・ロイヤルティ）を支払って、フランチャイズ・パッケージの利用許諾を受け、独立の事業者として対象事業を経営する契約であり、他人に労務を供給して対価（報酬）の支払を得る労務供給契約とはまったく性質を異にする契約です。フランチャイズ契約の非労務供給契約性は自明の理であり、フランチャイズ契約が非労務供給契約である以上、当然、フランチャイジーは労務供給者たり得ないこととなります。

(2)　フランチャイジーの事業構造の観点

ア　請負人、受任者などの事業構造

請負人、受任者などの労務供給契約の従業者（労務供給者）が営む事業は、次のような構造を有しています。

① 発注者、委任者などから仕事、事務などの発注を受ける。
② 請負人は発注者と請負契約を締結し、受注した仕事を完成する。受任者は委任者と委任契約を締結し、受任した事務を処理する。
③ 発注者、委任者などが営む事業に自己の労務を供給する。
④ 発注者、委任者などの資金から、請負代金、委託料などの報酬を受領する（収入を得る）。
⑤ 発注者、委任者などへ金銭を支払うことはない。

イ　フランチャイジーの事業構造

フランチャイジーが営む前記の対象事業は、次のような構造を有しています。

① フランチャイザーからの仕事、事務の発注はない。フランチャイジーは、自己の発意でフランチャイジーとなり、対象事業を営む。
② フランチャイジーは、フランチャイザーとフランチャイズ契約を締結し、フランチャイザーに対価を支払って、フランチャイズ・パッケージの利用許諾を受け、これを利用して、自己の名義と計算で対象事業を営む。
③ フランチャイザーが営むフランチャイズ事業には労務を供給せず、自らが営む対象事業に従事する。
④ フランチャイザーから何らの報酬（労務供給の対価）を受領しない。自己が営む対象事業において顧客から売上金を受領し、（売上金を原資とする）営業利益から事業者収入を得る。
⑤ フランチャイザーに自己の資金から加盟金・ロイヤルティなどのフランチャイズ・パッケージ利用許諾の対価を支払う。

ウ　非労務供給者性

請負人、受任者などの労務供給者とフランチャイジーの事業の構造の異同を図示すると、次頁の**図表40**のとおりとなりますが、フランチャイジーが請負人、受任者と異なり、労務供給者でないことは明白です。

【図表40】請負人、受任者などの労務供給者とフランチャイジーの事業の異同（Q11の［図表８］を当事者の視点から整理し直したもの）

<table>
<tr><th></th><th colspan="2">請負人、受任者などの労務供給者</th><th>フランチャイジー</th></tr>
<tr><td>仕事・事務の発注</td><td colspan="2">発注者、委任者などから仕事、事務の発注を受ける。</td><td>フランチャイザーからの仕事、事務の発注はない。自己の発意で対象事業を営む。</td></tr>
<tr><td rowspan="2">活　動</td><td>請負人</td><td>発注者と請負契約を締結し、受注した仕事を完成する。</td><td rowspan="2">フランチャイザーとフランチャイズ契約と締結し、対価を支払って、フランチャイズ・パッケージの利用許諾を受け、これを利用して、自己の名義と計算で対象事業を営む。</td></tr>
<tr><td>受任者</td><td>委任者と委任契約を締結し、受任した事務を処理する。</td></tr>
<tr><td>労務の供給先</td><td colspan="2">発注者、委任者などが営む事業に自己の労務を供給する。</td><td>フランチャイザーが営むフランチャイズ事業に労務を供給しない。自らが営む対象事業に従事する。</td></tr>
<tr><td>報酬の受領（収入）</td><td colspan="2">受注者、委任者などの資金から、請負代金、委任料などの報酬を受領する（収入を得る）。</td><td>フランチャイザーから何らの報酬（労務供給の対価）を受領しない。自己が営む対象事業において顧客から売上金を受領し、（売上金を原資とする）営業利益から事業者収入を得る。</td></tr>
<tr><td>金銭の支払</td><td colspan="2">発注者、委任者などへ金銭を支払うことはない。</td><td>フランチャイザーへ自己の資金から加盟金・ロイヤルティなどのフランチャイズ・パッケージ利用許諾の対価を支払う。</td></tr>
</table>

(3) 契約の実態の観点

ア 契約の実態

フランチャイジーをいかに労務供給者として理解しようとしても、契約の実態として、次の㋐～㋒の事実（前記**図表40**で下線を付した部分）の存在を否定することはできないと考えられます。

㋐ フランチャイジーが自己の資金からフランチャイザーにフランチャイズ・パッケージ利用の対価（加盟金・ロイヤルティ）を支払っている事実
㋑ フランチャイジーがフランチャイザーから何ら報酬（労務供給の対価）を得ていない事実
㋒ 対象事業の損益のすべてがフランチャイジーに帰属している事実

イ 非労務供給者性

契約の実態として、㋐～㋒の事実が認定される以上、フランチャイジーがフランチャイズ・パッケージの利用者であって、労務供給者ではないことは明白であり、フランチャイジーの労務供給者性を肯定することはできないと考えられます。

なお、㋐～㋒の事実は、ビジネス・フォーマット型フランチャイズとしての理念型の中核をなすものであり、当該事実が認定される以上、ビジネス・フォーマット型フランチャイズとしての理念型は、実態としても、存在していることになります。

2 岡山県労委命令

(1) 労務供給者性の肯定

岡山県労委命令は、セブン－イレブン・チェーン事業の存在を認め、概要、同事業の内部におけるセブン－イレブン・ジャパン社との統括、管理監督の関係のもとに、加盟店主に店舗の経営義務（労務供給義務）が課せられている旨の事実を認定し、加盟店主が労務供給者に該当することを肯定しています（**Q74**）。

しかし、岡山県労委命令には次に述べる疑問があり、加盟店主は労務供給者に該当しないと考えられます。

(2) 契約の実態によれば、加盟店主は労務供給者ではないこと

セブン－イレブン・ジャパン社のフランチャイズ契約の実態については、事実認定の問題ですので、深入りは差し控えますが、加盟店主が自己の資金からセブン－イレブン・ジャパン社にフランチャイズ・パッケージ利用の対価（加盟金・ロイヤルティ）を支払っている事実、加盟店主がセブン－イレブン・ジャパン社から何ら報酬（労務供給の対価）を得ていない事実、コンビニエンスストア経営にかかる事業上の損益のすべてが加盟店主に帰属している事実は否定できないと思われます。

契約の実態として、上記の事実が認定される以上、加盟店主はフランチャイズ・パッケージの利用者であって、労務供給者でないことは明白であると考えられます。

(3) セブン－イレブン・チェーン事業は法的に存在しないこと

ア　岡山県労委命令

岡山県労委命令は、「フランチャイズ事業」に関し、「フランチャイザーが多数の各加盟者とのフランチャイズ契約を締結することにより事業は拡大・チェーン化し、フランチャイザーはそのフラン

チャイズ・チェーン本部となり、事業全体を統括する」としてフランチャイズ・チェーンの概念を認め、セブン－イレブン・ジャパン社の場合も、「セブン－イレブン・チェーンとして事業を行い、同チェーン本部としてセブン－イレブン・チェーン全体を統括している」としてセブン－イレブン・ジャパン社のチェーン化されたフランチャイズ事業（以下「セブン－イレブン・チェーン事業」という）（*）の存在を認めています［第2前提事実（当事者間に争いのない事実及び証拠により明らかに認められる事実等）の2］。

＊セブン－イレブン・チェーン事業

同じセブン－イレブンの標識を用い、セブン－イレブン・ジャパン社とすべての加盟店主が構成する事実上の集団（セブン－イレブン・チェーン）が一体として同種の商品またはサービスを販売する事業

イ　セブン－イレブン・チェーン事業は法的に存在しないこと

㋐　商学ないし商業実務上の「フランチャイズ・チェーン事業」

上記の「セブン－イレブン・チェーン事業」は、従前、商学ないし商業実務で提示されてきた「フランチャイズ・チェーン事業」と同一類似の概念ではないかと思われます。

すなわち、商学ないし商業実務においては、「チェーン・ストア（*）と同様な外観および組織的特徴を持った一個の事業体」である「フランチャイズ・チェーン」（**）と、当該フランチャイズ・チェーンが一体となって営むフランチャイズ・チェーン事業（商品・サービスの販売事業）の概念が認められています（**Q15**）。

＊チェーン・ストア

単一企業（例：スーパーマーケットの経営主体）が複数店舗

（例：複数のスーパーマーケット）を経営する場合の経営方法として、「本部による各店舗の統制が厳しい。本部は各店舗の仕入を集中して行い、物流活動やプロモーション活動、販売価格を管理する」[注1)] チェーン・ストア経営が存在するところ、チェーン・ストアとは、チェーン・ストア経営における本部と各店舗から成る事業体をいう。[注2)]

＊＊フランチャイズ・チェーン

同じ標識を用い、同種の商品またはサービスを販売して事業を行うフランチャイザーとすべてのフランチャイジーが構成する事実上の集団をいう。フランチャイズ・チェーンにおいては、フランチャイザーはフランチャイズ・チェーンの本部として、事業方針の決定、計画、フランチャイジーの募集と選択、店舗立地の選定、管理統制、マーチャンダイジング、フランチャイジーの指導等の機能を担当し、フランチャイジーは販売、サービスおよびこれに付帯する日常の業務に専念する。フランチャイザーは分業を有機的に統合しながら一体としての事業活動を推進する。[注3)]

㈠ フランチャイズ・チェーン、フランチャイズ・チェーン事業は法的には存在せず、そのことは、商学ないし商業実務でも指摘されていること

しかし、法的にみれば、単一企業が複数店舗を経営する場合には、その組織の指揮命令関係を通じ、本部が各店舗を統制管理することができますが、複数の企業（事業者）が契約に基づく集団を構成しているにすぎないフランチャイズ・チェーンでは、単一企業のような指揮命令関係は存在しないため、単一企業のチェーン・ストアと同じ意味でのフランチャイズ・チェーン、フランチャイズ・チェーン事業が存在しないことは明白です。

現に、商学ないし商業実務でも、フランチャイズ・チェーン事業は法的存在ではなく、商学ないし商業実務上の観点から観察さ

れる事業活動上の外観であり、法的には、あくまでフランチャイザーとフランチャイジーは「それぞれ別個の事業者である」と指摘されています。[注4)]

その意味は、法的には、フランチャイザーはフランチャイズ事業を営み、フランチャイジーは対象事業を営む、それぞれ別個の事業体であり、両者の事業体を融合させたかの如きフランチャイズ・チェーンや、両者の事業を融合させたかの如きフランチャイズ・チェーン事業は存在しないというものであると理解されます。

(ウ) セブン－イレブン・チェーン事業も法的に存在しないこと

フランチャイズ・チェーン事業が法的には存在しない以上、これと同一類似の「セブン－イレブン・チェーン事業」も、法的には存在しないと考えられます。

(エ) 契約の実態として「事業収支の別個独立性」が認められる以上、セブン－イレブン・チェーンやセブン－イレブン・チェーン事業は認識し得ないこと

また、前述のとおり、契約の実態として、コンビニエンスストア経営にかかる事業上の損益のすべてが加盟店主に帰属している事実は否定できず、また、フランチャイズ事業上の損益のすべてがセブン－イレブン・ジャパン社に帰属している事実も否定できない（事業収支の別個独立性が認められる）と思われ、そうである以上、両者の事業体を融合させたかの如きセブン－イレブン・チェーンや、両者の事業を融合させたかの如きセブン－イレブン・チェーン事業は認識し得ないと考えられます。

よって、セブン－イレブン・チェーン事業は法的に存在しないと考えられ、岡山県労委命令がその存在を「当事者間に争いのない事実及び証拠により明らかに認められる事実等」として認定したことには疑問があると考えられます。

(4) 統括、管理監督の関係は存在しないこと

ア　岡山県労委命令

岡山県労委命令は、次に述べるとおり、セブン－イレブン・チェーン事業の内部におけるセブン－イレブン・ジャパン社と加盟店主の関係について、両者の間には統括、管理監督の関係が存在している旨の事実を認定しています。

イ　統　括

「統括」とは、一般に、組織の上位者が下位者の業務を統べる（統率・支配する）ことを意味します。岡山県労委命令は、セブン－イレブン・ジャパン社がセブン－イレブン・システム（情報システム、物流システム、オープン・アカウント、粗利分配方式を特徴とするフランチャイズ・システムのこと）を運用・統括し、商品・サービスの開発、加盟店主に対する店舗指導、加盟店の仕入商品の発注、販売状況、在庫商品の把握などを行うことにより加盟店を統括し、加盟店の会計は会社の管理システム（会計システムの誤記ではないかと思われる）により処理されており、「会社と店舗とはセブン－イレブン・チェーン全体の中で全く別の対等の位置にいるのではな」いと述べていることから、セブン－イレブン・チェーンの内部において会社が店舗との上下関係に基づき、その業務を統括している旨の事実を認めていると理解されます［第2の2、第4の1（3）ア（ウ）、同ウ］。

ウ　管理監督

「管理監督」とは、労基法第41条第2号の管理監督者の場合でいえば労務管理を行うことを意味しますが、この場合は、業務上の指揮監督（組織の上位者が下位者に業務を命令し、その遂行を監督すること）を意味します。岡山県労委命令は、セブン－イレブン・

ジャパン社がセブン－イレブン・システム（情報システム、物流システム、オープン・アカウント、粗利分配方式を特徴とする）により加盟店主の店舗の経営・運営を管理・監督し［第4の1（3）イ］、商品の発注、陳列、販売などの店舗の運営業務をマニュアルに基づいて処理することを義務づけ［第4の1（6）ア（ア）］、強力な新商品の導入の推奨、経営アドバイス等を行い、加盟店主は従順にならざるを得ず、裁量的、自主的な判断や独自の営業活動の余地が狭い旨を述べていることから［第4の1（6）ア（ア）（ウ）、同（7）ア（エ）（オ）、同（8）ア（ウ）、イ］、セブン－イレブン・ジャパン社は加盟店主に対し上記の意味の管理監督をしている旨の事実を認めていると理解されます。

上記事実をフランチャイズ契約に特有の条項（**Q25**）の観点から言い換えると、加盟店主の営業活動に対し、数多くの指定・義務づけや、推奨、助言・指導がなされ、また、強力な推奨、助言・指導がなされ、加盟店主が事実上これに従っていることをもって、管理監督を認めていると理解されます。

上記のセブン－イレブン・チェーン事業におけるセブン－イレブン・ジャパン社と加盟店主の関係を整理すると、概ね、次頁の**図表41**のとおりとなるのではないかと思われます。

【図表41】セブン－イレブン・チェーン事業（統括、管理監督の関係）

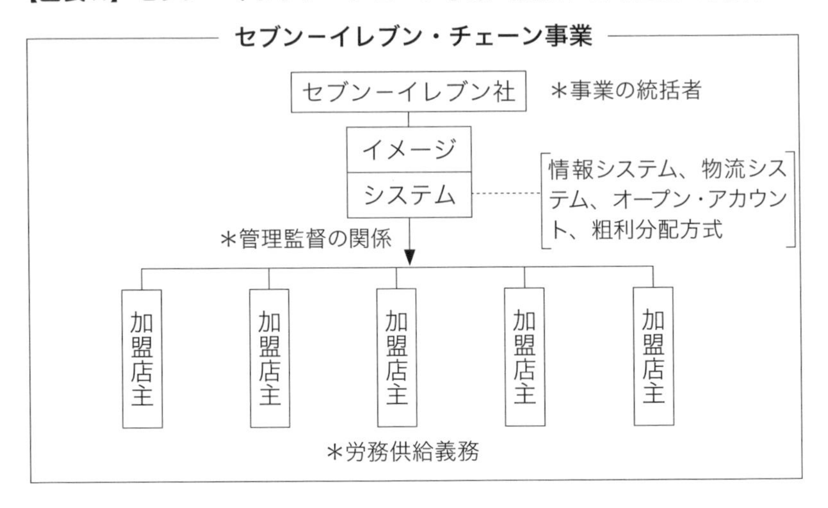

エ　統括、管理監督の関係は存在しないこと

(ア)　商学ないし商業実務上でも、フランチャイザーとフランチャイジーの関係は「統合、分業の関係」にとどまり、統括、管理監督の関係は認められないこと

商学ないし商業実務においては、フランチャイズ・チェーン事業内部のフランチャイザーとフランチャイジーの関係は「統合、分業の関係」であると説明されています（**Q15**）。注5）

「統合、分業の関係」とは、フランチャイザーがフランチャイズ・チェーンの本部として、事業方針の決定、計画、フランチャイジーの募集と選択、店舗立地の選定、管理統制、マーチャンダイジング、フランチャイジーの指導等の機能を担当し、フランチャイジーが販売、サービスおよびこれに付帯する日常の業務に専念するとの「分業の関係」と、フランチャイザーが分業を有機的に統合しながら一体としての事業活動を推進する「統合の関係」をいいます。

「統合、分業の関係」は、フランチャイザーがフランチャイジーの上位者として統括、管理監督する関係ではなく、各フランチャイジーと対等の立場に立ちつつ、全体の取りまとめ役を務める（有機的な結合をはかる）関係にある、との意味であると理解されます。したがって、商学ないし商業実務上のフランチャイズ・チェーン事業の概念からも、統括、管理監督の関係は認められないと考えられます。

なお、商学ないし商業実務上のフランチャイズ・チェーン事業におけるフランチャイザーとフランチャイジーの関係を整理すると、次の**図表11**のとおりとなります。

【図表11】フランチャイズ・チェーン事業（統合、分業の関係）（Q15の［図表11］を再掲）

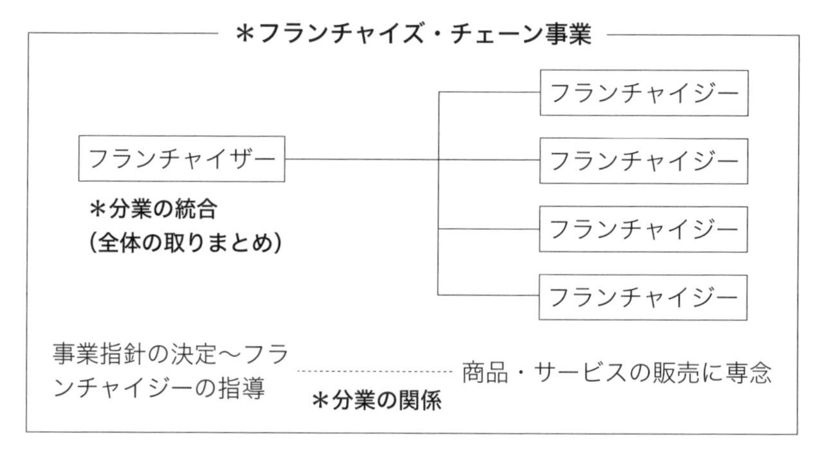

(イ) 統括、管理監督の関係を根拠づける事実は存在しないこと

a　統　括

岡山県労委命令が「統括」の根拠とする事実のうち、セブン－イレブン・システムの運用・統括、商品・サービスの開発、加盟店主に対する店舗指導は、契約に基づくフランチャイズ・パッ

ケージの提供行為です。仕入商品の発注、販売状況、在庫商品の把握は、商品の受発注システムを提供し、会計代行サービスを行った結果、当該情報を把握しているにすぎません。加盟店の会計が会社の管理システム（会計システム）により処理されているのは、会社が契約に基づき会計システムを提供し、加盟店主がこれを利用したからにすぎません。

このように、上記の事実は、「統括」を根拠づけるものではないと考えられ、岡山県労委命令は、フランチャイズ・パッケージの提供と利用を「統括」と言い換えているにすぎないと考えられます。

b　管理監督

(a)　管理監督の根拠

岡山県労委命令が「管理監督」の根拠とするのは、セブン－イレブン・システムによる加盟店主の店舗の経営・運営の管理・監督、マニュアルに従う義務、強力な新商品の導入の推奨、経営アドバイス等に加盟店主が従順にならざるを得ず、裁量的・自主的判断などの余地が狭いことです。

(b)　加盟店主の店舗の経営・運営の管理・監督

加盟店主の店舗の経営・運営の管理・監督は、ａで述べた商品・サービスの開発、加盟店主に対する店舗指導、仕入商品の発注、販売状況、在庫商品の把握などをいうものと考えられますが、これらの事実は、ａで述べたと同様の理由により管理監督を根拠づけるものではないと考えられます。

(c)　マニュアルに従う義務

マニュアルに従う義務（加盟店主が商品の発注、陳列、販売の方法、サービスの提供、売上金の処理等のすべての業務について会社が作成した詳細なマニュアルに基づいて処理することを義務づけられていること）は、セブン－イレブン・ジャパン社がフランチャイズ・パッケージの統一性などの確保と加盟店主の事業能力の向上をはかるため、契約に基づくフランチャイズ・パッケージの提供行為としてなされたものと理解され、マニュアルにより、いくら数多くの指定・義務づけを提供し、その使用義務を課したとしても、フランチャイズ・パッケージの提供行為であることに変わりはなく、労務供給契約上の管理監督を根拠づけるものではないと考えられます。

(d) 強力な新商品の導入の推奨、経営アドバイス等に従順とならざるを得ないこと

強力な新商品の導入の推奨、経営アドバイス等も、セブン－イレブン・ジャパン社が加盟店主の事業能力を向上させるため、契約に基づくフランチャイズ・パッケージの提供行為としてなされたものと理解され、労務供給契約上の管理監督を根拠づけるものではないと考えられます。

なお、推奨、助言・指導が「強力に」なされた結果、「フランチャイジーの任意の決定・判断への働きかけの程度・範囲を逸脱して、不当にその意思・行動を抑圧することにより、推奨、助言・指導を強要した場合」に該当するときは、当該行為は法適合性を欠き、民事損害賠償、優越的地位の濫用に基づく排除措置命令などの制裁が課せられることがありますが(**Q33**)、そうだからといって、当該行為が労務供給契約上の管理監督の意味を持つことにはならないと考えられます。

また、推奨、助言・指導に対し、多くの場合、加盟店主がこれに従っているとしても、それは、加盟店主が契約上の権益(事業能力の向上)を享受したことを意味しているのであり、これも労務供給契約上の管理監督を根拠づけるものではないと考えられます。

⑸　店舗経営義務のないこと

ア　岡山県労委命令

岡山県労委命令は、加盟店主は店舗の経営義務（労務供給義務）を課せられている旨の事実を認定し、フランチャイジーが労務供給者に該当することを肯定しています。店舗経営義務は、加盟店主自ら、もしくはその家族従業員が相当時間、接客等の店舗運営や、従業員の人選、教育、監督に従事せざるを得ないこと［第４の１（３）エ、同（４）ア］、年中無休・24時間営業義務（時間的拘束）、契約時に合意した特定の店舗の経営義務（場所的拘束）を課せられていること［第４の１（７）イ］を根拠にするものと理解されます。

イ　店舗経営義務を根拠づける事実は存在しないこと

しかし、加盟店主（家族）による店舗運営業務（従業員の人選、教育、監督を含む）は、自らが経営するコンビニエンスストア事業に従事することを意味し、セブン－イレブン・チェーン事業の業務に従事することを意味するものではありません。

また、年中無休・24時間営業の義務づけは、コンビニエンスストア事業の内在的制約（顧客に最大限の利便性を提供するコンビニエンスストアの業態特性）に適合し、加盟店主の知識・経験、ノウハウを補い、その事業能力の向上をはかるため、契約に基づくフランチャイズ・パッケージの提供行為としてなされたものであり、労務供給契約上の管理監督を根拠づけるものではありません。

特定の店舗の経営義務による場所的拘束も、加盟店主が契約により特定の店舗でフランチャイズ・パッケージを利用して対象事業を経営することを許諾されたこと（許諾地域が特定されたこと）を意味するにすぎず、当該店舗の経営はフランチャイズ契約上の権利であって、場所的拘束を意味するものではありません。

したがって、上記の事実は、労務供給契約上の店舗経営義務を根拠づけるものではないと考えられます。

注

注１）石川『基礎』150頁

注２）石川・同上150頁、久保村編『通論』67頁以下（関根孝執筆)、協会編『ハンドブック』410頁

注３）協会編・同上423頁

注４）協会編・同上423頁

注５）協会編・同上423頁

Q76

事業組織への組入れ

フランチャイジーは、フランチャイザーの事業組織（フランチャイズ事業の組織）に組み入れられていますか。

A 1（結論）

1 事業組織への組入れはないこと

フランチャイジーは、ビジネス・フォーマット型フランチャイズとしての理念型、実際のフランチャイザーの事業組織のいずれの観点においても、フランチャイザーの事業組織に組み入れられていないと考えられます。

2 岡山県労委命令

岡山県労委命令は、概要、セブン－イレブン・ジャパン社がセブン－イレブン・チェーン事業を営むことを前提に、同社がセブン－イレブン・システムを運用・統括し、商品・サービスの開発、加盟店主に対する店舗指導などを行うことにより加盟店を統括していること、加盟店の会計が会社の管理システム（会計システムの誤記と思われる）により処理されていること、会社は上記制度やシステムを使い加盟店主に情報とサービスを提供し、その売上を増加させることにより利益を取得していること、情報システムにより取得した情報やチェック表を用い経営アドバイスを行い、セブン－イレブン・チェーン全体の均質性を保たせていることや、加盟店主は年中無休・24時間の店舗営業を義務づけられており、同営業を行うためには、加盟店主及びその家族従業員が店舗経営・運営に相当の時間携わざるを得ないことなどを理由に、加盟店主による店舗経営・運営（労働力）は、会社の業務遂行に不可欠ないし枢要な部分として組織内に確保されている旨を述べていますが、セブン－イレブン・チェーン事業は法的には存在せず、存在しないセブン－イレブン・チェーン事業の組織に加盟店主による店舗経営・運営（労働力）が組み入れられることはなく、また、同命令が挙げる上記理由は、後述のとおり、いずれも、加盟店主による店舗経営・運営（労働力）がセブン－イレブン・ジャパン社の事業組織へ組み入れられていることの根拠とはならないと考えられます。

したがって、加盟店主はセブン－イレブン・ジャパン社の事業組織に組み入れられていないと考えられます。

A3（解説）

1 ビジネス・フォーマット型フランチャイズとしての理念型の観点

(1) 理念型

ビジネス・フォーマット型フランチャイズとしての理念型（第1章序節）によれば、フランチャイズ契約は、ビジネス・フォーマット型フランチャイズを本質とし、フランチャイザーとフランチャイジーの間でビジネス・フォーマット（事業経営の仕組み）としてのフランチャイズ・パッケージが有償で取引される契約と定義され、フランチャイザーのフランチャイズ事業（*）とフランチャイジーの対象事業（**）は区別され、その法的性質としてライセンス契約性、非労務供給契約性が導かれ、その法的特徴として、事業の別個独立性（フランチャイザーとフランチャイジーの事業はその組織、活動、収支において別個独立であること）、利害対立性［フランチャイズ契約は、通常の契約と同様、両当事者の利害対立（フランチャイズ・パッケージの提供・利用許諾と加盟金・ロイヤルティの支払の対価関係）の構造を基礎とすること］、フランチャイジーの独立の事業者性（フランチャイジーに対象事業の損益のすべてが帰属し、フランチャイザーから指揮命令を受けないこと）が導かれます。

なお、上述のビジネス・フォーマット型フランチャイズとしての理念型は、フランチャイジーの事業構造、契約の実態とも合致するものです（**Q75**）。

＊フランチャイズ事業

フランチャイズ・パッケージを開発・構築し、これをフランチャイジーに有償で提供・利用許諾する事業

＊＊対象事業

フランチャイザーに加盟金・ロイヤルティを支払い、フランチャイズ・パッケージの提供・利用許諾を受け、これを利用して商品を販売し、サービスを提供する事業

⑵　フランチャイザーとフランチャイジーの事業の別個独立性

本問との関係において、事業の別個独立性について詳述すると、フランチャイザーとフランチャイジーの事業は、次頁の**図表９**のとおり、その組織、活動、収支において別個独立の関係にあります。

【図表9】フランチャイザーとフランチャイジーの事業の別個独立性（Q12の［図表9］を再掲）

	フランチャイザー	フランチャイジー
事　業	フランチャイズ事業（フランチャイズ・パッケージを開発･構築し、これをフランチャイジーに有償で提供・利用許諾すること）	対象事業（フランチャイザーに加盟金・ロイヤルティを支払ってフランチャイズ・パッケージの提供・利用許諾を受け、これを利用して商品を販売し、サービスを提供すること）
組　織	フランチャイズ本部を組織するため、意匠部、開発部、商品部、研修部、店舗運営部などの各部署を設置し、各部署が分担して、標識の作成、フランチャイズ契約の締結、商品の開発、研修の実施、店舗への運営指導などのフランチャイズ事業の業務を処理する。	店舗の販売組織を整備するため、フランチャイジー、店長･副店長、店舗スタッフなどの体制を設け、各役職者が分担して、店舗建物の賃借、従業員の雇用･教育、商品の陳列･販売、接客・清掃などの対象事業の業務を処理する。
活　動	フランチャイズ・パッケージの開発・構築、フランチャイジーとのフランチャイズ契約の締結、店舗建物の調達などの活動を行う。	店舗において商品の仕入・販売、その他の営業行為などの活動を行う。
収　支	フランチャイズ事業によりフランチャイジーから加盟金、ロイヤルティを受領し、その営業利益から事業者収入を得る。フランチャイジーへは何らの報酬も支払わない。	対象事業により顧客から売上金を受領し、その営業利益から事業者収入を得る。フランチャイザーに加盟金・ロイヤルティを支払うが、フランチャイザーからは何らの収入も得ない。

(3) 事業組織への組入れがないこと

(2)で述べたとおり、フランチャイザーとフランチャイジーの事業は別個独立であり、フランチャイザーのフランチャイズ事業とフランチャイジーの対象事業が相互に融合することはなく、フランチャイジーがフランチャイザーの組織へ組み入れられる余地はないと考えられます。

2 実際のフランチャイザーの事業組織の観点

(1) 事業組織

フランチャイザーは、フランチャイズ・パッケージの開発・構築、フランチャイジーとの契約締結、店舗建物の確保などの事業活動を行うため、事業規模の大小によっても差がありますが、概要、次のような部署を設置し、自己の役員、従業員をその責任者・担当者として配置し、フランチャイズ事業を営んでいます（**Q12**。部署名は便宜的に付したもの）。

- 意匠部…標識の仕様・規格の作成
- 建設部…店舗建物の内外装の仕様・規格の作成
- 設備部…営業用の機械器具の供給業者の確保
- 開発部…フランチャイズ契約の説明・締結
- 情報システム部…POS レジスターの開発
- 物流部…商品納入の物流システムの構築
- 商品部…商品・原材料の開発
- 研修部…研修の実施
- 店舗運営部…営業マニュアルの作成
- 会計部…伝票・会計帳票の整備
- 店舗販促部…販促活動の実施

⑵　事業組織への組入れがないこと

上述のフランチャイザーの組織の中にはフランチャイジーは組み入れられておらず、フランチャイジーがフランチャイズ事業に従事し、労務を提供することはないと考えられます。

3　岡山県労委命令

⑴　概　要

岡山県労委命令は、セブン－イレブン・ジャパン社がセブン－イレブン・チェーン事業（*）を営むことを前提に、概要、同社がセブン－イレブン・システム（情報システム、物流システム、オープン・アカウント、粗利分配方式を特徴とするフランチャイズ・システムのこと）を運用・統括し、商品・サービスの開発、加盟店主に対する店舗指導、加盟店の仕入商品の発注、販売状況、在庫商品の把握などを行うことにより加盟店を統括していること、加盟店の会計が会社の管理システム（会計システム）により処理されていること、会社は上記制度やシステムを使い加盟店主に情報とサービスを提供し、その売上を増加させることにより利益を取得していること、情報システムにより取得した情報やチェック表を用い経営アドバイスを行い、セブン－イレブン・チェーン全体の均質性を保たせていることや、加盟店主は年中無休・24時間の店舗営業を義務づけられており、同営業を行うためには、加盟店主及びその家族従業員が店舗経営・運営に相当の時間携わざるを得ないことなどを理由に、加盟店主による店舗経営・運営（労働力）は、会社の業務遂行に不可欠ないし枢要な部分として組織内に確保されている旨を述べています［第4の1（3）ア、イ、エ］。

＊セブン−イレブン・チェーン事業

同じセブン−イレブンの標識を用い、セブン−イレブン・ジャパン社とすべての加盟店主が構成する事実上の集団（セブン−イレブン・チェーン）が一体として同種の商品またはサービスを販売する事業

⑵　セブン−イレブン・チェーン事業の不存在

しかし、そもそも、セブン−イレブン・チェーン事業は、法的には存在せず（**Q75**）、存在しないセブン−イレブン・チェーン事業の組織に加盟店主による店舗経営・運営（労働力）が組み入れられることはないと考えられます。

⑶　岡山県労委命令が挙げる理由は、事業組織への組入れの根拠とはならないこと

岡山県労委命令の挙げる理由は、事業組織への組入れの根拠とはならないと考えられます。

すなわち、セブン−イレブン・システムの運用・統括、商品・サービスの開発、加盟店主に対する店舗指導は、契約に基づくフランチャイズ・パッケージの提供行為であり、仕入商品の発注、販売状況、在庫商品の把握は、商品の受発注システムを提供し、会計代行サービスを行った結果、当該情報を把握しているにすぎません。加盟店の会計が会社の管理システム（会計システム）により処理されているのは、会社が契約に基づき会計システムを提供し、加盟店主がこれを利用したからにすぎません。また、会社が加盟店主に情報とサービスを提供して売上を増加させることにより利益（セブン−イレブン・チャージ）を取得しているのは、フランチャイズ契約の仕組みそのものであり、情報システムにより取得した情報や

チェック表を用いて経営アドバイスすることも契約に基づくフランチャイズ・パッケージの提供行為です。以上の事実は事業組織への組入れとは無関係の事実であり、組入れの根拠になるとは考えられません。

また、年中無休・24時間営業の義務づけは、コンビニエンスストア事業の内在的制約（顧客に最大限の利便性を提供するコンビニエンスストアの業態特性）に適合し、加盟店主の知識・経験、ノウハウを補い、その事業能力の向上をはかるため、契約に基づくフランチャイズ・パッケージの提供としてなされたものであり、加盟店主（家族従業員を含む）による店舗経営・運営業務への従事は、自らが経営するコンビニエンスストア事業に従事することを意味し、セブン－イレブン・チェーン事業の業務に従事することを意味するものではありませんので、加盟店主による店舗経営・運営が会社の業務遂行に不可欠ないし枢要な部分として組織内に確保されていることはないと考えられます。

したがって、加盟店主はセブン－イレブン・ジャパン社の事業組織に組み入れられていないと考えられます。

Q77

契約内容の一方的決定

フランチャイズ契約は、その内容がフランチャイザーにより一方的・定型的に決定されていますが、なぜフランチャイザーが一方的・定型的に決定しているのですか。

A1（結論）

1　フランチャイザーによる一方的・定型的決定の理由

フランチャイズ契約の内容は、フランチャイザーにより一方的・定型的に決定されています。その主な理由は、フランチャイズ・パッケージの専門性、共通性・統一性、フランチャイズ・パッケージの内容（質・量）に応じた対価（加盟金・ロイヤルティ）を設定する必要性にあり、事の性質上、フランチャイジーとの個別の交渉によって決定することは適切ではないからです。

2　岡山県労委命令

岡山県労委命令は、セブン－イレブン・ジャパン社がセブン－イレブン・チェーン事業を営み、加盟店主は会社に一定の労務の提供を約する立場に置かれていることを前提に、概要、フランチャイズ契約においては、「営業時間など労働時間に関わる事項、会社と加盟店主との間の売上総利益の配分基準など報酬に関わる事項、業務内容など労働の種類・内容に関わる事項」が定められているが、これらの事項が当事者間の交渉等によって変更されることはあり得ないこと、会社が制定したシステムマニュアルの厳守を要求され、その改訂についても加盟店主と会社が協議する機会がないことを理由に、セブン－イレブン・ジャパン社のフランチャイズ契約の内容が会社によって一方的に決定されている旨を認定し、「このことは、会社と加盟店主との間の交渉力に大きな格差があることのあらわれであるといえる」と述べています。

しかし、セブン－イレブン・チェーン事業は、法的には存在せず、また、加盟店主は労務供給義務を負いません。また、フランチャイズ契約において、労働時間に関わる事項などが定められている旨の認定も肯首できませんが、フランチャイズ契約やシステムマニュアルの内容が会社によって一方的に定められていることは事実だと思われます。しかし、一方的決定は会社と加盟店主との間の交渉力格差に起因する旨の認定は、その根拠も示されておらず、前述のとおり、フランチャイズ契約の内容の一方的・定型的決定は同契約に特有の諸事情に起因するものであり、このことはセブン－イレブン・ジャパン社の場合も同様であると解されますので、当該認定は誤解なのではないかと考えられます。

A 3（解説）

1　フランチャイズ契約の内容の一方的・定型的決定

フランチャイズ契約の内容、特に、フランチャイズ・パッケージ（＊）の内容とその利用許諾の条件（加盟金・ロイヤルティ、期間、地域など）については、フランチャイザーが一方的・定型的に決定しています。フランチャイズ契約は附合契約ないし約款[注1)]の性質を有する契約です。

＊フランチャイズ・パッケージ

フランチャイジーの経営する対象事業に使用される標識、ノウハウ、フランチャイジーの経営する対象事業に対する支援が、有機的かつ統一的に統合された事業経営の仕組み

2 一方的・定型的決定の理由

(1) 一方的・定型的決定の理由

フランチャイザーが契約内容を一方的・定型的に決定している理由は、主として次の三点にあり、事の性質上、フランチャイジーとの個別の交渉によって決定することは適切ではないからです。

① **フランチャイズ・パッケージの専門性**

フランチャイズ・パッケージは、フランチャイザーが専門の事業者として、高い知名度を有する標識や、独自の知識・経験、技術・ノウハウなどに基づき、対象事業に高い収益性、効率性をもたらすことを目的として、企画・開発、構築したものであること

② **フランチャイズ・パッケージの共通性・統一性**

フランチャイズ・パッケージは、すべてのフランチャイジーに共通・統一のものとして提供・利用許諾されることにより、はじめて、知名度の向上、業務の合理化・効率化などをはかることができること

③ **フランチャイズ・パッケージに応じた条件（対価）の設定**

フランチャイズ・パッケージの利用許諾の条件、特にその対価（加盟金・ロイヤルティ）は、フランチャイズ・パッケージの内容（質・量）に応じて設定されざるを得ないこと

⑵　①～③の理由についての具体例による補足

ア　①②について

㈠　商品・仕入先の推奨

商品とその仕入先の推奨を例にとると、当該推奨はフランチャイジーの商品・仕入先の選定能力・調達能力を補い、店舗の集客・売上を向上させることを目的とするものです。その目的を達成するには、当該商品は、専門の事業者であるフランチャイザーが独自の知識・経験、技術・ノウハウなどに基づき、顧客の需要・感性などに適合した商品を企画・開発することが必要であり、当該仕入先は、適正価格で優良・安全な商品を安定的に供給する能力を備える仕入先を選定することが必要です。

当該商品・仕入先は、すべてのフランチャイジーに共通なものとして提供・利用許諾されないと、商品仕入のスケール・メリットや、発注・納品業務の合理化・効率化をはかることはできません。

㈡　看板の指定

看板の指定を例にとると、当該看板の指定は、フランチャイジーの店舗の知名度・顧客吸引力の向上に役立つことを目的とするものです。その目的を達成するためには、当該看板は、専門の事業者であるフランチャイザーが開発・使用し、消費者から支持・信頼を得ている知名度・顧客吸引力の高い看板であることが必要です。

当該看板は、すべてのフランチャイジーに共通なものとして提供・利用許諾されず、個店によってまちまちの看板が使用されると、消費者に混乱を与え、知名度・顧客吸引力の向上をはかることはできません。

㈢　結　語

以上の理由により、フランチャイズ・パッケージは、専門の事業者であるフランチャイザーが、すべてのフランチャイジーに共通・統一のものとして、その内容を一方的・定型的に決定する必要があることになります。

イ　③について

フランチャイズ・パッケージの利用許諾の条件、特にその対価（加盟金・ロイヤルティ）は、フランチャイズ・パッケージの内容（質・量）と密接な関連性を有しています。例えば、同じ店舗運営の助言・指導でも、「簡単な研修の実施＋簡略なマニュアル（手引書）の交付」で済ませるか、「懇切・丁寧な研修の実施＋詳細なマニュアル（手引書）の交付＋フランチャイザーの指導員による巡回指導」まで行うかにより、フランチャイザーの投資・費用は高額にも、低額にもなり、助言・指導の提供の対価も、これに応じ、高額にも低額にもなります。

また、同じ助言・指導を提供しながら、異なる対価を徴収するのは、各フランチャイジー間の公平を害します。

以上の理由により、フランチャイズ・パッケージ利用の対価は、フランチャイズ・パッケージの開発・構築、提供などを行うフランチャイザーが、これに要するヒト、モノ、カネ、情報などに関する投資・費用を勘案し、すべてのフランチャイジーに共通のものとして、一方的・定型的に決定する必要があることになります。

3　労務供給契約の内容の一方的決定の理由

これに対し、請負、委任などの労務供給契約でも、発注者、委任者などが契約内容を一方的に決定することがあると思われますが、その理由は、主として次の二点にあると思われます。

㋐　**仕事・業務などの指定**

発注者、委任者などは、請負人、受任者などに仕事、業務などを発注する際に、その仕事、業務などの内容・数量・要件・仕様・規格・期限などを指定する場合が多いこと

㋑　**経済力・交渉力格差**

発注者、委任者などは、個々の請負人、受任者などに対し、事業規模、資金力などにおいて優位に立ち、両者の間には経済力・交渉力の格差があるため、一方的な形で請負代金、委任手数料などの対価が決定される場合がありがちなこと

4　フランチャイズ契約と労務供給契約の異同

以上に述べたとおり、フランチャイズ契約の内容は一方的・定型的に決定され、労務供給契約の内容も一方的に決定されることが多いため、両者は同種同類の契約であるかのようにみえます。しかし、その理由は、フランチャイズ契約の場合は、フランチャイズ・パッケージの専門性、共通性・統一性、フランチャイズ・パッケージの内容（質・量）に応じた条件（対価）の設定にあり、労務供給契約の場合は、仕事・業務などの指定、経済力・交渉力格差にあり、両者の理由はまったく異なっています。

労務供給契約における経済力・交渉力格差は、労務を買う立場にある発注者、委任者などの経済力・交渉力が労務供給者に優位することを意味していますが、フランチャイズ契約では、逆に、フランチャイジーがフランチャイザーからフランチャイズ・パッケージを買う立場にありますので、労務供給契約と同じ意味での経済力・交渉力格差が契約内容に反映する余地はないと考えられます。

5 岡山県労委命令

(1) 概 要

岡山県労委命令は、セブン－イレブン・ジャパン社がセブン－イレブン・チェーン事業（*）を営み、加盟店主は会社に一定の労務の提供を約する立場に置かれていることを前提に、概要、フランチャイズ契約においては、「営業時間など労働時間に関わる事項、会社と加盟店主との間の売上総利益の配分基準など報酬に関わる事項、業務内容など労働の種類・内容に関わる事項」が定められているが、これらの事項が「当事者間の交渉等によって変更されることはあり得ず、加盟店主になろうとする者の選択肢は、契約を締結するか否かしかない」こと、会社が制定したシステムマニュアルの厳守を要求され、その改訂についても加盟店主と会社が協議する機会がないことを理由に、セブン－イレブン・ジャパン社のフランチャイズ契約の内容が会社によって一方的に決定されている旨を認定し、「このことは、会社と加盟店主との間の交渉力に大きな格差があることのあらわれであるといえる」と述べています［第4の1（4）イ、ウ］。

＊セブン－イレブン・チェーン事業

同じセブン－イレブンの標識を用い、セブン－イレブン・ジャパン社とすべての加盟店主が構成する事実上の集団（セブン－イレブン・チェーン）が一体として同種の商品またはサービスを販売する事業

⑵　セブン－イレブン・チェーン事業、加盟店主の労務供給の不存在

しかし、そもそも、セブン－イレブン・チェーン事業は、法的には存在せず、また、加盟店主は労務供給を行っていません（**Q75**）。

⑶　フランチャイズ契約の内容が会社によって一方的に決定されているのは、会社と加盟店主の交渉力格差に起因するものではないこと

岡山県労委命令がセブン－イレブン・ジャパン社のフランチャイズ契約において、「労働時間に関わる事項…（中略）…業務内容など労働の種類・内容に関わる事項」などの事項が定められている旨を認定したことは、加盟店主の労務供給義務を前提とするものであり、肯首できませんが、フランチャイズ契約やシステムマニュアルの内容が会社によって一方的に定められていることは事実だと思われます。

しかし、一方的決定は会社と加盟店主との間の交渉力格差に起因する旨の認定は、その根拠も示されておらず、前述のとおり、フランチャイズ契約の内容の一方的・定型的決定は同契約に特有の諸事情に起因するものであり、このことはセブン－イレブン・ジャパン社の場合も同様であると解されますので、当該認定は誤解なのではないかと考えられます。

⑷　結　語

したがって、セブン－イレブン・ジャパン社のフランチャイズ契約の一方的決定が会社と加盟店主との間の交渉力格差に起因する旨の認定は誤解なのではないかと考えられます。

6　団体交渉になじまないこと

なお、フランチャイズ契約の内容が一方的・定型的に決定される理由がフランチャイズ契約に特有の諸事情に起因し、フランチャイザーとフランチャイジーの交渉力格差に起因しないとすると、フランチャイズ契約（フランチャイズ・パッケージの内容と対価の設定）は、団体交渉による協議になじまないのではないかと考えられます。

契約の一方的決定に対しては、その契約の性質に従って、例えば、電力・水道・ガスなどの供給契約に対してはいわゆる約款の適正化で規制し、請負契約、委任契約などの労務供給契約に対しては労組法による団体交渉で規制し、また、フランチャイズ契約のような特有の諸事情を背景とする事業者間契約に対しては独禁法の不公正な取引方法で規制するのが、法体系に沿った規制方法ではないかと考えられます（序章）。

注

注１）星野『概論Ⅳ』13頁以下

Q78

報酬の労務対償性

フランチャイジーは、フランチャイザーの経営するフランチャイズ・チェーン事業に労務を供給し、その対価（報酬）を得ていますか。それとも、対象事業の経営による事業者収入を得ていますか。

A 1（結論）

1　報酬を得ていないこと

フランチャイジーは、ビジネス・フォーマット型フランチャイズとしての理念型、フランチャイジーの事業構造、契約の実態のいずれの観点においても、フランチャイザーに労務を供給しておらず、フランチャイザーから何らの報酬（労務供給の対価）を得ていません。フランチャイジーは、自らが営む対象事業（フランチャイズ・パッケージを利用して商品を販売し、サービスを提供する事業）において顧客から売上金を受領し、売上金を原資とする営業利益から事業者収入を得ています。

2　岡山県労委命令

岡山県労委命令は、理解が困難な箇所もありますが、セブン－イレブン・ジャパン社がセブン－イレブン・チェーン事業を営み、加盟店主が店舗経営・運営の労務を供給していることを前提に、概要、加盟店主は売上金を会社に送金し、送金された売上金は会社に帰属する（会社の資金となる）が、会社は売上金から商品仕入代金を控除し、控除後の売上総利益からセブン－イレブン・チャージを控除し、その残額がオーナー総収入となる旨を認定し、加盟店主は会社の資金であるオーナー総収入を報酬（労務供給の対価）として取得している旨を述べていると理解されます。

同命令は、加盟店主の損益計算とオープン・アカウントを混同し、また、オーナー総収入を報酬であると誤解しています。同社の契約上、加盟店主が取得する金員は「利益引出金」ですので、同命令を善解すると、「加盟店主は売上金を会社に送金し、売上金は売上送金によって会社に帰属するので、会社の資金の一部となり、加盟店主は会社の資金から報酬として利益引出金を取得している」と述べていることになります。

しかし、セブン－イレブン・ジャパン事業は、法的には存在せず、また加盟店主は店舗経営・運営の労務を供給していないため、その対価として報酬が取得される（支払われる）ことはあり得ないと考えられます。

また、加盟店主が取得する利益引出金は、加盟店主が営むコンビニエンスストア事業において顧客から売上金を受領し、売上金を原資とする営業利益から事業者収入として取得されたものであり、会社の資金から労務の対価として取得された（支払われた）報酬ではないと考えられます。

したがって、加盟店主は会社に労務を供給し、その対価（報酬）を得ているのではなく、自らが営むコンビニエンスストア事業において、顧客から受領する売上金を原資とする営業利益から事業者収入として利益引出金を得ていることになります。

A 3（解説）

1　報酬（労務供給の対価）を得ていないこと

フランチャイジーは、ビジネス・フォーマット型フランチャイズとしての理念型、フランチャイジーの事業構造、契約の実態のいずれの観点においても、フランチャイザーに労務を供給せず、フランチャイザーから何らの報酬（労務供給の対価）を得ておらず、自らが営む対象事業において顧客から売上金を受領し、売上金を原資とする営業利益から事業者収入を得ています（**Q75**）。

上記結論は、自明の理と考えられますので、以下においては、岡山県労委命令が、なぜセブン－イレブン・ジャパン社の加盟店主が同社に労務を供給し、報酬（労務供給の対価）を得ている旨を認定したかを中心に、検討を試みたいと思います。

2　岡山県労委命令

(1)　概　要

岡山県労委命令は、理解が困難な箇所もありますが、セブン－イレブン・ジャパン社がセブン－イレブン・チェーン事業（＊）を営み、加盟店主が店舗経営・運営の労務を供給していることを前提に、概要、次の①②の事実を認定し、加盟店主はセブン－イレブン・ジャパン社の資金から報酬としてオーナー総収入を得ており、当該報酬は労務（店舗経営・運営）の対価である旨を述べていると理解されます［第4の1（5)］。

① **報酬としてのオーナー総収入と労務対償性**
岡山県労委命令は、加盟店主はオーナー総収入を報酬として取

得すると理解していると思われる（後記のとおりこれは誤解である）。この点を前提に、「オーナー総収入は、加盟店主のセブン－イレブン店の経営・運営の成果そのものであり、店舗経営・運営には加盟店主の労務は不可欠であるから、店舗経営・運営に携わった労務の対価であるというべきである」と述べている。

② **報酬（オーナー総収入）の原資**

「加盟店主は、本件フランチャイズ契約上、売上金を会社へ毎日送金しなければならず、これを自由に処分できない。売上金は、加盟店主が会社に送金することにより、会社に帰属する。会社は加盟店から発注された商品の代金を立替払しているので、上記送金された売上金から商品仕入代金（立替払金）を控除し、その控除した額（売上総利益）から会社が分配を受けるべきセブン－イレブン・チャージを控除する。その残額が、加盟店主の取得する利益（オーナー総収入）とな」ると述べている。この記述は、加盟店主から送金された売上金が会社に帰属し、会社に帰属した売上金（会社の資金）から商品仕入代金、セブン－イレブン・チャージを控除した残額のオーナー総収入が報酬として取得されるとの趣旨であると思われる。

＊セブン－イレブン・チェーン事業

同じセブン－イレブンの標識を用い、セブン－イレブン・ジャパン社とすべての加盟店主が構成する事実上の集団（セブン－イレブン・チェーン）が一体として同種の商品またはサービスを販売する事業

(2) セブン－イレブン・チェーン事業、加盟店主の労務供給の不存在

しかし、そもそも、セブン－イレブン・チェーン事業は、法的には存在せず、また、加盟店主は店舗経営・運営の労務を供給していないため（**Q75**）、その対価として報酬が支払われることはあり得

ないと考えられます。

⑶ 岡山県労委命令がオーナー総収入を報酬とし、会社の資金からオーナー総収入（報酬）が取得されているとしたのは誤解であり、正しくは、加盟店主はコンビニエンスストア事業の売上金を原資とする営業利益の中から利益引出金を得ていること

ア　オーナー総収入は損益計算上の途中の概念にすぎず、加盟店主がこれを取得することはないこと

㋐　加盟店主のコンビニエンスストア事業の損益計算

加盟店主の損益計算は、概要、次の**図表41**のとおりであると思われます。注1）

【図表41】加盟店主の損益計算

売上高（㋐）	←顧客への商品販売
▲売上原価（㋑）	←商品の仕入金額・原価率などにより計算。廃棄ロス、棚卸ロスは売上原価に含まれない。商品の仕入代金は会社が代行支払する。
売上総利益（㋒）	
▲ロイヤルティ（㋓）	←会社に支払うロイヤルティ。売上総利益×一定割合で計算される（売上総利益にロイヤルティがかかる）。
オーナー総収入（㋔）	
▲販売費および一般管理費（営業費）（㋕）	←加盟店主が売上金から支払う従業員給料、通信費・水光費など。廃棄ロス、棚卸ロスは販管費（営業費）となる。
営業利益（㋖）	
▲利益引出金（㋗）	←フランチャイジーが取得する事業者収入
営業利益残高（㋘）	→留保利益として貸借対照表上の純資産の部に計上される。

(イ)　オーナー総収入

上記損益計算において、㋔のオーナー総収入とは、「㋒の売上総利益（㋐の売上高－㋑の売上原価）－㋓のロイヤルティ」を指すものであり、損益計算の途中の概念にすぎません。加盟店主がこれを「取得」することはあり得ません。

イ　加盟店主は営業利益の中から利益引出金を取得すること

加盟店主は㋔のオーナー総収入から㋕の販管費（営業費）を差し引いた後の、㋖の営業利益の中から、事業者収入として、㋗の利益引出金を得ています。利益引出金は、契約上、月次引出金、四半期引出金、月次追加送金から成ります。

ウ　利益引出金の原資は会社の資金ではなく、コンビニエンスストア事業の売上金であること

(ア)　損益計算上の説明

そして、当該損益計算の最上段をみれば明らかなとおり、㋖の営業利益は、㋐の売上高（店舗の売上金）を原資とするものです。すなわち、加盟店主は、コンビニエンスストア事業（店舗）の売上金を原資とする営業利益の中から、利益引出金を得ていることになります。

(イ)　オープン・アカウント上の説明

a　**概　説**

(ア)を金銭の流れから解説すると、加盟店主は、売上金を会社に送金しますが、送金された売上金は会社が店舗のために開設・管理しているオープン・アカウントに入金されます。会社は加盟店主に営業利益の中から利益引出金を送金していますが、当該金額は、オープン・アカウントの売上金から出金した形で処理されています（**Q67**）。

これに対し、岡山県労委命令は、売上金は売上送金によって

会社に帰属するので、会社の資金の一部となり、加盟店主は会社の資金から「報酬」として「オーナー総収入」を取得していると理解しているように思われます。しかし、アで述べたように、加盟店主が取得しているのはオーナー総収入ではなく、「利益引出金」ですので、同命令の内容を「売上金は売上送金によって会社に帰属するので、会社の資金の一部となり、加盟店主は会社の資金から報酬として『利益引出金』を取得している」と修正のうえ、以下、その当否につき、検討したいと思います。

b　売上送金の意味

加盟店主により送金された売上金は、「占有のあるところに所有権がある」との原則上、注2) 会社に帰属し、その資金の一部になることは事実です。

しかし、会社は売上金を自らの収入として取得するのではなく、会計上は、加盟店主のための預かり金として処理しており、店舗ごとに加盟店主との金銭上の貸借を決済するため、会社によって開設・管理されているオープン・アカウントの貸方に計上しています。

オープン・アカウントに計上される金銭、債権債務は次頁の**図表35**のとおりですが、売上金は、ⓐの貸方に、（会社からみて）１）の加盟店主から支払われた金銭（売上金）として計上されます。

c　利益引出金の支払

会社は、契約に従い、営業利益の中から加盟店主に利益引出金を支払っており（この支払は相殺ではなく、実際に銀行送金によってなされる）、支払った利益引出金は、ⓑの借方に、（会社からみて）３）の加盟店主に支払った金銭（利益引出金）として計上されます。

そして、オープン・アカウントでは、月末に貸方と借方が総

【図表35】オープン・アカウントに計上される金銭、債権債務（Q67に掲載した図表35を徴修正）

ⓐ貸　方
- 1）フランチャイジー（加盟店主）から支払われた金銭
  …売上金
- 2）フランチャイジー（加盟店主）に対する債務
  …各種の奨励金

ⓑ借　方
- 3）フランチャイジー（加盟店主）に支払った金銭
  …事業者収入（利益引出金）
- 4）フランチャイジー（加盟店主）に対する債権
  …商品の仕入代金の代行支払による立替金、ロイヤルティ（チャージ）

額において一括差引計算されますが、この差引計算により、実質的に、ⓐの貸方の1）の売上金から、ⓑの借方の3）の利益引出金が出金され、加盟店主によって取得されることになります（**Q67**）。

つまり、セブン－イレブン・ジャパン社は、形式的には、自己に帰属した売上金から加盟店主に利益引出金を支払っているかのようにみえますが、実質的には、オープン・アカウントを通じ、加盟店主から預かった売上金から加盟店主に利益引出金を支払い、加盟店主がこれを取得していることになります。

d　利益引出金の性質

以上のとおり、利益引出金は、コンビニエンスストア事業の売上金を原資とする営業利益の中から取得される（支払われる）ものであり、その性質は、報酬ではなく、事業者収入であると考えられます。

(4)　結　語

したがって、加盟店主は会社に労務を供給し、その対価（報酬）を得ているのではなく、自らが営むコンビニエンスストア事業において顧客から受領する売上金を原資とする営業利益から、事業者収入として利益引出金を得ていることになります。

注

注１）セブン－イレブン・ジャパン社の「フランチャイズ契約の要点と概説」日本フランチャイズチェーン協会のHPに掲載
(http://fc-g.jfa-fc.or.jp/article/article_36.html)

注２）星野『概論Ⅱ』72頁

Q79

諾否の自由

フランチャイジーは、フランチャイザーからの業務の発注につき、諾否の自由を有しますか。

A 1（結論）

1 フランチャイジーの非労務供給者性

フランチャイジーは、ビジネス・フォーマット型フランチャイズとしての理念型、フランチャイジーの事業構造、契約の実態のいずれの観点においても、フランチャイザーに労務を供給しておらず、フランチャイザーから業務の発注を受けていませんので、発注に対する諾否の自由を論ずる余地はありません。

2 岡山県労委命令

岡山県労委命令は、理解が困難な箇所もありますが、セブン－イレブン・ジャパン社がセブン－イレブン・チェーン事業を営み、加盟店主が店舗経営・運営の労務を供給していることを前提に、概要、会社が、加盟店主に対し、店舗の経営・運営の業務、ないしは店舗の経営・運営にかかる商品の発注、陳列、販売などの個別の業務を発注していると理解し、マニュアルによる業務の義務づけ、新商品・新サービスの導入が強力になされていること、契約解除権・契約更新拒絶権、情報システムによる事業の把握、OFCの強力なアドバイス・指導を理由に、加盟店主は会社からの業務の依頼（発注）に基本的に応じなければならない関係にある（諾否の自由がない）旨を述べていると理解されます。

しかし、セブン－イレブン・ジャパン事業は、法的には存在せず、また、加盟店主は店舗経営・運営の労務を供給しておらず、会社から業務の発注を受けていないため、発注に対する諾否の自由を論ずる余地はないと考えられます。

また、岡山県労委命令が挙げる、マニュアルによる業務の義務づけ、新商品・新サービスの導入が強力になされていることなどの理由は、後述のとおり、いずれも、諾否の自由を否定する根拠とはならないと考えられます。

したがって、加盟店主が会社からの業務の依頼に応じなければならない関係にある（諾否の自由がない）との認定は誤解なのではないかと考えられます。

A 3（解説）

1 業務の発注を受けていないので、発注に対する諾否の自由を論ずる余地はないこと

フランチャイジーは、ビジネス・フォーマット型フランチャイズとしての理念型、フランチャイジーの事業構造、契約の実態のいずれの観点においても、フランチャイザーに労務を供給せず、フランチャイザーから業務の発注を受けていないため（**Q75**）、発注に対する諾否の自由を論ずる余地はありません。

上記結論は、自明の理と考えられますので、以下においては、岡山県労委命令が、なぜセブン－イレブン・ジャパン社の加盟店主が業務の発注に対し、諾否の自由を有しない旨を認定したかを中心に、検討を試みたいと思います。

2 岡山県労委命令

(1) 概 要

岡山県労委命令は、理解が困難な箇所もありますが、セブン－イレブン・ジャパン社がセブン－イレブン・チェーン事業（*）を営み、加盟店主が店舗経営・運営の労務を供給していることを前提に、概要、会社が、加盟店主に対し、店舗の経営・運営の業務、ないしは店舗の経営・運営にかかる商品の発注、陳列、販売などの個別の業務を発注していると理解し、次の①～④の理由により、加盟店主は会社からの業務の依頼（発注）に基本的に応じなければならない関係にある（諾否の自由がない）旨を述べていると理解されます［第4の1（6)］。

① **マニュアル**

加盟店主は商品の発注、陳列、販売、売上金の処理等の業務をマニュアルに基づき処理することを義務づけられていること

② **新商品・新サービス**

会社は、新商品・新サービスの導入に応じることを期待し、加盟店主もその期待に応えており、会社がセブンーイレブン・イメージを構成する重要な要素と認めた場合は、強くその導入を指導するため、加盟店主がその導入を拒絶することは著しく困難であること

③ **契約解除権・契約更新拒絶権、情報システム**

会社が契約解除権（その行使がなされるとフランチャイジーに損害賠償義務が生じる）・契約更新拒絶権を有することや、情報システムにより事業のすべてを把握されていることが脅威となって、加盟店主は会社の指導に従順にならざるを得ない立場にあること

④ **OFCのアドバイス・指導**

現場担当のOFCからのアドバイス・指導がセブンーイレブン・チェーンの特質である同一のシステムと統一的なイメージの確保

の要請から強力に行われ、加盟店主の裁量、自主的判断の余地が極めて小さいこと

＊セブンーイレブン・チェーン事業

同じセブンーイレブンの標識を用い、セブンーイレブン・ジャパン社とすべての加盟店主が構成する事実上の集団（セブンーイレブン・チェーン）が一体として同種の商品またはサービスを販売する事業

(2) セブンーイレブン・チェーン事業、加盟店主の労務供給の不存在

しかし、そもそも、セブン－イレブン・チェーン事業は、法的には存在せず、また、加盟店主は店舗経営・運営の労務を供給しておらず、会社から業務の発注を受けていませんので（**Q75**）、発注に対する諾否の自由を論ずる余地はないと考えられます。

(3) 岡山県労委命令が挙げる理由は、諾否の自由を否定する根拠とはならないこと

岡山県労委命令が挙げる理由は、次のとおり、いずれも業務の発注と解することはできませんので、諾否の自由を否定する根拠とはならないと考えられます。

ア ①のマニュアル

マニュアルが商品の発注、陳列、販売、売上金の処理等の業務の処理を義務づけるものであっても、それは、加盟店主が自らコンビニエンスストア事業（店舗）を経営することを前提に、加盟店主の

知識・経験、ノウハウを補うため、フランチャイズ・パッケージの提供行為として、マニュアルの提供がなされ、営業活動の指定・義務づけがなされるものであり（**Q29**）、会社からの業務の発注と解することはできません。

イ　②の新商品・新サービスの導入

新商品・新サービスの導入は、例えば、新しい種類の弁当や、引渡し代行取引などの新しいサービス商材の導入が推奨されることをいうものと思われます。

そうだとすれば、新商品・新サービスの導入は、加盟店主が自らコンビニエンスストアを経営することを前提に、加盟店主の商品の選定能力・調達能力を補うため、フランチャイズ・パッケージの提供行為としてなされるものであり（**Q31**）、新商品・新サービスの導入を会社からの業務の発注と解することはできません。なお、会社が新商品・新サービスの導入を強く推奨し、加盟店主がこれを拒絶することが著しく困難であり、推奨、助言・指導の不当強要に該当する場合でも、当該強要行為の法適合性が否定されることはあっても（**Q33**）、当該強要行為を業務の発注と解することはできません。

ウ　③の契約解除権・契約更新拒絶権、情報システム

会社の指導は、加盟店主が自らコンビニエンスストアを経営することを前提に、加盟店主の知識・経験、ノウハウを補うため、フランチャイズ・パッケージの提供行為としてなされるものであり（**Q31**）、会社の業務の発注と解することはできません。なお、会社が契約解除権・契約更新拒絶権の行使を示唆し、または情報システムにより事業を把握していることを背景に、営業活動に対し強い指導を加え、加盟店主がこれを拒絶することが著しく困難であり、推奨、助言・指導の不当強要に該当する場合でも、当該強要行為の法

適合性が否定されることはあっても（**Q33**）、当該強要行為を業務の発注と解することはできません。

エ　④のOFCからのアドバイス・指導

③と同様、OFCのアドバイス・指導は会社からの業務の発注と解することはできず、OFCのアドバイス・指導が強力に行われ、推奨、助言・指導の不当強要としてその法適合性が否定される場合であっても、当該強要行為を業務の発注と解することはできません。

⑷　結　語

したがって、加盟店主が会社からの業務の依頼に応じなければならない関係にある（諾否の自由がない）との認定は誤解なのではないかと考えられます。

Q80

指揮監督関係、時間的・場所的拘束等の有無および程度

フランチャイジーは、フランチャイザーから、対象事業の経営に関し、指揮監督や、時間的・場所的拘束を受けていますか。

A 1（結論）

1 フランチャイジーの非労務供給者性

フランチャイジーは、ビジネス・フォーマット型フランチャイズとしての理念型、フランチャイジーの事業構造、契約の実態のいずれの観点においてもフランチャイザーに労務を供給しておらず、フランチャイザーとの間には労務供給関係はありませんので、フランチャイザーから労務供給契約上の指揮監督を受けたり、時間的・場所的拘束を受けることはありません。

2 岡山県労委命令

岡山県労委命令は、セブン－イレブン・ジャパン社がセブン－イレブン・チェーン事業を営み、加盟店主が店舗経営・運営の労務を供給していることを前提に、概要、開店時の業務への従事、年中無休・24時間営業、推奨商品の仕入の要請など、システムマニュアルの指示によるセブン－イレブン・イメージの維持、OFCのアドバイスに従順にならざるを得ないこと、システムマニュアル等の指示による裁量の余地のなさ、推奨商品中心の仕入、商品販売などの範

囲のみでの従業員の雇用を理由に、加盟店主はセブン－イレブン・ジャパン社から店舗の経営・運営について指揮監督、場所的・時間的拘束を受けている旨を述べていると理解されます。

しかし、セブン－イレブン・チェーン事業は、法的には存在せず、また、加盟店主は店舗経営・運営の労務を供給しておらず、会社との間には労務供給関係はありませんので、会社から労務供給契約上の指揮監督を受け、時間的・場所的拘束を受けることはあり得ないと考えられます。

また、岡山県労委命令が挙げる、開店時の業務への従事～推奨商品中心の仕入、商品販売などの範囲のみでの従業員の雇用は、後述のとおり、いずれも、加盟店主が労務供給契約上の指揮監督や時間的・場所的拘束を受けていることを肯定する根拠とはならないと考えられます。

したがって、加盟店主がセブン－イレブン店の経営に関し、会社から指揮監督や、時間的・場所的拘束を受けているとの認定は誤解なのではないかと考えられます。

A 3（解説）

1 指揮監督、時間的・場所的拘束を受けないこと

フランチャイジーは、ビジネス・フォーマット型フランチャイズとしての理念型、フランチャイジーの事業構造、契約の実態のいずれの観点においてもフランチャイザーに労務を供給せず、フランチャイザーとの間には労務供給関係はありませんので（**Q75**）、フランチャイザーから労務供給契約上の指揮監督を受け、時間的・場所的拘束を受けることはありません。

上記結論は、自明の理と考えられますので、以下においては、岡山県労委命令が、なぜセブン－イレブン・ジャパン社の加盟店主が

会社から労務供給契約上の指揮監督を受け、時間的・場所的拘束を受けている旨を認定したかを中心に、検討を試みたいと思います。

2 岡山県労委命令

(1) 概　要

岡山県労委命令は、セブン－イレブン・ジャパン社がセブン－イレブン・チェーン事業（*）を営み、加盟店主が店舗経営・運営の労務を供給していることを前提に、概要、次の①～⑦の理由により、加盟店主は会社から店舗経営・運営について指揮監督、場所的・時間的拘束を受けている旨を述べていると理解されます［第4の1（7）］。

① **開店時の業務への従事**
加盟店主は開店時、商品の仕入・発注や従業員の教育・配置等の店舗の経営・運営業務に携わり、接客に従事していること

② **年中無休・24時間営業**
加盟店主は、年中無休・24時間、「セブン－イレブン店の経営」という労務を行わなければならず、その場所と時間の変更は許されず、加盟店主が「経営の全般ないし実質部分から24時間以上手を引いたとき」が会社からの契約解除事由の一つとされ、加盟店主を場所的、時間的に相当程度拘束していること

③ **推奨商品の仕入の要請など**
推奨商品の仕入が要請され、商品の仕入価格や販売価格を会社と交渉することも困難であり、商品の販売の仕方についてもOFCによる指導と監督の下にあること

④ **システムマニュアルの指示によるセブン－イレブン・イメージの維持**
システムマニュアルは、実質的には、加盟店主に対して店舗経営・運営についての会社からの指示を明記したものであり、年中

無休・24時間営業、共通のユニフォームの着用など、セブン－イレブン・イメージの維持が求められていること

⑤ **OFCのアドバイスに従順にならざるを得ないこと**

加盟店主は、OFCが店舗の経営・運営上の非違行為や契約上の違反行為を発見すれば、会社に報告し、結果的にその是正を求められるような事態になるかもしれないと考え、OFCのアドバイスに従順にならざるを得ないこと

⑥ **システムマニュアル等の指示による裁量の余地のなさ**

毎日の業務遂行において、加盟店主はシステムマニュアル等により、セブン－イレブン店経営・運営の細部に至るまで会社の指示どおりに行動することを義務づけられており、加盟店主の裁量の余地は極めて小さいこと

⑦ **推奨商品中心の仕入、商品販売などの範囲のみでの従業員の雇用**

商品の仕入には裁量があるが、一般商店のように自由に仕入商品を選択することはできず、会社の推奨商品を中心に仕入れなければならない。またアルバイト等の従業員を雇用し、どのようなシフトを組むかについては裁量があるが、本件フランチャイズ契約に基づく加盟店主の業務、特に店舗内における商品販売およびサービス提供業務の範囲でのみ従業員を雇用するにすぎないこと

＊セブン－イレブン・チェーン事業

同じセブン－イレブンの標識を用い、セブン－イレブン・ジャパン社とすべての加盟店主が構成する事実上の集団（セブン－イレブン・チェーン）が一体として同種の商品またはサービスを販売する事業

(2) セブン－イレブン・チェーン事業、加盟店主の労務供給の不存在

しかし、そもそも、セブン－イレブン・チェーン事業は、法的には存在せず、また、加盟店主は店舗経営・運営の労務を供給してお

らず（**Q75**）、フランチャイザーとの間には労務供給関係はないため、フランチャイザーから労務供給契約上の指揮監督を受け、時間的・場所的拘束を受けることはあり得ないと考えられます。

(3) 岡山県労委命令が挙げる理由は、指揮監督関係、時間的・場所的拘束の根拠とはならないこと

ア　要　旨

岡山県労委命令が挙げる理由は、次のとおり、指揮監督、時間的・場所的拘束の根拠とはならないと考えられます。

イ　①の開店時の業務への従事

開店時の業務への従事は、加盟店主が自ら経営するコンビニエンスストア事業への従事であり、労務供給契約上の指揮監督関係、時間的・場所的拘束とは関係ありません。

ウ　②の年中無休・24時間営業

年中無休・24時間営業は、加盟店主が自らコンビニエンスストア事業を経営することを前提に、加盟店主の知識・経験、ノウハウを補うため、コンビニエンスストア事業の内在的要請（顧客に最大限の利便性を提供するコンビニエンスストアの業態特性）に基づき、フランチャイズ・パッケージの提供としてなされる営業活動の指定・義務づけであり、労務供給契約上の時間的拘束と解することはできません。

また、加盟店主の経営する店舗が限定されるのは、フランチャイズ契約によりフランチャイズ・パッケージの利用許諾の場所が当該店舗と定められたものであり、労務供給契約上の場所的拘束とは何ら関係ありません。

エ　③の推奨商品の仕入の要請など

商品やその販売価格の推奨、販売方法の指導も、加盟店主が自らコンビニエンスストア事業を経営することを前提に、加盟店主の知識・経験、ノウハウを補うため、フランチャイズ・パッケージの提供としてなされる営業活動に対する推奨、助言・指導であり、労務供給契約上の指揮監督と解することはできません。なお、当該推奨、指導が強力に要請され、当該要請が不当な強要行為として法適合性を否定される場合であっても（**Q33**）、これを労務供給契約上の指揮監督と解することはできません。また、仕入価格の交渉が困難なのは、会社がチェーン全体のバーゲニング・パワーを背景に仕入先と交渉して価格を決定しているからであり、労務供給契約上の指揮監督とは何ら関係ありません。

オ　④のシステムマニュアルの指示によるセブン－イレブン・イメージの維持、⑥の裁量の余地のなさ

システムマニュアルがフランチャイジーの営業活動を指示するものであっても、それは、加盟店主が自らコンビニエンスストア事業を経営することを前提に、加盟店主の知識・経験、ノウハウを補うため、フランチャイズ・パッケージの提供としてなされる営業活動の指定・義務づけであり、労務供給契約上の指揮監督と解することはできません。システムマニュアルの指示によってセブン－イレブン・イメージが維持され、加盟店主の裁量が狭められても、それは、当該フランチャイズ契約において、ビジネス・フォーマット化が高度化し、営業活動に対し数多くの指定・義務づけがなされていることの表れにすぎず、その数がいくら多くても、指定・義務づけはフランチャイズ・パッケージの提供であって、労務供給契約上の指揮監督と解することはできません。

カ　⑤のOFCのアドバイスに従順にならざるを得ないこと

OFCのアドバイスも、加盟店主が自らコンビニエンスストア事業を経営することを前提に、加盟店主の知識・経験、ノウハウを補うため、フランチャイズ・パッケージの提供としてなされる営業活動の助言・指導であり、労務供給契約上の指揮命令と解することはできません。なお、当該アドバイスが強力になされ、加盟店主がこれに従順にならざるを得ず、当該アドバイスが不当な強要行為として法適合性を否定される場合であっても（**Q33**）、これを労務供給契約上の指揮監督と解することはでません。

キ　⑦の推奨商品中心の仕入、商品販売などの範囲のみでの従業員の雇用

商品の推奨は、加盟店主が自らコンビニエンスストア事業を経営することを前提に、加盟店主の商品選定・調達能力を補うためフランチャイズ・パッケージの提供としてなされる推奨であり、商品の仕入が推奨商品中心となるのは、加盟店主が商品推奨の制度を利用し、契約上の権益を享受していることを意味するものであり、いずれも、労務供給契約上の指揮監督とは何ら関係がありません。また、加盟店主は、自らの店舗経営のため従業員を雇用しており、当該雇用が商品販売などの範囲でのみなされるのは当然のことであり、商品販売などの範囲で従業員が雇用されていることは、労務供給契約上の指揮監督とは何ら関係ありません。

(4)　結　語

したがって、加盟店主がセブン－イレブン店の経営に関し、会社から指揮監督や、時間的・場所的拘束を受けているとの認定は誤解なのではないかと考えられます。

Q81

独立の事業者としての実態を備えていると認めるべき特段の事情

独立の事業者としての実態を備えていることは、総合判断説の適用において、いかなる意味を有しますか。フランチャイジーは、独立の事業者としての実態を備えていますか。

A 1（結論）

1 独立の事業者としての実態を備えていることの意味

総合判断説とは、請負、委任などの労務供給契約に基づき、他人に労務を供給する請負人、受任者などの従業者（労務供給者）は、労契法・労基法上の労働者でなくても、次の「5＋1」の要素の総合判断により、一定の従属性が認められる場合には、労組法上の労働者性を肯定する学説です。

① 事業組織への組入れ
② 契約内容の一方的決定
③ 報酬の労務対償性
④ 諾否の自由
⑤ 指揮監督関係、時間的・場所的拘束等の有無および程度
⑥ 独立の事業者としての実態を備えていると認めるべき特段の事情

⑥の独立の事業者としての実態を備えていると認めるべき特段の事情は、労働者性を否定ないし阻却する方向の要素であるとされています。

2 フランチャイジーの非労務供給者性と独立の事業者性

フランチャイジーは、ビジネス・フォーマット型フランチャイズとしての理念型、フランチャイジーの事業構造、契約の実態のいずれの観点においても、非労務供給者であり、請負、委任などの労務供給契約の従業者とは異なり、労組法上の労働者性を検討する際の前提となる労務供給者には該当せず、総合判断説を適用する対象ではない（総合判断説を適用するまでもなく、労組法上の労働者性が否定される存在である）と考えられます。

したがって、フランチャイジーについて、⑥の要素を判断する意味はありませんが、そのことを措いて、フランチャイジーが独立の事業者かと問われれば、フランチャイジーは、上記①～⑥のいずれの観点においても独立の事業者であり、対象事業のすべての損益はフランチャイジーに帰属し、フランチャイザーとの間には指揮命令関係はないと考えられます。

3 岡山県労委命令

岡山県労委命令は、セブン－イレブン・ジャパン社がセブン－イレブン・チェーン事業を営み、加盟店主が店舗経営・運営の労務を供給していることを前提に、概要、建物を店舗以外に利用する選択肢の不存在など、Ｃタイプ契約のチャージの累進性、売上金・収入の管理、加盟店主の裁量の限定など、自己資金の担保化、税務申告、ドミナント戦略などの理由により、「加盟店主は、恒常的に自己の才覚で利得する機会を有しているとまではいえないし、自らリスクを引き受けて事業を行う側面はあるにせよ、それは限定的な部分に留まり、事業に係る全てのリスクを負担する状況及びリターンを得るような状況にある場合を意味する顕著な事業者性があるとまではいえない」と述べ、「独立の事業者としての実態を備えていると認めるべき特段の事情」の存在を否定しています。

しかし、セブン－イレブン・ジャパン事業は、法的には存在せず、また、加盟店主は店舗経営・運営の労務を供給しておらず、セブン－イレブン・ジャパン社とは別個独立の事業者であると考えられます。

また、岡山県労委命令が挙げる、上記の店舗以外に利用する選択肢の不存在など、Cタイプ契約のチャージの累進性、売上金・収入の管理、加盟店主の裁量の限定などの理由は、いずれも独立の事業者としての実態を備えていると認めるべき特段の事情を否定する根拠とはならないと考えられます。

したがって、加盟店主が独立の事業者としての実態を備えているとは認められないとの認定は誤解なのではないかと考えられます。

A3（解説）

1 フランチャイジーは非労務供給者であり、独立の事業者であること

(1) フランチャイザーは非労務供給者であり、独立の当事者であること

フランチャイジーは、ビジネス・フォーマット型フランチャイズとしての理念型、フランチャイジーの事業構造、契約の実態のいずれの観点においても、非労務供給者であり、かつ、独立の事業者であり、対象事業のすべての損益はフランチャイジーに帰属し、フランチャイザーとの間には指揮命令関係はないと考えられます（**Q75**）。

⑵ 非労務供給者であり、総合判断説を適用する対象ではない（総合判断説を適用するまでもなく、労組法上の労働者性が否定される存在である）こと

フランチャイジーは、労組法上の労働者性を検討する際の前提となる労務供給者ではありませんので、総合判断説を適用する対象ではなく、総合判断説を適用するまでもなく、労組法上の労働者性は否定されると考えられます（**Q75**）。

⑶ 独立の事業者であること

フランチャイジーは、総合判断説を適用する対象ではなく、⑥の要素を判断する意味はありませんが、そのことを措いて、フランチャイジーが独立の事業者かと問われれば、フランチャイジーは独立の事業者として、フランチャイズ・パッケージを利用して自ら対象事業（店舗）を経営し、対象事業の経営によるすべての損益が帰属する立場にあり、その当然の帰結として、対象事業の経営に関し自己の利益を最大化、自己の損益を最小化するために、売上の向上、費用の削減などのために必要な措置をとる（経営を差配する）決定権、判断権が認められる存在であり、フランチャイザーから指揮命令を受ける関係にはありません（**Q12**）。

上記結論は自明の理と考えられますので、以下においては、岡山県労委命令が、なぜセブン－イレブン・ジャパン社の加盟店主が独立の事業者としての実態を備えていると認めるべき特段の事情を否定したかを中心に、検討を試みたいと思います。

2 岡山県労委命令

(1) 概　略

岡山県労委命令は、セブン－イレブン・ジャパン社がセブン－イレブン・チェーン事業（＊）を営み、加盟店主が店舗経営・運営の労務を供給していることを前提に、概要、次の㋐～㋗の理由などにより、「加盟店主は、恒常的に自己の才覚で利得する機会を有しているとまではいえないし、自らリスクを引き受けて事業を行う側面はあるにせよ、それは限定的な部分に留まり、事業に係る全てのリスクを負担する状況及びリターンを得るような状況にある場合を意味する顕著な事業者性があるとまではいえない」と述べ［第４の１（８）エ］、「独立の事業者としての実態を備えていると認めるべき特段の事情」の存在を否定しています。

㋐　建物を店舗以外に利用する選択肢の不存在など

加盟店主は契約時に合意した店舗を利用して経営・運営を行う以外に選択肢はなく、独自の店名を掲げることはできず、店舗の外観や内装は会社の指示どおりでなくてはならないこと

㋑　Ｃタイプ契約のチャージの累進性

Ｃタイプ契約（会社が店舗建物を所有・賃借する契約）の場合、セブン－イレブン・チャージはＡタイプ契約（加盟店主が所有・賃借する契約）より高率で、かつ、売上総利益額が増えるに従って累進的に高率となるため、高額な利益の取得が困難な条件となっていること

㋒　売上金・収入の管理

売上金はオープン・アカウントにより会社が管理し、会社から月次引出金、四半期引出金、利益剰余金の引出しの形で収入の送金を受けるシステムが採られ、会社の管理下におかれており、月次引出金により毎月一応安定した生活費の保障は得られるが、収入の少ない月は会社から融資を受けるので、自己資金が蓄積され

るまでの相当な期間は、経済的に会社の管理下に置かれた立場になること

㊎ **加盟店主の裁量の限定など**

会社は、OFCなどを通じて会社推奨商品以外の商品の仕入、販売を行わないようアドバイスしているが、当該アドバイスには加盟店主の独自性を矮小化したいとの会社の姿勢が窺える。加盟店主の店舗経営・運営上の裁量は極めて限定されており、オリジナリティや才覚を発揮して独自の色を出すことは事実上不可能である。情報システムにより仕入商品および販売商品の種類、数量まですべて会社に把握されている。加盟店主は、自らの判断で必要な従業員を雇用することができるが、従業員の雇用は年中無休・24時間営業という契約上の義務履行のために行っており、自己の利益拡大のために雇用しているのではないこと

㋔ **自己資金の担保化**

加盟店主は、フランチャイズ契約にあたり150万円を自己資金として用意する必要があるが、これはオープン・アカウントにおいて会社に対していわば担保の差入れをしている状態であって、店舗の経営・運営資金を保有しているわけではないこと

㋕ **税務申告**

加盟店主は自らの店舗経営・運営に係る収入・支出を給与・報酬としてではなく、事業所得として税務申告するので、事業者であると考えざるを得ないが、それは会社と加盟店主との関係が、本部（法人）とフランチャイズ契約者という関係にあることからの当然の帰結であり、会計処理上の問題であって、契約当事者間の独立性の問題とは別であること

㋖ **最低保証**

加盟店主は、コンビニエンスストア事業上の損失を負担するが、フランチャイズ契約には、加盟店主の総収入が一定の額を下回らないよう最低保証制度が導入されていること

㋗ **ドミナント戦略**

会社は、ドミナント戦略（高密度多店舗出店戦略）を採っており、その戦略に基づき店舗網の拡大に成功している。ある加盟店が店主の努力で売上を伸ばし利益を上げても、隣接する商圏に会

社が新店舗を出店させるので、加盟店主は、自らの店舗の高い利益の維持・確保は望めないばかりか、常に、隣接商圏に同じ加盟店が出店するのではないかとの不安を抱きながら、店舗経営・運営をしなければならないこと

＊セブン－イレブン・チェーン事業

同じセブン－イレブンの標識を用い、セブン－イレブン・ジャパン社とすべての加盟店主が構成する事実上の集団（セブン－イレブン・チェーン）が一体として同種の商品またはサービスを販売する事業

(2) セブン－イレブン・チェーン事業の不存在と、加盟店主の非労務供給者性、独立の事業者性

しかし、そもそも、セブン－イレブン・チェーン事業は法的には存在せず、また、加盟店主は店舗経営・運営の労務を供給しておらず（**Q75**）、独立の事業者として、コンビニエンスストア事業を経営しているため、独立の事業者としての実態が否定されることはあり得ないと考えられます。

(3) 岡山県労委命令が挙げる理由は、独立の事業者としての実態を否定する根拠とはならないこと

ア 要 旨

岡山県労委命令が挙げる理由は、次のとおり、加盟店主の独立の事業者としての実態を否定する根拠とはならないと考えられます。

イ　㋐の建物を店舗以外に利用する選択肢の不存在など

(ア)　店舗以外に利用する選択肢の不存在

加盟店主が契約締結時に合意した店舗を経営・運営するのは、契約によって当該店舗をフランチャイズ・パッケージの利用許諾の場所と合意したからであり、独立の事業者性とは無関係と考えられます。

(イ)　独自の店名を掲げることができず、店舗の外観・内装は会社の指示どおりでなくではならないこと

店名や店舗の外観・内装の指定・指示は、加盟店主が独立の事業者としてコンビニエンスストア事業を経営することを前提に、加盟店主の知名度、知識・経験、ノウハウを補うため、フランチャイズ・パッケージの提供としてなされる営業活動の指定・義務づけであり、労務供給契約上の指揮命令ではないので、独立の事業者性を否定する根拠とはならないと考えられます。

ウ　㋑のCタイプ契約のチャージの累進性

Cタイプ契約のセブン－イレブン・チャージがAタイプ契約より高率で、累進的であることは事実ですが、それは、Cタイプ契約の加盟店主が店舗建物や造作、内外装・設備工事の資金を負担していない（投資していない）こと（**Q56**の**A3**の**❶**）を前提に、セブン－イレブン・チャージの率が定められたからであると思われ、独立の事業者性とは無関係と考えられます。

エ　㋒の売上金・収入の管理

(ア)　売上金は会社が管理し、会社から月次引出金などの送金を受けるシステムとなっていること

売上金が会社により管理され、会社から月次引出金などの送金を受けるシステムとなっていることは事実ですが（**Q78**）、加盟店主は顧客から受領した売上金を会社に送金し、会社はこれを会

計上、預かり金として処理し、店舗ごとに設けられたオープン・アカウントの貸方に計上し、加盟店主に送金した月次引出金などを借方に計上し、貸方と借方を一括差引計算することにより、実質的には、加盟店主が売上金から月次引出金など（の事業者収入）を取得する仕組みとなっており、上記のシステムは、独立の事業者性を否定する根拠とはならないと考えられます。

(イ) 加盟店主は、自己資金が蓄積されるまでの期間は、経済的に会社の管理下に置かれた立場になること

【以下、説明が少し細かくなりますので、加盟店主の損益計算の**図表41**（**Q78**）と、オープン・アカウントの仕組みの説明（**Q67**）を参照しつつ、お読みください】

セブン－イレブン・ジャパン社の「フランチャイズ契約の要点と概説」注1）によれば、同社の契約では、加盟店主は開業当初、150万円の「開業時出資金」（オープン・アカウントの貸方に計上される）を出資しますが、その金額は、「在庫商品代」（開業時の商品仕入代金の立替金。オープン・アカウントの借方に計上される）よりも少額ですので、開業直後は借方が貸方を上回る、つまり、オープン・アカウントの貸方と借方を差引計算した後、借方残高が残り、会社が借方残高を加盟店主に自動融資する状態でオープン・アカウントが出発します。

この状態は、開業後も継続し、売上金（オープン・アカウントの貸方に計上される）が増額となり、営業利益が月次引出金などの事業者収入を上回り、自己資金（損益計算上の留保利益となる営業利益残高ないしオープン・アカウントの貸方の残高）が蓄積されるまでの間は、加盟店主は会社から自動融資を受け続けるのは事実であり、岡山県労委命令は、このことをもって、「経済的に会社の管理化に置かれた立場になる」と述べているものと思われます。

しかし、自動融資の継続は150万円の「開業時出資金」とオー

プン・アカウントの制度を採用した契約の仕組みから生じる当然の帰結であり、この仕組みにより加盟店主は開業資金・運転資金の自動融資という契約上のメリットを受けているのであり、これをもって加盟店主が「会社の管理下に置かれた立場になる」ということはできないと考えられます。

オ　㊓の加盟店主の裁量の限定など

㈠　会社は、推奨外商品の仕入・販売を行わないようアドバイスしているが、当該アドバイスには加盟店主の独自性を矮小化したいとの会社の姿勢がうかがえること

当該アドバイスが行われているか否かや、その内容がどのようなものかは事実認定の問題ですので、深入りは差し控えますが、仮に商品の推奨が強力に要請されているとしたら、商品の推奨は加盟店主が自らコンビニエンスストア事業を経営することを前提に、加盟店主の知識・経験、ノウハウを補うため、フランチャイズ・パッケージの提供としてなされる営業活動に対する推奨、助言・指導であり、当該要請が強力になされ、加盟店主がこれに従わざるを得ない場合でも、当該要請が不当な強要行為として法適合性を否定されることはあっても（**Q33**）、労務供給契約上の指揮命令ではないので、独立の事業者性を否定する根拠とはならないと考えられます。

㈡　加盟店主の店舗経営・運営上の裁量は極めて限定されており、オリジナリティや才覚を発揮して独自の色を出すことは事実上不可能であること

a　加盟店主の裁量の限定

加盟店主の裁量が限定されているとは、営業活動に対し数多くの指定・義務づけ、推奨、助言・指導がなされ、また、推奨、助言・指導が強力になされている結果、裁量が限定されているとの意味であると解されますが、当該指定・義務づけ、推

奨、助言・指導は、加盟店主が自らコンビニエンスストア事業を経営することを前提にするものであり、数多くの指定・義務づけ、推奨、助言・指導によって加盟店主の裁量が限定されているとしても、それは、当該フランチャイズ契約において、ビジネス・フォーマット化が高度化していることの表れにすぎず、加盟店主は自らの事業能力を向上させるため、フランチャイズ契約の履行として、当該指定・義務づけ、推奨、助言・指導を受領し、契約上のメリットを享受したことを意味しており、独立の事業者性を否定する根拠とはならないと考えられます。

また、仮に、推奨、助言・指導が強力になされ、加盟店主がこれに従わざるを得ず、当該推奨、助言・指導が不当な強要行為として法適合性が否定される場合であっても、労務供給契約上の指揮命令ではないので、独立の事業者性を否定する根拠とはならないと考えられます。

b　オリジナリティや才覚を発揮して独自の色を出すことは事実上不可能であること

（この点は、事実認定の問題ですので、深入りは差し控えますが）商品の仕入・発注・陳列、接客、清掃などの店舗運営や従業員の雇用・教育は、フランチャイジーの自由な営業活動が認められた領域であり、当該領域においてフランチャイジーは「オリジナリティや才覚を発揮して独自の色を出」していると思われ、その巧拙により店舗の運営力に差が生じ、同じようなマーケット環境の店舗でも、売上高に差異が生じている場合があるのではないかと思われます。

また、商品の発注精度の向上による廃棄ロスの適正化や、従業員の適正雇用・配置による人件費の節減、適切な商品管理による棚卸ロスの減少などの費用面についても、これが上手にできている加盟店主とできていない加盟店主がおり、同じ売上高の店舗でも、営業利益の額に差異が生じている場合がありますのではないかと思われます。

したがって、相応のオリジナリティや才覚を発揮することは可能なのではないかと思われ、現に、店舗の経営・運営の状況は店舗によって異なっているのではないかと思われます。

(ウ) 情報システムによる仕入商品および販売商品の把握

（商品の受発注および販売用の）情報システムは、商品の受発注・販売業務、仕入代金の代行支払業務、売上金の送金業務、オープン・アカウントによる金銭上の貸借関係の決済業務、当該取引の会計処理業務などの処理に使用されるものであり、これによって仕入商品および販売商品が把握されても、フランチャイジーの立場には特別な影響を及ぼさないため、独立の事業者性とは無関係と考えられます。

(エ) 従業員を自己の利益拡大のために雇用しているのではないこと

加盟店主が従業員を雇用しているのは、コンビニエンスストア事業の経営に必要だからであり、加盟店主は、売上金を原資とする営業利益の中から事業者収入を得ますので、売上金を増額し、より高額の事業者収入を得ることができるよう、優良な従業員の採用、従業員教育による接客サービスの向上などに努めているのが一般的であると思われます。

加盟店主は、まさに、自己の利益拡大のために従業員を雇用しているのであって、年中無休・24時間開店という労務供給契約上の義務の履行のためにのみ雇用しているのではありません。

カ ㋔の自己資金の担保化

前述のとおり、セブン−イレブン・ジャパン社の契約では、加盟店主は150万円の「開業時出資金」を出資し、これはオープン・アカウントの貸方に自己資本として計上されますが、借方に計上される在庫商品代（の立替金）などと差引計算されることにより、実質的には、在庫商品代の支払などに充てられる仕組みとなっています。当該150万円は、開業時に資本金として出資され、店舗の経営・運営資金の一部として使われるものであり、「担保の差入れ」の趣旨はないのではないかと思われます。

キ　㋕の税務申告

加盟店主が店舗経営・運営に係る収入・支出を事業所得として税務申告している事実は、加盟店主は会社から報酬を得ておらず、コンビニエンスストア経営による事業者収入を得ているからであり、当該事実は、独立の事業者性を裏づけるものです。「会社と加盟店主との関係が、本部（法人）とフランチャイズ契約者という関係にあることからの当然の結論であり、会計処理上の問題であって、契約当事者間の独立性の問題とは別である」とはいえません。

ク　㋖の最低保証

最低保証とは、売上が低迷した場合のリスクを軽減するため、オーナー総収入（**Q78**の**図表41**の「オーナー総収入（㋔）」）につき一定の金額を保証することをいいます。同図表をみても明らかなとおり、加盟店主は、オーナー総収入から㋕の販管費（営業費）を差し引いた後の㋖の営業利益から㋗の利益引出金（月次引出金など）を得ていますので、営業費を節減しないと、利益引出金を超える営業利益を計上することができなくなり、営業損失の状態が招来されます。

このように、最低保証の制度は、売上低迷に対し、一定のリスクを軽減しているものの、店舗経営によるすべての利益・損失が加盟店主に帰属するとの原則そのものを否定するものではなく、加盟店主は完全に売上不振・営業損失のリスクを免れるものではありません。したがって、最低保証の制度は、独立の事業者性を否定する根拠とはならないと考えられます。

ケ　㋗のドミナント戦略

近隣出店の脅威・不安は、競合他社による近隣出店がなされる可能性がある以上、フランチャイザーがドミナント戦略を採るか否かを問わず、常に生じているものです。また、フランチャイズに加盟していない独立自営業者にとっても、競合他社による近隣出店の脅威・不安は常に生じています。

このように、近隣出店の脅威・不安は、フランチャイザーがドミナント戦略を採用するか否かやフランチャイズ加盟店であるか否かを問わず生じているものであり、独立の事業者性とは無関係と考えられます。

(4) 結　語

以上のことから、加盟店主が独立の事業者としての実態を備えているとは認められないとの認定は、誤解なのではないかと考えられます。

注

注１）日本フランチャイズチェーン協会のHPに掲載
（http://fc-g.jfa-fc.or.jp/article/article_36.html）

第2節

労基法

Q82

労基法上の労働者該当性

フランチャイジーは、労基法上の労働者に該当しますか。

A 1（結論）

フランチャイジーは、ビジネス・フォーマット型フランチャイズとしての理念型、フランチャイジーの事業構造、契約の実態のいずれの観点においても、非労務供給者であり、労基法上の労働者に該当しないと考えられます。

A3（解説）

1 労基法上の労働者

(1) フランチャイジーの労基法上の労働者性

労基法においては、労組法よりも早い時期から、請負、委任などの労務供給契約の従事者（労務供給者）の労働者該当性が問題とされてきました。

しかし、フランチャイジーに関しては、従来は、例えば、業績不振の店舗で、情報提供義務違反を理由にフランチャイザーに対し損害賠償請求がなされた場合に、フランチャイジーの得べかりし利益として、フランチャイジーが実際に得た事業者収入と最低賃金との差額が請求されるなどの事案が散見されることはありましたが、労組法と異なり、フランチャイジーの労基法上の労働者性が本格的に問われた事件はなかったのではないかと思われます。

コンビニ加盟店ユニオンも労基法上の労働者性までは主張していないようであり、フランチャイズ法研究会の「フランチャイズ規制法要綱」[注1）] も、労基法による規制・保護までは求めていません。

しかし、今後は、フランチャイジーの労基法上の労働者性が本格的に問われる事態も考えられないわけではありません。

(2) 労基法の労働者

労基法は、賃金、労働時間・休暇などの労働条件の最低基準を定める法律ですが、その第9条で「労働者」を「職業の種類を問わず、事業又は事務所に使用される者で、賃金を支払われる者をいう」と定義しています。「使用され」とは、指揮命令下の労務の提供を意味すると解され、[注2）]「賃金」とは、「賃金、給料、手当、賞与その他名称の如何を問わず、労働の対償として使用者が労働者に支払うすべてのもの」をいいます（同法第11条）。

上述の「使用され」と「賃金の支払」の基準は、合わせて、「使用従属関係にあること」と概括的に表現され、「労働関係の様々な要素を吟味し、それらを総合して同条の労働者性を判定するのが確立した判断方法となっている」とされています。[注3)]

(3) 労務供給者の労基法上の労働者性

請負人、受任者などの労務供給者の労働者性については、「労働省労働基準法研究会報告（労働基準法の「労働者」の判断基準について）昭和60年12月19日」が公表されており、[注4)] これによれば、「使用従属性」に関する判断基準のうち、「指揮監督下の労働」に関する判断基準として、①仕事の依頼、業務従事の指示等に対する諾否の自由の有無、②業務遂行上の指揮監督の有無、③拘束性の有無、④代替性の有無が挙げられ、「報酬の労務対償性」に関する判断基準として、「労働の対償」とは、結局において「労働者が使用者の指揮監督の下で行う労働に対して支払うもの」である旨の説明がされています。

また、「労働者性」の判断を補強する要素として、⑤事業者性の有無（機械、器具の負担関係、報酬の額、その他）、⑥専属性の程度（他社の業務への従事の制約、報酬の固定給性など）、⑦その他（採用、委託等の際の選考過程、給与所得としての源泉徴収、労働保険、服務規律、退職金制度など）が挙げられています。

このように、労務供給者の労基法上の労働者性についても、労組法の総合判断説の「５＋１」の要素に類似した判断基準が提示されています。

2 フランチャイジーの労基法上の労働者性

仮にフランチャイジーの労基法上の労働者性が肯定された場合、フランチャイジーによる対象事業（店舗）の経営への就業関係について、労基法による賃金、労働時間・休暇などに関する規制が及び、また、フランチャイズ契約の解除につき、（労働契約上の）解雇権濫用規制が及ぶ可能性が生じるなど、個別の契約関係に対し、労組法の場合よりも直接的な影響を与えることとなります。

しかし、ビジネス・フォーマット型フランチャイズとしての理念型、フランチャイジーの事業構造、契約の実態のいずれの観点においても、フランチャイジーの非労務供給者性は明らかであり（**Q75**）、フランチャイジーについて労基法上の労働者性が肯定されることはないと考えられます。

なお、小塚荘一郎教授は、「自己の企業組織を構築し、事業者としてのリスクに見合った収益の機会を有している者は、いかなる意味でも労働者と同様の保護の対象ではないと解釈することが必要であろう」[注5)]と述べ、「コンビニエンス・ストアの店長がフランチャイジーなのであれば、商品の仕入れやアルバイト従業員の雇入れ等の判断権限を持ち、それに応じて事業上のリスクと収益の機会を有するので、事業者性には疑いがない」[注6)]との見解を示しておられます。

注

注1）フランチャイズ法研究会（北野弘久、岡田外司博、近藤充代、中村昌典、宮下修一）「フランチャイズ規制法要綱」法時82.3.80

注2）菅野『労働法』176頁

注3）菅野・同上176頁

注4）厚生労働省 HP に掲載
（http://www.mhlw.go.jp/stf/shingi/2r9852000000xgbw.html）

注5）小塚『契約論』145頁

注6）小塚・同上145頁の注14）

❊ 第７章 ❊

その他
（フランチャイザーの名板貸責任など）

Q83

フランチャイザーの名板貸責任

フランチャイザーは、フランチャイジーが顧客に販売した商品に品質不良があった場合、フランチャイジーの契約責任につき、顧客に対し、名板貸責任を負いますか。

A１（結論）

フランチャイザーは、多くの場合、自己の商号を商人の表章（営業主の識別表示）としては使用許諾していませんが、商号の主要部が含まれる商標または標章を、商品・役務または営業の識別表示として使用許諾しています。当該商標または標章がフランチャイザーを「営業主と誤認させる外観」を作出し、顧客がフランチャイザーを商品の売主であると誤認し、当該誤認に過失がないと認められる場合は、フランチャイザーは、フランチャイジーの契約責任につき、名板貸責任を負うと解するのが相当であると考えられます。

A２（背景）

1　商品の売買に関する責任はフランチャイジーが負うこと

フランチャイズ契約では、フランチャイジーは、フランチャイザーからフランチャイズ・パッケージの利用許諾を受け、自らの名義で商品の販売、サービスの提供などの事業を経営しており、商品（サービス）の売買契約はフランチャイジーと顧客との間に成立します（**Q6**）。

本問のように、販売した商品に品質不良があった場合、フランチャイジーは顧客に対し、債務不履行（不完全履行）責任（民法第415条）または瑕疵担保責任（民法第570条、第566条）などの売買契約上の責任を負い、フランチャイザーが当該売買契約の当事者としての責任を負うことはありません。

2 名板貸責任

(1) 標識の使用

フランチャイザーは、フランチャイズ・パッケージの一環として、フランチャイジーに対し、対象事業（フランチャイズ・パッケージを利用して商品を販売し、サービスを提供する事業）に使用される標識として、自らの保有する商号、商標、その他の標章（マーク）などの使用を許諾し、フランチャイジーは当該標識を店舗の看板、造作、内外装・設備、什器・機器、備品、商品（サービス）、用度品（包装紙、レジ袋）、広告・販促物、ホームページ、名刺、請求書・領収書、営業車両などに使用して、対象事業を経営しています（**Q2**）。

(2) 名板貸責任

そのため、商品を購入した顧客から、上述の標識の使用により、対象事業の経営（店舗の営業）主がフランチャイザーであると誤解したと主張して、フランチャイザーに対し、商法第14条、会社法第9条に基づく名板貸人の責任として、例えば、債務不履行による損害賠償請求がなされる、という事態も考えられないわけではありません。

以下においては、この場合のフランチャイザーの名板貸責任の成否について、検討を試みたいと思います。

A3（解説）

1 名板貸責任の要件

商法第14条、会社法第９条は、自己の商号を使用して営業または事業を行うことを他人に許諾した商人（会社）は、当該商人が当該営業を行うものと誤認して当該他人と取引をした者に対し、当該他人と連帯し、当該取引によって生じた債務を弁済する責任を負う旨を規定しています。

名板貸責任の要件を本問に置き換えると、本問でフランチャイザーが顧客に名板貸人の責任を負うには、次の二つの要件を充足する必要があります。

① フランチャイザーが自己の商号を使用して営業または事業（対象事業ないし店舗営業）を行うことをフランチャイジーに許諾したこと
② 顧客が、フランチャイザーが当該営業または事業を行うものと誤認して、フランチャイジーと取引（商品の売買）をしたこと

2 ①の「フランチャイザーが自己の商号を使用して営業または事業を行うことをフランチャイジーに許諾した」の「自己の商号の使用」の要件

(1) 「商号」

「商号」とは、「企業の主体である商人がその営業上の活動において自己を表章する名称」をいいます。注1）

フランチャイザーは、フランチャイジーに対して、対象事業に使用される標識として、フランチャイザーの商号、商標、その他の標章（マーク）の使用を許諾しますが（**Q2**）、このうち、商号については、厳密にいえば、商号の全部が商号（商人の表章＝営業主の識別表示）として使用許諾されるのではなく、多くの場合は、商号を構成する文字の主要部（例：「○○△△株式会社」の「○○△△」または「○○」）が含まれる商標または標章が、商品・役務または営業の識別表示として使用許諾されているものと思われます。

他方、商法第14条、会社法第９条の「自己の商号を使用して」については、その典型例として挙げられるのは、自らの「商号に支店・出張所など自己の営業の一部であることを示す名称を付加したものを使用して営業をなすことを他人に許諾したり、あるいは、免許営業などにつき免許の条件をみたす他人の名義を借りて許可を受け、その他人名義で営業を行うような場合」です。注2）

「商号」は、取引の相手方に誤認を与え得る程度のものであれば足りると解されますので、商号の文字に他の文字が付加されたり、商号の文字の主要部だけが使用されている場合でも、「商号の使用」に該当すると考えられますが、いずれの場合であっても、「商人の表章」（営業主の識別表示）として使用されることが前提となります。

(2) 「商号の主要部が含まれる商標または標章」が「商品・役務または営業の識別表示」として使用許諾される場合において名板貸責任を否定する学説

上述の「商号の主要部が含まれる商標または標章」が「商品・役務または営業の識別表示」として使用許諾される場合に、名板貸責任は成立するでしょうか。

この点、川越憲治弁護士は、「フランチャイズ契約は、一般に、フランチャイザーはフランチャイジーに商標を使用許諾しているのであって、商号を貸与するものではない」とされ、「名板貸責任が認められるケースは、実際にはあまり起こらないのではないかと考えられる」と述べておられます。[注3)]

その趣旨は、フランチャイズ契約では、商号（の主要部）は、商号として、すなわち、商人の表章（営業主の識別表示）として使用許諾されている（商号が貸与されている）のではなく、商標（または標章）として、商品・役務または営業の識別表示として使用許諾されているので、商法第14条、会社法第９条の要件を欠き、名板貸責任は否定的に解される、というものではないかと思われます。そうだとすると、上記設問の場合においては、名板貸責任は否定されることになります。

そして、この学説は、商法第14条、会社法第９条の文言［「自己の商号を使用して」営業または事業を行うことを他人に許諾した商人（会社）を責任主体としている］や、営業主の識別表示と商品・役務または営業の識別表示とを区別する商法、商標法などの建前に照らすと、相応の根拠を有するものと理解されます。

(3) 外観法理により名板貸責任を肯定する学説

しかし、名板貸責任の根拠が「営業主と誤認させる外観」を信頼した第三者を保護するため、当該外観を作出した者に取引上の責任を負わせる点にある、との理解に立つなら、「商号」（の主要部）が「商人の表章」（営業主の識別表示）として使用されたこと（商号の貸与）は、名板貸責任成立の必須の要件ではなく、「商号ではなく商標その他の標章、標識の使用を許諾した場合でも、…（中略）…第三者を保護する必要があることに変わりはない」ことになり、[注4)] かかる見解では、本問の場合においても、名板貸責任が肯定される余地があることになります。

⑷　検討（肯定説）

本問に関しては、「商号の主要部が含まれる商標または標章」が「営業主と誤認させる外観」を作出しているか否かは事実認定の問題であるとしても、一般論としていえば、商標（または標章）中に商号（の文字）の主要部が使用される場合（商号商標）には、「商人の目印であると同時に商品・役務の目印としても機能している」といわれており、[注5] 事実上、商標（または標章）が特定の営業主を連想させる作用を持つ場合もあり得ると思われますので、「営業主と誤認させる外観」が作出される可能性を否定することはできません。

したがって、（商法、会社法の条文を離れるとの疑問もありますが）「商号の主要部が含まれる商標または標章」の使用許諾者（フランチャイザー）が被許諾者（フランチャイジー）の取引につき、名板貸責任を負う場合もあり得ると解するのが相当ではないかと考えられます。

3　②の「顧客が、フランチャイザーが当該営業または事業を行うものと誤認してフランチャイジーと取引した」の「誤認」の意義

⑴　軽過失者の保護

商法、会社法に定める名板貸責任においては、裁判例では、取引の相手方は、「誤認」につき軽過失があっても保護されるが、重過失があった場合は保護されないと解されています。[注6]

(2) 軽過失者は保護されないこと

しかし、自己の商号を他人に商号（営業主の識別表示）として使用することを許諾した場合（名板貸責任本来の場合）と異なり、「営業主と誤認させる外観」を作出したにすぎない者に名板貸の責任を負わせる場合には、他の表見法理と同様、当事者の公平をはかるため、不利益を受ける者（フランチャイザー）の帰責事由と、[注7]利益を受ける者（取引の相手方。本問では顧客）の善意無過失[注8]を要件とすべきではないかと考えられます。

この立場では、取引の相手方には「善意無過失」が要求され、本問に即していうと、顧客が売主はフランチャイザーであると誤認したことについて、軽過失があった場合は、名板貸責任は認められないこととなります。

(3) 誤認、軽過失の認定

「誤認」、「軽過失」の有無は、事実認定の問題ですが、「商号の主要部が含まれる商標または標識」は、具体的には、店舗の看板、造作、内外装・設備、什器・機器、備品、商品（サービス）、用度品(包装紙、レジ袋)、広告宣伝・販促物、ホームページ、名刺、請求書・領収書、営業車両などに使用されていますので、当該具体的表示に基づき、フランチャイザーを営業主と誤認したか否かや、誤認したことに軽過失があったか否かが判断されることになります。

従前の取引経緯により、営業主がフランチャイザーでないことを知っていた場合には、誤認は否定されます。

(4) フランチャイジーが営業主であることは知られているか

なお、川越憲治弁護士は、「フランチャイジーと取引する相手方は、事業者はもちろん、一般消費者においても、フランチャイジーは独立の事業者である（『営業主である』との意味と思われる。筆者付記）ことを知っているのが普通である」と述べておられます。[注9）]

確かに、「事業者」（例：商品・原材料の仕入先）の場合は、取引の経緯（例：フランチャイザーから仕入先として推奨を受けた経緯）から、当該取引（例：商品・原材料の仕入）の主体がフランチャイジーであることを知っていることが多いのではないかと思われます。また、「一般消費者」（顧客）の場合も、例えば、コンビニ・フランチャイズ契約では、店舗がフランチャイジーによって経営されていることは、「相当程度認識されているとも考えられ」るといわれていますので、[注10)] 顧客が売主はフランチャイザーであると誤信したことが否定されるか、誤信したとしても軽過失があると判断される可能性があるのではないかと思われます。

しかし、フランチャイズ契約の一般論として、取引の相手方（特に一般消費者）が、フランチャイジーが営業主であると知っているのが普通である、とまではいえないのではないかと思われます。

注

注１）鴻『総則』195頁
注２）鴻・同上204頁
注３）川越『法理論』367頁
注４）西口編『法律相談』109頁（黒田伸太郎＝富樫憲正執筆）
注５）小野昌延・小松陽一郎編『商標の法律相談』（青林書院／2009）148頁（菊地栄執筆）
注６）最(一小)判昭41.1.27判時440.50
注７）四宮『総則』257頁
注８）四宮・同上259頁
注９）川越・同上367頁
注10）西口編・同上111頁（同上執筆）

Q84

フランチャイザーの使用者責任

フランチャイザーは、フランチャイジーが経営する店舗のスタッフが、その接客態度をめぐって来店した顧客と口論になり、もみ合いの末、傷害を負わせた場合、来店客に対し責任を負いますか。

A1（結論）

フランチャイザーと店舗スタッフとの間には、使用者責任の使用関係、事業執行（事業の執行につき）の二要件はいずれも充足されないため、フランチャイザーは来店客に対し使用者責任に基づく責任は負わないと考えられます。

フランチャイザーの責任としては、使用者責任のほかに、使用者責任拡張の法理、名板貸の責任も考えられ、これらの法理に基づく責任を肯定する立場も有力かと思われますが、いずれの法理でも、フランチャイザーは店舗スタッフの取引の外形を持つ不法行為についてのみ責任を負うと解されるところ、店舗スタッフの傷害行為は取引の外形を持つ不法行為ではないため、フランチャイザーは来店客に対し、使用者責任拡張の法理、名板貸責任に基づく責任を負わないと解するのが相当であると考えられます。

A2（背景）

フランチャイズ契約では、フランチャイジーの経営する店舗において、①店舗スタッフと来店者との接客態度・万引処理などをめぐるもめ事（本問の場合は傷害事件）や、②来店者の転倒事故などが発生することがあります。

フランチャイジーは、①の場合、店舗スタッフが一般不法行為責任を負うことを前提として、その使用者責任を問われ、②の場合、店舗の来店客に対する安全配慮義務違反や、土地工作物責任を問われる可能性があります。

また、フランチャイザーも、①の場合、店舗スタッフが一般不法行為責任を負うことを前提として、その使用者責任を問われ、②の場合、店舗の来店客に対する安全配慮義務違反や、来店客に対する安全管理措置を講ずるようフランチャイジーを指導する義務の違反が問われる可能性があります。

本問は、①の場合における店舗スタッフの加害行為（不法行為）に関するフランチャイザーの使用者責任を問うものです。

A 3（解説）

1 使用者責任

(1) 当事者の関係の整理

まず、使用者責任の検討の前に、フランチャイザー、フランチャイジー、店舗スタッフの三者の関係について整理したいと思います。

次頁の**図表42**のとおり、フランチャイザーとフランチャイジーの間にはフランチャイズ契約が締結され、フランチャイジーと店舗スタッフの間には雇用契約が締結されています。フランチャイジーは、フランチャイザーから利用許諾されるフランチャイズ・パッケージを利用して、対象事業（商品を販売し、サービスを提供する事業）を経営しており、これに要する店舗スタッフを雇用・指揮命

【図表42】二層の使用関係

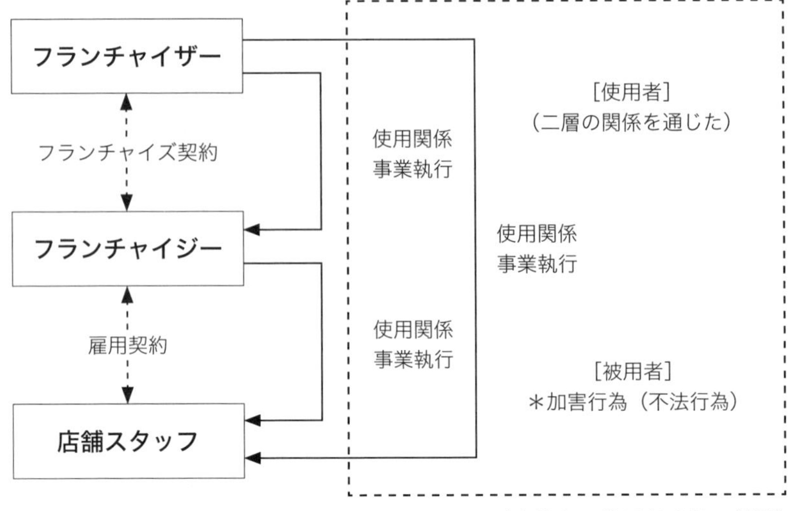

（破線内：使用者責任の領域）

令して、対象事業の業務に従事させています。

本問のように縦に連なる二層の使用関係の場合、使用者責任は、**図表42**の破線内で示したとおり、フランチャイザーを使用者とし、店舗スタッフを被用者として、フランチャイザーは店舗スタッフの加害行為（不法行為）につき、被害者に使用者責任を負うか、との形で問いが立てられます。[注1)]

(2) 成立要件

ア　使用者責任の四要件

使用者責任の成立要件は、次の四つに整理されます（民法第715条第1項)。

㋐　使用者と被用者の間に使用関係があること
㋑　被用者の加害行為に不法行為が成立すること
㋒　加害行為が使用者の事業の執行につきなされたこと
㋓　使用者に免責事由が存在しないこと

以下、㋑は不法行為が成立し、㋓は免責事由は存在しないと仮定し、㋐の使用関係と㋒の事業執行の二要件を検討したいと思います。

イ　二層の使用関係における㋐の使用関係、㋒の事業執行の要件の関係

二層の使用関係の構造については、元請人Ａと下請人Ｂの間に使用関係があり、下請人Ｂとその従業員Ｃの間に使用関係があるとの事例で、ＡとＣとの間にも使用関係（直接間接の指揮監督の関係）の存在が必要であるとするのが一般的な考えです。[注2)]

これをフランチャイザー、フランチャイジー、店舗スタッフの関係に敷衍すると、フランチャイザーとフランチャイジーの間に使用関係があり、フランチャイジーと店舗スタッフの間に使用関係があり、かつ、フランチャイザーと店舗スタッフの間にも使用関係（直接間接の指揮監督の関係）があることが必要となります。

また、使用関係のほかに、フランチャイザーとフランチャイジーの間、フランチャイジーと店舗スタッフの間に事業執行の要件が充足され、フランチャイザーと店舗スタッフの間にも事業執行の要件が充足されることが必要と考えられます。

そして、フランチャイザーと店舗スタッフの間の使用関係、事業執行の要件は、フランチャイザーとフランチャイジーの間の使用関係、事業執行の要件と、フランチャイジーと店舗スタッフの間の使用関係、事業執行の要件という、二層の関係に基礎を置くものと解するのが相当であると考えられます（民法第613条第１項により、転借人が賃貸人に対して直接に義務を負う場合に、賃貸人と賃借人、賃借人と転借人の二層の契約関係が基礎となることと同旨）。

そうだとすると、フランチャイザーとフランチャイジーの間に使用関係、事業執行の要件が充足され、フランチャイジーと店舗スタッフの間に使用関係、事業執行の要件が充足され、これらの二層の関係を通じ、フランチャイザーと店舗スタッフの間にも、直接、使用関係、事業執行の要件が充足される場合に、店舗スタッフの加害行為（不法行為）に関するフランチャイザーの使用者責任が肯定されることとなります。

フランチャイジーと店舗スタッフの間の使用関係、事業執行の要件の充足については特別の問題はないため、以下においては、フランチャイザーとフランチャイジーの間で使用関係、事業執行の要件が充足されるか、フランチャイザーと店舗スタッフの間で使用関係、事業執行の要件が充足されるかについて検討したいと思います。

(3) フランチャイザーとフランチャイジーの間の㋐の使用関係、㋒の事業執行の要件

ア ㋐の使用関係は認められないこと

(ア) 使用関係の意義

㋐の使用関係は、雇用関係を典型としつつ、「715条の立法趣旨からすれば、要するに、一方（使用者）が他方（被用者）を実質的に指揮監督して仕事をさせるという関係」をいい、[注3]「労務の供給の仕方において供給者側の自主性・独立性が特徴だとされる委任や請負の関係は、原則として、715条にいう使用関係に該当しない」が、「委任者や注文者の相手方に対する指揮監督の関係が残されている場合には、本条にいう使用関係が認められる」と説かれています。[注4]

(イ) 使用関係がないこと

フランチャイズ契約の場合、ビジネス・フォーマット型フランチャイズの理念型、フランチャイジーの事業構造、契約の実態の

いずれの観点においても、フランチャイザーとフランチャイジーの間には労務供給関係、指揮監督の関係はありませんので（**Q75**）、㋐の「使用関係」（実質的に指揮監督して仕事をさせる関係）はないと考えられます。

(ウ)　指導義務は使用関係の裏づけとならないこと

なお、この点に関連し、三島徹也教授は、フランチャイザーのフランチャイジーに対する指導を行う義務と、フランチャイジーがこれに従う義務を根拠として使用関係を肯定されています。注5）

しかし、フランチャイザーのフランチャイジーに対する指導は、フランチャイジーが独立の事業者として対象事業（フランチャイズ・パッケージを利用して商品を販売し、サービスを提供する事業）を経営することを前提として、フランチャイズ・パッケージの提供としてなされるものであり、労務供給契約上の指揮命令の性質は有せず（**Q80**）、かつ、フランチャイジーはこれに従う義務はありません（助言・指導の任意性。**Q32**）。

また、仮に、フランチャイジーに対し当該指導が不当に強要され、その法適合性が否定される場合であっても（**Q33**）、当該指導の強要を労務供給契約上の指揮命令と解することはできないと考えられます。

イ　㋒の事業執行は認められないこと

(ア)　事業執行の意義

㋒の事業執行（事業の執行につき）は、「加害行為が、…（中略）…使用者の『業務』の範囲に含まれるか、もしくはこれと関連するものであること、および、…（中略）…その事業のなかでの当該被用者の『職務』の範囲内にあるか、もしくはこれと関連すること」をいうものと説かれています。注6）

⑷ 事業執行がないこと

しかし、フランチャイジーは、アで述べたように、そもそも、フランチャイザーの事業（フランチャイズ事業）に労務を供給していないため（**Q75**）、その加害行為がフランチャイザーの業務の範囲に含まれることや、フランチャイジーの職務の範囲内にあることはあり得ず、事業執行（事業の執行につき）は認められないと考えられます。

⑺ 外観理論でも事業執行は認められないこと

また、「事業の執行につき」の要件については、判例の外観理論により加害行為は「その行為の外形からみて被用者の職務の範囲内に属する行為」であれば足りるとしてその要件が緩和され、その対象は、「取引行為的不法行為」に限られず、「事実行為的不法行為」に及んでいると説かれています。[注7)]

しかし、外観理論であっても、被用者が使用者の事業に労務を供給している（使用者のために仕事をしている）ことが前提となっていることに変わりはないと解されるところ、[注8)] フランチャイジーはフランチャイザーの事業（フランチャイズ事業）に労務を供給していないため、外形的にせよ、フランチャイジーの加害行為がフランチャイザーの業務に含まれることや、フランチャイジーの職務の範囲内に属することはあり得ず、事業執行（事業の執行につき）は認められないのではないかと考えられます。

⑷ フランチャイザーと店舗スタッフの間の㋐の使用関係、㋒の事業執行の要件

ア ㋐の使用関係は認められないこと

フランチャイザーと店舗スタッフの間の使用関係は、フランチャイザーとフランチャイジーの間の使用関係を基礎に、さらに、フラ

ンチャイザーが直接の雇用関係にない店舗スタッフに対し使用関係（指揮監督関係）を有していたか否かが問われるものです。しかし、⑶アで述べたとおり、フランチャイザーとフランチャイジーの間に使用関係（実質的に指揮監督して仕事をさせる関係）はないため、フランチャイザーと従業員の間にも使用関係（実質的に指揮監督して仕事をさせる関係）を認めることはできません。

イ　㋒の事業執行は認められないこと

また、㋒の事業執行（事業の執行につき）についても、フランチャイジーの加害行為が「(フランチャイザーの）事業の執行につき」なされたことを基礎に、さらに、店舗スタッフの加害行為が「(フランチャイザーの）事業の執行につき」なされたか否かが問われるものです。しかし、⑶イで述べたとおり、外観理論を採ると否とを問わず、フランチャイジーはフランチャイザーの事業（フランチャイズ事業）に労務を供給して（フランチャイザーのために仕事をして）おらず、フランチャイジーの加害行為は事業執行（事業執行につき）とは認められないため、店舗スタッフの加害行為が「(フランチャイザーの）事業執行（事業の執行につき）」と認められることもないと考えられます。

⑸　結　語

以上に述べたとおり、フランチャイザーと店舗スタッフの間には使用関係、事業執行の二要件はいずれも充足されず、フランチャイザーは店舗スタッフの加害行為につき使用者責任に基づく責任は負わないものと考えられます。

2　使用者責任拡張の法理による責任

(1)　緒　言

フランチャイザーとフランチャイジー・店舗スタッフの間に使用関係が認められない場合、フランチャイザーは使用者責任を負いません。

しかし、使用関係（実質的に指揮監督して仕事をさせる関係）がなくても、名義貸（免許を必要とする営業について、名義貸がなされること）や、名義残り（営業譲渡が行われてなお営業名義が譲渡人に残ること）の場合に、名義利用者（名義借主・営業譲受人）の事故などにつき、名義人（名義貸与者・営業譲渡人）が賠償義務を負うとの法理があります（以下当該法理を「使用者責任拡張の法理」というものとする）。

以下においては、使用者責任拡張の法理に基づき、フランチャイザーが店舗スタッフの加害行為（不法行為）につき賠償義務を負うことはないかにつき、検討を試みたいと思います。

(2)　使用者責任拡張の法理

使用者責任拡張の法理としては、次の二つの見解があると説かれています（学説の名称は筆者が便宜的に付与）。[注9)]

ⓐ禁反言説

…「なんらかの形で『表示』ないし不表示を問題にし、『表示による禁反言』の原則・条理等に訴える一群」の判例の見解。この見解は、いくら名義利用者が名義人の名義を使用して営業していても、両者の間の使用関係（指揮監督関係）が否定される場合は、名義人は、使用者責任に基づく責任は負わないが、使用者責任の法意・精神として、「名義人が営業主であるとの表示」がなされている場合は、その禁反言・条理に基づき名義利用者の不法行為につき、賠償責任を負うとの考え方であると理解されます。

ⓑ使用関係擬制説

…「『指揮』ないし『指揮監督すべき責務』をあげて使用関係の存在を認める」判例の見解。この見解は、「名義人が営業主であるとの表示」がなされている場合に、客観的（ないし規範的）に名義人について、名義利用者を「指揮監督すべき関係」を認め、この関係に基づき「使用関係」を肯定し、名義人は使用者責任に基づき、名義利用者の不法行為につき賠償責任を負うとの考え方であると理解されます。なお、使用関係擬制説では、使用者責任の事業執行の要件は、「名義人が営業主であるとの表示」により作出された外観を基準として、「加害行為が使用者の業務の範囲に含まれるか、被用者の職務の範囲内にあたるか否か」が判断されるのではないかと思われます。

⑶　フランチャイザーに対する使用者責任拡張の法理の適用

ア　フランチャイズ契約では「商号の主要部が含まれる商標または標章」が「商品・役務または営業の識別表示」として使用されるにすぎず、「名義人（フランチャイザー）が営業主であるとの表示」が作出されていないこと

禁反言説、使用関係擬制説は、ともに名義貸・名義残りのように、他人（B）により名義人（A）の商号（営業主の識別表示）が使用され、「名義人が営業主であるとの表示」の作出が認められる場合に、当該表示の禁反言、当該表示による客観的（規範的）使用関係を基礎として、名義人（A）の賠償責任を認める見解であると理解されます。

しかし、フランチャイズ契約の場合、フランチャイザーは、自己の商号を「フランチャイザーが営業主であるとの表示」（営業主の

識別表示）として使用許諾するのではなく、「商号の主要部が含まれる商標または標章」を「商品・役務または営業の識別表示」として使用許諾するにすぎず、原則として、「名義人（フランチャイザー）が営業主であるとの表示」は作出されていません。

イ 「商号の主要部が含まれる商標または標章」が「商品・役務または営業の識別表示」として使用される場合であるにもかかわらず、「営業主と誤認させる外観」を作出する場合があることを認める立場でも、「取引の外形をもたない不法行為」について責任を負わせることはできないこと

名板貸責任のところで述べたとおり、「商号の主要部が含まれる商標または標章」が「商品・役務または営業の識別表示」として使用される場合であっても、（フランチャイザーを）「営業主と誤認させる外観」が作出されているとの事実が認定される余地もないわけではありません［**Q83**の**A 3**の**2**(3)(4)］。

その場合に、当該外観を基礎として、禁反言説や使用関係擬制説により、使用許諾者（フランチャイザー）が被許諾者（フランチャイジー）の不法行為につき、賠償責任を負うと解することができるでしょうか。

この点については、後述の名板貸責任についての解釈論を参考にすると、取引の外形をもつ不法行為の場合には、誤認と損害の発生の間に因果関係が認められるため、禁反言説や使用関係擬制説を適用する余地がありますが、取引の外形を持たない不法行為の場合には、誤認と損害の発生の間には因果関係は認められないため、禁反言説や使用関係擬制説を適用する余地はなく、フランチャイジーの不法行為につきフランチャイザーの賠償責任を負わせることはできない、と解するのが相当ではないか（使用関係が認められる被用者の行為の「事業の執行につき」の該当性に関し、外観理論により「事業の執行につき」の要件を拡張し、事実行為的不法行為について使用者責任の成立を認めることとは状況を異にする）と考えられます。

ウ 「商号の主要部が含まれる商標または標章」の使用許諾は法規違反に該当しないこと

さらに、そもそも、名義人の責任は、「特定の営業を行うことを一定の資格者以外の者に禁じている規定に違反する行為は、きびしく禁圧すべきであ」るとの価値判断を前提とするものと思われ、[注10] かかる規定違反（営業免許の名義の違法貸与）を伴わない「商号の主要部が含まれる商標または標章」の使用許諾に対し厳格な責任を問うことには躊躇を覚えざるを得ません。

エ 結 語

以上に述べたところから、フランチャイザーは、店舗スタッフの不法行為が「取引行為の外形をもつ不法行為」である場合に限って、使用者責任拡張の法理に基づく責任を負うと解するのが相当ではないかと考えられます。

そして、本問の店舗スタッフの傷害行為が取引行為の外形を持つ不法行為に該当するか否かについては、傷害行為それ自体に基づき取引行為の外形を否定する考え方と、商品売買に関連する接客の際に、傷害行為が発生したことを重視して、取引行為の外形を肯定する考え方の二通りがあり得るのではないかと考えられますが、素直に解すると、前者の傷害行為自体を基準に取引行為の外形を否定する考え方が相当ではないかと考えられ、この考え方によれば、フランチャイザーは店舗スタッフの傷害行為について使用者責任拡大の法理に基づく責任は負わないと解されます。

3　名板貸責任

(1)　名板貸責任を負う場合があり得ること

「商号の主要部が含まれる商標または標章」が「商品・役務または営業の識別表示」として使用許諾される場合にも、フランチャイザーを「営業主と誤認させる外観」が作出される可能性はあり、「商号の主要部が含まれる商標または標章」の使用許諾者（フランチャイザー）が被許諾者（フランチャイジー）の「取引」につき、名板貸責任を負う場合もあり得ると解されます［**Q83**の**A 3**の**3**(3)(4)］。

(2)　取引の外形をもたないの不法行為に関しては、名板貸責任は否定されること

しかし、名板貸責任の場合、「名義使用の許諾を受けた者またはその被用者のした不法行為によって生じた損害の賠償は、…（中略）…その取引に因って生じた債務にはあたら」ず、「不法行為の場合には、誤認と損害の発生の間には何らの因果関係もない」との理由で、名義人の名板貸責任は否定されると解されています。[注11)]

そして、この理は、「商号の主要部が含まれる商標または標章」を「商品・役務または営業の識別表示」として使用許諾を受けたフランチャイジーの不法行為にも妥当し、フランチャイザーは店舗スタッフの不法行為につき、名板貸責任を負うことはないと考えられます。

(3) 取引の外形をもつ不法行為に関しては、名板貸責任は肯定されること

ただし、取引の外形をもつ不法行為については「誤認と損害の発生の間の因果関係」は肯定されるため、名義借用者の不法行為につき名義人は名板貸責任を負い、この理は、「商号の主要部が含まれる商標または標章」を「商品・役務または営業の識別表示」として使用許諾した場合にも妥当するため、フランチャイザーは、店舗スタッフの取引の外形をもつ不法行為については、名板貸責任を負うものと解されます。

(4) 結　語

しかし、本問の店舗スタッフの傷害行為はそれ自体、「取引行為の外形をもつ不法行為」とはいえないと解されますので［2(3)エ］、フランチャイザーは店舗スタッフの傷害行為について名板貸責任を負わないと解するのが相当であると考えられます。

注

注1）幾代通『不法行為／現代法学全集20Ⅱ』（筑摩書房／1977）185頁
注2）幾代・同上185頁、186頁の注（10）
注3）幾代・同上184頁
注4）幾代・同上184頁
注5）三島徹也「フランチャイザーの第三者に対する責任（一）」近大法学52.3･4.26
注6）幾代・同上190頁
注7）幾代・同上191頁以下
注8）最(一小)判昭31.11.1判タ67.60、最(三小)判昭46.6.22判時638.69は、被用者の暴行につき外観理論により業務執行が認められたもので、本問に類似する事例ではあるが、使用関係を前提とする

ものであり、本問とは構造を異にする。

注９）四宮和夫『不法行為／現代法律学全集10－ⅱ』（青林書院／1995）684頁、685頁の注（一）

注10）四宮・同上684頁

注11）鴻『総則』207頁

Q85

フランチャイザーの破産・民事再生

フランチャイザーが破産手続・民事再生手続の開始決定を受けた場合、フランチャイズ契約はどうなりますか。

A 1（結論）

1 破産の場合

フランチャイザーが破産手続開始決定を受けた場合、フランチャイズ契約は双方未履行の双務契約として取り扱われ、破産管財人は契約を解除するか（以下「解除の選択」という）、破産者の債務を履行して相手方の債務の履行を請求するか（以下「履行の選択」という）の選択権を有することになり、フランチャイジーは、破産管財人に対し、解除または履行のいずれを選択するか確答すべき旨を催告する権利を有することになります。

破産管財人はフランチャイズ事業の継続が可能で、事業（フランチャイズ・パッケージとフランチャイザーの契約上の地位）に価値がある場合、フランチャイズ契約の履行を選択し、裁判所の許可を得たうえ、事業譲渡を行い、その換価をはかります。フランチャイザーの契約上の地位の譲渡には、フランチャイジーの同意を必要とします。ただし、不採算店に関する契約は譲渡から除外されることがあり、当該契約については解除が選択されます。

破産管財人は、フランチャイズ事業の継続が困難な場合、あるいは事業に価値がなく、譲渡が見込めない場合、フランチャイズ契約の解除を選択します。フランチャイズ契約は「賃借権その他の使用及び収益を目的とする権利を設定する契約」に該当しますが、フランチャイジーは多くの場合、自己の権利につき、登記、登録その他の第三者対抗要件を備えていないため、破産管財人の解除が妨げられることはありません。

フランチャイジーは、フランチャイザーに破産手続開始前の債務不履行があるときは、フランチャイズ契約を解除できます（ただし、解除の効果を破産管財人に対し無条件に主張できるわけではない）。破産手続開始の申立てを約定解除事由とする解除については、その効果を破産管財人に対し主張することは原則として否定されます。

2 民事再生の場合

フランチャイザーが民事再生手続開始決定を受けた場合、フランチャイズ契約は双方未履行の双務契約として取り扱われ、再生債務者等は契約を解除するか（以下「解除の選択」という）、再生債務者の債務を履行して相手方の債務の履行を請求するか（以下「履行の選択」という）の選択権を有することになり、フランチャイジーは、再生債務者等に対し、解除または履行のいずれを選択するか確答すべき旨を催告する権利を有することになります。

民事再生手続では、自主再建型か事業譲渡型の方式により再生債務者の事業の再生がはかられますが、自主再建型では、再生債務者等は再生の基盤となるフランチャイズ事業に必要なフランチャイズ契約につき履行を選択し、不要な契約（不採算店に関する契約）につき解除を選択し、再建をはかります。

事業譲渡型では、再生債務者等は、フランチャイズ契約の履行を選択し、裁判所の許可を得るか、再生計画案で事業譲渡を定める方法により、事業譲渡を行い、その換価をはかります。フランチャイザーの契約上の地位の譲渡には、フランチャイジーの同意を必要とします。ただし、不採算店に関する契約は譲渡から除外されることがあり、当該契約については解除が選択されます。

再生債務者等が、フランチャイズ契約につき解除を選択した場合、フランチャイズ契約は、「賃借権その他の使用及び収益を目的とする権利を設定する契約」に該当しますが、フランチャイジーは多くの場合、自己の権利につき、登記、登録その他の第三者対抗要件を備えていないため、再生債務者等の解除が妨げられることはありません。

フランチャイジーは、フランチャイザーに民事再生手続開始前の債務不履行があるときはフランチャイズ契約を解除できますが、民事再生手続開始の申立てを約定解除事由とする解除については、特別な場合を除きその効力は否定されます。

A2（背景）

フランチャイズ契約において、当事者が経営破綻し、倒産手続がとられた場合、その契約関係はどのように処理されるでしょうか。

Q85と**Q86**では、次のように、フランチャイザーの破産・民事再生と、フランチャイジーの破産・民事再生とに分けて、フランチャイズ契約がどのように処理されるかについて述べたいと思います。

	破　産	民事再生
フランチャイザー	Q85のA3の❶	Q85のA3の❷
フランチャイジー	Q86のA3の❶	Q86のA3の❷

A 3 (解説)

1 破産の場合

(1) 双方未履行の双務契約

フランチャイズ契約の法的性質はライセンス契約（賃貸借類似の契約）であり、委任契約ではありませんので（**Q10**）、フランチャイザーが破産手続開始決定を受けても、契約が直ちに終了する（民法第653条第２号）ことはありません。

フランチャイズ契約では、通常、破産手続開始の時において、フランチャイザーはフランチャイジーにフランチャイズ・パッケージを提供し、これを利用させる義務を負い、フランチャイジーはフランチャイザーにロイヤルティを支払う義務を負っている状態（すなわち、契約が継続した状態）にあります。

したがって、「破産者及びその相手方が破産手続開始の時において共にまだその履行を完了していないとき」に該当し、双方未履行の双務契約として取り扱われ、破産管財人は解除または履行の選択権を有することになります。（破産法第53条第１項）

これに対し、フランチャイジーは破産管財人に対し、解除または履行のいずれを選択するか確答すべき旨を催告する権利を有します（同法第53条第２項）。また、一定の要件を充足する場合、契約を解除することができます（後述）。

(2) 破産管財人の立場

ア 任 務

破産管財人は、破産者の財産を換価し、財団債権者への弁済・破産債権者への配当を行うことを任務とします。

イ　履行の選択

㈠　事業譲渡（フランチャイズ・パッケージとフランチャイザーの契約上の地位の譲渡）

破産管財人は、フランチャイズ事業の継続が可能で、事業（フランチャイズ・パッケージとフランチャイザーの契約上の地位）に価値がある場合、フランチャイズ契約の履行を選択し、フランチャイズ事業を譲渡し、その換価をはかります。

その場合、譲受人の意向によっては不採算店に関する契約が譲渡から除外されることがあり、当該契約については解除が選択されます。なお、場合によっては、フランチャイズ・パッケージが譲渡から除外され、フランチャイザーの契約上の地位のみが譲渡されることもあり得ます（同業他社にフランチャイザーの契約上の地位のみを譲渡し、同業他社が自社ブランドに看板換えする場合）。

㈡　事業譲渡の実行

破産管財人は、事業譲渡の場合は、裁判所の許可を得る必要があります（破産法第78条第２項第３号）。

また、フランチャイザーの契約上の地位の譲渡に関しては、（通常、フランチャイズ契約ではフランチャイジーの同意の要否について規定する条項は設けられていないと思われますが）フランチャイジーの同意の要否に関する条項が設けられている場合は、それに従うこととなります。当該条項が設けられていない場合は、フランチャイジーにとって、譲受人の事業能力、資金力、信用などによっては、約定どおりフランチャイズ・パッケージの提供・利用許諾を受けられるか否か確かではなく、フランチャイジーに「影響を及ぼす度合が大きい」[注1)]ため、フランチャイジーの同意を得る必要があると考えられます。この場合、フランチャイジーは、譲受人の事業能力、資金力、信用などが低い場合を除き、これに同意する可能性が高いのではないかと思われます。

ウ　解除の選択

(ア)　解除の実行

破産管財人は、フランチャイズ事業の継続が困難な場合、あるいは事業に価値がなく、譲渡が見込めない場合、フランチャイズ契約の解除を選択します。破産管財人によって解除が選択された場合、フランチャイジーは、対象事業（フランチャイズ・パッケージを利用して商品を販売し、サービスを提供する事業）を失うこととなります。

(イ)　「賃借権その他の使用及び収益を目的とする権利を設定する契約」として解除が制限されることはないこと

「賃借権その他の使用及び収益を目的とする権利を設定する契約」については、「破産者の相手方が当該権利につき登記、登録その他の第三者に対抗することができる要件を備えている場合」には、破産法第53条第１項は適用されず（同法第56条第１項）、破産管財人は契約を解除することはできず、契約は存続されます。

ライセンス契約［「ライセンサー（特許権者）がライセンシーに対して目的物たる権利や法律上の利益を使用する権利を設定し、相手方がそれの対価としてロイヤリティを支払うことを基本的内容とする継続的契約」］[注2)]は、同法第56条第１項の契約に該当し、ライセンシーの通常実施権などの権利が第三者に対抗できるものであれば、破産管財人はライセンス契約を解除することはできません。[注3)]

フランチャイズ契約は、フランチャイズ・パッケージの利用許諾契約であり（**Q１**）、賃貸借契約類似の性質を有するため（**Q10**）、ライセンス契約と同様、「賃借権その他の使用及び収益を目的とする権利を設定する契約」に該当すると考えられます。したがって、フランチャイジーが自らの権利につき登記、登録その他の第三者に対抗することができる要件を備えている場合には、同法第56条第１項が適用され、破産管財人は契約を解除することはできません。

しかし、フランチャイズ契約では、フランチャイズ・パッケージについて登記、登録などの制度はなく、フランチャイズ・パッケージ中の商標の使用許諾についても、多くの場合、通常使用権の設定がなされているものの、その登録はなされていないため、同法第56条第１項によって破産管財人の解除が妨げられることはありません。

(3) フランチャイジーの立場

ア 催 告

フランチャイジーは、上述のとおり、破産管財人に対し解除または履行のいずれを選択するか確答すべき旨を催告する権利を有します。

イ 債務不履行による解除・約定解除事由による解除

双務契約の相手方が行う契約解除については、破産手続開始前の債務不履行を理由とする解除は認められますが（ただし、解除の効果を破産管財人に対し無条件に主張できるわけではない）、約定解除事由（破産手続開始の申立て）を理由とする解除権の行使については、その効果を破産管財人に対し主張することは原則として否定されます。[注4)]

2 民事再生の場合

(1) 双方未履行の双務契約

フランチャイズ契約では、1(1)で述べたのと同様に、民事再生手続開始の時において、契約が継続した状態にあり、「再生債務者及びその相手方が再生手続開始のときにおいて共にまだその履行を完了していないとき」に該当し、双方未履行の双務契約として取り扱われ、再生債務者等（フランチャイザー等）は解除または履行の選択権を有することになります（民事再生法第49条第１項）。

これに対し、フランチャイジーは再生債務者等に対し、解除または履行のいずれを選択するか確答すべき旨を催告する権利を有します（同法第49条第２項）。また、一定の要件を充足する場合、契約を解除することができます（後述）。

(2) 再生債務者等（フランチャイザー等）の立場

ア 履行の選択

(ア) 二つの再建方式

民事再生手続は、再生債務者の事業の再生をはかるための制度であり、通常、再生債務者が自ら事業を継続し、その収益によって再生債権を弁済する自主再建型の方式が採られますが、営業または事業の全部を譲渡し、その譲渡代金によって再生債権を弁済する事業譲渡型の方式が採られることもあります。

(イ) 自主再建型

自主再建型では、再生債務者等は、再生の基盤となるフランチャイズ事業（フランチャイズ・パッケージを開発・構築し、これを有償にてフランチャイジーに提供・利用許諾する事業）に必要なフランチャイズ契約につき履行を選択し、不要な契約（不採算店に関する契約）につき解除を選択し、事業の採算性・健全化をはかり、再建をはかります。

(ウ) 事業譲渡型

これに対し、事業譲渡型では、再生債務者等は、**1**(2)**イ**(ア)で述べたのと同様、フランチャイズ契約の履行を選択し、フランチャイズ事業を譲渡し、その換価をはかります。不採算店に関する契約が譲渡から除外されることがあり、当該契約については解除が選択されます。フランチャイズ・パッケージが譲渡から除外されることもあり得ます。

事業譲渡の場合は、裁判所の許可を得る方法により行うか（民事再生法第42条第１項）、再生計画案で事業譲渡を定める方法により行われます。実際には、前者のいわゆる計画外事業譲渡事案の方が圧倒的に多いといわれています。[注5]

また、フランチャイザーの契約上の地位の譲渡に関しては、**1**(2)**イ**(イ)の第二段落で述べたのと同様、フランチャイジーの同意を得る必要があると考えられます。

イ　解除の選択

(ア)　解除の実行

再生債務者等は、上述の自主再建型で不要とされ、事業譲渡型で除外された不採算店に関する契約について、解除を選択します。再生債務者等によって解除が選択された場合、フランチャイジーは対象事業を失うことになります。

(イ)　「賃借権その他の使用及び収益を目的とする権利を設定する契約」として解除が制限されることはないこと

「賃借権その他の使用及び収益を目的とする権利を設定する契約」については、「再生債務者の相手方が当該権利につき登記、登録その他の第三者に対抗することができる要件を備えている場合」には、民事再生法第49条第１項は適用されず（同法第51条、破産法第56条第１項）、再生債務者等（フランチャイザー等）は契約を解除することはできず、契約は存続されます。

フランチャイズ契約は、**1**(2)**ウ**(イ)の第三段落で述べたのと同様、「賃借権その他の使用及び収益を目的とする権利を設定する契約」に該当するため、フランチャイジーが自らの権利につき登記、登録その他の第三者に対抗することができる要件を備えている場合には、民事再生法第51条、破産法第56条第１項により、再生債務者等は契約を解除することはできません。

しかし、フランチャイズ契約では、**1**(2)**ウ**(イ)の第四段落で述べたのと同様、多くの場合、民事再生法第51条、破産法第56条第１項の要件を充足しないことから、再生債務者等の解除が妨げられることはありません。

(3) フランチャイジーの立場

ア 催 告

フランチャイジーは、上述のとおり、再生債務者等（フランチャイザー等）に対し、解除または履行のいずれを選択するか確答すべき旨を催告する権利を有します。

イ 債務不履行による解除・約定解除事由による解除

双務契約の相手方が行う契約解除については、破産手続の場合と同様、民事再生手続開始前の債務不履行を理由とする解除は認められますが、約定解除事由（民事再生手続開始の申立て）を理由とする解除権の行使については、破産の場合以上に民事再生の目的実現を妨げるため、「契約の性質上、解除を認めることに合理的理由が存在する特別の場合を除いて、その効力を否定すべきである」とされています。[注６)]

注

注１）星野『概論Ⅲ』230頁
注２）伊藤『破産法・民事再生法』369頁
注３）伊藤・同上370頁
注４）伊藤・同上357頁以下
注５）西謙二、中山孝雄編、東京地裁破産再生実務研究会著『破産・民事再生の実務／［新版］下／民事再生・個人再生編』251頁以下（中山孝雄執筆）
注６）伊藤・同上874頁

Q86

フランチャイジーの破産・民事再生

フランチャイジーが破産・民事再生の開始決定を受けた場合、フランチャイズ契約はどうなりますか。

A1（結論）

1 破産の場合

フランチャイジーが破産手続開始決定を受けた場合、フランチャイズ契約は双方未履行の双務契約として取り扱われ、破産管財人は契約を解除するか（以下「解除の選択」という）、破産者の債務を履行して相手方の債務の履行を請求するか（以下「履行の選択」という）の選択権を有することになり、フランチャイザーは、破産管財人に対し、解除または履行のいずれを選択するか確答すべき旨を催告する権利を有することになります。

破産管財人は対象事業の継続が可能で、事業（店舗建物の使用権とフランチャイジーの契約上の地位）に価値がある場合、フランチャイズ契約の履行を選択し、裁判所の許可を得たうえ、事業譲渡を行い、その換価をはかります。フランチャイジーの契約上の地位の譲渡には、フランチャイザーの同意を必要とします。ただし、不採算店に関する契約は譲渡から除外されることがあり、当該契約については解除が選択されます。

破産管財人は、対象事業の継続が困難な場合、あるいは事業に価値がなく、譲渡が見込めない場合、フランチャイズ契約の解除を選択します。

フランチャイザーは、フランチャイジーに破産手続開始前の債務不履行があるときは、フランチャイズ契約を解除できます（ただし、解除の効果を破産管財人に対し無条件に主張できるわけではない）。破産手続開始の申立てを約定解除事由とする解除については、その効果を破産管財人に対し主張することは、原則として否定されます。

2 民事再生の場合

フランチャイジーが民事再生手続開始決定を受けた場合、フランチャイズ契約は双方未履行の双務契約として取り扱われ、再生債務者等は契約を解除するか（以下「解除の選択」という）、再生債務者の債務を履行して相手方の債務の履行を請求するか（以下「履行の選択」という）の選択権を有することになり、フランチャイザーは、再生債務者等に対し、解除または履行のいずれを選択するか確答すべき旨を催告する権利を有することになります。

民事再生手続では、自主再建型か事業譲渡型の方式により再生債務者の事業の再生がはかられますが、自主再建型では、再生債務者等は再生の基盤となる対象事業に必要なフランチャイズ契約につき履行を選択し、不要な契約（不採算店に関する契約）につき解除を選択し、再建をはかります。

事業譲渡型では、再生債務者等は、フランチャイズ契約の履行を選択し、裁判所の許可を得るか、再生計画案で事業譲渡を定める方法により、事業譲渡を行い、その換価をはかります。フランチャイジーの契約上の地位の譲渡には、フランチャイザーの同意を必要とします。ただし、不採算店に関する契約は譲渡から除外されることがあり、当該契約については解除が選択されます。

フランチャイザーは、フランチャイジーに民事再生手続開始前の債務不履行があるときは、フランチャイズ契約を解除できますが、民事再生手続開始の申立てを約定解除事由とする解除については、特別な場合を除き、その効力は否定されます。

A2（背景）

フランチャイズ契約において、当事者が経営破綻し、倒産手続がとられた場合、その契約関係はどのように処理されるでしょうか。

Q85と**Q86**では、次のように、フランチャイザーの破産・民事再生と、フランチャイジーの破産・民事再生とに分けて、フランチャイズ契約がどのように処理されるかについて述べたいと思います。

	破　産	民事再生
フランチャイザー	Q85のA3の❶	Q85のA3の❷
フランチャイジー	Q86のA3の❶	Q86のA3の❷

A3（解説）

❶　破産の場合

(1)　双方未履行の双務契約

フランチャイズ契約の法的性質はライセンス契約（賃貸借類似の契約）であり、委任契約ではありませんので（**Q10**）、フランチャイジーが破産手続開始決定を受けても、契約が直ちに終了する（民法第653条第２号）ことはありません。

フランチャイズ契約では、通常、破産手続開始の時において、フランチャイザーはフランチャイジーにフランチャイズ・パッケージを提供し、これを利用させる義務を負い、フランチャイジーはフランチャイザーにロイヤルティを支払う義務を負っている状態（すなわち、契約が継続した状態）にあります。

したがって、「破産者及びその相手方が破産手続開始の時において共にまだその履行を完了していないとき」に該当し、双方未履行の双務契約として取り扱われ、破産管財人は解除または履行の選択権を有することになります（破産法第53条第１項）。

これに対し、フランチャイザーは破産管財人に対し、解除または履行のいずれを選択するか確答すべき旨を催告する権利を有します（同法第53条第２項）。また、一定の要件を充足する場合、契約を解除することができます（後述）。

(2) 破産管財人の立場

ア 任 務

破産管財人は、破産者の財産を換価し、財団債権者への弁済・破産債権者への配当を行うことを任務とします。

イ 履行の選択

(ア) 事業譲渡（店舗建物の使用権とフランチャイジーの契約上の地位の譲渡）

フランチャイジー破産の場合、破産管財人は、フランチャイザー破産の場合と異なり、対象事業（フランチャイズ・パッケージを利用して商品を販売し、サービスを提供する事業）の価値が乏しい場合が多く、その換価をはかる可能性は少ないと思われます。

しかし、例えば、フランチャイジーにより複数店経営がなされている場合や、好立地の店舗建物の場合には、対象事業の譲渡の可能性もないではなく、その場合は、破産管財人は、フランチャイズ契約の履行を選択し、対象事業（店舗建物の使用権とフランチャイジーの契約上の地位）を譲渡し、その換価をはかります。

その場合、譲受人の意向によっては、不採算店に関する契約が譲渡の対象から除外されることがあり、当該契約については解除が選択されます。

(イ) 事業譲渡の実行

破産管財人は、事業譲渡の場合は、裁判所の許可を得る必要があります（破産法第78条第２項第３号）。

また、フランチャイジーの契約上の地位の譲渡に関しては、通常、フランチャイズ契約ではフランチャイザーの同意を必要とする旨の条項が設けられていると思われますので、フランチャイザーの同意を得る必要があります。当該条項が設けられていない場合でも、フランチャイズ契約は、フランチャイジーの能力、資質、適性、資金、信用などを基礎として契約が締結されており、フランチャイザーにとって、譲受人の能力、資質、適性、資金、信用などによっては、約定どおりフランチャイズ契約を遵守して対象事業を経営できるか否か確かではなく、フランチャイザーに「影響を及ぼす度合が大きい」[注1)] ため、フランチャイザーの同意を得る必要があると考えられます。この場合、フランチャイザーから同意が得られるかは、必ずしも確実ではありません。

ウ 解除の選択

破産管財人は、対象事業の継続が困難な場合、あるいは事業に価値がなく、譲渡が見込めない場合、フランチャイズ契約の解除を選択します。破産管財人によって解除が選択された場合、フランチャイザーは、フランチャイジーを失うことになります。

(3) フランチャイザーの立場

ア 催 告

フランチャイザーは、上述のとおり、破産管財人に対し解除または履行のいずれを選択するか確答すべき旨を催告する権利を有します。

イ　債務不履行による解除・約定解除事由による解除

双務契約の相手方が行う契約解除については、破産手続開始前の債務不履行を理由とする解除は認められますが（ただし、解除の効果を破産管財人に対して無条件に主張できるわけではない）、約定解除事由（破産手続開始の申立て）を理由とする解除権の行使については、その効果を破産管財人に対して主張することは原則として否定されます。[注2)]

2　民事再生の場合

(1)　フランチャイジーにつき民事再生手続がとられることは比較的少ないこと

民事再生手続は再生債務者の事業の再生をはかるための制度ですが、フランチャイジーの多くは事業規模が小さく、事業遂行能力も低いため、再生手続開始原因があっても、民事再生手続がとられることは比較的少ないと思われます。

以下、複数の店舗を経営するなど、一定の事業規模・事業能力を備えたフランチャイジーに民事再生手続がとられたと仮定して、フランチャイズ契約がいかに処理されるかについて述べたいと思います。

(2)　双方未履行の双務契約

フランチャイズ契約では、1(1)で述べたのと同様に、民事再生手続開始の時において、契約が継続した状態にあり、「再生債務者及びその相手方が再生手続開始のときにおいて共にまだその履行を完了していないとき」に該当し、双方未履行の双務契約として取り扱われ、再生債務者等（フランチャイジー等）は解除または履行の選択権を有することになります（民事再生法第49条第１項）。

これに対し、フランチャイザーは再生債務者等に対し、解除または履行のいずれを選択するか確答すべき旨を催告する権利を有します（同法第49条第２項）。また、一定の要件を充足する場合、契約を解除することができます（後述）。

⑶ 再生債務者等（フランチャイジー等）の立場

ア 履行の選択

㈠ 二つの再建方式

民事再生手続は、再生債務者の事業の再生をはかるための制度であり、通常、再生債務者が自ら事業を継続し、その収益によって再生債権を弁済する自主再建型の方式が採られますが、営業または事業の全部を譲渡し、その譲渡代金によって再生債権を弁済する事業譲渡型の方式が採られることもあります。

㈡ 自主再建型

自主再建型では、再生債務者等は、再生の基盤となる対象事業に必要なフランチャイズ契約につき履行を選択し、不要な契約（不採算店に関する契約）につき解除を選択し、事業の採算性・健全化をはかり、再建をはかります。

㈢ 事業譲渡型

これに対し、事業譲渡型では、再生債務者等は、**1**⑵**イ**㈠で述べたのと同様、フランチャイズ契約の履行を選択し、対象事業を譲渡し、その換価をはかります。不採算店に関する契約が譲渡の対象から除外されることがあり、当該契約については解除が選択されます。

事業譲渡の場合は、裁判所の許可を得る方法により行うか（民事再生法第42条第1項）、再生計画案で事業譲渡を定める方法により行われます。実際には、前者のいわゆる計画外事業譲渡事案の方が圧倒的に多いといわれています。[注3)]

また、フランチャイジーの契約上の地位の譲渡に関しては、**1**(2)**イ**(イ)の第二段落で述べたのと同様、フランチャイザーの同意を得る必要があると考えられます。

イ　解除の選択

再生債務者等は、上述の自主再建型で不要とされ、事業譲渡型で除外された不採算店に関する契約について、解除を選択します。再生債務者等によって解除が選択された場合、フランチャイザーはフランチャイジーを失うことになります。

(4)　フランチャイザーの立場

ア　催　告

フランチャイザーは、上述のとおり、再生債務者等（フランチャイジー等）に対し、解除または履行のいずれを選択するか確答すべき旨を催告する権利を有します。

イ　債務不履行による解除、約定解除事由による解除

双務契約の相手方が行う解除については、破産手続の場合と同様、民事再生手続開始前の債務不履行を理由とする解除は認められますが、約定解除事由（民事再生手続開始の申立て）を理由とする解除権の行使については、破産の場合以上に民事再生の目的実現を妨げるため、「契約の性質上、解除を認めることに合理的理由が存在する特別の場合を除いて、その効力を否定すべきである」[注4)]とされています。

注

注１）星野『概論Ⅲ』230頁

注２）伊藤『破産法・民事再生法』357頁以下

注３）西謙二、中山孝雄編、東京地裁破産再生実務研究会著『破産・民事再生の実務／［新版］下／民事再生・個人再生編』251頁以下（中山孝雄執筆）

注４）伊藤・同上874頁

Q87

フランチャイザーについての企業買収

フランチャイザーが、同種のフランチャイズ事業を営む別の（同業他社の）フランチャイザーに企業買収された場合、フランチャイジーの立場はどうなりますか。

A1（結論）

企業買収には、事業譲渡、合併・会社分割、株式交換・株式移転、株式譲渡の方法があります。

事業譲渡の場合、フランチャイザーの契約上の地位が譲渡（特定承継）され、フランチャイジーはこれに対し同意権を有しますが、同意なく事業譲渡が行われた場合は、これを理由にフランチャイズ契約を解除し、損害賠償請求することができると考えられます。

合併・会社分割の場合、フランチャイザーの契約上の地位は包括承継されますが、フランチャイジーはこれに対し同意権はなく、通常、債権者としての異議の申述権もありません。フランチャイズ契約中に、フランチャイジーの同意がない合併・会社分割を禁止する旨の条項や、同意のない合併・会社分割を約定解除事由とする旨の条項がある場合に、同意なく合併・会社分割が行われたときは、フランチャイジーはこれを理由に、契約を解除し、損害賠償請求することができますが、多くの場合、かかる条項は設けられていないと思われます。

株式交換・株式移転、株式譲渡の場合、フランチャイザーの契約上の地位の承継はありません。例えば、株式譲渡により支配株主・経営者が交替し、フランチャイザーの実質が変更される場合に備え、かかる場合にはフランチャイジーの同意を必要とする旨の条項を設けることも考えられますが、多くの場合、かかる条項は設けられていないと思われます。

A 2（背景）

企業買収は、業界再編、事業拡大・新規事業への進出や、不振事業からの撤退、後継者難への対応など、さまざまな動機・目的のために行われているといわれています。フランチャイザーが企業買収されることも珍しいことではありません。

企業買収の手法には、事業譲渡、合併・会社分割、株式交換・株式移転、株式譲渡などがありますが、以下、それぞれの場合にフランチャイジーの立場はどうなるかについて述べたいと思います。

A 3（解説）

1 事業譲渡

(1) 意　義

事業譲渡とは、「株式会社が事業を取引行為（特定承継）として他に譲渡する行為」[注1)]をいいます。

フランチャイズ事業（フランチャイズ・パッケージを開発・構築し、これをフランチャイジーに対し有償にて提供・利用許諾する事業）を事業譲渡する場合、その中心は、フランチャイズ・パッケージの譲渡と、フランチャイザーの契約上の地位の譲渡となります。

(2) フランチャイジーの同意権

フランチャイザーの契約上の地位の譲渡につき、フランチャイジーの同意を必要とするか否かは、これに関する契約条項の内容によりますが、多くのフランチャイズ契約では、かかる条項は設けられていないのではないかと思われます。当該条項が設けられていない場合、フランチャイズ契約は、フランチャイザーの事業能力、資金力、信用などを基礎として締結されるものであり、フランチャイザーの変更はフランチャイジーに「影響を及ぼす度合が大きい」[注2)] ため、フランチャイジーの同意を要すると解されます。

フランチャイザーから同意を求められた場合、フランチャイジーは同意を拒むことができますが、同意を拒み、フランチャイザーとの間でフランチャイズ契約を存続させようとしても、フランチャイザーは事業譲渡によりフランチャイズ・パッケージに属する権利（例：商標権、ノウハウに関する権利）を譲受人に譲渡していますので、フランチャイザーに対し契約の履行を求めることは不可能となります。また、譲受人も相応の事業能力を備えていることが多いのではないかと思われます。

実際には、フランチャイザーが事前にフランチャイジーの意向を打診し、多くの場合、フランチャイジーも同意しているものと思われますが、どうしても同意が得られない場合は、契約を合意解約する方向で動くものと思われます。フランチャイジーの同意なくしてフランチャイザーの契約上の地位の譲渡が強行された場合は、フランチャイジーは、同意のない契約上の地位の譲渡が行われたことか、フランチャイズ・パッケージの履行不能を理由にフランチャイズ契約を解除し、損害賠償請求を行うことができると考えられます。

2 合併、会社分割

(1) 意　義

合併とは、「二つ以上の会社（当事会社）が契約（合併契約）を締結して行う行為であって、当事会社の一部（吸収合併）または全部（新設合併）が解散し、解散会社（「消滅会社」と呼ぶ）の権利義務の全部が清算手続を経ることなく存続会社（吸収会社）または新設会社（新設合併）に一般承継（包括承継）される効果を持つもの」[注3)]をいいます。

会社分割とは、「株式会社または合同会社が、その事業に関して有する権利義務の全部または一部を、分割後他の会社（承継会社）または分割により設立する会社（設立会社）に承継させることを目的とする会社の行為」[注4)]をいいます。

(2) フランチャイジーの同意権

合併の場合は、フランチャイザーの契約上の地位は存続会社または新設会社に包括承継され、また会社分割でフランチャイザーの契約上の地位が承継の対象となった場合、当該契約上の地位は承継会社または設立会社に包括承継されますが、いずれの場合も、フランチャイジーの同意は必要ではありません。

フランチャイズ契約中に、フランチャイジーの同意がない合併・会社分割を禁止する旨の条項や、同意のない合併・会社分割を約定解除事由とする旨の条項が設けられている場合に、同意なく合併・社会分割が行われたときは、フランチャイジーはこれを理由に契約を解除し、損害賠償請求を行うことができますが、多くのフランチャイズ契約ではかかる条項は設けられていないと思われます。

なお、フランチャイジーは、具体的な金銭債権などを有する場合は別として、合併・会社分割によるフランチャイザーの契約上の地位の承継に対しては、債権者としての異議を申し述べることはできないと解されています。[注5)]

フランチャイジーとしては、多くの場合、合併・会社分割によるフランチャイザーの契約上の地位の承継を受け入れざるを得ないこととなります。

3 株式交換・株式移転、株式譲渡

(1) 意　義

株式交換は、「既存の株式会社または合同会社（A）に対しBの株主が有する全株式が移転してAが完全親会社となるもの」であり、株式移転は、「完全親会社となる株式会社（A）が新設され、Aに対しBの株主が有する全株式が移転するもの」[注6)]をいいます。株式譲渡は、被買収会社（B）の株式の売買をいいます。

(2) フランチャイザー（B）の契約上の地位の承継はないこと

フランチャイザーが上述のBの立場にある場合、株式交換・株式移転、株式譲渡によってフランチャイズ契約上の地位の承継はなく、その限りではフランチャイジーは影響を受けません。

しかし、株式交換・株式移転、株式譲渡により支配株主・経営者が交替し、現在のフランチャイザーの実質が変更され、フランチャイザーの事業能力、資金力、信用などや、経営能力が低下する場合もあり得るため、例えば、株式譲渡により支配株主や経営者が交替し、フランチャイザーの実質が変更される場合は、フランチャイジーの同意を必要とする旨の条項を設けることにより、フランチャイジーのリスク回避をはかることも理論上は考えられますが、実際にフランチャイザーの株式譲渡について、かかる条項が設けられているフランチャイズ契約は少ないのではないかと思われます。

フランチャイジーとしては、多くの場合、株式交換、株式移転、株式譲渡による株主変更を受け入れざるを得ないこととなります。

注

注１）江頭憲治郎『株式会社法／第６版』（有斐閣／2016）948頁
注２）星野『概論Ⅲ』230頁
注３）江頭・同上842頁
注４）江頭・同上888頁
注５）江頭・同上916頁
注６）江頭・同上925頁

Q88

個人情報の取得、利用・管理

フランチャイズ契約に基づく店舗営業に関連して顧客の個人情報が取得される場合としては、どのような場合がありますか。また、個人情報の取得に関係するフランチャイザー、フランチャイジー、仕入先、カード会社などの事業者のうち、個人情報保護法の適用や、財産権としての顧客情報の帰属との関係において、個人情報を取得し、利用・管理する権利義務を有するのは、いずれの事業者ですか。

A 1（結論）

店舗営業に関連して顧客の個人情報が取得される主な場合としては、得意先名簿の作成、商品の配送・修理品の引渡し、宅配サービスの取次ぎ、（フランチャイザーが提携する）クレジットカードの入会、苦情の申出などに伴う個人情報の取得が挙げられます。

当該個人情報の取得には、フランチャイザー、フランチャイジー、仕入先（宅配業者）、クレジットカードの発行会社などの複数の事業者が関係していますが、個人情報保護法の適用や、財産権としての顧客情報の帰属との関係において、いずれの事業者が個人情報を取得し、これを利用・管理する権利義務を有するかは、関係する事業者間の契約関係や、顧客との取引関係により定まります。いずれの事業者がいかなる個人情報が取得し、利用・管理の権利義務を有するかについては、**A 3**で述べるとおりです。

A2（背景）

1　個人情報の取得

フランチャイジーが店舗営業を行うにあたっては、得意先名簿の作成、商品の配送・修理品の引渡し、（コンビニ・フランチャイズ契約の場合の）宅配サービスの取次ぎ、（提携）クレジットカードの入会、苦情の申出などがなされており、これらに伴い、顧客からは、次のような個人情報が取得されています。

① 顧客の住所・氏名・年齢・性別・職業・連絡先などの「属性情報」
② 顧客が購入した商品の品目、代金、回数などの「購入履歴情報」
③ 顧客が普段購入している商品の種類、価格帯、購入場所などの「消費行動情報」
④ 顧客が購入した商品に関し苦情を申し出た際の「苦情情報」

2　個人情報を取得し、利用・管理の権利義務を有する事業者

上記の個人情報の取得には、フランチャイザー、フランチャイジー、宅配業者、カード発行会社などの複数の事業者が関係しており、個人情報保護法の適用や、財産権（営業秘密）としての顧客情報の帰属主体を考えるにあたっては、いずれの事業者が個人情報を取得し、これを利用・管理する権利義務を有するかを判断する必要がありますが、この判断は、実務上、相当な難問となっています。

3　本問の趣旨

本問は、フランチャイジーの店舗営業の実態に即し、個人情報が

取得されるもととなった事業者間の契約関係や、顧客との取引関係に遡って、いかなる場合にいかなる内容の顧客の個人情報が取得されているかを整理し、いずれの事業者が個人情報を取得し、利用・管理する権利義務を有するかを問うものです。

なお、同様の問題は、小売業では、例えば、百貨店と消化仕入先の間や、ショッピングセンター（商業施設）の運営者と出店者（テナント）の間においても発生しています。

A 3（解説）

1 概 要

店舗営業の実態や、関係する事業者間の契約関係、顧客との取引関係に照らすと、顧客の個人情報が取得される代表的な例と、これを取得し、利用・管理する権利義務を有する事業者の関係は、概要、次頁の**図表43**のとおり整理されると考えられます。詳細は、2以下で説明します。

2 ㋐のフランチャイザーが取得し、利用・管理の権利義務を有する場合

(1) ⓐの得意先名簿の作成

…フランチャイザーが得意先名簿を作成するため、フランチャイジーに個人情報の収集を委託し、フランチャイジーを通じ、顧客に顧客カードへの個人情報の記入を求め、マーケティング、営業案内などの目的で、顧客の属性情報を取得する場合

フランチャイジーは、フランチャイザーから当該情報の収集と、フランチャイザーへの引渡し業務を受託し、引渡しまでの間、当該

【図表43】個人情報が取得される場合の取得、利用・管理者

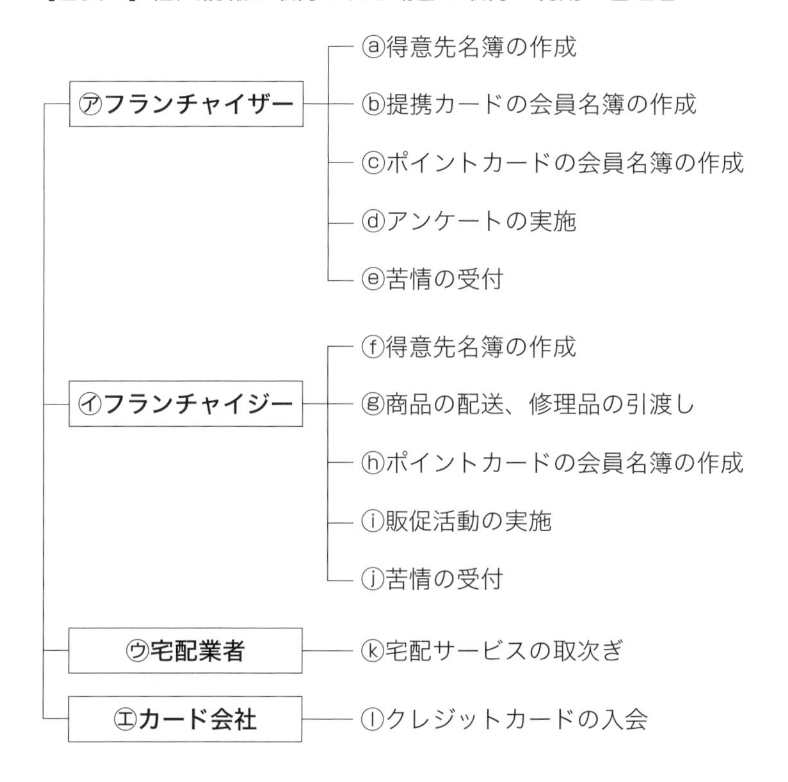

情報を預かっていることになります。

(2) ⓑの提携カードの会員名簿の作成

…フランチャイザーが提携するクレジットカード会社から発行される提携カード（フランチャイザーの商標・標章が表面に記載されたハウスカード）の会員名簿を作成するため、入会希望者に入会申込書への個人情報の記入を求め、会員としての登録、マーケティング、営業案内の目的で、顧客（カード会員）の属性情報を取得する場合

クレジットカード取引では、カード会社とカード会員の間でカード会員契約が締結され、カード会社と小売業者（カード加盟店）の間で加盟店契約が締結されます。

提携カードは、フランチャイザーと提携するカード会社が発行するものであり（カード会員契約、加盟店契約の主体はカード会社である）、その入会は、当該カードの会員になることを意味しますが、同時に、フランチャイザーのハウスカードにかかる会員組織への入会を意味すると考えられる場合があり、その場合には、フランチャイザーが独自の立場で、マーケティング、営業案内などの目的で、カード会員の入会時に入会申込書によりカード会員から属性情報を取得していると理解されます。

(3) ⓒのポイントカードの会員名簿の作成

…フランチャイザーが運営するポイントカード制度の会員名簿を作成するため、直接、入会希望者に入会申込書への個人情報の記入を求め、会員としての登録、ポイントの付与・使用の管理、マーケティング、営業案内の目的で、顧客（ポイント会員）の属性情報を取得し、また、（ポイントカードの利用に伴う）購入履歴情報を取得する場合

(4) ⓓのアンケートの実施

…フランチャイザーが特典付きのアンケートを実施するため、直接、応募者にアンケート用紙への個人情報の記入を求め、特典の付与、マーケティング、営業案内の目的で、顧客の属性情報、消費行動情報を取得する場合

(5) ⓔの苦情の受付

…フランチャイザーが電話、eメールなどで、直接、顧客から苦情を受け、苦情対応の目的で、顧客の属性情報、苦情情報を取得する場合

3 ④のフランチャイジーが取得し、利用・管理の権利義務を有する場合

(1) ⓕの得意先名簿の作成

…フランチャイジーが得意先名簿を作成するため、自ら、顧客に顧客カードへの個人情報の記入を求め、営業案内の目的で、顧客の属性情報を取得する場合

フランチャイザーは、フランチャイジーによる個人情報の取得・利用・管理につき、フランチャイズ契約に基づき、一定の制約を加えることがあります。

(2) ⓖの商品の配送、修理品の引渡し

…フランチャイジーが顧客に販売した商品を配送し、あるいは修理品を引き渡すため、顧客に所定の用紙への個人情報の記入を求め、商品の配送、引渡しの目的で、顧客の属性情報を取得する場合(商品の配送を宅配業者に取り次ぐ場合は4)

フランチャイザーは、フランチャイジーによる個人情報の取得・利用・管理につき、フランチャイズ契約に基づき、一定の制約を加えることがあります。

(3) ⓗのポイントカードの会員名簿の作成

…フランチャイジーが自ら運営するポイントカード制度の会員名簿を作成するため、入会希望者に入会申込書への個人情報の記入を求め、会員としての登録、ポイントの付与・使用の管理、営業案内の目的で、顧客から属性情報、購入履歴情報を取得する場合

フランチャイザーは、フランチャイジーによる個人情報の取得・利用・管理につき、フランチャイズ契約に基づき、一定の制約を加えることがあります。

(4) ⓘの販促活動の実施

…フランチャイジーが自ら景品付きの販促活動を実施するため、顧客に応募用紙への個人情報の記入を求め、景品の送付・引渡し、営業案内の目的で、顧客の属性情報を取得する場合

フランチャイザーは、フランチャイジーによる個人情報の取得・利用・管理につき、フランチャイズ契約に基づき、一定の制約を加えることがあります。

(5) ⓙの苦情の受付

…フランチャイジーが電話、e メールなどで顧客から苦情を受け、苦情対応の目的で、顧客の属性情報、苦情情報を取得する場合

4 ㋒の宅配業者が取得し、利用・管理の権利義務を有する場合（Ⓚの宅配サービスの取次ぎ）

…宅配業者が宅配サービスを行うため、フランチャイジーに宅配サービスの取次ぎを委託し、フランチャイジーを通じ、顧客に宅配伝票への個人情報の記入を求め、配送の目的で、顧客（配送先）の属性情報を取得する場合

フランチャイジーは、宅配業者から配送伝票への記入による個人情報の収集と、宅配業者への引渡し業務を受託し、引渡しまでの間、当該情報を預かっていることになります。

5 ㋓のカード会社が取得し、利用・管理の権利義務を有する場合（Ⓛのクレジットカードの入会）

…クレジットカード会社が運営する提携カードによる商品の信用販売を行うため、入会希望者に入会申込書への個人情報の記入を求め、会員としての登録、信用販売の実施、信用販売にかかる代金（カード利用代金）の精算にかかる業務の処理、マーケティング、営業案内の目的で、顧客（カード会員）の属性情報を取得し、また、（カードの利用に伴う）購入履歴情報を取得する場合

この場合は、ⓑの場合と異なり、カード会社が個人情報の取得者となります。

Q89

取引情報に関する権利の帰属

フランチャイズ契約に基づく店舗営業に関連して取得される取引情報（仕入情報・販売情報）を取得し、利用する権利を有するのは、フランチャイザー、フランチャイジーのどちらですか。

A1（結論）

取引情報（仕入情報・販売情報）は原則として、商品の仕入契約、販売契約の主体であるフランチャイジーが取得し、利用する権利を有しますが、フランチャイズ契約その他のフランチャイザーとフランチャイジーの合意によって、フランチャイザーのみが権利を有する（フランチャイジーの権利はフランチャイザーに移転する）、フランチャイザーとフランチャイジーが権利を共有する（フランチャイザーも権利を取得する）、あるいは、フランチャイジーのみが権利を有するが、その利用権（特に第三者に対する提供）は制限されるなどの場合があり得ます。フランチャイザーとしては、この点を明確に規定しておく必要があります。

A2（背景）

1 取引情報（仕入情報・販売情報）

フランチャイズ契約の対象となる小売業では、その営業活動に関連し、商品の仕入、販売を中心に膨大な量の取引がなされており、当該取引において、「仕入情報」として仕入先、発注・納品の日時、仕入商品の品目・数量・単価などの情報が取得され、「販売情報」として、買主（その属性）、販売の日時、販売商品の品目・数量・単価などの情報が取得されています。

2 取引情報のデータ化と重要性の高まり・利用範囲の拡大

そして、コンビニ・フランチャイズ契約などのＩＴ化が進んだ業界では、商品の受発注、販売代金の精算に関し、コンピュータ・情報端末、POSレジスターが導入され、情報システムが構築されることにより、仕入情報、販売情報のデータ化と関係事業者によるデータ共有がなされ、共有された仕入データ、販売データに基づき、小売業者、仕入先、物流業者、メーカーなどの間でEDI（通信回線による関連企業間の電子データの交換）、ECR（効率的な消費者対応）による商品取引、物流・在庫管理の省力化、効率化、低コスト化、高付価値化などがはかられており、ロジスティックス・マネジメント、サプライ・チェーン・マネジメントが導入、実践されています（**Q57のＡ３の3**）。

また、クレジットカード、ポイントカードの導入により、販売データを特定の顧客の買物行動と紐づけることが可能となっており、これらの事業者の間では、当該販売データに基づく商品の企画・開発、広告・販促戦略の策定、市場調査などが行われ、今後さらに、この動きは本格的に進展するものと見込まれています。

なお、最近では、小売業の枠をはるかに超えた事業領域で、いわゆるビックデータの利活用やIoTの動きが強まっており、取引情報の重要性は飛躍的に高まることが予想されます。平成27年改正個人情報保護法では、匿名加工情報（特定の個人を識別することができないように個人情報を加工した情報。同法第２条第９項）の制度が導入されています（平成28年９月現在未施行）。

3　本問の趣旨

本問では、上記の取引情報の重要性の高まりと利用範囲の拡大を受け、フランチャイザー、フランチャイジーいずれの当事者が取引情報を取得し、利用する権利を有するかの問題について、検討を試みるものです。

A３（解説）

1　取引情報の財産性

取引情報については、財産権としての権利性（あるいは法的に保護される利益性）が認められており、製品販売情報、仕入情報は不競法第２条第６項が規定する営業秘密（秘密として管理されている生産方法、販売方法その他の事業活動に有用な技術上または営業上の情報であって、公然と知られていないもの）中の「営業上の情報」に該当すると説かれています。[注1]

2　フランチャイジーによる取得と、フランチャイザーへの移転、利用の制限

取引情報は、商品の仕入、販売などの取引に基づき取得される情報であり、原則として、取引の当事者であるフランチャイジーが取得し、その利用権を有すると考えられます。

ただし、フランチャイズ契約その他のフランチャイザーとフランチャイジーの合意（以下「フランチャイズ契約等」という）によっては、①フランチャイジーがいったん取得した取引情報の権利がフ

ランチャイザーに移転され、フランチャイザーのみが権利を有する、②フランチャイザーも取引情報の権利を有し、当該権利はフランチャイザーとフランチャイジーによって共有される、あるいは、③フランチャイジーのみが取引情報の権利を有するが、その利用権（特に第三者に対する提供）は制限されるなどの規定が置かれる場合があり得ます。

従前のフランチャイズ契約等では、取引情報に関する規定が設けられることは少なかったと思われますが、今後は、取引情報の重要性の高まりと利用範囲の拡大を受け、契約中に関連規定を置くことを検討する必要があると思われます。

なお、取引情報の利用については、それが個人情報を含む場合や、匿名加工情報に該当する場合は個人情報保護法による規制を受けるほか、仕入先が識別される形で仕入情報が第三者に提供される場合は、仕入（売買）契約に基づく守秘義務の制約を受けることもあり得ます。

3　フランチャイザーによる取引情報の取得、利用の必要性

2で、フランチャイズ契約等において、フランチャイザーが取引情報の権利を有する旨の規定が置かれる場合があり得ると述べましたが、かかる規定が置かれる理由は、フランチャイズ契約において、フランチャイザーは次の㋐～㋒の業務を行っており、そのためには取引情報を取得・利用する必要があるからです。

㋐　商品の仕入体制の構築、商品・仕入先の推奨、情報・物流システムの構築を行うこと
㋑　（コンビニ・フランチャイズ契約で）フランチャイジーに代わり商品の仕入代金の代行支払、会計代行を行うこと
㋒　EDI、ECR やロジスティクス、サプライ・チェーン・マネジメントを導入・実践すること

注

注１）山本『要説』135頁

❊ ❊ おわりに ❊ ❊

本書の執筆に着手して二年半以上が経過しました。当初は難問があることも承知しつつ、これまでに収集した資料や論点のメモ書等に基づき、もう少し簡単に完成できると見込んでいましたが、いざ書き始めると満足のいかないところばかりで、全面的な推敲を重ねることとなりました。その間、日本法令の小原絵美さんには毎月、進行状況について確認を入れていただき、また、野澤吉太郎弁護士、辻あかね弁護士（いずれも弊事務所）、北村圭弁護士（出口綜合法律事務所）には、情報の収集、確認、原稿のチェックなどに協力いただきました。また、事務の宮澤友希さんには膨大なデータの入力をお願いし、ようやく脱稿することができました。本書には至らない点が多々残っていますが、それでも、何とか出版に漕ぎ着けることができたのは、上記の皆様のおかげであり、ここに深く謝意を表明させていただきます。

平成28年初秋

筆者記す

☆索　引☆

●● 英　数 ●●

24時間営業…………………………… 526
ECR　…………………………………… 440
EDI……………………………………… 440

●● あ　行 ●●

あっせん……………………………… 488
荒利分配方式………………………… 448
一方的・定型的決定……………… 597
委任契約………………………………68
違約金条項…………………………… 229
違約罰………………………………… 230
請負契約………………………………68
請負人、受任者などの事業構造 572
売上原価……………………………… 448
売上送金…………………… 512、611
売上予測に関する情報………… 336
売上予測の限界…………………… 388
売上予測のジレンマ……………… 371
売上予測の提示方法……………… 391
エリア・フランチャイズ契約… 122
オーナー総収入…………………… 607
オープン・アカウント…… 434、513

●● か　行 ●●

外観理論……………………………… 660
会社分割…………………… 236、691
価格推奨……………………………… 255
合併………………………… 236、691
株式移転……………………………… 692
株式交換……………………………… 692
株式譲渡…………………… 237、692
加盟金…………………………………31
為替取引……………………………… 540
為替取引該当説…………………… 541
企業買収……………………………… 688
期初商品棚卸高…………………… 449
期中商品仕入高…………………… 449
期末商品棚卸高…………………… 449
ぎまん的顧客誘引………………… 134
共同事業型契約………………………84
共同事業の関係………………………80
業務の発注…………………………… 615
禁反言説……………………………… 662
計算……………………………………36
継続的契約…………………………… 297
継続的契約説…… 297、310、320、327
契約（フランチャイズ・パッケージ）
　の内容に関する情報………… 336
契約期間中の競業禁止条項…… 213
契約終了後の競業禁止条項…… 220
契約上の地位……………………… 234
契約上の地位の無断譲渡の禁止
　条項………………………………… 234
契約説………………………………… 359
契約締結上の過失の「不当表示型」
　………………………………………… 362
契約の解釈………281、293、298、311、
　321、328
契約の実態…………………………… 575
契約の二重構造………………………64
兼業のフランチャイザー…… 30、45
現金出納帳…………………………… 519
減量発注……………………………… 248
合意の意味が明確ではない……281、
　298、311、321、329
交互計算……………………………… 519

交互計算不可分の原則………… 522
更新……………………………… 326
拘束条件付取引………………… 136
合同行為…………………………80
購買力分配法…………………… 383
個人情報………………………… 695
個別の契約………………………57
雇用契約…………………………67
根拠事実、合理的算定方法等の
　要求…………………………… 341
コンビニ・フランチャイズ契約
　……………………………… 420

●● さ 行 ●●

再販売価格の拘束……………… 136
サプライ・チェーン・マネジメ
　ント…………………………… 440
仕入先推奨者の責任…………… 533
支援………………………………13
時間的・場所的拘束…………… 621
指揮監督………………………… 621
指揮監督関係、時間的・場所的拘束
　等の有無および程度………… 620
事業譲渡………………………… 689
事業組織への組入れ…………… 588
事業の別個独立性……………74、590
指示仲立…………………………29
自動更新条項…………………… 290
自動融資………………………… 518
資本金（出資金）………………33
収支尻の計算…………………… 515
収納代行…………………… 443、536
収納代行サービス……………… 537
使用関係擬制説………………… 663
商号……………………………19、648
商号の主要部が含まれる商標ま
　たは標章……………………… 649
使用者責任……………………… 655
使用者責任拡張の法理………… 662
商標………………………………20
商標の使用許諾契約…………… 101
商標フランチャイズ……………52
商品供給義務づけ契約………27、487
商品仕入のジレンマ…………… 248
商品の販売方法………………… 275
情報システム提供者の責任…… 535
情報提供義務…………………… 336
情報提供契約説………………… 360
新規事業の導入………………… 261
信義則説………………………… 358
推奨価格………………………… 476
請求書訴訟……………………… 498
清算金…………………………… 518
製造フランチャイズ……………52
セールス・トーク……………… 376
積算法…………………………… 381
セブン－イレブン・チェーン
　……………………………… 562、577
セブン－イレブン・チェーン事業
　……………………………… 562、577
専業のフランチャイザー…………45
総合判断説……………………… 555
相殺……………………………… 515
相続……………………………… 238
双方未履行の双務契約……672、675、
　681、684
増量発注…………………… 247、471
組織化小売業……………………89
組織型契約………………………83
損害賠償額の予定……………… 229

●● た 行 ●●

代行支払…………………… 430、492
対象事業…………………………12

代理…………………………………… 112
代理商………………………………… 110
代理商契約…………………………… 110
抱き合わせ販売……………………… 136
諾否の自由…………………………… 614
棚卸ロス原価高……………………… 449
チェーン・ストア経営……………89
チケット発券………………………… 444
中途解約条項……………… 308、318
直営事業………………………………41
賃金…………………………………… 642
締約代理商…………………………… 111
デイリー商品………………………… 477
テリトリー権………………………… 279
店舗経営義務………………………… 563
統括、管理監督の関係…… 562、580
統計解析法…………………………… 383
統合、分業の関係……………………93
当事者の意思………………………… 281
独自の契約類型説（混合契約説を
　含む）…………………………………58
特定連鎖化事業……………………… 129
独特の差引計算……………………… 516
特約店………………………………… 105
特約店契約…………………………… 105
独立小売業……………………………89
独立の事業者………………………… 629
独立の事業者性………………………75
独立の事業者としての実態を備え
　ていると認めるべき特段の事情
　……………………………………… 627
特許の実施許諾契約………………… 101
取扱商品……………………………… 274
取次…………………………………… 489
取引情報……………………………… 702

な　行

名板貸責任…………………………… 648
二層の使用関係……………………… 656
任意性の原則………………………… 190
ノウハウ…………………………… 13、20

は　行

媒介…………………………………… 112
媒介代理商…………………………… 111
廃棄ロス…………………… 248、470
廃棄ロス原価高……………………… 449
発注指導……………………………… 249
販売機会の喪失…………… 247、470
販売期限……………………………… 477
引渡し代行…………………………… 443
ビジネス・フォーマット…………13
ビジネス・フォーマット型フラン
　チャイズ………………………… 13、47
ビジネス・フォーマット型フラン
　チャイズとしての理念型……… 9
標識……………………………………12
非労務供給契約………………………67
非労務供給者………………………… 569
ピンハネ訴訟………………………… 497
フランチャイザー所有・賃借型
　……………………………………… 426
フランチャイザーの権益確保と
　フランチャイジーの事業能力
　向上の表裏一体性……………… 168
フランチャイザーの事業組織… 592
フランチャイジー所有・賃借型
　……………………………………… 426
フランチャイジーの営業活動… 153
フランチャイジーの事業活動など
　……………………………………… 153
フランチャイジーの事業構造… 572

フランチャイジーの非労務供給
者性……569
フランチャイズ……14
フランチャイズ・ガイドライン…17
フランチャイズ・システム……138
フランチャイズ・チェーン……93
フランチャイズ・チェーン事業…93
フランチャイズ・パッケージ……12
フランチャイズ契約……12
フランチャイズ契約に特有の条項
……152
フランチャイズ事業……40
併存的債務引受……493
別個独立説……79
報告訴訟……498
報酬の労務対償性……605
法定解除権……296
法適合性……4、146
ボランタリー・チェーン……115

ま 行

見切り販売……476
名義……35
免責的債務引受……493

や 行

約定解除権……296
優越的地位の濫用……136
予測が実績とかい離した場合の
免責条項……394

ら 行

ライセンス契約……56、100
ライセンス契約説……58
利益引出金……611
利害対立性……74
履行引受……493
利得の機会を提供する義務……286
リベート……505
流通契約説……57
ロイヤルティ……32
ロイヤルティの計算方法……447
労働組合……554
労働者……554、642
労務供給者……554
ロジスティクス……440
ロス・チャージ訴訟……456

著者略歴

遠藤　隆（えんどう　たかし）

昭和52年３月　京都大学法学部卒業

昭和55年３月　早稲田大学法学研究科修士

昭和58年４月　弁護士登録（東京弁護士会）

コンビニ・フランチャイズ契約を中心にフランチャイズ契約の契約実務、訴訟実務に従事

〒102-0083

千代田区麹町１丁目８番８号 グランドメゾン麹町406号室

遠藤法律事務所

TEL 03-5226-0319　FAX 03-5226-0419

Mail CZK13736@nifty.com

フランチャイズ契約の実務と理論　平成28年10月20日　初版発行

検印省略

〒101-0032
東京都千代田区岩本町1丁目2番19号
http://www.horei.co.jp/

著　者　遠　藤　　隆
発行者　青　木　健　次
編集者　鈴　木　　潔
印刷所　東光整版印刷
製本所　国　宝　社

（営　業）TEL　03-6858-6967　Eメール　syuppan@horei.co.jp
（通　販）TEL　03-6858-6966　Eメール　book.order@horei.co.jp
（編　集）FAX　03-6858-6957　Eメール　tankoubon@horei.co.jp

（バーチャルショップ）http://www.horei.co.jp/shop
（お詫びと訂正）http://www.horei.co.jp/book/owabi.shtml

※万一、本書の内容に誤記等が判明した場合には、上記「お詫びと訂正」に最新情報を掲載しております。ホームページに掲載されていない内容につきましては、FAXまたはEメールで編集までお問合せください。

ISBN 978-4-539-72506-1